交通职业教育教学指导委员会推荐教材
高职高专院校国际航运业务管理专业教学用书

高等职业教育规划教材

Gangkou Shengchan Zuzhi
港口生产组织

主　编　李凤英
主　审　屠群峰

人民交通出版社

内 容 提 要

本书是高等职业教育规划教材，由交通职业教育教学指导委员会交通运输管理专业指导委员会组织编写。全书共七章，内容包括：港口生产组织概论，港口劳动组织，港口生产指标，港口通过能力，港口库场作业，港口生产设施与设备，港口生产组织。

本书是高职高专院校国际航运业务管理专业教学用书，也可供相关专业教学使用，或作为继续教育及职业培训教材，还可供港航从业人员学习参考。

图书在版编目(CIP)数据

港口生产组织/李凤英主编，—北京：人民交通出版社，2008.11

ISBN 978-7-114-07432-5

I. 港… II. 李… III. 港口—运输企业—生产管理 IV. F550.6

中国版本图书馆 CIP 数据核字(2008)第 156735 号

书　　名：港口生产组织
著 作 者：李凤英
责任编辑：钱悦良
出版发行：人民交通出版社
地　　址：(100011)北京市朝阳区安定门外外馆斜街 3 号
网　　址：http://www.ccpress.com.cn
销售电话：(010)59757973
总 经 销：人民交通出版社发行部
经　　销：各地新华书店
印　　刷：北京交通印务有限公司
开　　本：787×1092　1/16
印　　张：18.5
字　　数：446 千
版　　次：2008 年 11 月　第 1 版
印　　次：2021 年 1 月　第 5 次印刷
书　　号：ISBN 978-7-114-07432-5
定　　价：38.00 元

前　言

21 世纪以来,国际航运业正在发生着前所未有的变化,中国外向型经济和对外贸易的持续快速发展,为国际航运业的发展带来不可多得的历史机遇,为世界航运市场的发展不断地注入新的活力。与此同时,随着我国改革开放进一步深入,工业化、城镇化、市场化、国际化进程不断加快,人民生活水平不断提高,国民经济对航运服务的需求将更加旺盛。相应地,在目前国内日趋紧张的总体就业形势下,航运管理专业毕业生却呈现出逆势走强、供不应求的局面。

为了推动航运业的进一步发展,实现航运人才培养的战略目标,贯彻《国务院关于大力发展职业教育的决定》精神,推动课程建设与改革,加强教材建设,交通职业教育教学指导委员会交通运输管理专业指导委员会根据国际航运业务管理专业人才培养要求,组织全国交通职业技术院校的教师编写了国际航运业务管理专业规划教材,供高等职业院校国际航运业务管理及其相关专业教学使用。

本套教材是根据国际航运业务管理及其相关专业的特点以及课程教学基本要求编写的,全面、系统、科学地阐述了航运业务中的相关理论、方法和操作技术,突出以就业为导向,以能力为本位,以企业工作需求为出发点的职业教育特色,在内容上注重与岗位实际要求紧密结合,与职业资格标准紧密结合,体现了教材的科学性、系统性、应用性、前瞻性和通俗性。本套教材既可作为航运类院校和职业培训的教学用书,也可供从事航运方面工作的业务人员参考阅读。

《港口生产组织》是高职高专院校国际航运业务管理专业规划教材之一,全书共七章,内容包括:港口生产组织概论,港口劳动组织,港口生产指标,港口通过能力,港口库场作业,港口生产设施与设备,港口生产组织。系统地阐述了与港口生产组织有关的基本理论和基本技能,重点介绍从事港口生产组织工作所需掌握的基础知识,如港口生产指标的计算、港口库场货运作业内容与作业程序、港口生产作业计划的内容与编制、港口生产组织原理与港口装卸作业技术方案的设计。

参加本书编写工作的有:广州航海高等专科学校易燕(编写第一、二、五章),武汉交通职业学院李凤英(编写第三、四章)、杨晋(编写第六章),深圳职业技术学院秦同瞬(编写第七章)。全书由李凤英担任主编并编写知识目标、技能目标、课外阅读、思考题和技能训练题,浙江交通职业技术学院屠群峰担任主审。

本书在编写过程中得到了南通港口集团有限公司商务部副部长陈兆忠、武汉港集装箱有限公司业务部副主任别菊芳、武汉理工大学钟华杰等同志的帮助,在此一并表示衷心感谢。

本套教材在编写过程中参阅和应用了国内外有关航运管理的论著和资料，无论在参考文献中是否列出，在此，对这些文献的作者和译者表示由衷的感谢和诚挚的谢意。由于作者水平有限，书中不妥之处在所难免，恳请专家和读者给予批评和指正。

交通职业教育教学指导委员会
交通运输管理专业指导委员会
2007.5

目　录

第一章　港口生产组织概论

● 知识目标

1. 了解港口的概念、构成及功能；
2. 掌握港口生产力要素的组成及港口生产活动的特点；
3. 理解港口企业的概念；
4. 了解港口企业的特征。

● 技能目标

1. 会识别港口，会区分海港、河口港、河港；
2. 会看港口地图，分清港口的水域和陆域设施；
3. 会区分企业中的港口企业。

第一节　港口的概念、构成及功能

现代交通运输系统，是铁路、公路、水路、管道和航空几种运输方式有机地结合，组成统一的综合运输网。港口作为交通运输枢纽、水陆联运的咽喉，通常是铁路、公路、水路、管道几种运输方式的会合点。港口通过能力受与其连接的各种运输方式能力的制约；反过来港口通过能力也影响与其连接的各种运输方式能力的发挥。可见，港口在整个综合运输系统的重要地位及其对发展地区经济的推动作用。

我国是一个约有 18 000km 大陆海岸线的国家，同时又是一个岛屿众多的国家，拥有大小岛屿 6500 多个，岛屿岸线约 14 000km。江河众多，内河流域面积在 $100km^2$ 以上的共有 5700 多条，总长约 430 000km，发展水运和建设港口的条件十分优越。我国现有港口 600 余个，上海港是我国最大的港口，也是世界著名的国际贸易大港之一。港区分布在长江口南岸和黄浦江两岸。截至 2006 年底，上海港海港港区拥有各类码头泊位 1140 个，其中万吨级以上生产泊位 171 个，码头线总长为 91.6km。按照码头使用性质分类：公用码头泊位 175 个，码头线长度为 24.6km，其中生产泊位 121 个，码头线长度为 22.2km，年货物吞吐能力 17051 万 t；货主专用码头泊位 965 个，码头线长度为 67km，其中生产泊位 495 个，码头线长度为 38.2km。上海港内河港区有码头泊位 818 个，最大靠泊能力 3000 吨级。2006 年上海港完成货物吞吐量5.37 亿 t。其中，海港货物吞吐量 4.7 亿 t，继续保持世界第一大货运港地位；内河港口完成货物吞吐量0.67亿t。完成外贸货物吞吐量2.13亿t,其中,外贸出口1.03亿t,外贸进口1.1亿t。完成集装箱吞吐量2171.9万TEU,占全国规模以上港口集装箱量的24%,在世界集装箱港口中继续位居第三。集装箱吞吐量中,内支线集装箱量202.6万TEU,国际中转箱78.5万TEU,内贸集装箱吞吐量313.7万TEU。截至2006年底,上海港集装箱班轮航班达到每月2106班,其中,远洋航线498班,近洋航线535班,内支线794班,内贸航线每月279班。随着我国顺利加入WTO,经济和外贸进出口量将持续增长,我国港口正面临功能扩展、完善和稳步建设的新阶段。

一、港口的概念

关于"港口"的概念,目前似乎没有统一的定义。一些资料显示对"港口"的概念进行如下几种描述:

1.《中华人民共和国港口法》对港口概念的描述

本法所称港口,是指具有船舶进出、停泊、靠泊,旅客上下,货物装卸、驳运、储存等功能,具有相应的码头设施,由一定范围的水域或陆域组成的区域。

2.《中国大百科全书(交通)》对港口概念的描述

具有一定面积的水域和陆域,供船舶出入和停泊、货物和旅客集散的场所。

港口的任务是为船舶提供能安全停靠的设施,及时完成货物和旅客由船到岸或由岸到船以及船到船的转运,并为船舶提供补给、修理等技术服务和生活服务。

港口的水域包括:进港航道、港池和锚地;陆域包括:港内水域及紧接水域的陆地。

3.《辞海》对港口概念的描述

位于江、河、湖、海或水库沿岸,具有一定的设备和条件,供船舶往来停靠,办理客货运输或其他专门业务的地方。港口范围包括港内水域及紧接水域的陆地。

综上所述,本书作者认为对"港口"的概念应给如下描述:

根据一定程序划定的具有明确的水域、陆域界限,拥有水、陆工程等相应设施,为船舶进出港、锚地等技术作业,为货物装卸、储存、驳运及相关服务,为旅客乘船服务等需要的水陆建筑工程综合体,就叫"港口"。

港口是保证水运系统正常工作的重要组成部分。港口在通常的含义下,一般是指商港。现代化商港是具有综合建筑物和各种设备的综合运输枢纽;它保证船舶的平稳停泊,快速和方便地将货物进行装卸和疏运;保证旅客方便地上下船和进出港口;保证货物的储存、准备和补给;供应到港船舶的燃料及航程中的必需品,以及进行船舶的维修工作。

二、港口的构成

现代港口,无论是海港或河港,首先是一个很大的运输枢纽,是陆路和水路交通的连接点,并成为总的综合运输系统的中间转运站。每一个港口,虽都具有不同的特点,但所有港口都包含有共同的基本组成部分,就是港口的水域和陆域,水上进港航道和陆上进港道路。

(1)港口水域包括港外锚地和港内水域,在商业海港中,港外锚地分为停泊锚地和装卸锚地。港内水域由内港(进口、掉头和停泊用)、作业水域(港池)和港内航道等部分组成。在内河港、水库港和某些海港中,在港内水域中还考虑有专用的编解锚地,在那里组编和分解船队。

避开大浪作用的部分水域称为锚地或停泊区,它在人工建筑或天然地形的掩护下不受波浪水流及泥沙流动的影响,或者受到的影响很小。在锚地,船舶可以抛锚停泊待装卸,或完成各种作业,包括在辅助船队和设施的协助下完成装卸货物的作业。

作业水域或称港池是港口内部水域的一部分,它直接与码头水工建筑物相连,其作用是保证船舶靠泊、系缆和进行装卸作业。

(2)港口陆域是港岸的一部分,它的面积是港口所占用的全部陆地上的面积,包括直接临近码头部分的作业区及离码头较远的建筑区,诸如建筑物、房屋、道路、设备和交通线等,也就是说,它包括了保证船舶装卸和港口职工正常工作的全部设施,在陆域的后方,有铁路和公路,通常将港口陆域分为前沿和后方两部分。

港口陆域前沿部分的主要作用是装卸机械、前沿铁路、公路和露天堆场。仓库和其他结构物不宜建在前沿,以免干扰装卸作业时港口机械的工作和自由调动。客运码头的前沿部分设有候船室。

港口陆域的后方部分布置有仓库、露天堆场、工程材料及其他供应设施;港口各种附属企业、车间、停车场、服务性和行政设施;铁路编组站、公路汽车运输停放场以及后方装卸作业的港口机械等。目前,随着集装箱运输的发展,专用集装箱码头港口陆域的尺度不断增大。

商业港口的陆域由5种功能区组成:作业区、生产区、港口公用设施区、港口前沿区和客运作业区。

(3)水上进港航道可以分为天然航道和人工航道两种。天然航道在水域中都用航标表示出来,人工航道是疏浚方法浚深水域中的一段,并延伸到天然水深与航道水深相等的地方。进港航道的长度依不同港口而异,最长可达数十公里。

(4)陆上进港的铁路道路对港口正常活动具有重要意义。港口作为运输枢纽,各种陆上运输方式在这里交会。在水铁联运港口中,铁路设施起着重大的作用,是港口疏运的主要通道,铁路设施还包括编组站、装卸线和连接线。港口编组站的功能是接受和分解随即入港的列车,并编组随即出港的列车。港站通常布置在港口陆域之外并靠近港口陆域。随着公路运输和集装箱运输的发展,汽车疏运在港口中的作用日益重要,对进港道路和港区内的道路要妥善布置。

作为一个港口,除了有保证完成客、货作业的基本组成部分外,还应布置其他附属设施,如燃料供应和施工基地、工程船、供给服务船的停泊锚地、设有码头和船坞的修船厂等。

三、港口的分类

港口可以按照其不同的特征进行分类。

1. 按用途分

(1)商业港:供商船进出使用的公共性质的港口,也称贸易港。一般均兼运各种各类货物,设有不同的作业区。如我国的上海港、大连港等,世界大港鹿特丹、神户、纽约、彼得堡等均属此类。

(2)渔港:是为渔船停泊、捕捞鱼货保鲜、冷藏加工、补修渔网、中转外调鱼货和渔船获得生产、生活补给品的基地。渔获物易腐烂变质,一经卸港必须迅速处理,冷藏、加工设施的设置使渔港具有生产、流通企业的性质。

(3)工业港:供大型企业输入原材料及输出制成品而设置的港口,我国称为业主码头。通常是为沿海沿江的大型企业所设,如武钢工业港。

(4)军港:用于军事目的的设施。在港口选址、总体布局、陆域设施等与上述港口有较大的差别。

(5)避风港:供船舶在航行途中,或海上作业过程中躲避风浪和取得少量补给的港口,一般是为小型船、渔船和各种海上作业船而设置。

(6)旅游港:作为海滨休憩活动的海上游艇数量不断增多,因此为游艇停泊和上岸保管而设计的港池、码头及陆域设施已成为一种新形式的港口。日本主要海滨城市一般均设有游艇基地,布置有防波堤、港池、码头、停放场、俱乐部和绿地等。

2. 按地理位置分

(1)海港:位于海岸线上的港口,如我国的大连港、青岛港等。

(2)河口港:位于河流入海口,或河流下游潮区界内的港口。可同时停泊海船和河船。由于与腹地联系方便,有河流水路优越的集疏运条件和对风浪有较好的掩护条件,因此历史悠久的著名大港多属于河口港,如我国第一大港上海港位于长江口黄浦江岸、世界第一大港荷兰鹿特丹港位于莱茵河三角洲、美国第一大港纽约港位于哈德孙河口、俄罗斯的大港彼得堡港位于涅瓦河口、德国大港汉堡港位于易北河口等。

(3)河港:位于河流沿岸,多以内贸为主,停泊河船。我国的芜湖、九江、汉口等都是长江上主要的河港。

3. 按运输角度分

(1)支线港:这类港口拥有规模较小的码头或部分中型规模的码头,主要挂靠支线运输船舶和短程干线运输船舶。世界上大多数港口均属这种类型。

(2)中转港:这类港口的地理位置优越,在水路运输发展的过程中已成为海上运输主要航线的连接点,同时又成为支线的汇集点。这类港口拥有大型码头,主要功能是在港区范围卸船、收受、堆存货物和装船发送货物。

(3)腹地港:这类港口是国际运输主要航线的端点港,与内陆发达的交通运输网相连接,是水陆交通的枢纽。它们的主要功能是服务于内陆腹地货物的集散运输,同时兼营海上转运业务。在货物运输从"港至港"发展到"门到门"的进程中,这类港口发挥着举足轻重的作用。

4. 按等级分类

各国区分港口等级的标准不同。将港口分为若干等级,目的是便于港口管理、营运与发展。

日本根据港湾法将港口分为特别重要港口、重要港口、地方港口和避风港。

苏联按在国民经济中的作用将港口分为国际性、国家性、区域性和地方性。

我国港口等级划分目前尚没有很明确的标准,有一些专家学者将我国港口划分为主枢纽港、重要港口和一般港口。

四、港口的功能

港口既是水陆运输的枢纽,还是促进国家经济、地方经济的和城市发展的社会基础设施。港口作为工业活动基地的作用更为突出,应充分发挥港口的多种功能,使之有利于国民经济的发展。

港口的功能包括以下几个方面：

1. 运输、中转的功能

港口是运输链上的一个环节，运输网络上的枢纽。运输和中转是港口的首要功能。货物到达港口并不是终点，而只是为了继续运输而集中存贮、分流、分配等作业环节的完成，这都是运输过程的继续。为了实现运输过程的继续，港口必须完成货物在不同运输方式之间的换装和转载，这就是中转的功能，中转的实现依赖于运输方式的衔接，因此，港口运输、中转功能的重要标志是车、船、货在港停留时间。运输方式衔接得好，货物换装的速度快，车、船、货在港停留时间就短。这一方面取决于港口具备的能力大小，另一方面取决于港口功能的发挥。

2. 服务功能

港口的服务功能表现是相当广泛的。"运输中转"的实质也是一种服务，是生产性的服务，既是生产又是服务。在此强调的是另一类服务：接待船舶，船舶技术供应，燃料、淡水供应，引航，航次修理等；天气恶劣时船舶隐蔽的需要；海难救助；文化、科技、贸易、旅游等等。港口应具备这一类的服务功能。

服务功能是港口重要功能之一，它的重要性有时同运输中转的功能占据同等重要的地位。这不仅是因为大多数到港的船舶承担着货运任务需要港口提供服务，而且也有不少船舶虽然不承担货运任务，但仍需要港口提供必要的服务。服务的质量、效率一方面对运输中转功能的发挥起保证作用，另一方面将产生连锁性的对外影响，甚至关系到民族的尊严和国家的声誉。

3. 商业贸易功能

商港是对外贸易的门户，也是国内商业网络上的枢纽。

商业贸易功能即指在商品流通过程中，货物的集散、转运和一部分储存都发生在港口。港口介于远洋航运业与本港腹地客货的运输机构之间，便利客货的运送和交接。港口的存在既是商品交流和内外贸易存在的前提，又促进了它们的发展。

4. 工业功能

随着港口的发展，临江工业、临海工业越来越发展。通过港口，由船舶运入供应工业的原料，再由船舶输出加工制造的产品，前者使工业生产得以进行，后者使工业产品的价值得以实现。港口的存在是工业存在和发展的前提，在许多地方，港口和工业已融为一体。

5. 国防军事功能

一般港口在战争时期多为军事服务，开辟专用军事码头。而在和平时期，除了特殊军事需要的港口独立存在之外，一般港口也设有军用码头或泊位，这要根据军运任务的性质和需要决定。港口的军事功能在国防上占有非常重要的地位。在历史中，帝国主义列强都是首先从海上入侵他国。因此，在港口的建设中，必须重视军事功能在未来战争中的作用。

港口还具有其他的一些功能，例如城市功能、旅游功能、信息功能、金融功能、保税功能等。港口的作用和功能是在不断发展变化的：联合国贸发会在《港口的发展和改善港口的现代化管理和组织原则》中将港口在功能上的发展分为三个阶段。20 世纪 50 年代以前，港口的功能主要是进行货物的集散，完成货物在海上运输与公路、铁路、航空或江河等运输方式之间的换装，港口的主要业务就是货物的装卸和储存。通俗地说，码头就是货物装卸的地方，港口作业和活动的范围局限于码头本身。从 20 世纪 50 年代开始，世界港口的发展除了在提高码头装卸效率,扩大港口规模等方面以外,一些传统式港口凭借自身的优势把触角伸向商贸、工业和服务行业,精明的码头经营者已不再仅仅满足于货物的装卸和储存活动,而是着眼于对到港货物进行加工增值,进而采取各种措施吸引中转货物来港,形成所谓前店后厂的一种港口与城市、装卸与加工紧密结合的模式。港口活动已不再仅限于码头本身,而是扩展到了周边地区。在20世纪80年代以后,一些特别繁忙的港口加快了这一进程,港口服务方面出现了多样化。尤其是跨国公司的加入,提出了即时(Just In Time)服务、零库存等要求,围绕着运输链的起始点,港口活动的范围已大大超出了传统的港口界限。如果说,对于第一、第二代港口,港口活动主要集中于调配、集散有形商品的话,则第三代港口的活动已扩展到无形商品,如资本、技术、信息等各个范畴,形成国际上资源配置的中心(Logistics)。以传统眼光来看,已难以分清哪些活动应属于港口,哪些活动应属于城市。比如鹿特丹港就把货物装卸运输功能、工业功能、商业功能和信息功能称为港口发展的四大支柱。以上所述港口从第一代向第三代的发展过程,代表了港口企业行为的发展轨迹,说明港口企业正在依托城市的优势,拓展自己的业务,加速港口自身的现代化建设。1992年联合国贸发会在《港口的发展和改善港口的现代化管理和组织原则》的研究报告中把这三类港口分为第一代、第二代、第三代港口。

第二节 港口生产力要素及生产活动特点

一、港口生产力要素

现代港口生产力系统是由许多要素构成的,其中重要的有:劳动者、生产工具、能源及动力设施、基础设施、科学技术、劳动对象、生产信息、教育、资金和管理等要素。

1. 劳动者

劳动者是港口生产力系统中的一个基本要素。港口生产力因素的劳动者是指在生产力系统运行过程中有能力或正在发挥劳动功能的人。因此,劳动能力和是否与生产过程相联系是劳动者范畴的基础界限。在现代生产力条件下,港口劳动者应是具有一定的生产经验、科学知识和劳动技能,操纵生产工具或其他技术手段,直接或间接地进行货物装卸作业及其相关性生产活动的人。

2. 生产工具

港口生产力系统的劳动手段是以装卸机械化系统为主体额度生产工具,包括装卸船舶的主机、辅机、工属具,装卸车辆的机械,库场作业机械,水平搬运机械等。

装卸机械化系统及其配套的工属具是港口进行装卸生产的主体。人的劳动则是操纵、控制机械化系统并通过它把人的劳动功能转移给机械化系统,完成货物的换装位移。

3. 能源及动力设施

为生产和生活提供能量和动力的资源称为能源。能源是港口装卸机械化系统的原动力,没有动力的推动,机械化系统就不能运行,也就不能作功。能源及动力设施在现代化的大工业生长中已成为生产力系统中不可或缺的生产要素。

4. 基础设施

为港口生产过程提供一般性的共同条件的设施,称为基础设施。港口的基础设施可分为生产性基础设施和社会性基础设施。生产性基础设施包括水域及配套设施：锚地、航道、港池等；陆域及配套设施：码头、库场、道路等；通信、导航系统等。这些基础设施为港口生产力系统的运行直接提供生产条件。社会性基础设施包括为生产力系统的运行间接提供条件的同劳动力再生产有关的住宅、医院以及其他公用设施和服务设施（如引航、船舶供应等）等。同生产工具和能源设施比较起来，基础设施虽不如它们活跃，但它确是其他一切因素存在、运动和发挥作用的基础。它的基本作用，在港口生产力系统的内部联系和外部联系以几何速率增加的情况下，使它成为港口生产力系统中一个独立存在的要素。

5. 科学技术

港口生产力系统的科学技术是非实体的渗透性因素。它通过两个"物化"发挥自身的特殊作用。"物化"在生产资料上，改善其技术装备的素质，提高其功能与效率；"物化"在劳动者身上，改善劳动者的素质，提高劳动与创造功能。

6. 生产信息

生产信息在生产力系统中的作用主要是两个方面：一是消除不确定性，使生产力诸要素得以组合为系统；二是沟通生产力系统同外界环境（自然、社会、经济）的联系，使生产力系统顺利进行。

7. 资金

港口与航运企业都被确定为资本密集型企业，就是构成这类企业的生产力系统，首先是需要大量的资金投入。资金在生产力系统中不是实体性要素，而是附着在实体性要素上或其他要素上。

8. 教育

教育是人类有目的的自觉的培训活动。教育的广义概念应包括在德育、智育、体育、美育等方面对人类发展进行有计划、有步骤地开发活动。教育的作用在于将知识形态的生产力要素（科学、软件技术）一代一代地传递，由此及彼地扩散开来，在时间和空间上结合起来，提高劳动者素质，提高整个生产力水平。同劳动力再生产直接相联系的智育和体育，即向一定对象传授知识和技能以发展其智力和体力的活动，才是生产力的要素。

9. 生产管理

生产管理是生产力系统最高层次的要素。经济管理则是人们以生活和生产的需要为目的，对经济运动过程采取的自觉的控制。港口生产管理包括港口生产力的结构设计、规模选址、布局决策、时序安排以及港区分工、现场生产组织与指挥等方面。只有这些方面都妥善地解决了，所有各生产力要素才能进入实际的运行。

10. 劳动对象

港口生产力系统的劳动对象是货物，这是一种特殊的劳动对象。因为这种劳动对象既有自然物，又有经过加工的材料、半成品，甚至是最终产品，而在港口生产过程中通过装卸机械化系统对它们的"加工"，均不能改变其物理形状、性能，更不能改变其化学性质、分子结构，只是改变其运输方式，实现空间位移，而且港口只完成其位移的一部分，即车辆、船舶、管道、航空等不同运输方式之间的换装。换装过程即港口的生产过程，这样，港口生产的产品就不能脱离生产过程而独立存在。显然，港口生产力系统中如果没有货物的存在，则系统是在空转，所以，货物是港口生产力系统的要素，而且正是由它决定了装卸机械化系统的功能。

二、港口生产活动的特点

港口是水陆运输的枢纽,是国家综合运输系统的重要组成部分。它既是各种运输方式衔接的换装点,又是旅客和货物的集散地。港口装卸运输比一般工业企业生产更为复杂,变化因素更多。其生产活动的主要特点有:

1. 产品的特殊性

港口装卸作为交通运输业的一个组成部分,是属于物质生产部门,但是其产品有别于一般的工业企业,它并不提供实物形态的产品,而只是提供完成货物空间位移,使货物从一种运输工具转移到另一运输工具或者在运输工具与库场之间转移,这种特殊"产品"在其生产过程中即被消费。

2. 港口生产能力的超前性

港口生产的产品是客、货的换装位移,其计量单位为吞吐量或货物自然吨。这一产品既不能储存,也不能调拨,产品本身不能离开生产过程而独立存在。堆存在库场的货物并不是港口的产品,也不能计算其吞吐量或装卸量,只有当货物被装上船或车辆之后才计算其产量。货物在不同运输方式之间中转换装是流通过程的继续而不是终结,因此,缩短货物在港口的中转过程是缩短货物流通过程的一个重要方面。

基于产品的这一特点,港口要扩大再生产,扩大港口的通过能力,必须超前建设码头、仓库或堆场,购置装卸机械设备,扩大疏运能力,使港口具备足够的通过能力和相当规模的储备能力。当然,这些能力在一定的时期内可能处于闲置状态。

3. 港口生产过程的高度连续性和比例性

由于港口昼夜不间断地进行装卸作业,所以要求港口生产的各环节、各工序之间在时间和空间上都要紧密衔接,具有连续不间断作业的能力,并要求港口、船舶、货物保持一定的比例,船、港能力适应货物运输装卸的要求;要求港口内部各环节的能力具有合理的比例。只要各工序的一个环节中断作业,或比例不当,就将破坏港口生产的连续性和比例性,甚至造成港口堵塞,生产无法顺利进行。

4. 港口生产的复杂性和协作性

由于港口生产是多工种、多环节的联合作业,它不仅涉及装卸工人、机械司机、库场管理人员、理货人员、机电修理工人和生产调度指挥人员等,还涉及港口外部的货主以及铁路、海关、商检等部门和有关人员。港口生产涉及面广,内外协作关系多的特点,决定了其生产活动的复杂性和协作性。并且,由于港口装卸、换装、储存保管的货物种类、包装不同,既有件货、成组和集装箱货物,又有散货和液体货;既有普通货物,又有剧毒、易燃易爆、放射性物资等危险货物;既有轻泡货物,又有长重大件等,所以使得港口生产更为复杂,更要求加强内外的协作。

5. 港口生产的不平衡性

由于客观上存在着货物到港的时间、种类和数量的不平衡,以及港口内部生产的薄弱环节的影响,所以造成港口生产活动的不平衡性,结果是工作忙闲不均。货少时,设备和人力无法发挥,利用率低;货多时,造成压船压货,船舶排队,以致运力浪费。这些都使得经济效益降低,必须设法改变这种不平衡性,保证港口生产有节奏地均衡进行。

6. 生产调度的层次性

目前,我国港口生产调度方式普遍采用两层管理模式,即“港务局(或港口集团公司)—装卸公司”。不同层次上的生产调度职能有较明确的分工。虽然这种模式有利于整个港口资源的合理调配,但也对不同层次之间的工作协调的有效性和及时性造成困难。

第三节 港口企业

一、港口企业的概念

港口企业是指从事客、货运输装卸生产经营活动的相对独立的经济实体,是自主经营、自负盈亏的经营者,是具有一定权利和义务的法人。

港口企业这一概念,包括以下三个方面:

1. 企业是从事客、货运输装卸生产经营活动的相对独立的经济实体

它的基本任务就是在国家宏观调控下,根据社会和运输市场的需要,提供客货运输和装卸生产等服务和劳务,以满足国民经济、工农业生产以及人民物质文化生活的需要。因此,它与工业企业、农业企业和商业企业有很大的区别。

2. 企业是自主经营、自负盈亏的生产者和经营者

它有权对企业的人、财、物和生产经营活动进行自主管理。

3. 企业是具有一定权利和义务的法人

就是说具有独立的财产所有权或管理权,能独立地行使权利和承担任务。具有法人资格的企业,应具备以下条件:

(1)必须正式在政府有关管理部门注册备案;

(2)必须有独立的经济核算权,有独立的资产负债表,以收抵支,自负盈亏;

(3)能独立对外,自主进行生产经营活动。在经营活动中,必须恪守国家的各项法律规定,履行与其他经济组织签订的合同和协议,承担法律责任,并受到法律的保护和制约。

以上是从理论上对港口企业的解释,而具体来说,港口企业就是指主营港口业务的企业。所谓港口业务是指在港口内为运送货物、旅客,向船舶、货主和旅客提供的服务,包括船舶进港、靠离码头、装卸作业、船舶供应、港口费收等服务,货物的装卸、搬运、储存、理货等以及与货运有关的货代、船代、报关、报检的服务,旅客候船、上下船及其旅行所需要提供的服务。具备从事以上业务条件的企业就是港口企业。

港口企业依照其所从事经济活动的内容可作如图1-1所示的细划分。

二、港口企业的特征

港口企业是建立在科学技术基础上的现代运输装卸作业,同时又具有高度分工和协作的社会化大生产。其特征具体体现在以下几个方面:

(1)大规模地采用现代化装卸设备和机械系统进行生产,并且有系统地将科学技术应用于装卸生产中。

现代化的港口企业,为了提高港口的工作效率和装卸效率,加速车船周转,最大限度地完

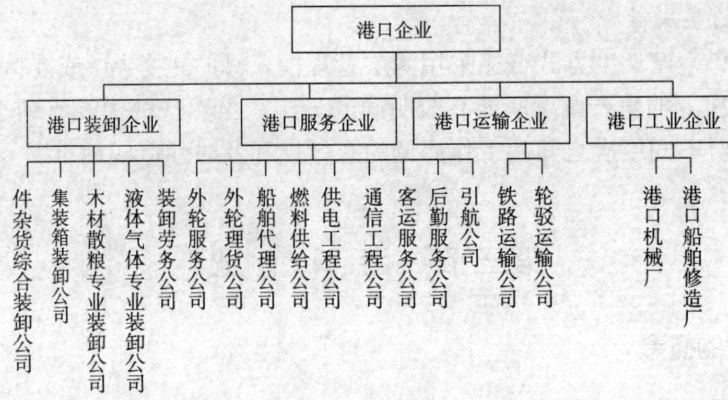

图 1-1　港口企业分类示意图

成客、货运输和装卸任务，必须使用现代化装卸设备和机械，运用现代科学技术，采用新的装卸工艺以及现代管理方法。

(2)现代港口企业的内部分工，取决于装卸过程的客观要求。它是一个既有严密分工，又有高度协作的复杂的作业系统。由于港口生产是多工种、多环节的联合作业，因此不仅涉及装卸工人、机械司机、库场管理人员、理货人员、机电修理工人和生产调度指挥人员等企业内部人员，而且还与港口企业外部的车、船、货有关人员以及物资部门、海关、商检、引航等人员有密切关系。这种社会化的集体劳动，能否使装卸、运输机械系统的运转协调一致，是保证港口装卸生产顺利进行的重要因素。

(3)港口生产过程具有高度的连续性、比例性和均衡性。由于港口生产是多工种、多环节的联合作业，一个装卸生产过程，包括了多个装卸工序和生产环节，所以要求各装卸工序在空间和时间上应相互衔接，具有连续不间断作业的功能。同时，港口生产各环节的能力应保持合理的比例，以发挥综合能力的作用；船、港的吞吐能力与货之间也要有一个合理的比例，否则，比例不当或比例失调，都将导致港口生产能力明显下降，经济效益降低。港口生产的均衡性也是极其重要的。车、船、货到港的时间、种类和数量的不均衡，以及港口内部和外部环境的影响，将导致港口生产活动在时间和空间上的不平衡性，使得港口工作忙闲不均。如货物集中到达时，泊位能力就显得不足，使船舶排队，如果疏运不及时，将造成港口堵塞。如果货物、车、船到港少，则港口设备能力无法发挥作用，或压船、压货，其结果都将导致经济效益的降低。所以，必须对港口各工序之间，船、港、货之间进行综合平衡，使它们的能力合理配置，并要加强科学管理，以保证港口生产的连续性、比例性和均衡性。

(4)港口生产与国民经济各部门和工农业生产有着密切的联系，它是社会的基础设施，港口对国家经济、地区经济和城市经济都有极其重要的作用。由于港口装卸货物流向、数量、性质及其对装卸、保管的技术要求不同，以及受水文、气象等自然条件变化的影响，因此，提高港口企业的适应性，将具有重要的意义。

三、港口行政管理机构介绍

1. 港口管理局

鉴于港口对国家具有十分重要的作用，与所在城市的关系十分密切，因此在航运比较发达的国家，港口行政组织方面的职能通常是由政府专设的管理机构——港口管理局来履行的。

属于政府管理机构的港口工作主要是：

(1)制订港口发展规划；

(2)发运和监督建造码头基础结构和其他水工建筑物；

(3)负责港池及港外航道的疏通；

(4)批准有关单位在港区范围内构筑设施和对码头基础结构的租借申请；

(5)对进出港、靠泊码头、锚地的船舶及对装卸作业进行安全监督、管理；

(6)对环境保护进行监督、管理；

(7)对进出港船舶引航；

(8)负责港区消防；

(9)掌握在港和进出港船舶的动态；

(10)征收各项政府规定征收的费税。

2. 海事局

交通运输部设在沿海沿江各港的海事局，是国家行政管理机关。根据法律、法规的授权，海事局负责行使国家水上安全监督和防止船舶污染、船舶及海上设施检验、航海保障管理和行政执法，并履行交通部安全生产等管理职能。其主要职责为：

(1)拟定和组织实施国家水上安全监督管理和防止船舶污染、船舶及海上设施检验、航海保障以及交通行业安全生产的方针、政策、法规和技术规范、标准。

(2)统一管理水上安全和防止船舶污染。监督管理船舶所有人安全生产条件和水运企业安全管理体系；调查、处理水上交通事故、船舶污染事故及水上交通违法案件；归口管理交通行业安全生产工作。

(3)负责船舶、海上设施检验行业管理以及船舶适航和船舶技术管理；管理船舶及海上设施法定检验、发证工作；审定船舶检验机构和验船师资质、审批外国验船组织在华设立代表机构并进行监督管理；负责中国籍船舶登记、发证、检查和进出港(境)签证；负责外国籍船舶入出境及在我国港口、水域的监督管理；负责船舶载运危险货物及其他货物的安全监督。

(4)负责船员、引航员适任资格培训、考试、发证管理。审核和监督管理船员、引航员培训机构资质及其质量体系；负责海员证件的管理工作。

(5)管理通航秩序、通航环境。负责禁航区、航道(路)、交通管制区、港外锚地和安全作业区等水域的划定；负责禁航区、航道(路)、交通管制区、锚地和安全作业区等水域的监督管理，维护水上交通秩序；核定船舶靠泊安全条件；核准与通航安全有关的岸线使用和水上水下施工、作业；管理沉船沉物打捞和碍航物清除；管理和发布全国航行警(通)告，办理国际航行警告系统中国国家协调人的工作；审批外国籍船舶临时进入我国非开放水域；负责港口对外开放有关审批工作以及中国便利运输委员会日常工作。

(6)航海保障工作。管理沿海航标无线电导航和水上安全通信；管理海区港口航道测绘并组织编印相关航海图书资料；归口管理交通行业测绘工作；组织、协调和指导水上搜寻救助，负责中国海上搜救中心的日常工作。

(7)组织实施国际海事条约；履行“船旗国”及“港口国”监督管理义务，依法维护国家主权；负责有关海事业务国际组织事务和有关国际合作、交流事宜。

(8)组织编制全国海事系统中长期发展规划和有关计划;管理所属单位基本建设、财务、教育、科技、人事、劳动工资、精神文明建设工作;负责船舶港务费、船舶吨税有关管理工作;负责全国海事系统统计和行风建设工作。

3. 海关

根据国家有关法规、规定负责进出口货物的检验、放行和征税;对船员、旅客携带的个人物品检查、放行和征税;查禁走私。

4. 边防检查站

检查进出境人员的护照及其他证件,维护国家主权和尊严,保证港口、船舶的安全。

5. 卫生检疫、动植物检疫、商品检验等机构

对进口动、植物和国际航行船舶上的船员、旅客进行卫生检疫,防止病菌、害虫和疫病传播;检查进出口货物的品质、包装等是否符合有关规定;应船方或货方请求,对残损货物进行品质、包装等检验,出具证明,以便法院仲裁。

国际航线航行的船舶在要进入我国对外开放港口之前一个星期就要通过当地船舶代理公司填报规定的表格,向港务监督办理进港手续。由港监组织海关、边防检查站和卫生检疫所等单位组成联合检查小组,提出联合检查方式(边航行边检查、在锚地检查或靠码头后检查),对船舶进行联合检查(简称联检)。

四、港口现有企业

1. 外轮代理公司

业务范围包括船舶代理、货运代理、揽货订舱、客运代理、国际联运及其他有关业务。中国外轮代理总公司是将国内对外开放港口中独立经营的外轮代理机构合并统一后,于20世纪50年代成立的,是主管海洋运输代理业务的全国性机构。

2. 外轮理货公司

代表船方进行点数、计量、交接货物。外轮理货是外贸运输中不可缺少的一个环节,它对承、托运双方履行运输契约,买卖双方履行贸易合同和船方保质保量地完成运输任务,都起着重要的作用。

3. 货物装卸企业

货物的装卸是港口最基本的业务,也是船舶到达港口的最基本目的。因而港口的货物装卸企业是港口生产最基本的企业。货物装卸企业一般拥有为进行货物装卸的装卸机械和工具,并且拥有专业的装卸工人和机械司机。货物装卸作业分为码头岸上作业和船上作业两个环节。货物装卸作业的岸上作业主要包括货物在码头前沿的搬运、堆码垛和装卸机械将货物在码头岸上与船上之间的起吊和放下等工序。

船上装卸是指船舶到达港口以后,由港口的码头工人操作船上装卸机械,在甲板上或船舱里整理货物或摘挂吊钩,以及打开舱盖或关上舱盖等等。

世界上港口的管理体制之间差别很大,因而对港口生产组织也存在着很大的差别。在有些港口,港口的所有有关货物装卸的活动,不管是岸上还是船上,都由一家公司来完成。有些港口则将货物装卸分成几块,分别由不同的公司来完成。

4. 货物仓储企业

货物到达港口不一定会马上运离港口。这可能是由于运输环节没有很好的衔接,也有可能是货主有意识的行为。货主企业有时为了等待更好的市场机遇或者因为港口的仓储成本低,有意识地将货物存储在港口。有些货物在港口存储时还进行一些简单的加工,如包装、分拣、贴标签等等。这些业务一般都是由港口的货物仓储公司来完成的。

5. 货物的陆上运输企业

港口作为水陆运输的枢纽,每天有大量的货物进出。在货物的集疏运过程中陆上运输起着极其重要的作用,因而港口也是陆上运输企业最为集中的地区。港口的陆上运输企业主要包括公路运输企业和铁路运输企业。由于世界上多数国家铁路运输是由国家垄断的,因而港口的铁路运输只不过是整个铁路运输的延伸。但是港口的公路运输企业之间存在着激烈的竞争,谁能够占领港口这个重要的市场,谁就能够争取主动。一般而言,在港口经营的公路运输企业是独立的运输企业,不受港口的控制。货主通过其代理与公路运输企业签定运输合同。尽管如此,多数的港口当局还是与公路运输企业之间保持了良好的合作关系。有些通过长期运输合同的方式与运输企业进行合作。有些港口或者其装卸公司自己拥有卡车运输公司。

6. 驳船运输企业

驳船运输是港内利用水运短途集疏运的重要手段,是降低换装成本、集疏运成本的最经济的方法之一。驳船运输主要有两项业务。一是完成港内货物短途集疏运;二是完成港口之间较长距离的货物运输。港口拥有的驳船多数是为了港口范围内的货物位移。目前,在世界的主要港口内,驳船运输仍是港口内货物移动的主要方式。

由于驳船运输的最大优势是直接靠在海船的船舷边上直接用海船上的装卸机械(或驳船上自备的吊杆)进行作业。不仅在海船挂靠泊位时可以作业,即使在海船挂靠浮筒时也可以作业,甚至可以挂靠海船外档,使海船里档和外档同时作业。因而使用驳船进行码头货物的装卸,不仅可以不占用港口的码头岸线,同时又可以提高海船的装卸效率。虽然,驳船在货物装卸中的作用非常大,而且驳船与海船之间需要很多的协调,但是在世界上多数港口,驳船运输由独立驳船运输企业来完成。

7. 船舶供应企业

广义的船舶供应包括对船舶在港口作业所需服务,如对船舶供电业务、船舶通信业务、船舶垃圾处理业务等。同时还包括对船舶继续航行所需物品的供应。船舶继续航行所需物品可以分为两类,一类是船舶航行中船员生活所需的物品如淡水、蔬菜、鱼肉、粮食等等;另一类是为船舶航行所需的船舶用物品,包括船舶燃料、船舶配件等。国外港口这方面的供给一般都是由专门的供应企业提供。除此之外,港口还有专门企业向船舶提供诸如清除垃圾之类的辅助服务。

8. 船员服务企业

由于船舶在港内进行货物的装卸,船员需要在港口内进行短暂的停留。为了为这些在港口内停留船员的服务,港内还有专门的公司从事旅馆、餐饮、娱乐等服务业。

9. 拖轮、解系缆服务企业

船舶在港口的航行中经常会遇到诸如掉头、靠泊、航道狭窄等问题。遇到这些问题,多数情况下,船舶需要有拖轮协助。有些港口在船舶进入港口、靠泊、掉头和离开港口时,强行要求提供拖轮服务。可以说,港口内的拖轮服务是一项旱涝保收的业务。因而多数港口拥有自己的拖轮或拖轮公司。有些拖轮公司是独立的企业,有些直接归港务当局所有。在船舶靠泊或靠浮筒时,港口还提供系解缆服务。对船舶的系解缆服务可以专门成立服务公司,也可以直接由港口当局提供。

案例

韩国釜山港

釜山港位于朝鲜半岛东南端(北纬35°04′42″,东经129°01′01″),是韩国的第一大港口和世界第三大的集装箱货运港口。釜山港的四面为山丘和岛屿所环绕,港内水面平静而且潮差较小,靠近世界上三大主干航线之一,从而具备了得天独厚的优越地理环境。该港口受理了韩国海上输出货物总量的40%,集装箱货物总量的85%,全国水产品总量的40%,由北港、南港、甘泉港和多大浦港组成,并且拥有子城台、戡蛮、神仙台、牛岩、甘泉、新甘湾6个集装箱专用码头。自1876年建成国际港口以来,釜山港经过130多年的持续成长,现已成长为一个每年可接待22 000艘外国船舶的国际港口。

釜山港是海峡港、基本港,属东亚航线,我国远洋运输公司及其丹麦马士基航运公司均有班轮直挂釜山港。釜山港装卸设备有各种岸吊、门吊、可移式吊、集装箱吊、浮吊、皮带输送机、装船机及滚装设施等,其中浮吊最大起重能力达100t,拖船的功率最大达2354kW,装卸效率为每小时装600t,装卸杂货每天1000t。

最近几年,韩国海上进出口货物的年增长率达20%左右,几乎全部由釜山港进出。2001年,釜山港处理了807万TEU的货物,仅次于香港、新加坡而成为世界第三大集装箱专用码头。该港的集装箱码头起着骨干作用,它有大型龙门式集装箱装卸桥,码头面积达63万m^2。这里每年停靠约2000艘集装箱船,据了解,此前釜山港停靠的最大船舶为荷兰籍的6800TEU级“库克(COOK)号”,随着法国最大世界排名第六的达飞轮船公司的8200TEU级的船舶“雨果(HUGO)号”的到来,釜山港成为能够停靠超大型船舶的港口之一。港口主要出口货物为工业机械、水产品、电子、石化产品、纺织品等,进口货物主要有原油、粮食、煤、焦炭、原棉、原糖、铝、原木及化学原浆等。该港能承接各种船舶修理,最大干船坞可容纳15万载重吨的船舶。

目前,釜山港的优势地位受到中国上海港的冲击。上海港作为中国最大的港口,其吞吐量已位居世界第六位,东南亚第五位。上海港的优势主要在于有经济繁荣的长江三角洲地带作为腹地,上海港几乎承运了长江三角洲及长江流域绝大部分的货物。目前,上海港的最大优势是货源充足,上海港的国际竞争能力的增强,今后主要寄希望于大、小洋山集装箱泊位的建成,如果上海港把运往北美、欧洲的货物集中在大、小洋山,运往东南亚、中东、日韩等近洋货物集中在长江口内,这对环球航线的超大型集装箱班轮无疑会产生巨大的吸引力,届时将对北部的釜山港形成强有力的挑战。

课外阅读

中华人民共和国港口法

（2003年6月28日第十届全国人民代表大会常务委员会第三次会议通过）

第一章　总则

第一条　为了加强港口管理，维护港口的安全与经营秩序，保护当事人的合法权益，促进港口的建设与发展，制定本法。

第二条　从事港口规划、建设、维护、经营、管理及其相关活动，适用本法。

第三条　本法所称港口，是指具有船舶进出、停泊、靠泊，旅客上下，货物装卸、驳运、储存等功能，具有相应的码头设施，由一定范围的水域和陆域组成的区域。

港口可以由一个或者多个港区组成。

第四条　国务院和有关县级以上地方人民政府应当在国民经济和社会发展计划中体现港口的发展和规划要求，并依法保护和合理利用港口资源。

第五条　国家鼓励国内外经济组织和个人依法投资建设、经营港口，保护投资者的合法权益。

第六条　国务院交通主管部门主管全国的港口工作。

地方人民政府对本行政区域内港口的管理，按照国务院关于港口管理体制的规定确定。

依照前款确定的港口管理体制，由港口所在地的市、县人民政府管理的港口，由市、县人民政府确定一个部门具体实施对港口的行政管理；由省、自治区、直辖市人民政府管理的港口，由省、自治区、直辖市人民政府确定一个部门具体实施对港口的行政管理。

依照前款确定的对港口具体实施行政管理的部门，以下统称港口行政管理部门。

第二章　港口规划与建设

第七条　港口规划应当根据国民经济和社会发展的要求以及国防建设的需要编制，体现合理利用岸线资源的原则，符合城镇体系规划，并与土地利用总体规划、城市总体规划、江河流域规划、防洪规划、海洋功能区划、水路运输发展规划和其他运输方式发展规划以及法律、行政法规规定的其他有关规划相衔接、协调。

编制港口规划应当组织专家论证，并依法进行环境影响评价。

第八条　港口规划包括港口布局规划和港口总体规划。

港口布局规划，是指港口的分布规划，包括全国港口布局规划和省、自治区、直辖市港口布局规划。

港口总体规划，是指一个港口在一定时期的具体规划，包括港口的水域和陆域范围、港区划分、吞吐量和到港船型、港口的性质和功能、水域和陆域使用、港口设施建设岸线使用、建设用地配置以及分期建设序列等内容。

港口总体规划应当符合港口布局规划。

第九条　全国港口布局规划，由国务院交通主管部门征求国务院有关部门和有关军事机关的意见编制，报国务院批准后公布实施。

省、自治区、直辖市港口布局规划，由省、自治区、直辖市人民政府根据全国港口布局规划组织编制，并送国务院交通主管部门征求意见。国务院交通主管部门自收到征求意见的材料之日起满30日未提出修改意见的，该港口布局规划由有关省、自治区、直辖市人民政府公布实施；国务院交通主管部门认为不符合全国港口布局规划的，应当自收到征求意见的材料之日起30日内提出修改意见；有关省、自治区、直辖市人民政府对修改意见有异议的，报国务院决定。

第十条 港口总体规划由港口行政管理部门征求有关部门和有关军事机关的意见编制。

第十一条 地理位置重要、吞吐量较大、对经济发展影响较广的主要港口的总体规划，由国务院交通主管部门征求国务院有关部门和有关军事机关的意见后，会同有关省、自治区、直辖市人民政府批准，并公布实施。主要港口名录由国务院交通主管部门征求国务院有关部门意见后确定并公布。

省、自治区、直辖市人民政府征求国务院交通主管部门的意见后确定本地区的重要港口。重要港口的总体规划由省、自治区、直辖市人民政府征求国务院交通主管部门意见后批准，公布实施。

前两款规定以外的港口的总体规划，由港口所在地的市、县人民政府批准后公布实施，并报省、自治区、直辖市人民政府备案。

市、县人民政府港口行政管理部门编制的属于本条第一款、第二款规定范围的港口的总体规划，在报送审批前应当经本级人民政府审核同意。

第十二条 港口规划的修改，按照港口规划制定程序办理。

第十三条 在港口总体规划区内建设港口设施，使用港口深水岸线的，由国务院交通主管部门会同国务院经济综合宏观调控部门批准；建设港口设施，使用非深水岸线的，由港口行政管理部门批准。但是，由国务院或者国务院经济综合宏观调控部门批准建设的项目使用港口岸线，不再另行办理使用港口岸线的审批手续。

港口深水岸线的标准由国务院交通主管部门制定。

第十四条 港口建设应当符合港口规划。不得违反港口规划建设任何港口设施。

第十五条 按照国家规定须经有关机关批准的港口建设项目，应当按照国家有关规定办理审批手续，并符合国家有关标准和技术规范。

建设港口工程项目，应当依法进行环境影响评价。

港口建设项目的安全设施和环境保护设施，必须与主体工程同时设计、同时施工、同时投入使用。

第十六条 港口建设使用土地和水域，应当依照有关土地管理、海域使用管理、河道管理、航道管理、军事设施保护管理的法律、行政法规以及其他有关法律、行政法规的规定办理。

第十七条 港口的危险货物作业场所、实施卫生除害处理的专用场所，应当符合港口总体规划和国家有关安全生产、消防、检验检疫和环境保护的要求，其与人口密集区和港口客运设施的距离应当符合国务院有关部门的规定；经依法办理有关手续，并经港口行政管理部门批准后，方可建设。

第十八条　航标设施以及其他辅助性设施，应当与港口同步建设，并保证按期投入使用。

港口内有关行政管理机构办公设施的建设应当符合港口总体规划，建设费用不得向港口经营人摊派。

第十九条　港口设施建设项目竣工后，应当按照国家有关规定经验收合格，方可投入使用。

港口设施的所有权，依照有关法律规定确定。

第二十条　县级以上有关人民政府应当保证必要的资金投入，用于港口公用的航道、防波堤、锚地等基础设施的建设和维护。具体办法由国务院规定。

第二十一条　县级以上有关人民政府应当采取措施，组织建设与港口相配套的航道、铁路、公路、给排水、供电、通信等设施。

第三章　港口经营

第二十二条　从事港口经营，应当向港口行政管理部门书面申请取得港口经营许可，并依法办理工商登记。

港口行政管理部门实施港口经营许可，应当遵循公开、公正、公平的原则。

港口经营包括码头和其他港口设施的经营，港口旅客运输服务经营，在港区内从事货物的装卸、驳运、仓储的经营和港口拖轮经营等。

第二十三条　取得港口经营许可，应当有固定的经营场所，有与经营业务相适应的设施、设备、专业技术人员和管理人员，并应当具备法律、法规规定的其他条件。

第二十四条　港口行政管理部门应当自收到本法第二十二条第一款规定的书面申请之日起 30 日内依法作出许可或者不予许可的决定。予以许可的，颁发港口经营许可证；不予许可的，应当书面通知申请人并告知理由。

第二十五条　经营港口理货业务，应当按照规定取得许可。实施港口理货业务经营许可，应当遵循公开、公正、公平的原则。具体办法由国务院交通主管部门规定。

港口理货业务经营人应当公正、准确地办理理货业务；不得兼营本法第二十二条第三款规定的货物装卸经营业务和仓储经营业务。

第二十六条　港口经营人从事经营活动，必须遵守有关法律、法规，遵守国务院交通主管部门有关港口作业规则的规定，依法履行合同约定的义务，为客户提供公平、良好的服务。

从事港口旅客运输服务的经营人，应当采取保证旅客安全的有效措施，向旅客提供快捷、便利的服务，保持良好的候船环境。

港口经营人应当依照有关环境保护的法律、法规的规定，采取有效措施，防治对环境的污染和危害。

第二十七条　港口经营人应当优先安排抢险物资、救灾物资和国防建设急需物资的作业。

第二十八条　港口经营人应当在其经营场所公布经营服务的收费项目和收费标准；未公布的，不得实施。

港口经营性收费依法实行政府指导价或者政府定价的，港口经营人应当按照规定执行。

第二十九条 国家鼓励和保护港口经营活动的公平竞争。

港口经营人不得实施垄断行为和不正当竞争行为,不得以任何手段强迫他人接受其提供的港口服务。

第三十条 港口行政管理部门依照《中华人民共和国统计法》和有关行政法规的规定要求港口经营人提供的统计资料,港口经营人应当如实提供。

港口行政管理部门应当按照国家有关规定将港口经营人报送的统计资料及时上报,并为港口经营人保守商业秘密。

第三十一条 港口经营人的合法权益受法律保护。任何单位和个人不得向港口经营人摊派或者违法收取费用,不得违法干预港口经营人的经营自主权。

第四章 港口安全与监督管理

第三十二条 港口经营人必须依照《中华人民共和国安全生产法》等有关法律、法规和国务院交通主管部门有关港口安全作业规则的规定,加强安全生产管理,建立健全安全生产责任制等规章制度,完善安全生产条件,采取保障安全生产的有效措施,确保安全生产。

港口经营人应当依法制定本单位的危险货物事故应急预案、重大生产安全事故的旅客紧急疏散和救援预案以及预防自然灾害预案,保障组织实施。

第三十三条 港口行政管理部门应当依法制定可能危及社会公共利益的港口危险货物事故应急预案、重大生产安全事故的旅客紧急疏散和救援预案以及预防自然灾害预案,建立健全港口重大生产安全事故的应急救援体系。

第三十四条 船舶进出港口,应当依照有关水上交通安全的法律、行政法规的规定向海事管理机构报告。海事管理机构接到报告后,应当及时通报港口行政管理部门。

船舶载运危险货物进出港口,应当按照国务院交通主管部门的规定将危险货物的名称、特性、包装和进出港口的时间报告海事管理机构。海事管理机构接到报告后,应当在国务院交通主管部门规定的时间内作出是否同意的决定,通知报告人,并通报港口行政管理部门。但是,定船舶、定航线、定货种的船舶可以定期报告。

第三十五条 在港口内进行危险货物的装卸、过驳作业,应当按照国务院交通主管部门的规定将危险货物的名称、特性、包装和作业的时间、地点报告港口行政管理部门。港口行政管理部门接到报告后,应当在国务院交通主管部门规定的时间内作出是否同意的决定,通知报告人,并通报海事管理机构。

第三十六条 港口行政管理部门应当依法对港口安全生产情况实施监督检查,对旅客上下集中、货物装卸量较大或者有特殊用途的码头进行重点巡查;检查中发现安全隐患的,应当责令被检查人立即排除或者限期排除。

负责安全生产监督管理的部门和其他有关部门依照法律、法规的规定,在各自职责范围内对港口安全生产实施监督检查。

第三十七条 禁止在港口水域内从事养殖、种植活动。

不得在港口进行可能危及港口安全的采掘、爆破等活动;因工程建设等确需进行的,必须采取相应的安全保护措施,并报经港口行政管理部门批准;依照有关水上交通安全的法律、行政法规的规定须经海事管理机构批准的,还应当报经海事管理机构批准。

禁止向港口水域倾倒泥土、砂石以及违反有关环境保护的法律、法规的规定排放超过规定标准的有毒、有害物质。

第三十八条　建设桥梁、水底隧道、水电站等可能影响港口水文条件变化的工程项目，负责审批该项目的部门在审批前应当征求港口行政管理部门的意见。

第三十九条　依照有关水上交通安全的法律、行政法规的规定，进出港口须经引航的船舶，应当向引航机构申请引航。引航的具体办法由国务院交通主管部门规定。

第四十条　遇有旅客滞留、货物积压阻塞港口的情况，港口行政管理部门应当及时采取有效措施，进行疏港；港口所在地的市、县人民政府认为必要时，可以直接采取措施，进行疏港。

第四十一条　港口行政管理部门应当组织制定所管理的港口的章程，并向社会公布。

港口章程的内容应当包括对港口的地理位置、航道条件、港池水深、机械设施和装卸能力等情况的说明，以及本港口贯彻执行有关港口管理的法律、法规和国务院交通主管部门有关规定的具体措施。

第四十二条　港口行政管理部门依据职责对本法执行情况实施监督检查。

港口行政管理部门的监督检查人员依法实施监督检查时，有权向被检查单位和有关人员了解有关情况，并可查阅、复制有关资料。

监督检查人员对检查中知悉的商业秘密，应当保密。

监督检查人员实施监督检查时，应当出示执法证件。

第四十三条　监督检查人员应当将监督检查的时间、地点、内容、发现的问题及处理情况作出书面记录，并由监督检查人员和被检查单位的负责人签字；被检查单位的负责人拒绝签字的，监督检查人员应当将情况记录在案，并向港口行政管理部门报告。

第四十四条　被检查单位和有关人员应当接受港口行政管理部门依法实施的监督检查，如实提供有关情况和资料，不得拒绝检查或者隐匿、谎报有关情况和资料。

第五章　法律责任

第四十五条　有下列行为之一的，由县级以上地方人民政府或者港口行政管理部门责令限期改正；逾期不改正的，由作出限期改正决定的机关申请人民法院强制拆除违法建设的设施；可以处 5 万元以下罚款：

（一）违反港口规划建设港口、码头或者其他港口设施的；

（二）未经依法批准，建设港口设施使用港口岸线的。

建设项目的审批部门对违反港口规划的建设项目予以批准的，对其直接负责的主管人员和其他直接责任人员，依法给予行政处分。

第四十六条　未经依法批准，在港口建设危险货物作业场所、实施卫生除害处理的专用场所的，或者建设的危险货物作业场所、实施卫生除害处理的专用场所与人口密集区或者港口客运设施的距离不符合国务院有关部门的规定的，由港口行政管理部门责令停止建设或者使用，限期改正，可以处 5 万元以下罚款。

第四十七条　码头或者港口装卸设施、客运设施未经验收合格，擅自投入使用的，由港口行政管理部门责令停止使用，限期改正，可以处 5 万元以下罚款。

第四十八条　有下列行为之一的，由港口行政管理部门责令停止违法经营，没收违法所得；违法所得 10 万元以上的，并处违法所得 2 倍以上 5 倍以下罚款；违法所得不足 10 万元的，处 5 万元以上 20 万元以下罚款：

(一)未依法取得港口经营许可证,从事港口经营的;

(二)未经依法许可,经营港口理货业务的;

(三)港口理货业务经营人兼营货物装卸经营业务、仓储经营业务的。

有前款第(三)项行为,情节严重的,由有关主管部门吊销港口理货业务经营许可证。

第四十九条 港口经营人不优先安排抢险物资、救灾物资、国防建设急需物资的作业的,由港口行政管理部门责令改正;造成严重后果的,吊销港口经营许可证。

第五十条 港口经营人违反有关法律、行政法规的规定,在经营活动中实施垄断行为或者不正当竞争行为的,依照有关法律、行政法规的规定承担法律责任。

第五十一条 港口经营人违反本法第三十二条关于安全生产的规定的,由港口行政管理部门或者其他依法负有安全生产监督管理职责的部门依法给予处罚;情节严重的,由港口行政管理部门吊销港口经营许可证,并对其主要负责人依法给予处分;构成犯罪的,依法追究刑事责任。

第五十二条 船舶进出港口,未依照本法第三十四条的规定向海事管理机构报告的,由海事管理机构依照有关水上交通安全的法律、行政法规的规定处罚。

第五十三条 未依法向港口行政管理部门报告并经其同意,在港口内进行危险货物的装卸、过驳作业的,由港口行政管理部门责令停止作业,处5000元以上5万元以下罚款。

第五十四条 在港口水域内从事养殖、种植活动的,由海事管理机构责令限期改正;逾期不改正的,强制拆除养殖、种植设施,拆除费用由违法行为人承担;可以处1万元以下罚款。

第五十五条 未经依法批准在港口进行可能危及港口安全的采掘、爆破等活动的,向港口水域倾倒泥土、砂石的,由港口行政管理部门责令停止违法行为,限期消除因此造成的安全隐患;逾期不消除的,强制消除,因此发生的费用由违法行为人承担;处5000元以上5万元以下罚款;依照有关水上交通安全的法律、行政法规的规定由海事管理机构处罚的,依照其规定;构成犯罪的,依法追究刑事责任。

第五十六条 交通主管部门、港口行政管理部门、海事管理机构等不依法履行职责,有下列行为之一的,对直接负责的主管人员和其他直接责任人员依法给予行政处分;构成犯罪的,依法追究刑事责任:

(一)违法批准建设港口设施使用港口岸线、违法批准建设港口危险货物作业场所或者实施卫生除害处理的专用场所,或者违法批准船舶载运危险货物进出港口、违法批准在港口内进行危险货物的装卸、过驳作业的;

(二)对不符合法定条件的申请人给予港口经营许可或者港口理货业务经营许可的;

(三)发现取得经营许可的港口经营人、港口理货业务经营人不再具备法定许可条件而不及时吊销许可证的;

(四)不依法履行监督检查职责,对违反港口规划建设港口、码头或者其他港口设施的行为,未经依法许可从事港口经营、港口理货业务的行为,不遵守安全生产管理规定的行为,危及港口作业安全的行为,以及其他违反本法规定的行为,不依法予以查处的。

第五十七条 行政机关违法干预港口经营人的经营自主权的,由其上级行政机关或者监察机关责令改正;向港口经营人摊派财物或者违法收取费用的,责令退回;情节严重的,对直接负责的主管人员和其他直接责任人员依法给予行政处分。

第六章　附则

第五十八条　对航行国际航线的船舶开放的港口，由有关省、自治区、直辖市人民政府按照国家有关规定商国务院有关部门和有关军事机关同意后，报国务院批准。

第五十九条　渔业港口的管理工作由县级以上人民政府渔业行政主管部门负责。具体管理办法由国务院规定。

前款所称渔业港口，是指专门为渔业生产服务、供渔业船舶停泊、避风、装卸渔获物、补充渔需物资的人工港口或者自然港湾，包括综合性港口中渔业专用的码头、渔业专用的水域和渔船专用的锚地。

第六十条　军事港口的建设和管理办法由国务院、中央军事委员会规定。

第六十一条　本法自2004年1月1日起施行。

中国典型港口情况资料

1. 上海港

海港位于东经121°29′，北纬31°14′，地处长江入海口南岸的黄浦江畔，濒临东海的西侧，是中国最大的港口，也是世界著名的亿吨大港之一。早在1843年建港，已有150多年的历史，被誉为中国通往世界的门户，地处我国南北海岸线的中心，地理位置十分优越。是全国工商业、金融、交通中心。背靠我国人口最稠密，物产丰富的上海经济开发区和整个长江流域。腹地广大，经济发达，交通便利。铁路干线有津沪和沪杭线，公路有4条国道分别通往全国各地。沪嘉与莘松高速公路已建成通车。它是中国最大的商品集散地，又是重要的对外贸易基地之一。现已成为我国重、轻工业各个门类较齐全的综合性工业城市。有大量产品供应全国各地。主要工业有钢铁、造船、石油、化工、航天、汽车制造、机械、电子、仪表、轻工、纺织、食品、丝绸等，拥有著名的宝山钢铁厂、江南造船厂、金山化工公司及大众汽车厂等。还是我国第三大航空中心。

上海港属亚热带季风气候，春夏盛行东及东南风，秋冬多北及西北风。年平均气温15.4℃，最高曾达40.2℃。每年有雾日43天，海上以3~6月为甚，陆上以2月和11月为多。全年平均降雨量约为1100mm，以春夏为多。台风、暴雨及寒潮每年都有发生。属不正规半日潮港。大潮升3.6m，小潮升2.7m，平均潮差2.3m，吴淞的最高潮位可达5.72m。

本港以吴淞口为界分内、外港两部分。内港可进3.5万载重吨的船舶，外港长宽不限。港区码头泊位142个，其中万吨以上71个，岸线长10km以上，最大水深均在11m以上。另有浮筒泊位上百个。上海港进入20世纪80年代以来对港口进行了大量改建和新建。建成了一批具有国际先进水平的码头和装卸管理设备。大大提高了上海港的运作效率。1997年港口货物吞吐量为1.64亿t，高居全国之首，在世界港口中位居前列。1998年上海港的集装箱吞吐量达306.6万TEU，进入世界10大集装箱港行列。上海港外贸吞吐量占全港25%，进出口主要货物有钢铁、粮食、煤炭、石油、杂粮等。

截至2006年底，上海港海港港区拥有各类码头泊位1140个，其中万吨级以上生产泊位171个，码头线总长为91.6km。按照码头使用性质分类：公用码头泊位175个，码头线长度为24.6km，其中生产泊位121个，码头线长度为22.2km，年货物吞吐能力17 051万t；货主专用码头泊位965个,码头线长度为67km,其中生产泊位495个,码头线长度为38.2km。上海港内河港区有码头泊位818个,最大靠泊能力3000吨级。

2006年上海港完成货物吞吐量5.37亿t。其中,海港货物吞吐量4.7亿t,继续保持世界第一大货运港地位;内河港口完成货物吞吐量0.67亿t。完成外贸货物吞吐量2.13亿t,其中,外贸出口1.03亿t,外贸进口1.1亿t。完成集装箱吞吐量2171.9万TEU,占全国规模以上港口集装箱量的24%,在世界集装箱港口中继续位居第三。集装箱吞吐量中,内支线集装箱量202.6万TEU,国际中转箱78.5万TEU,内贸集装箱吞吐量313.7万TEU。截至2006年底,上海港集装箱班轮航班达到每月2106班,其中,远洋航线498班,近洋航线535班,内支线794班,内贸航线每月279班。

2. 青岛港

青岛港位于山东半岛南岸的胶州湾内,港内水域宽深,四季通航,港湾口小腹大,是我国著名的优良港口。它主要由大港、中港和黄岛港组成。各港码头均有铁路相连,环胶州湾高等级公路与济青高速公路相接,腹地除吸引山东外,还承担着华北对外运输任务。青岛港是晋中煤炭和胜利油田原油的主要输出港,也是我国仅次于上海、深圳的第三大集装箱运输港口。

青岛港始建于1892年,具有116年历史。是我国重点国有企业,中国第二个外贸亿吨吞吐大港。是太平洋西海岸重要的国际贸易口岸和海上运输枢纽。

青岛港自然条件。风况:夏季多南风及东南风,冬季多北风及西北风。每年大于7级以上大风天约8天;台风每年约发生1~2次,对港口影响甚小。降水:年平均降水量为755.6mm,6~7月降雨最多,占全年的70%。雾况:年平均雾日51.6天,每年4~7月为最多,对航运、生产影响不大。气温:年平均气温为12.1℃,极端最高气温35.4℃,极端最低气温-16℃。潮汐:为正规半日潮型,平均高潮位3.85m,平均低潮位1.08m,最高高潮位5.36m,最低低潮位0.70m。潮流:属半日潮流,总的特点是涨潮流速大于落潮流速,涨潮历时小于落潮历时,潮流基本属于往复流,最大流速方向同海岸平行。前湾最大涨潮流速0.51m/s,最大落潮流速0.33m/s。波浪:胶州湾波浪主要为湾内小风区波浪及外海波浪经湾口的折射波、绕射波。

青岛港由青岛老港区、黄岛油港区、前湾新港区三大港区组成。拥有码头15座,泊位72个。其中,可停靠5万吨级船舶的泊位有6个,可停靠10万吨级船舶的泊位有6个,可停靠30万吨级船舶的泊位有2个。主要从事集装箱、煤炭、原油、铁矿、粮食等进出口货物的装卸服务和国际国内客运服务。与世界上130多个国家和地区的450多个港口有贸易往来。2003年港口完成货物吞吐量达到1.4亿t,集装箱吞吐量突破400TEU,居世界集装箱大港第14位,中国第3位。

青岛港港口资产为110.4亿元。拥有全国最大的集装箱码头、原油码头、铁矿码头和国际一流的煤炭码头、散粮接卸码头。有近20家合资企业,其中有6家世界500强企业与青岛港合资。

3. 武汉港集装箱有限公司

武汉港集装箱有限公司(即杨泗港码头)位于长江中游武汉段北岸的汉阳鹦鹉洲头,在武汉长江大桥与白沙洲大桥之间,紧临“两区一园”,地处沌口经济开发区、东湖高新开发区、吴家山台商工业园的中心。公司是武汉市最早对外开放的码头之一，现已发展成为湖北省外贸进出口货物的主要集散地，每月的航班数量达到280多航次，占武汉地区集装箱运输总量的74%，是长江中上游地区最大的专业国际集装箱码头。

2003年6月由武汉港务集团有限公司、上海港集装箱股份有限公司、上港集箱（澳门）公司、武汉长伟国际航运实业有限公司、武汉中远国际货运有限公司、武汉中理外轮理货有限责任公司6家股东共同出资在原武汉港集装箱运输公司的基础上改制组建为中外合资企业，注册资本1亿元。主要从事集装箱的装卸及相关服务。公司码头岸线长260m，集装箱专用泊位2个，常年水深为4.5m以下，能同时靠泊2艘5000吨级船舶；拥有10万m^2的专业集装箱堆场，45t集装箱岸边桥式起重机1台，40t岸边台架吊2台，45t场地轨道式龙门吊4台，集卡、叉车、正面吊、空箱堆高机等集装箱专用设备20余台套；采用了当前国内较为先进的TOPS码头营运管理系统、无线终端系统及电视监控系统进行生产管理，港口作业实现了实时控制。目前已经具备30万TEU的年吞吐能力。

公司致力于提高港口集装箱综合吞吐能力，做大做强集装箱产业，努力实现在华中地区集装箱运输中的主通道地位，为武汉航运中心的建设发挥积极作用。

公司经营范围：

（1）集装箱码头装卸业务：为客户提供集装箱装卸船、上下车、查验箱、熏蒸箱等服务，目前武汉中货、中海、中外运、长伟、武汉航华等13家船舶及代理公司驻港口从事业务。

（2）内外贸货运代理：公司已经获得国际货运代理资质，服务内容包括揽货、订舱、仓储、中转、集装箱拼装拆箱、结算运杂费、报关、报验、保险及相关的短途运输服务。

（3）集装箱箱管服务：为船公司提供集装箱堆存管理，每天提供箱管存量及动态报表，做到“先进先出”，努力维护客户利益。

（4）装拆箱服务：为客户代理和操作集装箱装拆箱业务，特别是对于特种箱的装拆具有丰富的操作经验和优良的装卸工艺，确保装载质量。

（5）集装箱延伸服务：为客户提供集装箱货物仓储，“门到门”的陆路运输，集装箱修理、清洗及货物打包、托运等相关服务，以完备的港口功能打造优良的服务品牌。

思考题

1. 什么是港口、海港、河口港、河港？
2. 港口是如何分类的？
3. 港口有哪些功能，最主要的功能是什么？
4. 港口由哪几部分组成，港口水域和港口陆域各由哪些部分组成？
5. 港口生产力由哪些要素构成？
6. 哪些生产工具是属于港口的生产力工具？
7. 哪些设施是港口生产设施？
8. 港口劳动的对象是什么？
9. 港口生产活动的特征有哪些？
10. 港口企业的主要特征是什么？

技能训练

1. 组织学生去参观某一港口。
2. 以某一港口为例,写一篇该港口的解说词,并能勾画出该港口的设施布局平面图。
3. 能够分清港口生产力各要素功能,并能合理组合生产要素。
4. 能看懂某一港口地图并以图来讲解该港的概况。

第二章　港口劳动组织

● **知识目标**

1. 了解港口装卸劳动定额的概念和作用；
2. 掌握港口装卸劳动定额的制定方法；
3. 了解港口工作轮班制以及装卸作业线组织；
4. 了解港口劳动定额的修订原则与期限；
5. 掌握港口装卸劳动定额的修订方法；
6. 了解劳动保护制度以及劳动安全作业的方法。

● **技能目标**

1. 根据资料会正确计算港口装卸作业定额(机械和人作业时间、作业效率、配备的数量)；
2. 会用统计分析法制定工时定额和产量定额；
3. 会用经验统计法来修订港口劳动定额；
4. 会计算港口企业劳动生产率。

第一节　港口装卸劳动定额

一、劳动定额的概念和作用

港口企业劳动定额是生产过程中劳动消耗的一种数量标准，它是指在一定的生产技术组织条件下，生产一定产品所必须消耗的时间标准，或一定时间内生产的合格产品的数量标准。

港口劳动定额有两种表现形式：即产量定额与工时定额。产量定额是指充分利用设备和工作地点的生产能力，考虑到先进经验，在一定技术组织条件下，一个工人或一条作业线在单位时间内所必须达到的装卸货物吨数。工时定额又称时间定额，是指在上述条件下，规定装卸1t货所消耗的工时(人时)数。它们互为倒数关系，即单位产品生产消耗的时间越少，则单位劳动时间内的产量越大。

港口劳动定额用公式表示：

工时定额 = 工时/产量

产量定额 = 产量/工时

工时定额 = 1/产量

港口劳动定额按劳动组织划分时,又可分为纯工人劳动定额与人机联合劳动定额。纯工人劳动定额是按装卸工人和装卸机械司机分别制定的劳动定额;人机联合劳动定额则是指装卸工人和装卸机械司机混合统一制定的劳动定额。纯工人劳动定额的优点是:制定比较简单,能体现出各自的劳动强度,但管理比较繁琐,依据两套劳动定额、两套工资,使工人和司机没有统一的目标。人机联合劳动定额则相反,它可以使司机与工人有统一的目标,便于调度司机与工人的劳动积极性,充分发挥设备能力,能较好地反映司机与工人的劳动数量和质量。由于港口生产条件复杂多变,在作业过程中,水平运输距离经常发生变化,这就导致搬运机械效率的变化,从而引起整条作业线效率的变化,为了使劳动定额适应这些变化,在人机联合劳动定额中还应有适应各种条件变化的修正系数。

在某些机械化程度很高的作业线上,装卸工人只是完成一些辅助性的作业,这时必须单独为装卸机械司机制定劳动定额,才能调动他们的积极性,以充分发挥装卸机械的效能。由于条件的限制,目前只限于大宗货物的装卸作业。

先进合理的劳动定额在组织生产、改进企业管理和正确贯彻按劳分配方面,具有重要的作用,具体表现在以下几个方面:

1. 劳动定额是企业计划工作的基础,也是科学的组织生产的依据

企业在编制生产计划前,往往要通过定额核算生产能力、平衡生产任务、设备和劳动力,使编制计划、组织生产都有一个基本的数量分析,做到心中有数。计划在执行过程中,又往往用劳动定额的形式,下达到工组和工人,使计划通过定额与生产者联系起来,依据定额来组织装卸,调配劳动力和机械设备,以保证完成和超额完成计划。

在制定生产计划时,必须应用工时定额,以便把生产任务和设备生产能力、各工种劳动力加以平衡。在制定劳动计划时,要确定各类人员的定额、定员。在生产调度和检查计划执行过程中,同样离不开劳动定额。当科学的组织生产时,劳动定额是各种工作在时间上配合和衔接的依据。只有依据先进合理的劳动定额,企业才能合理的配备劳动力,保证生产均衡协调地进行。

随着港口机械化程度的不断提高,在装卸作业过程中,各工序之间的连续性越来越强,这就对港口组织劳动的合理性提出越来越高的要求。为了保证企业生产的连续性,充分利用工作时间,使装卸生产作业的各个环节互相协调进行,就需要依据劳动定额,考核生产能力,使装卸任务与装卸队、班组、个人联系起来,就需要以劳动定额计算工作量。

劳动定额的核算,可使各生产环节的必要劳动时间的比例更为合理,做到合理配工,保证各生产环节的生产能力与货物装卸任务相适应。并且,依据劳动定额,可以计算出每条作业线和各工序应配备的人力和机械等,以保证生产的顺利进行。

2. 劳动定额是提高劳动生产率的重要手段

企业有了先进合理的劳动定额,使广大职工明确目标,增强责任感,挖掘生产潜力,不断提高劳动生产率。

3. *劳动定额是衡量职工贡献大小，贯彻执行按劳分配、合理奖励的重要依据*

在实行计时工资的情况下，劳动定额的完成情况，是确定计时工人工资的重要条件；在实行计件工资的条件下，劳动定额的高低关系到工人劳动报酬的多少；在奖励制度中，劳动定额的完成情况，是考核成绩和确定奖金的重要依据。

4. *劳动定额是推广先进劳动经验的工具*

通过劳动定额管理，便于推广先进经验，促进技术和巩固成果，同时可以调动广大职工的积极性和创造性，不断提高广大职工的文化技术水平和操作熟练程度，促进企业生产和管理水平不断的提高。

5. *劳动定额是企业实行经济核算和成本管理的重要基础*

企业的经济核算与成本管理，要求尽量节约生产中的活劳动和物化劳动的消耗，如果没有劳动定额，就无法核算与比较。

综上所述，劳动定额工作是企业管理的一项极其重要的基础工作，它关系到企业的全部的生产经营活动。因此，必须制定出科学合理的装卸劳动定额，以满足企业生产的客观需要。

二、港口装卸劳动定额的制定方法

正确确定装卸劳动定额的水平，是做好定额工作，发挥定额作用的中心问题。定额水平是企业在一定的时期内和在一定的生产条件下，管理水平、生产技术水平和职工思想觉悟水平的综合反映。定额水平过高或过低，都是脱离实际的。如果定额水平过高，工人经过很大努力也完成不了，就会挫伤工人的积极性；如果定额水平过低，不用努力也能轻易超额，对生产就不会起促进作用，根据这种定额制定出来的各项计划也是保守的。因此，为了制定出合理的港口装卸劳动定额，应提出基本要求。

1. *基本要求*

(1)劳动定额水平的确定应以先进合理为原则。即在正常生产条件下多数工人经过努力能够达到，部分工人可以超出，少数工人能够接近的水平。

(2)在制定或修订定额的过程中，既要从当前的实际出发，又要反映出生产中各种先进的因素，同时还必须注意各货种、各装卸过程及各工种之间定额水平的互相平衡。

(3)合理制定装卸劳动定额的前提条件应给以保证。因为装卸定额水平与货种、船型、装卸条件及难易程度、装卸工艺、设备装备情况以及工人技术水平、组织管理水平有关，所以，为使劳动定额水平做到先进合理，必须在以下前提下制定定额：即合理的装卸工艺和操作过程；科学的劳动组织，合理的定员、配工和分工；适宜不同货种的配套装卸机械设备；先进的操作方法等。如果以上几方面不合理，在此基础上制定出来的装卸定额是难以做到先进合理的。

2. *劳动定额制定的方法*

港口企业劳动定额的方法一般有四种：

(1)经验估工法。这是一种由定额员、技术人员与有经验的工人共同根据他们的生产实践经验，并考虑到货种、设备和其他生产条件，直接估算制定定额的方法。凭此来确定定额工时和产量指标。此法优点是简单易行，制定工作量小，制定速度快。缺点是易受估工人员的主观因素影响，技术依据不足，因而，准确性较差。

(2)统计分析法。这是一种根据过去装卸同类货物时实际消耗工时的统计资料，经过整理,结合当前生产水平进行分析对比来制定定额的方法。

此法的优点是比较简单易行,工作量小,并且比经验估工法有较多的资料依据,也可以说较准确,适合于那些生产条件比较正常,统计工作比较健全的单位采用。缺点是容易受以往平均数字准确性的影响。

(3)类推比较法。这是一种分别同典型定额标准进行比较而类推出来确定其他货物装卸劳动定额的方法。其优点是能保证一个比较统一的定额水平,缺点是它的准确性很大程度上取决于典型定额标准的质量,并且制定一套典型定额标准的工作量也比较大。

(4)技术测定法。这是一种在合理组织劳动的基础上,根据先进合理的技术组织条件和合理的装卸工艺的要求,对工时定额的各个部分时间的组成。但制定的过程比较复杂,工作量大,在目前条件下全面实施还比较困难。

以上几种制定劳动定额的方法,各有优缺点。各港口应从实际出发,根据需要和可能灵活应用。大多数港口是把技术定额方法与经验统计法有机地结合起来应用的。它们制定定额的经验是:大宗货类以技术测定为主,一般货类以统计分析法为主;对相近、相似货种,且工艺变化不大的,采用经验估工或兼并套用的方法。

用统计分析法制定港口劳动定额时,如何确定定额的水平是一个比较复杂的问题,这里介绍管理一种用概率论确定定额水平的方法。统计资料表明,劳动定额完成水平的分布是属于正态分布。定额水平为:

$$N = M + \lambda\sigma \tag{2-1}$$

式中:N——定额水平,即确定的工时定额;

M——正态分布的期望值,即为平均工时;

λ——正态分布的均方差;

σ——标准偏差系数。

正态分布表　　表2-1

λ	$P(\lambda)$	λ	$P(\lambda)$	λ	$P(\lambda)$	λ	$P(\lambda)$
-0.0	0.50	0.0	0.5	-1.3	0.10	1.3	0.90
-1.0	0.46	0.1	0.54	-1.4	0.08	1.4	0.92
-0.2	0.42	0.2	0.58	-1.5	0.07	1.5	0.93
-0.3	0.38	0.3	0.62	-1.6	0.05	1.6	0.95
-0.4	0.34	0.4	0.66	-1.7	0.04	1.7	0.96
-0.5	0.31	0.5	0.69	-1.8	0.04	1.8	0.96
-0.6	0.27	0.6	0.73	-1.9	0.03	1.9	0.97
-0.7	0.24	0.7	0.76	-2.0	0.02	2.0	0.98
-0.8	0.21	0.8	0.79	-2.1	0.02	2.1	0.98
-0.9	0.18	0.9	0.82	-2.2	0.01	2.2	0.99
-1.0	0.16	1.0	0.84	-2.3	0.01	2.3	0.99
-1.1	0.14	1.1	0.86	-2.4	0.01	2.4	0.99
-1.2	0.12	1.2	0.88	-2.5	0.01	2.5	0.99

从正态分布规律(表 2-1)可以看出,当以平均水平作为定额水平时,即 $N = M, \lambda = 0$,此时,只有 50% 的工人可以完成定额。显然,这一定额过高。如以 $N = M + 2\sigma$ 为定额水平时,则有 98% 的工人可以完成定额,此时定额水平又过低。一般认为,定额水平以 80% ~85% 的工人能完成为宜。此时的 λ 值用内插法求得,为 $\lambda = 1.05$。

例题 2-1:某装卸队装卸某一货种,其工时消耗统计样本数(n)为 20 次,各样本(m_i)所测得的数据如下(工时/t):

1.10,1.15,1.18,1.08,1.28,1.24,1.06,1.07,1.04,1.09,1.08,1.17,1.16,1.26,1.04,1.18,1.13,1.09,1.15,1.16。λ 取 1.05。经过计算得:

$$M = \frac{1}{n}\sum_{i=1}^{n} m_i = 1.14 \text{ 工时/t}$$

$$\sigma = \sqrt{\frac{1}{n}\sum_{i=1}^{n}(m_i - M)^2} = 0.07 \text{ 工时/t}$$

工时定额则为:

$$N = M + \lambda\sigma = 1.14 + 1.05 \times 0.07 = 1.21 \text{ 工时/t}$$

按计算出的工时定额对照实际取样数据可测得实际工时 $m_i \leq 1.21$ 的次数有 1.10,1.15,1.18,1.08,1.06,1.07,1.04,1.09,1.08,1.17,1.16,1.04,1.18,1.13,1.09,1.15,1.16,共 17 次。

计算能够完成工时定额概率 $P(\lambda) = \frac{17}{20} = 0.85$

结论:1.21 工时/t 的定额工时有 85% 的工人可以完成劳动定额,此定额定得比较合理。应该指出,在进行运算之前必须对统计数列进行分析,剔除那些在非正常情况下所产生的数据。

3. 港口劳动定额制定程序

1)基本工时定额的制定

(1)划分货类和船型。由于货种、船型不同,其装卸的效率也不同,有的甚至相差很远。如分别以每一货种来制定各自的装卸劳动定额,则工作量太大,因此有必要将成千上万的货物,按照其物理属性及装卸难易程度等归并为若干货类,再以这些货类制定为数不太多的定额。

由于货物积载因素不同,轻泡程度不同,所以装卸效率也就不同。如同是一吊棉花或一吊生铁,其装卸量就相差很大。又如有刺激性、腐蚀性的货物比一般货物装卸的难度就大些,效率也低。故对其需要分别考虑制定不同的装卸定额。

由于船舶的舱口尺寸大小不同,其装卸难易程度也就不同,装卸效率也不同。所以,制定装卸定额时,应当将船型因素考虑进去。

(2)选择和确定合理的装卸工艺和操作程序。由于装卸工艺和操作程序不同,作业线的效率也不同,所以说选择合理的装卸工艺和操作程序是制定定额的前提条件。

(3)确定作业线上的合理配机台数和配工人数。应根据前方起重机械的生产率来计算和确定其他工序、其他环节的机械数量和所需作业工人数。

现举例说明计算和确定袋粮的装卸劳动定额(工时定额、产量定额)。

例题 2-2:已知:货种为袋粮,共 3600t。操作过程,船→库。操作程序,舱内作业(人力)—出舱(船吊)—水平搬运(叉车)—库内作业(人力)。设每吊货重 2t,测时确定船吊操作周期时间为 60s,叉车周期为 120s,舱内人力搬运,每人小时生产率为 10t/h,库内人力堆码,每人小时生产率为 10t/h。

(1)计算码头前方生产率 $P_{前}$ 为:

$$P_{前}=\frac{3600}{60}\times 2.0=120\text{t/h}$$

(2)合理配机、配工。为了保证作业线最高生产效率,以前方工序的生产率为准,其余工序生产率应取得一致或略大于前方生产率。因此:

水平运输叉车生产率为:

$$P_{叉}=\frac{3600}{120}\times 2=60\text{t/h}$$

叉车数量应为:

$$n_{叉}=\frac{P_{前}}{P_{叉}}=\frac{120}{60}=2\text{ 台}$$

配工人数为:

$$n_{人}=\frac{P_{前}}{P_{人}}=\frac{120}{10}=12\text{ 人}$$

舱内配工为 12 人,库内配工为 12 人。叉车司机、指挥手按定额定员配工。

(3)确定作业线生产率(生产能力)。在本例的情况下,作业线生产能力即为:

$$P_{线}=P_{前}=120\text{t/h}$$

如果各工序的生产能力不一致,则最低工序的生产率即为作业线的能力。

(4)确定基本作业时间和工班作业量。由于上述的生产能力是按纯装卸作业时间计算的,但实际上在工班时间内,还包括吃饭、休息这种生理需要的时间以及准备作业和结束作业等辅助时间,而这些时间既是必须的,但又是不能装卸作业的,故理应在计算工班作业量时从 8h 中扣除。此外,在实际生产中,各工序之间不可能做到紧密衔接,难免发生作业中断,也应把这些中断的时间算在定额中去,以作业系数打折扣来计算进去。则:

$$t_{纯}=(8-t_{生}-t_{辅})\times f_{作业} \tag{2-2}$$

式中:$t_{纯}$——纯装卸作业时间(h);

$t_{生}$——生理需要时间(h);

$t_{辅}$——辅助作业时间(h);

$f_{作业}$——作业系数。

如吃饭时间规定为 40min,准备结束等辅助作业时间为 40min,作业系数为 90%,则:

$$t_{纯}=(8-t_{生}-t_{辅})\times f_{作业}=(8-0.67-0.67)\times 90\%=6\text{h}$$

所以,工班作业量 $P_{班}=t_{纯}\times P_{线}=6\times 120=720$t/工班。

(5)计算作业线小时作业量(简称小时量):

$$P_{时}=\frac{P_{班}}{8}=\frac{720}{8}=90\text{t/h}$$

或

$$P_{时} = \frac{P_{班}}{7.33} = \frac{720}{7.33} = 98t/h$$

这里需要作以下说明。从理论上来讲,工班时间应按 8h 计算,但实际上很多港口均按 7.33h的作业时间来计算小时量(或舱时量),应该说是不合理的。因为,工班中的吃饭休息时间是属于有效时间,是法定中断的时间,不能要求工人不吃饭不休息去完成定额。不过实际上按 7.33h 来计算舱时量的港口,在统计定额完成率时,实际作业工时也是用 7.33 乘以人数,所以,这样处理也是可以的。

(6)计算产量定额。即装卸工人每人每小时的定额产量(简称人时吨定额):

$$P_{产定} = \frac{P_{时}}{M_{人}} \tag{2-3}$$

式中:$P_{产定}$——产量定额(t/人·h);

$P_{时}$——每小时的作业量(t/h);

$M_{人}$——作业人数(人)。

(7)计算工时定额:

$$P_{工定} = \frac{1}{P_{产定}} \tag{2-4}$$

式中:$P_{工定}$——工时定额(工时/t);

$P_{产定}$——产量定额(t/人·h)。

2)补充工时定额的制定

基本作业工时定额是为正常作业条件下装卸、搬运货物而制定的,由于港口生产条件非常复杂,变化因素也多,偏离正常条件的情况也经常发生,为了不使港口劳动定额过多、过杂,且又能适应这种生产情况的变化,就需要制定补充工时定额以补充基本作业工时定额的不足。

补充工时定额的含义是补充基本作业工时定额以外的工时消耗量。补充工时定额包括:辅助作业(如程序中断、准备结束作业等)、困难作业(超远、超高、超重)、特殊作业(如检查行李、绞包等)的定额。

(1)辅助作业补充工时定额。辅助作业是为了顺利进行基本作业而必须做的辅助性工作。包括:

①属于准备、结束作业方面。如开关舱、搭台子、排皮带机及工组从一个舱口调到另一个舱口进行装卸作业等。

②属于程序中断作业方面。包括调整吊杆、驳船、车辆换挡等。

每项辅助作业在生产中是必不可少的,其所需的消费时间,可通过历年资料分析确定。

(2)困难作业补充工时定额(又称费时补充工时定额)。这种定额包括:

①属于船型方面。冷藏船、小舱房、尾舱地轴弄以下作业,多舱口的小木船作业或船吊负荷特小与吊货速度特慢的作业。

②属于货类方面。超重、轻泡、异形玻璃制品、超长大件、危、毒货物等作业。

③属于操作程序方面。如人力操作的超远、超高、上电梯、过磅、增加人数的平舱、清舱及浮码头作业等。

上述作业比同类的基本作业难做,效率也低,所以应给予补充工时。各港对上述作业补充工时定额做法不尽相同,有的采用增加人数(如过磅、皮带机转弯、散货平舱、清舱等);有的则采用增加工时的办法(如上电梯,人数不增加,但是,因为作业效率低,可以增加消费工时)。不论采用哪种办法,都必须通过查定或历史统计资料分析确定。

(3)特殊作业的补充工时定额。这类作业实际上也是基本作业,只不过作业机会比较少而已。如检查行李、分唛头、整理包装、绞包及新操作方法试验等。

此类作业补充工时定额,可按其作业百分比确定增加工时系数或通过查定、历史统计资料分析确定。

三、工时和技术查定

制定装卸劳动定额时,必须对工人在生产中的全部工时消耗进行系统的分析研究,以确定哪些工时消耗是必需的,应列入工时定额之内;哪些工时消耗不是必需的,不能列入工时定额内,应采取措施,减少和消灭这部分的工时损失。

所谓工时,就是工人在工班中消费的时间。它包括作业过程中正常生产的时间和种种浪费的时间。前者称为定额工时,后者称为非定额工时。劳动定额是根据有效工时制定的,所以定额工时又称为有效工时,非定额工时又称为无效工时。

1. 定额工时(有效时间)

定额工时,是指完成生产任务所必需的时间消耗。它由以下三部分时间构成:

1)基本作业时间

是指直接用于完成生产任务,实现工艺过程所消耗的时间。是在装卸工作中直接用于货物位移所消耗的时间,它是定额时间中最主要部分。

2)辅助作业时间

是指为了实现基本作业而进行的辅助作业所消耗的时间。其中包括:

(1)准备与结束时间。准备时间指基本作业开始之前花费在领取工具、开舱盖、搭台子、挂安全网等作业时间;结束时间指某项基本作业结束后,用于拆除辅助设备、盖舱盖、清扫场地、送还工具的时间。

(2)生产过程中断时间。指因生产过程必须中断而消费的时间。其中包括:

①在工班作业过程中,因移动机械设备、调整船吊而引起的中断时间。

②在工班作业过程中,因驳船、车辆移档而引起的中断时间。

③在工班作业过程中,按机械操作规程规定必须对机器加油、调整或清洗而引起的中断时间。

辅助作业时间应尽可能安排同基本作业时间平行进行。如能平行进行的作业,不要重复计入工时定额。辅助时间的长短随作业性质和条件而异,可以通过工作日写实或根据统计资料确定。

3)生理需要时间

包括在工班时间内吃饭、休息等消费时间。休息时间的长短应根据装卸货物的物理、化学性质和作业剧烈程度而定,这类工时是法定的,所以又叫法定中断时间。

在上述定额时间中,除基本作业时间外,其余两项,都有工时规范。规定其范围,限制其比例,以鼓励工人缩短辅助时间,增加基本作业时间,提高工班效率。

为了鼓励工组减少辅助时间,同时为了合理考核工时,许多港区对一些辅助作业项目(如开关舱、车驳移档等费时较多,又不是每个工班都发生的辅助作业)也制定单独定额。但是这也给填写作业票与统计工作带来繁杂性,因此有些港口不主张过多制定辅助作业定额,而是主张尽可能把它们包括在基本定额之中。认为虽然不是每个工班都有这种费时作业,但是在较长的时期如一个月中,大家的机会是均等的,这样便无所谓不合理了。究竟如何处理较好?值得研究,一般来说,在实行计件工资制的港口应该单独制定费时定额。

2. 非定额时间

非定额时间,是指那些与完成生产任务无关的时间消耗或停工损失,这类时间不能计入工时定额。它包括:

(1)由行政(组织)责任而造成的工时损失(即经营管理不善所造成的时间损失)。因计划调度不当、劳动组织不合理、配工不当、装卸机具设备不全或技术状况不良等原因造成的等车、等船、等机械设备、生产脱节、作业中断等的工时损失。

(2)由工人责任而造成的工时损失。如工人迟到、早退、擅离工作岗位、不遵守操作规程等而造成的工时损失。

(3)由意外的客观原因造成的工时损失。如工伤、货损、天气突然变化等原因引起的停工而造成的工时损失。

查定,就是通过调查研究,确定生产能力,制定劳动定额和其他技术经济指标。

查定是提高港口管理水平的一种重要手段,也是每个管理生产的专业人员必须熟悉的一种调查研究方法。现代化的生产连续性强,分工细致,要求严密的组织与计划。通过查定,可以掌握和了解到港口在装卸作业过程中劳动分工和协作情况,并找出生产过程的薄弱环节,挖掘生产潜力,为企业的改革提供方向。同时技术查定也是研究先进操作方法、改进劳动分工,推广先进经验的重要手段。

在港口实际工作中,通常使用的查定方法,有工作日写实和测时两种。下面分述其在港口实际工作中的应用。

3. 工作日写实

工作日写实,就是在一个工班中,按照全部工时消耗的顺序,对工时的利用情况,进行实施观察、测量、记录和分析的一种方法。其目的是研究工人在工班中全部时间的消耗情况。其作用是:

1)为制定工时规范提供资料

工班中属于工时规范的生理需要时间是法定的,但是各种辅助作业是根据装卸操作工艺程序的实际而定的。例如,一般新开工的准备工作项目会多些,过驳作业有驳船换挡的项目,遇到下雨有支雨棚的项目。这些辅助作业实际需要的时间,要通过工作日写实来确定,并在此基础上确定工班纯装卸作业时间。

各种辅助作业既不是在每个工班中都有的,也不是周期性重复出现的,因此,必须通过若干次写实,才能了解其实际需要。

一般来说,新建定额管理制定的港口,需要开展一次普遍查定。如果有以往的定额可以作为参考时,可以对主要货种及大宗货种进行重点查定。当新的操作过程或新的操作方法以及新货种出现时,一般都要进行查定。发现定额偏高或偏低时,也应及时进行查定,并根据查定资料规定工时规范。

2)为查明工时损失的原因和改进生产组织的有效手段

在港口生产中,通常会有劳动力停工待时、工时利用率不高等情况,通过工作日写实,可以发现其原因。如:

(1)由于计划不准确,造成等车、等驳、等机械、等理货等等情况。这是港口设备利用率、工时利用率不高的主要原因。通过工作日写实,记录其流水时间,一旦发现停工待时的现象,就应该追根究源,查明造成停工待时的原因和责任。例如发现因“等驳船”停工的情况,就要进一步追查为什么驳船没有按时供应,是作业计划不周或调度联系未妥,还是由于驳船部门不执行计划或驳船运行中发生了什么事故。总之,要查明原因,并提出改善措施和建议,供领导或有关部门参考。

(2)由于工艺设计与生产组织不合理,浪费人力、物力。这方面的问题,通常是由于在制定一个操作过程的作业方案时,没有贯彻精打细算,节约人力物力的原则,或没有进行必要的技术经济论证与计算所造成的。例如散货出舱在可能使用抓斗的情况下,却采用了人力锹网络;在可以直接外档过驳的情况下,却采取先卸货入场,然后装船的方法等等。发现上述情况,应向工艺或调度部门提出,要求改善。

(3)由于劳动组织不当,使机械人力未能配套成龙,浪费人力物力。有些操作过程,虽然操作过程(即工序划分,采用的机械设备)合理,但是由于没有平衡各工序生产能力,配工人数不恰当,造成停工或人力不足,机械等人力的状况,结果降低了舱时量,降低了码头通过能力。

采用工作日写实,是检查上述问题的最好办法。工作日写实应该成为挖掘潜力,增产节约,提高管理水平的有效手段。

3)工作日写实的方法

根据写实对象的不同,主要有以下几种:

(1)个人工作日写实。观察、记录和考察一个个人在一个工班内全部的工时消耗,它是常用的写实方法。

(2)装卸工组工作日写实。观察并记录一个工组的工人在一个工班内的工时消耗。它可以是相同工种为完成同种货物装卸作业任务的一组工人,也可以是不同工组的完成不同工作的几个工人。前者的目的,是为了取得同工种工人的工时消耗资料,并进行比较,促后进,赶先进,提高工班效率。后者主要是为了确定工组定员和改善人力资源管理。

(3)设备工作日写实。在一个工班内,对设备运转的情况进行观察、记录的一种方法。

(4)自我写实。这是工人自己将其在工班中发生的非定额时间,主动进行记录的一种方法。

以上工作日写实,是从工班开始到工班结束,用流水时间记录下在工班作业中全部工时消耗情况,并按有效工时和无效工时分类整理,分析产生无效工时的原因,并采取措施,消除损失,提高工时利用率。

4. 测时

测时就是以某一作业工序为对象,按操作顺序来实地观察和分析工时消耗的一种方法。测时分为普测和抽测两种。普测是对一个作业工序的各个操作进行全面连续的观察,以求得单项作业的时间。抽测是对一个作业工序中某一个或几个操作进行观察,以求得一个或几个操作时间的标准资料。

1)测时的目的

(1)制定装卸劳动定额或编制定额标准,提供作业时间的数据资料。

(2)研究作业工序中工时消耗情况,以便改善人力资源管理,提高劳动生产率。

(3)总结和推广工人的先进操作方法和经验。

2)测时的步骤

(1)准备工作。作为测时前的准备工作,是保证测时顺利进行和测时结果准确的重要条件。准备工作包括按测时目的正确选择测时对象;为取得正确的作业时间详细了解测时对象和建立合理的技术组织条件;为使得工人和测时员在测时过程中密切配合,要细致地向工人讲清测时的目的、方法和要求,准备好测时所用的一切工具(表格)等。

除上述一般性的准备工作外,还应在测时前正确的划分工序的组成部分和观测次数。工序组成的划分可粗可细,这要视生产的类型而定。在划分工序组成部分时,要明确“定时点”,即相邻两个操作之间的界限,也就是前一个操作结束和后一个操作开始的标志。在抽测时,必须明确规定所抽测的操作的起点和终点两个“定时点”。对一个操作只作一次观测,是不能得到精确的测时结果的,所以要重复观测。为了保证得到测时的精确结果,又不会因观测次数过多造成浪费,必须正确地确定观测次数。观测次数的多少,要根据生产类型、作业性质(机动、手动或机手并动)、工序和操作的延续时间长短等集体条件而定。例如,在机动时间和工序操作的延续时间较长的情况下,观测次数可以少一些;在机手并动时间和工序操作的延续时间较短的情况下,观测次数就可以多一些。

(2)进行观测。在测时过程中,测时员要严格遵守已经确定的“定时点”,按照事先规定的测时次数进行测时,并把测得的操作时间消耗如实地记录下来,同时要及时记载测时过程中所遇到的不正常情况及其原因。

(3)整理和分析测时资料。整理和分析测时资料的工作主要有以下几项内容:

①检查核实全部测时记录,计算每一操作的延续时间。如有个别明显不合理而又说不清原因的数值,应当删去。

②计算有效观测次数,求出每一操作的合计时间与平均时间。要把受不正常因素影响的不正常数值剔除。

③计算稳定系数,检查操作平均延续时间的准确程度。稳定系数是指测时行列(对同一操作几次测定的数列)中最大值和最小值之比,其计算公式如下:

$$\mu = \frac{Z_{max}}{Z_{min}} \tag{2-5}$$

式中:μ——稳定系数;

Z_{max}——测时行列中的最大数值;

Z_{min}——测时行列中的最小数值。

从式(2-5)不难看出,稳定系数总是大于1的。稳定系数的大小反映着求得的操作延续时间的可靠性。稳定系数越小(即接近1),说明求得的操作平均延续时间就越可靠。反之,稳定系数越大,说明测得的资料可靠程度越小。在一般情况下,如果计算的稳定系数在1.3~1.5以上时,说明测时数列不稳定、不可靠,需要重新分析研究或重新进行测定。

④求出工序作业时间。

(4)拟定改善作业时间利用的措施,制定作业时间定额。为了确定先进合理的作业时间定额,必须对测时资料进一步分析研究,针对影响作业时间的因素,制定措施,减少作业时间消耗,然后在此基础上制定作业时间定额。

5. 港口劳动定额管理

劳动定额制定之后,必须加强定额的管理工作,才能发挥定额在组织生产和计划管理中的作用。并根据生产条件的变化和劳动生产率的提高,适时地修改定额,因此,要求港口企业建立起完整的定额管理体系和严格的统计制度。

1)劳动定额管理制度

我国港口的装卸劳动定额采取统一领导、分级管理的体制,大多采用二级管理形式,即由局负责全港定额管理制度的制定,规定定额水平、内容形式编码等等,并对全港定额进行统计分析,研究影响定额的因素。装卸公司(或装卸作业区)则负责制定定额,对公司定额完成情况进行统计分析,并帮助指导各装卸队、组贯彻执行定额。

有的港口采取专业人员和群众结合的方式,公司由有关人员组成定额管理委员会或小组装卸队,组织设立兼职定额员,共同研究解决定额管理中的问题。

2)装卸劳动定额的修订

(1)定额修订的原则和期限。定额的合理性总是相对的。随着港口科学技术水平和装卸机械化程度的提高,企业生产和劳动组织的进一步合理化,装卸操作条件的不断改善,装卸工人的技术水平和熟练程度的提高,装卸效率是在不断地提高的。为了使定额适应生产发展的变化,起到促进生产的作用,要根据生产发展形势,及时对定额进行调整与修订。

装卸劳动定额的修订,首先要正确规定修订的间隔期,如果间隔期过长,则定额水平必然与生产的实际水平相差过大,这就不利于发挥定额促进生产的作用。相反,如果间隔期过短,定额修订过于频繁,经常变动,不仅会增加制定定额的工作负担,而且也不利于使用,故必须要有一定时期的相对稳定性。根据交通部规定,除生产条件有较大变化和在试行期间发现突出的偏高、偏低,可以临时修订外,在正常情况下,应以一年修订一次为宜。

(2)修订定额的方法。根据交通部的有关规定,修改或制定定额应采取查定和经验统计相结合的方法。一般货类定额的定期修改,以统计资料为主要依据,同时,适当结合查定资料,分析确定。调整定额时,不必对每一定额都进行查定,可以针对典型货种、典型船舶和典型操作过程进行查定。其他一般定额参照典型定额的资料进行修改。对大宗货类的修改,必须在查定后进行,才能确保这类定额的准确性。

修改定额的工作一般采取定额专职人员与群众相结合的办法。属全港性的应经局一级有关领导审查后,提交职工代表大会讨论通过,然后由局长批准执行,并报上级主管审核备案。凡与其他装卸公司无关的单项货种分类定额,可由装卸公司根据港务局有关规定,征得同级工会同意由公司经理批准,报港务局备案。

(3)定额水平。根据正常的生产条件,在确保安全质量的前提下,定额总水平要求先进、合理。

根据交通部的要求,定额测算总水平,保持在95% ~105%的范围内(即经测算修改后,新定额的平均完成率在95% ~105%之间)。但各港根据不同的实际情况,定额总水平可有一定浮动余地。

3)港口装卸作业票

装卸作业票是港口生产现场记录的原始资料之一,也是统计分析定额完成情况,计算计件工资和评比奖励的原始记录和依据,同时还是统计港口生产指标的重要依据。它是港口企业经济活动分析的基础。所以,健全和加强作业票的管理,是搞好港口企业经营管理的一项基础工作。

装卸作业票的主要内容应包括:货种、船型(车型)、操作过程、操作方法、作业人数、作业时间(要注意区分生产程序中断时间和待时时间,中断时间不到15min者,一般不作待时处理,故不必记录)、完成作业量等。辅助作业与费时作业,系指需另加的补充工时作业项目。

装卸作业票的填写与审核制度是保证作业票质量的关键,因此,要指定专人填写,填写人员应具有熟悉现场作业情况,工作认真负责,并有相当的文化程度。填写之后要及时交给现场作业指导员或理货班长审核,审核后签名盖章,然后按各港的规定程序传送至各级、各部门审核统计。

第二节　港口劳动组织

一、港口劳动组织工作的原则

港口劳动组织工作要遵循经济原则,协调、自动的原则,健康、安全的原则。

港口的生产过程是由多部门、多环节、多工种及许多职工在分工协作的基础上共同劳动完成的。劳动分工与协作要求有科学的劳动组织,以便在劳动过程中正确处理劳动者之间、劳动者与劳动工具之间、劳动对象之间的关系,不断调整和完善劳动分工与协作的组织形式等工作。劳动组织既是生产过程组织的重要组成部分,又是使生产过程正常进行的组织保证。劳动组织工作的内容包括定员编制工作,生产班组的组织工作,工作轮班的组织工作,工作地组织(作业线组织)工作等。

二、港口劳动组织形式

1. 港口作业组(生产班组)的组织工作

由于港口生产过程复杂、生产环节多、工序多,涉及装卸机构设备、装卸工作、仓库堆场、泵船等,是一个多工种、多环节的联合作业,所以,港口装卸工人的劳动组织,一般是以装卸作业小组的形式出现的。但应指出,由于我国各港口的条件不同,各港口的情况差别很大,因而,在港口装卸作业的劳动组织的形式上,有以下几种形式:

(1)人力、机械分开的形式(即专业作业组)。它是由同工种(如装卸工人)进行同类型工作的劳动组织。装卸工人由装卸队领导,机械司机归机械队领导,为共同的装卸任务而联合作业。其特点是便于同工种工人互相交流经验,提高技术。但由于装卸工人和司机分属装卸队和机械队领导,具有一定的独立性,所以要强调协作配合,搞好团结,共同完成任务。

(2)综合作业组的劳动组织形式。即人力、机械司机合一的形式,人力、机械、仓库、泵船的混合形式。这种组织形式是把与完成装卸任务有关、相互紧密联系的工种组合在一起而形成的劳动集体，其特点是统一领导，各工种之间协作配合密切，促使每个成员关心全队工作。无论采用何种劳动组织形式，应符合减少层次，有利于实现在生产指挥上加强集中统一领导，提高劳动效率，压缩车、船在港停留时间的目的，并且，应当建立在明确的分工负责的基础上，防止职责不清和无人负责的现象。同时，还应注意作业组内分配任务时，要考虑到每个工人的工作负荷是否饱满，避免忙闲不均。

2. 工作轮班制

工作轮班的组织，是港口劳动组织重要内容之一。不同的港口其工作班制是不同的。港口装卸时间的组织形式应根据港口吞吐任务的大小、船舶到港密度、装卸工人数量、装卸机械设备以及其他有关生产条件来决定。采用适合本港具体情况的轮班形式，有利于提高企业的经济效益。目前我国港口所采用的装卸工人轮班形式大致分为三种：

(1)一班制，即每天只组织一个班生产。这种班制适宜于生产规模小、货种比较单纯的港口。一班制的优点是：组织工作比较简单，工作时间内无交接班，责任明确，便于安排职工学习和其他活动；缺点是：工作时间短，易出现生产忙闲不均，内外协作配合不够的现象。

(2)二班制，即每天分早、中班组织装卸生产。这种班制适用于中等规模的港口。两班制能较好地连续不断地进行船舶装卸作业，但是如组织不好，则容易出现交接不清的问题，如任务不足也会降低劳动效率。

(3)三班制，即每天分早、中、晚三班组织装卸生产，每班工作8h，其中有40min吃饭时间，我国大多数港口实行连续三班制。在一些劳动强度不大、体力消耗不多的作业(如油码头的装卸)，也有实行大三班的，即工作12h，休息24h，以减少工人上下班路途时间。

实行连续三班制作业的港口，工人轮班有两种方式，即三班半制和四班三运转制。实行三班半制工人轮班见表2-2，实行四班三运转工人轮班见表2-3。

三班半制轮班表 表2-2

出勤队 星期 / 班次	一	二	三	四	五	六	日
早	1、2	7、1	6、7	5、6	4、5	3、4	2、3
中	3、4	2、3	1、2	7、1	6、7	5、6	4、5
晚	5、6	4、5	3、4	2、3	1、2	7、1	6、7
休	7	6	5	4	3	2	1

四班三运转制轮班表 表2-3

出勤队 日期 / 班次	1	2	3	4	5	6	7	8	9以上
早	1、2	8、1	7、8	6、7	5、6	4、5	3、4	2、3	同日期项1~8
中	3、4	2、3	1、2	8、1	7、8	6、7	5、6	4、5	
晚	5、6	4、5	3、4	2、3	1、2	8、1	7、8	6、7	
休	7、8	6、7	5、6	4、5	3、4	2、3	1、2	8、1	

实践证明，实行四班三运转对提高工人的积极性，稳定第一线装卸工人队伍，改善劳动条

件，提高出勤率和工时利用率，开展职工业余教育和加强企业管理都有比较好的效果。虽然实行这种轮班制减少了工作时间，但由于工人出勤率、工时利用率以及工作效率提高，装卸工人劳动生产率不会降低，而且还会有所提高。

港口装卸组织工作，无论采取哪一种轮班形式，必须十分重视的一点就是在各班之间正确分配工人，并且为各班生产准备充分的生产条件，特别是夜班。同时，还要在各班之间建立和实行严格的交接班制度。

第三节　港口企业劳动定员

一、港口企业的编制定员

在港口企业的职工中，有的人员可以实行劳动定额管理，有的工种人员不宜实行定额管理，只能实行定员管理。

1. 企业定员工作的意义

港口企业的定员工作，就是根据企业已定的生产规模，本着精简机构，节约用人，增加生产和提高效率的精神，确定企业各类人员的数量。定员是一种科学用人的标准，是企业在人力安排上的数量界限。

定员工作的中心任务，就是在保证生产正常需要的前提下，合理地、节约地使用劳动力，也就是用尽可能少的人力，做尽可能多的事情，创造尽可能多的财富。因此应克服企业用人混乱、忙闲不均、人浮于事的现象。

节约劳动是社会主义节约原则的主要内容和基本要求。所谓节约是指人力、物力、财力的节约。人力的节省是活劳动的节约；物力的节省是物化劳动的节约；而财力的节省则是活劳动和物化劳动节约的货币表现，归根结底是节约劳动力和劳动时间。所以，浪费劳动力是最大的浪费，节约劳动力是最大的节约。

企业的定员是企业编制劳动计划的基础，同时，对促进企业改善劳动组织，巩固劳动纪律，建立和健全岗位责任制等都有重要作用。

应该指出，定员工作对企业发展，加强劳动管理，提高劳动生产率都有着重要作用。它不是消极地控制用人，而是积极地促进企业控制劳动潜力，为国家创造更多的财富。因此，定员工作是企业管理的一项基础工作。

2. 定员编制的基本原则

(1)必须有一个正确的指导思想，即不断提高劳动生产率。为此，必须有一个节约、挖潜、提高劳动生产率的计划，要广泛采用新技术、新工艺，用先进的技术和设备武装、改造现有企业，科学地组织生产，提高职工的素质，为提高劳动生产率创造条件。

(2)在保证企业生产正常需要的前提下，确定先进的定员标准。机关组织要精干，劳动组织要合理，要有利于提高生产和工作效率。

(3)要破除“长官意志”和仅依靠行政命令指挥生产的不良作风。随着企业管理体制的改革，要按照专业化分工的原则，统一业务，合并机构，摒弃“大而全”、“小而全”的管理层次，要面向生产、面向基层、面向群众。

(4)新增船舶、港口、作业区(装卸公司)、码头,要严格按照设计定员。制定劳动计划,逐步配备和培训人员,不应超过标准或过早用人。引进的成套设备,用人要严格按照国外的定员标准。

(5)合理安排直接生产人员和非直接生产人员的比例。一般管理人员和服务人员的配备,要在保证管理和服务质量的前提下,尽量降低这类人员的比重。目前,各港工程技术人员和经济管理人员普遍偏少,应当设法提高其比重。

(6)定员标准应随着生产任务、工艺设备、运输生产组织、装卸工艺和劳动组织形式等的改变而定期进行修改。

按照企业职工在生产过程中所处的岗位及工作性质不同,企业编制定员划分为以下五大类:

(1)生产工人。这是指在企业内直接从事基本生产和辅助生产的工人,如装卸工人、司机、机修工人等。

(2)学徒。这是指在生产工人指导下,学习生产技术,并享受学徒工待遇的人员。

(3)工程技术人员。这是指企业中担负工程技术工作并具有工程技术业务能力的人员,包括专职技术人员和技术管理人员。

(4)管理人员。这是指企业中从事组织领导与经营管理的人员,包括各职能部门从事行政、生产、经济人员,以及党、政、工、团的专职人员。

(5)服务人员。这是指企业中间接服务于生产或服务于职工生活的人员,包括勤杂、警卫、消防、文教卫生、房屋管理、生活福利、食堂等人员。

上述前三类人员属于直接生产人员,后两类人员属于非直接生产人员。区别直接生产人员和非直接生产人员的目的,是为了分析研究两类人员合理的比例关系以及各类人员的分配和使用,以保证不断提高劳动生产率,并使企业的生产、生活、管理等工作有机地结合起来。因此,企业人员的水平是定员工作的核心,定员工作应当先进、合理,而不应迁就落后、宽打窄用。

企业定员应当相对稳定,要不断提高水平。既不能把定员看成是固定不变的,也不能认为企业的各种条件变化很快,编制定员是徒劳无益的。定员工作的正确观点,应该是变中有定,定而不死,又定又变,不断提高。

3. 计算定员的依据和方法

计算定员人数,基本的依据就是总的工作量和一个人的工作效率。由于企业各类人员的工作性质不同,总的工作量和一个人的工作效率表现形式不同,所以,计算定员的具体方法也就不同。一般说来,主要有以下几种方法:

(1)按劳动量与劳动效率定员。此法是根据生产任务和工人的劳动效率,以及出勤率来计算定员人数。这种方法,实际上就是根据工作量和劳动定额来计算定员人数的。凡有劳动定额的人员都可以用这种方法。可按以下公式计算确定:

$$N_{工} = \frac{Q_{操} \times K}{P_{劳}} \tag{2-6}$$

式中:$N_{工}$——所需装卸人数;

$Q_{操}$——计算年的总操作量;

$P_{劳}$——装卸工人年劳动生产率;

K——不平衡系数。

考虑船舶、车辆自然因素及其他因素影响较大，货物到港也不均衡，因此，为确保港口正常生产，应配备一定数量的后备力量。K 值应大于 1。

(2)按设备定员。根据机械设备的数量和工人的看管定额来计算定员数。此法适用于装卸机械司机人数的确定。

$$N_{机} = \frac{n_{机} \times t_c \times m}{R_{出}} \tag{2-7}$$

式中：$N_{机}$——装卸机械司机定员人数(人)；

$n_{机}$——装卸机械台数(台)；

t_c——每台机械昼夜工班次数(根据各港实际情况而定)；

m——看管定额(人/台)。每台机械每班定员：一辆车每班配 1 人，10t 以上的门机可配 2 人；

$R_{出}$——出勤率。

(3)按工作岗位定员。即根据岗位多少来计算定员人数。采用这种方法首先要确定有多少需要工人操作或看管的岗位，然后再根据各个岗位的工作量、工人的劳动效率、开班次数和出勤率等，计算定员人数。此法适用于船员、装卸业务人员、库场生产人员的定员。

(4)按组织机构、职责范围或业务分工定员。这种方法主要适用于管理人员和工程人员的定员。采用这种方法，要本着精简机构、提高工作效率、节约用人的原则，结合企业规模及管理工作的基础和管理人员的业务能力等因素来考虑。

(5)按比例定员。即按职工总数或者某一类人员总数的比例来计算某种岗位的定员人数。此法通常用于计算某些非直接生产人员的定员数。

以上计算定员的方法，可根据企业内部各单位及各类人员的特点，灵活采用或结合起来运用。

二、港口码头劳动定员

1. 港口码头劳动定员所涉及的人员

1)装卸操作人员

(1)港口装卸工(stevedore of the port)。在港口以体力劳动为主，借助装卸机械设备和工属具从事船与场、船与车、场与车、运输过程中货物装卸工作的人员。

(2)装卸机械司机(driver of cargo handling machinery)。操纵各类装卸机械设备，完成货物装卸作业及相关辅助作业的人员。

(3)皮带输送机操作工(operator of belt-conveyor)。操纵皮带输送机，完成货物装卸作业，并承担皮带输送机的日常检查与维修工作的人员。

(4)流体装卸操作工(stevedore of fluid cargo)。操作码头流体输送设备，完成石油等流体货物的装卸工作的人员。

(5)油码头油泵工(oil pump operator of oil terminal)。操作泵机对进出油码头的石油进行输送，并对泵机和泵房内管道、阀门等附属设备进行维护保养的人员。

2）生产调度人员

（1）装卸调度员（装卸控制员）（dispatcher of cargo loading and unloading）。依据装卸作业计划，按照装卸工艺规程，调配劳动力和机械设备，组织落实货物装卸作业的人员。

（2）装卸调度计划员（装卸计划员）（planner of cargo loading and unloading）。依据月度生产计划、装卸进度和船舶动态，编制装卸、配载、疏运作业计划，安排泊位和检查生产计划执行情况的人员。

（3）装卸调度统计员（装卸统计员）（statistician of cargo loading and unloading）。负责各项装卸生产指标的统计、汇总、分析，并填报有关统计报表人员。

（4）客运调度员（dispatcher of passenger transportation）。依据客运作业计划，按照客运工艺规程，调配劳动力和机械设备，组织安排客运作业的人员。

（5）客运调度计划员（planner of passenger transportation）。依据月度客运生产计划和船舶动态，编制客运计划作业，安排泊位和检查客运计划执行情况的人员。

（6）客运调度统计员（statistician of passenger transportation）。负责各项客运生产指标的统计、汇总、分析，并填报有关统计报表的人员。

（7）船舶货物装卸指导员（foreman of ship loading and unloading）。组织和指挥船舶货物装卸作业的现场管理人员。

3）货运业务人员

（1）货运业务员（cargo forwarder）。负责货运组织、计费、费收、核算、商务理赔等业务工作的人员。

（2）港口理货员（tally clerk of the port）。从事进出港口车、船、库、场货物的收发、分拣、签证、统计和保管工作的人员。

（3）流体计量工（scaler of fluid cargo）。操作计量设备对流体货物进行计量，并对有关设备进行维护保养的人员。

（4）衡器操作工（operator of weighing apparatus）。操作计量衡器，完成货物运输过程中静态和动态计量工作的人员。

（5）煤管工（coal storemen）。在煤炭堆场从事煤炭分票保管和收发的人员。

（6）集装箱单证受理员（container documentation acceptor）。接受、审核集装箱客户委托集装箱进出业务单证工作人员。

（7）集装箱检查桥业务员（clerk of container inspection bridge）。在集装箱检查桥从事集装箱进出的单位核审、数据输入和检箱工作的人员。

（8）集装箱单证输入员（computer inputter of container document）。从事集装箱单证资料计算机输入工作的人员。

（9）特种集装箱物流仓储操作工（special container logistics warehousing worker）。应用专业知识，使用专业设备确保危险物品集装箱和冷藏集装箱在物流仓储过程中安全堆放和正常运转进行操作的人员。

（10）客户服务员（client attendant）。在装卸业务受理中，为客户提供服务的人员。

（11）理赔员（cargo claims clerk）。装卸运输过程中发生的货损、货差，与客户进行交涉、理赔等的工作人员。

4)客运业务人员

(1)港口客运员(clerk of port passenger transportation)。从事进出港旅客进行票检、指路、危险品以及客运交接、小件寄存和清扫服务工作的人员。

(2)港口行李员(luggage clerk of the port)。从事港口可运行李、包裹的托运、中转、存储、交付和统计等工作的人员。

(3)港口售票员(ticker seller of the port)。从事港口客运售票、配票、和订票等票务工作的人员。

(4)港口广播员(broadcaster of the port)。从事港口客运广播和宣传工作的人员。

5)辅助装卸生产人员

(1)装卸机械修理人员(repairman of cargo handling machinery)。从事各项装卸机械维修保养工作的人员,包括内燃机装卸机械修理工、电动装卸机械修理工、装卸机械电器修理工和钣金工、冷作工、充电工、油漆工、轮胎工、木工、机加工、电焊工等装卸机械主修工和辅修工。

(2)装卸工属具修制工(repairman and manufacturer of cargo handling gears)。从事绳索、网络、货盘、苫布等装卸工属具制造和修理工作的人员。

(3)装卸工属具收发工(storekeeper of cargo handling gears)。从事装卸工属具和劳动保护、安全防护用品的收发、检验、整理、保养、保管工作的人员。

(4)港口系缆工(mooring worker of the port)。在港口泊位上从事船舶靠离码头的系解缆工作的人员。

(5)运输带粘接工(binding worker of conveying belt)。使用化学粘合剂,操作粘接设备,对运输带进行粘接、修补工作的人员。

(6)油码头油、水质化验工(laboratory technician of oil and water quality of oil terminal)。在油码头从事油品、水质有关指标的测定、化验和分析工作的人员。

(7)油码头司炉工(stoker of oil terminal)。操作锅炉,提供石油输送运气,并对锅炉进行维修保养的人员。

(8)油码头油泵修理工(repairman of oil pump of oil terminal)。在油码头从事泵机和泵房内管道、阀门等附属设备修理工作的人员。

(9)输油管道维修工(maintenance worker of oil pipeline)。从事输油管道、阀门的安装和维修工作的人员。

(10)油码头电器仪表修理工(repairman of electrical equipment and meters of oil terminal)。在油码头从事各种电器、仪表设备修理和保养工作的人员。

6)生产管理人员

(1)装卸机械运行技术人员(technician of handling machinery)。从事各种装卸机械的日常运行管理和修理等技术工作的人员。

(2)计算机管理员(computer staff)。负责对货物装卸业务管理用的计算机的应用、维护、管理的人员。

(3)对(车间)生产管理人员(managerial staff of team,workshop)。在装卸队、机械队、库场队、机修间等生产队(车间)负责生产的管理工作的人员。

(4)现场安全监督员(on-the-spot safety supervisor)。负责装卸作业现场的安全质量、劳动保护监督、检查等管理工作的人员。

(5)现场货运质量监督员(on-the-spot quality supervisor of cargo forwarding)。负责装卸作业现场的货运质量监督、检查等管理工作的人员。

三、港口码头劳动定员标准参考实例

1. 港口件杂货码头劳动定员

1)单项定员

(1)港口装卸工。港口装卸工主要货种每条作业线每班定员见表2-4。

港口装卸工主要货种每条作业线每班定员(单位:人) 表2-4

货种分类	操作过程	操作方法	定员
非成组件货	船⟷库场(车)	使用装卸机械起吊、运输	10~17
	车→库场	使用装卸机械起吊、运输	8~10
成组件货	船⟷库场(车)	使用装卸机械起吊、运输	8~12
	车⟷库场	使用装卸机械起吊、运输	4~6
钢材	船⟷库场(车)	使用装卸机械起吊、运输	8~11
	车⟷库场	使用装卸机械、木材抓斗起吊、运输	2~4
木材	船⟷库场(车)	使用装卸机械、木材抓斗起吊、运输	2~4
	车⟷库场	使用装卸机械起吊、运输	4
设备	船⟷库场(车)	使用装卸机械起吊、运输	10~14
	车⟷库场	使用装卸机械起吊、运输	4~6

注:定员包括船舶起货机操作手。

(2)装卸机械司机。装卸机械司机单机每班定员见表2-5。

装卸机械司机单机每班定员(单位:人/台或人/辆) 表2-5

装卸机械类别	定员	装卸机械类别	定员
牵引车	1	木材装载机	1
叉车	1	20t以上流动式起重机	1~1.5
搬运车	1	门座(桥式起重机)	1~1.5
载货汽车	1	其他起重机	1

(3)港口理货员。港口件杂货码头港口理货员每班定员见表2-6。

港口件杂货码头港口理货员每班定员(单位:人/班) 表2-6

分类	工作岗位及定员标准	定员
内贸理货	船舶理货交接每船每班	0.5~1
	作业线理货每作业线每班	1
	检算长每公司	1
	检算员每库区每班	1
外贸理货	作业线理货每作业线每班	1
	船舶理货交接每船每班	1

续上表

分　类	工作岗位及定员标准	定　员
仓库理货	有效面积≤2000m² 每座	0.5~1
	有效面积 2000~5000m² 每座	1~2
	有效面积≥5000m² 每座	2~3
露天货场	有效面积≤2000m² 每处	0.5~1
	有效面积 2000~5000m² 每处	1
	有效面积 2000~10000m² 每处	1~2
	有效面积≥10000m² 每增加 5000m²	增加 1

(4)装卸机械修理人员。装卸机械修理(包括机械旧件修复和备件制造、修理)人员定员见表 2-7。

装卸机械修理(包括机械旧件修复和备件制造、修理)**人员定员**　　表 2-7

装卸机械类别	规　格		定　员	其　中	
				大　修	检　修
牵引车	≤20kN		0.40~0.44	0.27~0.30	0.13~0.14
	>20kN		0.56~0.60	0.33~0.36	0.23~0.24
叉式装卸车	1.0~3.0t(含)		0.82~0.86	0.61~0.64	0.21~0.22
	3.0~10.0t(含)		0.92~0.96	0.68~0.71	0.24~0.25
	10.0~20.0t(含)		1.02~1.06	0.75~0.78	0.27~0.28
	>20.0t		1.12~1.16	0.82~0.85	0.30~0.31
流动式起重机	电动	5.0~16.0(含)	1.20~1.24	0.55~0.58	0.65~0.68
	电动	>16.0t	1.30~1.34	0.60~0.63	0.70~0.71
	内燃	≤16.0t			
	内燃	>16.0t	1.44~1.48	0.70~0.73	0.74~0.75
门座(桥式)起重机	≤10.0t		0.80~0.85	0.12~0.15	0.68~0.70
	10.0~20t(含)		1.40~1.45	0.42~0.45	0.98~1.0
	>20.0t		1.68~1.73	0.50~0.53	1.18~1.20
载货汽车	2.0~5.0t		0.52~0.57	0.35~0.38	0.17~0.19
	5.0~10.0t		0.60~0.65	0.41~0.44	0.19~0.21
	>10.0t		0.68~0.73	0.47~0.50	0.21~0.23
木材装载机	≥2.0m³		1.09~1.13	0.76~0.79	0.33~0.34
注:装卸机械修理人员定员的其他条件	(1)每周工作大于 40h,应减少定员; (2)机械利用率不到 29% 的,应减少定员; (3)本部分已包括考虑公休、法定假日和缺勤因数,不再另配轮休后备人员; (4)根据装卸机械修理工作的特点,修理工人技术等级达到初级工位一个定员人数。				

(5)港口件杂货码头其他工作人员。港口件杂货码头工作人员分类定员见表 2-8。

港口件杂货码头工作人员分类定员(单位:人) 表 2-8

序号	工作分类人员	工作岗位及标准	定　员
1	装卸调度人员	值班装卸调度主任每公司每班	1
		值班装卸调度员每公司每班	1~2
		装卸调度计划员每公司每班	1~2
		装卸调度统计员每公司每班	1
2	船舶货物装卸指导员	5000t 以上的船舶每船每班	1
		5000t 以下的船舶按每 3 条作业线配备	1
		非船舶的陆运货物作业每公司每班	1~2
3	货运业务员	年吞吐量 200 万 t 以下的公司	7~10
		年吞吐量 200~500 万 t 的公司	10~15
		年吞吐量 200 万 t 以上的公司	15~19
4	队(车间)生产管理人员	职工人数 100 人以下的队(车间)	2
		职工人数 100~150 人的队(车间)	2~3
		职工人数 150 人以上的队(车间)	3~4
		实行三班作业的队(车间)	4
5	现场安全监督员	按每公司每班	2
		地处分散的公司(指泊位不连在一起,中间要使用交通工具才能到达的)	可增加定员
6	现场货运质量监督员	按每公司每班	1~2
		若泊位多或作业区域分散每班	可增加定员 1
7	装卸机械运行技术人员	每队(车间)	1~2
8	港口装卸工人	衡器操作工每台磅秤每班	1~2
		装卸工属具修制工按装卸工总数 3%~5% 配备	
		装卸工属具收发工按装卸工总数 2%~3% 配备	
		港口系缆工每班(如工作量少的可兼任其他工作,但专职港口系缆工不得少于 2 人,特殊情况可酌情增加人员)	4~6

2)全部定员计算方法

(1)港口装卸工全部定员计算公式:

$$M_{全工} = \frac{\sum\{\overline{M}_{班} \times \overline{N}_{线} \times n_{次} \times (1+\mu)\}}{\eta_{出勤}} \tag{2-8}$$

式中:$M_{全工}$——港口装卸工全部定员(人);

$\overline{M}_{班}$——平均每条作业线每班定员(按表 2-2 加权平均计算得到)(人/条);

$\overline{N}_{线}$——平均每工班作业线数(条);

$n_{次}$——工作班次。一班制取 1,二班制取 2,三班制取 3,四班制取 4;

μ——轮休后备系数。指年制度休息工时/年制度工作工时,其中每周实行 40h 工作制的四班三运转岗位轮休后备系数取 0.05;

$\eta_{出勤}$——出勤率，取0.95。

(2)装卸机械司机全部定员计算公式：

$$M_{全司}=\frac{\sum\{M_{单机}\times J_{机}\times n_{次}\times(1+\mu)\}}{\eta_{出勤}} \tag{2-9}$$

式中：$M_{全司}$——港口装卸司机全部定员(人)；

$M_{单机}$——单机每班定员(按表2-3配备)(人/台)；

$J_{机}$——机械使用台数，为保证完成生产任务所必需使用的机械台数(台)

$n_{次}$——工作班次。一班制取1，二班制取2，三班制取3，四班制取4；

μ——轮休后备系数。指年制度休息工时/年制度工作工时，其中每周实行40h工作制的四班三运转岗位轮休后备系数取0.05；

$\eta_{出勤}$——出勤率，取0.95。

(3)其他岗位(除装卸工和装卸机械司机以外)全部定员计算公式：

$$M_{全其}=\frac{\sum\{M_{班}\times n_{次}\times(1+\mu)\}}{\eta_{出勤}} \tag{2-10}$$

式中：$M_{全其}$——港口其他岗位全部定员(人)；

$M_{班}$——每班应配人数，应按每周实行40小时工作制配备全部定员人数(人)；

$n_{次}$——工作班次，一班制取1，二班制取2，三班制取3，四班制取4；

μ——轮休后备系数。指年制度休息工时/年制度工作工时，其中每周实行40h工作制的四班三运转岗位轮休后备系数取0.05；

$\eta_{出勤}$——出勤率，取0.95。

2. 港口集装箱码头劳动定员

1)单项定员

(1)港口装卸工。集装箱港口装卸工作业线每班定员见表2-9。

集装箱港口装卸工作业线每班定员(单位：人/班)　　表2 9

作业方式		计算单位	定　员
船舶装卸		每条作业线	4~5
拆装箱装卸	人力作业		2~3
	人力借助机械作业		1~2
	全机械作业		0~1

注：船舶装卸用双小车桥吊或双40ft可以适当增加定员。

(2)集装箱装卸司机。集装箱港口装卸司机单机每班定员见表2-10。

集装箱港口装卸司机单机每班定员　　表2-10

装卸机械类别	定员人数	装卸机械类别	定员人数
岸边集装箱起重机(集装箱装卸桥)	1.0~1.5	集装箱侧面吊运机	1
集装箱门式起重机(轨道式、轮胎式)	1	集装箱跨运车	1
集装箱正面叉式装卸车	1	集装箱牵引车	1
集装箱侧面叉式装卸车	1	集装箱搬运车	1
集装箱正面吊运起重机	1		

(3)港口集装箱码头其他工作人员。港口集装箱码头其他工作人员分类定员见表2-11。

港口集装箱码头其他工作人员分类定员(单位:人) 表2-11

序号	工作人员分类	工作岗位及标准			定员
1	装卸控制员	值班作业经理每公司每班			1
		中控值班主任每公司每班			1
		值班装卸控制员	船业控制员每泊位每班		1
			场业控制员	年装卸箱量<200 万 TEU 的公司每班	1~2
				年装卸箱量>200 万 TEU 的公司每班	2~3
			船舶指导员每泊位每班		1
2	装卸计划员	综合计划员	年装卸箱量<100 万 TEU 的公司		1~2
			年装卸箱量>100 万,200 万 TEU 以下的公司		2~3
			年装卸箱量>200 万 TEU 的公司		3~4
		船舶计划员每公司每泊位			0.5~1
		堆场计划员每公司每3个泊位			1
3	装卸统计员	每公司(统计工作量大的公司,可增加定员)			1~2
4	集装箱单证受理员	单证受理主管每公司			1
		单证受理员每窗口每班			1
5	集装箱单证输入员	按用计算机每台每班			1
6	客户服务员	每公司			1~2
7	理赔员	每公司			1
8	装卸工属具收发工	每处每班			1~2
9	港口系缆工	每泊位每班0.8~1人,每班至少按4人配备,其中,专职港口系缆工不得少于2人			
10	装卸机械运行技术员	岸边集装箱起重机每台			0.6~1.2
		集装箱门式起重机、跨运车每台			0.6~0.8
		集装箱叉式装卸车,牵引车、挂车、搬运车每公司			2~4
11	计算机管理员	集装箱计算机硬件维护每公司每班			1
		集装箱计算机软件维护每公司每班			2~4
12	队(车间)生产管理人员	职工人数100人以下的队(车间)			2
		职工人数100~150人的队(车间)			2~3
		职工人数150人以上的队(车间)			3~4
		实行三班作业的队(车间)			4
13	现场安全监督员	每公司每班			1~2
		地处分散的公司(指泊位不连在一起,中间要使用交通工具才能到达)可增加定员			

续上表

序号	工作人员分类	工作岗位及标准			定　员
14	集装箱检查桥业务员	自动监控	每处每班		4
		非自动监控	集装箱进港区通道	收发每通道每班	1
				检查每通道每班	0.5
			集装箱出港区通道	收发每通道每班	1
15	港口理货员	外贸理货	作业线理货	船到场(车、船、火车)作业线每线每班	1
			拆装箱理货	拆装箱作业线每线每班(异地拆装箱理货,可酌情适当增加定员)	1
			船舶理货交接	每船每班	1
		内贸理货	场地理货	场地集装箱专用机械每作业线每班(船到场作业线除外)	1
			拆装箱理货	集装箱进港区库场的拆装箱作业线每线每班	0.5~1
			作业线理货	实施计算机装卸控制管理不配作业线理货员,未实施计算机装卸控制管理的每条作业线每班	1
16	装卸机械修理人员	集装箱专用装卸机械修理人员	岸边集装箱起重机每台		2~4
			集装箱门式起重机、跨运车每台		1~2
			集装箱叉式装卸车,正面吊运机每台		0.5~1
			集装箱牵引车、挂车、搬运车每台		0.25~0.3
		专用装卸机械修理	人员定员的其他条件按件杂货码头规定配备		
		非集装箱专用装卸机械修理人员	非集装箱专用装卸机械修理人员的定员按件杂货码头规定配备		

2)综合定员

(1)集装箱船装卸作业线综合定员。每条集装箱船舶装卸作业线装卸机械配备见表2-12。

每条集装箱船舶装卸作业线装卸机械配备(单位:台)　　表2-12

集装箱船舶装卸每条作业线配备机械	岸边集装箱起重机	集装箱牵引车	集装箱门式起重机(集装箱叉式装卸车、集装箱跨运车)
配备数量	1	3~4	2~4

注:①集装箱牵引车配备台数是以集装箱堆场在码头后方的作业环境作为测算的依据,远离码头或与码头前沿的堆场可在上述部分中适当增减集装箱牵引车台数;

②集装箱门式起重机配备台数包含进出场地的集装箱作业因数。

(2)集装箱装卸作业线综合定员。集装箱装卸作业线综合定员见表2-13。

集装箱装卸作业线综合定员(单位:人)　　表2-13

作业线装卸工艺	总定员	港口装卸工	装卸机械司机				船舶货物装卸指导员	配载计划员
			定员	其中				
				岸边集装箱起重机	集装箱牵引车	集装箱门式起重机(集装箱叉式装卸车、集装箱跨运车)		
岸边集装箱起重机—集装箱牵引车—集装箱门式起重机(集装箱叉式装卸车、集装箱跨运车)	11.5~16.5	4~5	6~9.5	1~1.5	3~4	2~4	1	0.5~1

3. 港口散货码头劳动定员

1)单项定员

(1)港口散货码头装卸工定员。港口散货码头装卸工根据不同的岗位定员见表2-14。

港口散货码头装卸工根据不同的岗位定员(单位:人)　　表2-14

序号	工作种类	工作岗位及定员标准	定员人数
1	散矿装卸工	清舱装卸每舱口每班	6~8
		平舱装卸每舱口每班	1~2
		平台料斗装卸每料斗每班	1~2
		固定式带式输送机每转接点每班(可根据设备状况、撒漏散矿量来定员,也可以由皮带机输送操作工兼任)	0~2
2	散粮装卸工	清舱装卸每舱口每班	4~5
		平舱装卸每舱口每班	1~2
		灌包机装卸每料口每班(不含袋粮成组堆垛装卸工,非自动计量可适当增加定员)	4~5
		拆包平台装卸每台每班	6
		火车散粮装卸每车每班	5
		输送系统装卸每作业线每班	0~2
		汽车装卸每作业线每班	2
3	散化肥装卸	清舱装卸每舱口每班	4~5
		灌包机装卸每料口每班(不含袋化肥成组堆垛装卸工,非自动计量可适当增加定员)	4~6

(2)港口散货码头装卸机械司机定员。港口散货码头装卸机械单机每班司机定员见表2-15。

港口散货码头专用装卸机械单机每班司机定员(单位:人/台)　　表2-15

序号	装卸机械类别		定员	序号	装卸机械类别		定员
1	散货卸船机		1~2	4	堆、取料机		1~2
2	散货卸船机	带斗门座起重机	1~2	5	气力输送机、吸粮机		2
		螺旋卸船机	2	6	流动灌包机		0.5~1
		链斗卸船机	2	7	装载机		1
		单悬臂起重小车式	2	8	推耙机	散矿操作	1.5
		绳索牵引小车式	2			非散矿操作	1
3	散货装车机		1~2	9	挖掘机		1

注:非散货装卸机械司机单机每班定员按港口件杂货要求配备。

(3)皮带操作工定员。皮带操作工定员见表2-16。

皮带操作工定员(单位:人/台)　　表2-16

序号	装卸机械类别	装卸机械工作情况及定员标准	定　员
1	固定式带式输送机	带式输送机未实行集中控制操作的,每个转接点每班(如超过600m以上每班增加1~2人)	2
		带式输送机实行集中控制操作的,每个中央控制室每班(含散矿装车控制,并可酌情增配巡视人员)	2~3
2	移动式带式输送机	使用带式输送机(兼修及清扫撒漏散货)	1/4~5

(4)装卸机械修理人员:

①散货专用装卸机械修理人员定员见表2-17。

散货专用装卸机械修理人员定员　　表2-17

序号	装卸机械名称		规　格	定　员	其中 大　修	其中 小　修
1	散货装船机		万吨级以上船	3~4		3~4
			万吨级以上船	2~3		2~3
2	散货卸船机	带斗门座起重机		2~3	0.8~1.0	1.2~2.0
		螺旋卸船机		3~4		3~4
		链斗卸船机		3~4		3~4
		单悬臂起重小车式		3~4		3~4
		绳索牵引小车式		3~4		3~4
3	散货装车机			1		1
4	堆、取料机			3~4		3~4
5	装载机		0.5~1.0m^3	0.69~0.73	0.40~0.43	0.29~0.30
			1.0~2.0m^3	0.84~0.88	0.53~0.56	0.31~0.32
			>2.0m^3	1.08~1.12	0.75~0.78	0.33~0.34
6	推耙机		<60kW	1.28~1.32	0.86~0.89	0.45~0.46
			≥60kW	1.56~1.60	1.07~1.10	0.49~0.50

②散粮系统机械修理人员定员。每公司每班6~8人。

③散化肥系统机械修理人员定员。每公司每班3~5人。

④散矿、散化肥固定式带式输送机系统修理人员定员。每公司每班6~8人。

⑤专用装卸机械修理人员定员。专用装卸机械修理人员定员的其他条件：专用装卸机械修理人员定员每周工作大于40h，应减少定员；机械利用率不到29%的，应减少定员；本部分已包括考虑公休、法定假日和缺勤因数，不再另配轮休后备人员。根据装卸机械修理工作的特点，修理工人技术等级达到初级工位一个定员人数。值得注意的是非散货专用装卸机械修理人员定员可按件杂货定员标准定员。

⑥港口散货码头工作人员分类定员。港口散货码头工作人员分类定员见表2-18。

港口散货码头工作人员分类定员(单位：人)　　表2-18

序号	工作分类人员		工作岗位及标准	定　员
1	装卸调度人员		值班装卸调度主任每公司每班	1
			值班装卸调度员每公司每班	1
			装卸调度计划员每公司每班	1
			装卸调度统计员每公司每班	1
2	船舶货物装卸指导员		万吨以上的船舶每船每班	1
			万吨以下的船舶和后方堆场装卸作业按每公司每班	≮1
3	货运业务员		每公司	3~4
4	港口理货员		每船每班	1
5	衡器操作工		每台磅秤每班	1~2
6	运输带粘接工		每公司	6~8
7	队(车间)生产管理人员		职工人数100人以下的队(车间)	2
			职工人数100~150人的队(车间)	2~3
			职工人数150人以上的队(车间)	3~4
			实行三班作业的队(车间)	4
8	现场安全监督员		按每公司每班	1~2
			地处分散的公司(指泊位不连在一起，中间要使用交通工具才能到达的)	可增加定员
9	现场货运质量监督员		按每公司每班	1~2
10	装卸机械运行技术人员	实行专人专机状态监控运行和维修的公司	螺旋卸船机、链斗卸船机、单悬臂起重小车式卸船机、绳索牵引小车式卸船机和装万吨级以上船的装船机每台	0.6~1
			带斗门机、堆取料机和装万吨级以下船的装船机每台	0.2~0.4
			其他散货专用机械每公司	2~4
		未实行专人专机状态监控运行和维修的公司	每队(车间)	1~2

续上表

序号	工作分类人员	工作岗位及标准	定　员
11	港口系缆工	拥有2万吨级及以下泊位的公司每班	4~6
		拥有2~5万吨级(含)泊位的公司每班	6~8
		拥有5~10万吨级(含)泊位的公司每班	8~10
		拥有10万吨级以上泊位的公司每班	10~12
		泊位吨位按公司最大的泊位计算	
		泊位较多或逐步停泊时间较长、工作量少的公司,港口系缆工可兼任其他工作,单专职港口系缆工不得少于2人	

2)装卸作业线综合定员

(1)散矿作业线:

①散矿作业线装卸机械配备见表2-19。

散矿作业线装卸机械配备(单位:台)　　表2-19

序号	作业线装卸工艺	装卸机械配备					
		装船机	卸船机	堆、取料机	装车机	带式输送机	推耙机
1	装船机→带式输送机→堆、取料机		1	1		3	2
2	堆、取料机→带式输送机→装船机	1		1		3	
3	堆、取料机→带式输送机→装车机				2	3	
4	卸船机→带式输送机→装船机	1	1			3	2

注:①带式输送机按3个转接点配备,未包含中央控制室操作因数;

②实际配备机械台数可根据作业环境和实操需要相应调整。

②散矿作业线综合定员见表2-20。

散矿作业线综合定员(单位:人/班)　　表2-20

序号	作业线装卸工艺	总定员	装卸工	装卸机械司机						带式输送机操作
				定员	其中					
					装船机	卸船机	堆、取料机	装车机	推耙机	
1	卸船机(链斗卸船机、带斗门机)→ 带式输送机→堆、取料机	18~23	7~10	5~7		1~2	1~2		3	6
2	堆、取料机→带式输送机→装船机	9~12	1~2	2~4	1~2		1~2			6
3	堆、取料机→带式输送机→装车机	19~28	10~16	3~6			1~2	2~4		6
4	卸船机→带式输送机→装船机	20~25	8~12	6~7	1~2	2			3	6

注:上述定员未含带式输送机转接点装卸工。

(2)散粮作业线:

①散粮作业线装卸机械配备见表2-21。

散粮作业线装卸机械配备(单位:台)　　表2-21

序号	作业线装卸工艺	装卸机械配备						
		吸粮机	埋刮板输送机	带斗提升机	带式输送机	灌包机	装车机	拆包平台
1	吸粮机→带式输送机→埋刮板输送机→带斗提升机→筒仓→灌包机	1	1	1	1	2		
2	吸粮机→带式输送机→埋刮板输送机→带斗提升机→筒仓→装车机	1	1	1	1		1	
3	拆包平台→埋刮板输送机→带斗提升机→带式输送机→装船机		1	1	1			1

注:①埋刮板输送机、带斗提升机、带式输送机为一个完整的输送系统;

②灌包机以每台两个料斗设置;

③实际配备机械台数可根据作业环境和生产需要作相应的调整。

②散粮作业线综合定员见表2-22。

散粮作业线综合定员(单位:人/班)　　表2-22

序号	作业线装卸工艺	总定员	装卸工	装卸机械司机			
				定员	其中		
					吸粮机	灌包机	装车机
1	吸粮机→带式输送机→埋刮板输送机→带斗提升机→筒仓→灌包机	19~23	16~20	3	2	1	
2	吸粮机→带式输送机→埋刮板输送机→带斗提升机→筒仓→装车机	19~24	16~20	3~4	2		1~2
3	拆包平台→埋刮板输送机→带斗提升机→带式输送机→装船机	11~12	9~10	2	2		

(3)散化肥作业线:

①散化肥作业线装卸机械配备见表2-23。

散化肥作业线装卸机械配备(单位:台)　　表2-23

序号	作业线装卸工艺	装卸机械配备						
		推耙机	门座起重机	灌包机	吊车	牵引车	叉车	带式输送机
1	门座起重机→ 料斗→灌包机→堆场	1	1	2	1	1	1	
2	门座起重机→ 带式输送机→堆场	1	1					3

②散化肥作业线综合定员见表2-24。

散化肥作业线综合定员(单位:人/班)　　表2-24

序号	作业线装卸工艺	总定员	装卸工	装卸机械司机							
				定员	其中						
					推耙机	门座起重机	灌包机	吊车	牵引车	叉车	带式输送机
1	门座起重机→料斗→灌包机→堆场	22~28	16~20	6~8	1~1.5	1~2	1~2	1	1	1	
2	门座起重机→带式输送机→堆场	12~14.5	4~5	2~3.5	1~1.5	1~2					6

3)全员定员计算方法

与港口件杂货码头的全员定员计算方法相同。

4. 港口油码头劳动定员

1)单项定员

港口油码头工作人员分类定员见表2-25。

港口油码头工作人员分类定员(单位:人)　　表2-25

序号	工作分类人员	工作岗位及标准	定　员
1	装卸调度人员	值班装卸调度主任每公司每班	1
		值班装卸调度员每公司每班	1~2
		装卸调度计划员每公司每班	1
		装卸调度统计员每公司每班	1
2	货运业务员	每公司	3~5
3	流体计量工	每条作业线每班	2
4	油码头油泵工	每条作业线每班	2~3
5	油码头油泵修理工	每8台泵机配(工作量大的可适当增加定员)	1
6	油码头电器仪表修理工	每公司	4~6
7	输油管道维修工	管道长度3000m配	1
8	队(车间)生产管理人员	职工人数100人以下的队(车间)	2
		职工人数100~150人的队(车间)	2~3
		职工人数150人以上的队(车间)	3~4
		实行三班作业的队(车间)	4
9	现场安全监督员	实行三班和巡视作业方式的公司每班	1~2
		不实行三班作业的公司每班	1

续上表

<table>
<tr><th>序号</th><th>工作分类人员</th><th colspan="2">工作岗位及标准</th><th>定员</th></tr>
<tr><td>10</td><td>现场货运质量监督员</td><td colspan="2">按每公司每班</td><td>1</td></tr>
<tr><td rowspan="4">11</td><td rowspan="4">油码头司炉工</td><td colspan="2">蒸发量为1～6t/h(含)的锅炉(热水锅炉供热量4.2MW)每台每班</td><td>2</td></tr>
<tr><td colspan="2">蒸发量为6～10t/h(含)的锅炉(热水锅炉供热量4.2MW)每台每班</td><td>2～3</td></tr>
<tr><td colspan="2">蒸发量为10～35t/h(含)的锅炉(热水锅炉供热量4.2MW)每台每班</td><td>3～4</td></tr>
<tr><td colspan="2">锅炉房内有多台同时运行的锅炉,其锅炉操作人员可按每台锅炉人数总和的70%配备</td><td></td></tr>
<tr><td>12</td><td>油码头油、水质化验员</td><td colspan="2">每化验室每班(兼任污水处理工作的每班可增配1人)</td><td>1</td></tr>
<tr><td rowspan="6">13</td><td rowspan="6">港口系缆工</td><td colspan="2">拥有2万吨级及以下泊位的公司每班</td><td>4～6</td></tr>
<tr><td colspan="2">拥有2～5万吨级(含)泊位的公司每班</td><td>6～8</td></tr>
<tr><td colspan="2">拥有5～10万吨级(含)泊位的公司每班</td><td>8～10</td></tr>
<tr><td colspan="2">拥有10万吨级以上泊位的公司每班</td><td>10～12</td></tr>
<tr><td colspan="2">泊位吨位按公司最大的泊位计算</td><td></td></tr>
<tr><td colspan="2">泊位较多或逐步停泊时间较长、工作量少的公司,港口系缆工可兼任其他工作,单专职港口系缆工不得少于2人</td><td></td></tr>
<tr><td rowspan="9">14</td><td rowspan="9">流体装卸操作工</td><td colspan="2">使用输油管臂设备作业的作业线每条作业线每班</td><td>3～4</td></tr>
<tr><td colspan="2">万吨级以上泊位使用非输油管臂设备作业的作业线每条作业线每班</td><td>4</td></tr>
<tr><td colspan="2">万吨级以下泊位使用非输油管臂设备作业的作业线每条作业线每班</td><td>2</td></tr>
<tr><td rowspan="6">公司每班定员总数少于以下人数的可按高限定员总数配备,按本公司最大泊位计算</td><td>2万吨级及以下泊位</td><td>4</td></tr>
<tr><td>2～5万吨级(含)泊位</td><td>5～6</td></tr>
<tr><td>5～10万吨级(含)泊位</td><td>6～7</td></tr>
<tr><td>10～25万吨级(含)泊位</td><td>7～8</td></tr>
<tr><td>25万吨级以上泊位</td><td>8～10</td></tr>
<tr><td>火车装卸作业,每车位每班</td><td>0.25</td></tr>
</table>

2)装卸作业线综合定员

装卸作业线综合定员见表2-26。

装卸作业线综合定员(单位:人/班)　　表 2-26

序号	作业线装卸工艺	定　员	其　中				
			液体装卸工	油码头油泵工	油码头司炉工	油码头油、水质化验员	流体计量工
1	输油泵站→计量站→循环阀泵→输油臂→船	13~15	4~6	3	3	2	1
2	船→输油臂→油罐	14~16	4~6	4	3	2	1
3	油罐→泵房→计量站→灌区阀室→输油臂→船	14~18	4~6	4	3~4	1~2	2
4	油罐→泵房→计量站→火车	9~11	5~7	2			2

注:上述定员未含带式输送机转接点装卸工。

3)全员定员计算方法

与港口件杂货码头的全员定员计算方法相同。

以上是根据中华人民共和国交通行业标准 JT/T 331.1~331.7-2006 组合,仅供各港口企业和读者参考。

第四节　劳动保护与劳动安全

一、劳动保护工作的任务

劳动保护是为了在生产过程中保护职工的健康和安全,改善劳动条件,预防工伤事故和职业病,实现劳逸结合和女工保护等方面所采取的一系列组织管理和技术管理措施。我国的社会主义制度决定了我们企业必须把保护劳动者在生产中的安全和健康放在第一位。企业搞好劳动保护工作,体现了党和国家对劳动人民的关怀,也是企业实现安全生产,提高产品质量,使生产顺利进行的重要保证。

劳动保护工作总的来说,就是保护劳动者在生产过程中的安全与健康,促进生产建设的顺利发展;并在发展生产的同时积极改善劳动条件,变危险为安全,变有害为无害,变繁重的劳动为轻便劳动,变脏乱差的工作环境为整洁美丽的工作环境,做到安全生产,文明生产。具体来说包括以下三个方面:

(1)保证安全生产,消除一切妨碍生产安全、职业卫生的因素,防止发生工伤事故。

(2)合理确定工作时间和休息时间,实现劳逸结合,使劳动者经常保持充沛的精力,为企业生产作出贡献。

(3)对女工及未成年工应实行特殊的劳动保护。

二、劳动保护工作

劳动保护工作一般包括安全技术、职业卫生和劳动保护制度三个方面:

1. 安全技术

是指为消除生产中引起伤亡事故的潜在因素，保证工人的人身安全，在技术上采取的各种措施。它主要解决如何防止和消除突发事故威胁职工人身安全的问题。

例如，在港口装卸工作中应特别注意危险品、长大重件及木材等货物的装卸安全操作技术问题。因为这些货类在装卸过程中有不安全因素存在，极易发生人身伤亡事故和货运质量事故。

2. 职业卫生

是指生产过程中，为了改善劳动条件，保护职工的健康，防止和消除高温、粉尘、噪声、有毒气体和其他有害因素对职工健康的影响而采取的措施。它只要是解决对职工健康伤害的问题。

在生产过程中，对职工身心健康造成损害的，不仅是突然事故，许多逐渐地、缓慢地起作用的有害因素，同样对职工的健康有着严重的威胁。例如，长期在有害健康的工作环境条件下工作，会给劳动者带来慢性病。这些慢性病，一般是在较长时间的影响下形成的，并且要消除各种有害因素对人体不良影响，必须在这些方面采取一定的防护措施。这就是职业卫生所要解决的问题。

3. 劳动保护制度

职工的安全和健康，不仅同安全技术和职业卫生方面问题有关，而且也同劳动保护制度有关。如果劳动保护制度不健全，同样会引起工人过度疲劳，损害工人健康和导致工伤、死亡事故的发生。因此，建立、健全和执行正确有效的劳动保护制度，是劳动保护的一项重要内容。

这方面的制度概括地说，是由两方面内容组成。一方面是属于生产行政管理的制度，例如，安全生产责任制度、安全教育制度、安全生产的监督检查制度、工伤事故的调查报告分析处理制度，以及保证实现劳逸结合的各种轮班制度、加班加点审批制度、卫生保健制度、劳保用品发放制度和特殊保护制度等；另一方面是属于生产技术管理的制度，例如，设备的维护检修制度，以及安全操作规程等。

三、劳动保护管理工作

企业的劳动保护工作，需要有专职人员和部门负责。这方面的具体工作通常由安全技术科负责组织。主要应做好如下几个方面工作：

1. 建立、健全安全生产责任制

这是企业各级领导、职能部门、有关工程技术人员和生产工人在生产中应负的安全责任的一种制度。通过这一制度，把安全生产工作从组织领导上统一起来，把“管生产的必须管安全”的原则从制度上固定下来，使得劳动保护工作事事有人管、层层有专责，才能调动起 各级领导和职工的积极性和责任心，分工协作，共同把这项工作做好。

2. 编好安全技术措施计划

它是企业技术组织措施计划的重要组成部分。通过它可以把改善劳动条件同发展生产结合起来，使之计划化。把安全技术措施所需的经费、物资落实到位，各项措施有专人负责，并规定实施期限，以便及时进行检查。

3. 创造良好的工作环境和劳动条件

创造良好的工作环境和劳动条件就是在从事劳动的场合有通风、采光、照明、控温、控湿、防尘、防震、防噪声、防事故、清洁等设施。使劳动者在这样的工作环境中有安全感、舒适感,从而减少疲劳,减少事故,提高工作情绪,提高工人的劳动生产率。

4. 进行安全生产教育

通过教育与培训,帮助职工正确认识安全生产的重要意义,提高他们搞好劳动保护工作的责任感和自觉性,并帮助职工更好地掌握安全生产的科学知识,提高全体职工的安全技术水平,保证做到安全生产。

安全生产教育的主要内容为:思想政治教育,劳动保护方针和制度教育,安全技术知识教育。应当经常、普遍地对所有职工进行安全生产教育工作。对于新工人(农民轮换工、学徒工等)、调换新岗位的工人、从事特殊危险工作的工人、参加劳动的干部、参加劳动或实习的学生,更应特别加强这方面的工作。通过教育与培训,使大家牢固树立安全生产思想意识,明确安全生产的重要性,熟悉并遵守各项安全生产规章制度。

5. 实行安全生产检查制度

在企业中进行安全检查,是宣传安全生产方针,揭发和消除事故隐患,交流安全生产经验,推动劳动保护工作的一项重要方法。它包括企业本身对生产中的安全职业卫生工作进行经常性检查,也包括由地方劳动部门或企业主管部门组织的定期或不定期的安全生产大检查。有些港口企业对查出来的问题采取定措施、定人员、定期限的“三定”方法去解决,做到条条有着落,件件有交代。

6. 进行伤亡事故处理

为了及时了解和研究职工伤亡事故发生的情况、原因和规律,企业必须对伤亡事故进行事故报告登记、调查、处理和统计分析工作,以便总结经验教训,采取预防措施,改善劳动条件,避免同类事故的再次发生。通过对事故的统计和分析,为下一步制定与修改劳动保护政策、法令提供可靠的依据;通过对事故的追查和处理,提高广大职工安全生产的责任感,进一步完善港口企业的管理。

7. 防护用品和保健食品的管理

是保护职工在生产过程中安全健康的一种辅助措施。发给不同防护用品和不同等级保健食品的原则是根据工种和劳动条件,有毒有害物质危害程度确定的。必须严格按照规定的发放范围、原则和标准执行,并且组织职工管好和用好这些防护用品和保健食品。

企业应加强对防护用品、保健食品工作的领导和管理,不断改进这方面工作,使这项制度真正起到保护职工安全健康的作用。

四、从心理学角度分析港口的安全生产管理

港口生产以装卸货物为主,由于装卸的货物、船舶类型复杂,有高空作业、深舱作业、水上作业、露天作业等,这种特定的生产环境和生产方式隐藏着大量的不安全因素。长期以来,企业对于安全管理的重点一直放在对物因的管理上而忽视了人因管理。事实上,绝大多数的事故都是由于人为原因造成的。加强安全生产中的人因管理,深入分析人的行为特征和心理状态,可以有效地消除事故隐患,降低或避免事故的发生。

1. 事故致因中人的因素

事故致因中,人的因素是指个体人的行为与事故的因果关系。事故发生的原因是多种多样的,通过对大量事故的分析,我们可以把事故的发生归结于以下四个因素:环境的不安全条件、管理上的缺陷、物的不安全状态、人的不安全行为。

在一定环境下的生产过程中,管理上的缺陷加物的不安全状态即形成了隐患,如果人的不安全行为触及了事故隐患,就会发生安全事故。据全国总工会有关材料统计,以人为因素(违章指挥、违章作业和设备隐患未能及时发现和消除)为主要致因的事故占到了事故总数的70%~80%。由此可见,在影响生产安全可靠性方面,人的因素是占主导地位的。此外,在事故发生率中,还存在一个“二八”法则,即小部分人(20%)造成了大部分事故(80%)。

2. 人的不安全行为及影响因素

人的不安全行为可以分为有意识的和无意识的两大类,其主要表现为:判断、操作错误,忽视安全、忽视警告造成安全装置失效,使用不安全设备,冒险进入危险场所,有分散注意力的行为等。无论是有意识的还是无意识的不安全行为,大多与人的个性心理特征密切相关。一般说来,影响人的不安全行为的主要因素包括以下几个方面:

(1)健康和疲劳状况。当人处于不良健康状况时,其体力、协调性、注意稳定性、反应速度、灵活性等都明显地降低,不可避免地会产生不安全的隐患。工作时间过长、工作比较单调等都容易引起人昏昏欲睡或心不在焉、精神恍惚、警觉水平下降,这时极易发生操作失误。许多企业在实行计件工资后,由于工人经常加班加点,事故发生率迅速上升。

(2)心理素质。大量统计表明,事故的发生与人心理素质的好坏有着密切联系。心理素质差的人,遇事容易分神或紧张,往往产生不安全行为。而心理素质好的人,由于沉着冷静、应变能力强,即使在危险状态下,也能作出相对正确的行为选择,从而避免事故的发生或减少事故带来的损失。

(3)性格和气质。在实际中不难发现,具有鲁莽、草率、懒惰等不良性格的人,比其他人更易发生事故。研究表明,不同性格和气质的人适合于不同的工作岗位,当人处于自己不适应的岗位上时,其行为很容易偏离正常的轨道。如将职工安排在与其心理特征不符的岗位上,常常会引起职工情绪上的波动,造成安全隐患。

(4)情绪状态。人的情绪状态毫无疑问对人的行为有很大的影响。当人感到快乐和满足时,其认识和意志行动能力能得到很大的提高,事故率较低;而愤怒、挫折和忧愁时,反应迟钝,事故率增高。有研究指出,工人至少有20%的工作时间处于情绪低落期,而50%以上的事故,恰恰都发生在这一时期。

(5)信息处理过程失误。人在自身因素的基础上,对外界环境因素刺激的处理,是人行为性质的关键。人的不安全行为的产生许多时候都是源于信息的输入和加工的失误,如没看见或看错,没听见或听错信号,联络确认不充分等,从而造成了决策上的失误,引发了不安全的行为。

(6)能力与技能。许多事故的发生并非人主观意识上的疏忽,而是由于人的能力不足或技能不熟练造成的。日本的青岛贤司在对事故的人为原因统计中发现,由于安全技能方面的原因造成的事故占人为事故的1/2以上。因此加强职工的技能培养教育,对于减少安全事故的发生是行之有效的方法。

(7)群体影响。人都是生活在群体之中的,群体的互动效应对人的行为的影响力是非常明显的。内部冲突较多人际关系紧张的群体,会给其成员造成相当大的负面的影响,不安全行为的产生许多时候都是源于从众心理和群体压力。

(8)其他客观原因。主要包括管理原因(如规章制度不健全,操作规程不落实,协调配合不当,监督检查不力等)、教育培训原因(如制度不健全,教育内容缺乏针对性,教育方法不佳等)和环境原因(如噪声、光线、气候条件不佳等)。

3. 影响安全生产的心理因素

心理学研究表明,人的不安全行为与当时的意识心理状态有密切的联系,而人产生的心理过程又必然带着各人的特点。通过对典型事故和事故发生者的调查分析,发现事故的发生主要与操作人员的注意、情绪、个性及自我保护意识等方面有关。

1)安全生产与注意

所谓注意,就是人的心理活动对一定对象的指向和集中。注意不仅是有选择地指向一定的对象,而且还必须离开一切局外的与被注意对象无关的东西,抑制与之相竞争的附加活动,以全部精神来对待对象,从而获得对某一事物的鲜明而清晰地印象,但在实际工作中,有些司机没有把注意力指向和集中于操作的机器,缺乏对机器状况鲜明而清晰的印象,最后导致事故的发生。

另外,工人在操作过程中除了要把注意力集中于生产对象外,还需进行注意的分配,即人在进行任何活动时,要同时把握几个客体,也就是将注意分配到同时进行的两种以上的对象或活动上。在港口生产中,要求操作人员自始至终把注意力分配到所要观察的事物上,同时注意几方面的情况。所以,操作人员在工作时,不仅要做到集中"注意",而且要善于分配自己的注意。

2)安全生产与情绪

情绪是人对客观事物是否其需要所产生的态度体验,人在活动中会对自己周围的世界表现出自己的态度,这种态度总是以带有某种色彩的体验形式表现出来,如高兴、忧愁、愉快、悲伤、骄傲、害羞等等。由于它们是以复杂的形式综合在一起,并且情绪状态又伴随着生理、环境各方面共同作用于生产,影响着生产的安全,所以,良好的情绪状态可以促使人安全、高效地进行生产;消极地情绪状态对安全生产造成不良的影响。但是在不同情况下,一种情绪对人的影响和产生的后果也可能不一样,其表现为:

(1)情绪对工作能力的影响。能力是完成某种活动所必备的一种个性心理特征,它是在心理活动中表现出来的。观察和研究证明,人的感觉能力、注意力、记忆力和思维能力都受到情绪状态的影响。在人的情绪状态不同的情况下,掌握劳动技能的快慢、巩固和准确程度有很大差异。

(2)情绪对事故率的影响。情绪变化所导致最严重后果就是发生事故。事故的发生与多种因素有关,如环境等因素的变化就可以影响人的情绪,从而诱发事故,增加事故率。

(3)情绪能引起不安全行为。在生产中由情绪引起的不安全行为主要有下列表现,这些行为对安全生产均可造成不良后果。

①情绪激动,精力分散导致操作失误。

②紧张过度、恐惧强烈，在操作中就会忧心忡忡，一旦出现差错，就惊慌失措，这常发生在一些危险性大的作业中。

③心情抑郁、心绪烦躁、顾此失彼。

④情绪萎靡、意志消沉、工作马马虎虎，麻痹大意，结果出错造成事故。

⑤悲哀或抑郁情绪，使注意力不集中。

⑥情绪一时冲动，冒险蛮干，争强好胜，不听劝阻而冒险操作造成事故。

⑦过于兴奋，在工作中开玩笑、恶作剧而导致事故。

3）安全生产与个性

个性主要包括能力、气质与性格。能力是顺利完成活动所必需的，并直接影响活动效率的个性心理特征。它与安全生产有着明显的联系。

气质是人典型的、稳定的心理特点，主要指人的心理活动在动力方面的特点。它可以分为四种类型：多血质、胆汁质、粘液质和抑郁质。气质本身并无好坏之分，但是任何一种气质在某种情况下可能有积极作用，也可能有消极作用。

性格是一个人在个体生活过程中所形成的对现实稳固的态度，以及与之相适应的习惯率的行为方式。心理研究表明，事故多发者的性格特征与无事故者的有明显的不同。管理人员应帮助职工培养良好的个性品质，同时也应该根据人的个性特点来安排工作。

事故多发者与无事故者的特征比较见表2-27。

事故多发者与无事故者的特征比较 表2-27

项目		事故多发者	无事故者
性格特征	协调性	少	强
	自我中心性	强	少
	攻击性、活动性	大	小
	动摇性	大	小
心理特征	知识水平	低	高
	待人关系	很少关心他人，亲密度少	关心他人，亲密度多
	不满情绪	强（突然产生）	少
	情绪受到刺激	不安定	安定
	感受性	过敏	正常
	理解外界现象	主观、片面	客观、全面
	适应性	异常	正常
	安全态度	冒险	安全为主
	对事故的责任感	缺乏	强

4）安全生产与自我保护意识

意识是人所特有的反映客观现实的高级形式，是人有目的的自觉反映。人的自我保护意识是人为了生存，采取自救行为时所具有的特殊心理功能。在一般情况下工人在操作过程中能够意识到怎样操作更安全。但是有时由于各种原因，会导致安全意识不强。对易发事故者的调查和事故案例的分析表明，易发事故者的不良意识有以下6种：

(1)侥幸心理。侥幸心理是发生事故的思想隐患。作为一种心理意念,侥幸心理产生的原因大致可归纳为过度自信、思想麻痹和责任意识淡薄三个方面。过度自信是指生产人员对自己的技术水平估计过高,以致对一些事故苗头掉以轻心,甚至无动于衷,导致事故发生;思想麻痹是指生产人员对安全问题漫不经心,对生产中可能发生的事故缺乏应有的警惕,致使侥幸心理自然滋生;责任意识淡薄是指部分操作人员缺乏应有的职业道德和社会责任感,忽视安全。侥幸心理一经产生,对生产安全的潜在威胁也随之形成。因为思想上的侥幸必然导致行动上的随意,从而会给国家、社会、他人和自己造成不必要的生命财产损失。

(2)习以为常、麻痹大意心理。把自己的工作习惯当作经验,并不感到有什么危险,忽视规章和规范。虽然违章人的头脑是清醒的,但是,他们没有注意到客观条件的复杂性,结果发生事故。

(3)好胜逞强、冒险蛮干心理。这种人经验不足,能力不大却又过于自信,喜欢逞强冒险蛮干。例如为了抢工期、保竣工或遇到影响生产的关键问题又亟待解决时,火爆或血气方刚的人,容易铤而走险不计后果。

(4)心情紧张、判断失误。操作人员由于某些原因心情紧张,对外界情况尚未正确反应,就急急忙忙地操作而发生事故。

(5)逆反、对抗心理。对领导的教育、安全员的提醒感到厌烦,无视规章制度,把情绪带到工作中。

(6)技术不熟、盲目乐观心理。由于缺乏安全知识,技术不熟、经验不足而轻率地作出错误的判断。特别是只看到作业条件好的一方面,忽视了客观条件的复杂、多变、有潜在危险的一面。在思想上掉以轻心,盲目乐观,事故临头,手忙脚乱,措手不及。事故发生后,易发事故者一般有三种心理,即懊悔心理、怨恨心理和变态心理。易发事故者的不良心理意识是安全生产的大敌,是我们在安全管理工作中要认真加以对待和解决的重要问题。

在港口生产中,由于操作人员自我保护意识不强而发生的事故很多。调查资料表明,在人为事故中,有75%是由于操作人员安全意识不强所造成的。因此,提高职工安全意识,努力减少事故发生的可能性,已成为管理人员迫切需要解决的问题。

4. 管理对策

海因里希在对美国75 000起工业事故的调查中表明,占总数98%的事故是可以预防的,在可预防的工业事故中,以人的不安全行为为主要原因的事故,占88%。因而消除或减少人的不安全行为,可以最大程度减少事故的发生率。通过对人的不安全行为产生的原因的分析,我们对人的不安全行为的控制可以从以下几个方面入手。

1)合理调节人的心理功能

合理调节人的心理功能,应创造优美的工作环境,避免由于给职工过度激励而造成职工心理压力过大、精神紧张,尽可能做到工作丰富化或者是在单调作业时减少工作时间。在管理上还应配以必要的监督、检查,多从正面激励职工的工作动力,尽量使职工保持警觉状态,减少职工接受外界刺激的间隔时间并使刺激达到最低水平,防止职工过度疲劳。

2)强化人的安全意识

安全意识是与非安全意识相对而言的,非安全技能的获得必须通过个人的训练和努力。安全技能的培养包括对综合刺激作出反应的训练、正确概念的形成及解决问题能力的训练。

安全技能的培养可以通过技术培训、开展技术比武、以老带新等方法来实现。

3)调节和控制情绪

情绪是认知、生理、环境三种因素的构成物。情绪心理是复杂的,各种情绪对人的影响也许相同、也许不同。紧张的情绪,往往能导致操作失误,而适度的紧张又可以使人产生兴奋的情绪,保持精力集中,有利于安全作业。情绪具有突发性和瞬变性,常常在人们没引起注意的情况下产生影响。因此人们可以通过认识的过程和生理的作用调节和控制情绪。另外应当注意自己的情绪和心境的变化,去预测它的影响并努力改变环境因素,使情绪状态有利于安全生产。

(1)利用人的生物节律,了解自己处于节律中的哪个时期?在处于临界期或低潮期,一定要注意对情绪加以控制;或在这一时间不安排危险作业。

(2)个人在心理上保持良好的情绪状态。热爱自己的事业,朝气蓬勃、积极向上;豁达明智、善于控制自己的情绪、平抑有害的感情冲动;遇事稳重冷静、不妒忌多疑、不自卑、不自怜、不过分自责、不自寻烦恼。

(3)保持和建立良好的人际关系。

(4)维持良好的日常生活规律。

(5)创造良好的工作条件和劳动环境。

(6)有效地进行劳动组织和管理。

(7)运用心理疗法改善心理障碍者的心理状态及情绪。

4)选择和培养个性

研究表明,凡是具有情绪稳定、冷静沉着、热情开朗以及受人信赖的性格特点的人,不容易出事故;而抑郁、缺乏自觉调节和控制能力的人容易出事故。因此,管理人员要了解并掌握职工的性格特点(可运用某些性格量表测定),通过提供精神文明和物质文明的环境,树立良好的风尚,帮助他们改变不良的性格。

5)提高职工的安全自我保护意识

港口企业的职工安全自我保护意识不强是很突出的问题,目前主要采取两大类措施来改善,即安全教育(如规章制度和安全法规的教育)以及经济处罚。这些措施对职工安全意识的加强有一定的作用,但是效果似乎并不大,有时会出现这样的现象:一些职工受到处罚后,非但不从自己身上找原因,汲取教训,反而产生逆反心理,以致发生围攻辱骂安全管理人员的现象。因此应从根本上提高职工的安全意识,为此我们提出如下建议。

(1)加强精神文明建设,提高职工的素质。人的信念、道德、文化修养对意识有很大的影响,并通过意识的主导功能反映在行动上。因此人的素质高低、精神状态的优劣必然影响对制度、法规的认识和执行。据调查发现,大部分自我保护意识不强而出事故的职工,往往政治、文化素质都较差。所以,为了提高职工的安全自我保护意识,必须对职工进行道德教育和文化教育,加强精神文明建设,提高职工的素质,从而使他们在主观上认识到安全的重要性,自觉执行安全法规。

(2)充分发挥班组在安全意识中的作用。心理学研究表明,个人在团体情况下进行活动时,不可避免地会产生被他人评价的意识,感到有压力。可以利用这种压力来增强职工的安全意识,即在班组中树立以遵守规章制度、杜绝不安全行为为光荣的良好风气,从而使少数安全意识不强的工人会由于团体的压力而自我约束,久而久之,渐渐消除不安全行为,逐步提高安全自我保护意识。

(3)利用无意识的心理活动提高安全意识。所谓无意识是指人们在清醒的意识下还有一个潜在的心理活动在进行着,这种潜在的心理活动人们虽然意识不到,但却能影响人的外部行为,即通常所说的"潜移默化"。

港口安全工作可以利用这无意识来提高职工的安全意识,如在职工的宿舍区,食堂附近张贴一些宣传画,用漫画的形式表现各种不安全行为。由于漫画有很大的讽刺性和夸张性,容易给人留下印象,在嬉笑的同时,加强了无意识的记忆,时间一长就会牢记在心。同样,还可以把一些不容易引起人们注意的不安全因素和一些粗心行为编进小故事或广播剧,平时在广播里加以宣传,这样"看"、"听"结合,随着时间的延长,人们就会渐渐地被潜移默化,安全意识会逐步提高。

总之,在港口生产中,安全是一个重要的质量指标,而安全工作中,人的因素又占主要地位。因此,如何消除人为因素,把事故的发生率降到最低,已成为安全管理的重大任务。

案例

违章等于玩命

——从两起事故看违章的恶果

安全操作规程是人们运用现代科学知识,对主客观条件进行综合分析推断而形成的行之有效的一种管理制度,是人们实践经验的总结,它包含了前人的鲜血、生命和辛酸的眼泪。遵章守纪是搞好安全生产、加强自我保护的前提,是避免事故发生的重要保证,是每个职工基本的行为准则。违章,也许侥幸不发生事故,但迟早会发生事故。"十次事故九违章",就是工人对事故发生原因的经验之谈。连云港煤炭装卸公司因违章而导致的伤亡事故,令人触目惊心。

1989 年 4 月 12 日,21 岁青工周某,在装船机位于 39 泊位,对"长青"轮装载时,违反《现场安全管理规定》第五条"禁止在皮带上、绞车机上、车厢底下、配重铁下、轨道上等处行走、停留、玩耍、休息"的规定,于 14 时 20 分左右,擅自进入装船机终端限位桩内避风休息,背靠东侧限位桩,两腿横跨轨道伸在西侧限位桩上,不久在限位桩内熟睡,15 时 10 分,调度令装船机移装五舱,负责行走的装船机工未认真执行《装船机安全技术操作规程》第二条"动机前要检查周围环境,发现有人或障碍物,需待撤离或排除,得到指挥人员信号,响铃后方可动机"的规定,仅在东侧梯口瞭望。而此位置由于皮带机挡住视线,与限位桩位置形成死角,未能发现桩内有人即下令调车。9 号皮带机机长违反《皮带输送机安全技术操作规程》第八条"运行中,加强巡回检查"的规定,离岗到机修队修理煤扒,未发现机头看机人员睡觉。装船机从四舱退出移向五舱,刺耳的警铃声未能惊醒熟睡的周某。15 时 12 分,装船机尾车行走轮直接将周左腿压断,并将周某从仅 20cm 间距的限位桩内强行拉出并拖带 13m,致周某左腿从股骨 1/3 以下压断截肢右腿膝盖外侧皮肤呈梭形撕脱伤,腓骨小头及胫骨外踝处骨折,右侧锁骨粉碎性骨折,左侧锁骨横断骨折,构成一起重伤事故。

1987 年发生的一起工亡事故,同样也是违章所致。11 月 17 日 7 时 30 分,机修队电焊工按计划补焊卸车机房受料坑网格,电焊机电源线接在卸车机上,准备由西向东作业。卸车机司惠某违反《安全技术操作规程》中“港口装卸机械一般守则”第五条“起步行驶时应做到:查看机械周围(包括空中)有无障碍,关好车门,鸣喇叭,低档平稳起步”的规定,动车未鸣喇叭,并使用高速档(26.6m/min)行走,在卸车机行走中,擅自离开操作岗位,使卸车机处于无人驾驶状态;又违反《职工一般安全生产守则》第十条“作业中要集中思想,谨慎操作,服从现场管理人员指挥,不准擅离岗位或做与工作无关的事”的规定,站在卸车机门口平台靠墙一面,伸出头向东瞭望,8 时 47 分在 A 线 8 号坑立柱旁时,头被挤在立柱和卸车机之间,头顶部被卸车机驾驶室边框与立柱切掉坠落,身体随之坠落,当即死亡。

从安全系统工程的观点看:事故的发生是由各种因素构成每一因素的微小变化,都会引起事态的极大变化,造成重的大的生产事故或社会问题。因此,研究分析事故不能就事论事,而应透过事故的现象对形成事故的各因素进行分析,画出事故树进行简化,求出最小割集,分析每个最小割集对事故产生的每一种可能,查出重要度大的最小割集,有针对性地采取对策,彻底避免类似事故的发生。

从海因里希伤亡事故五因素理论看,伤亡事故的发生是由社会环境和管理、人为过失、不安全动作和不安状态、意外事故、伤亡这五个因素构成的。若按因果顺序排列,则为:社会环境和管理欠缺促成人为过失;人为的过失又造成了不安全动作或机械物质危害;后者促成了意外事件和由此而产生的人身伤亡事件。五因素的连锁反应构成了事故。而在这一系列的关系中,人的不安全动作或物的不安全状态是系列的中心。

使用上述理论来分析连云港煤炭装卸公司发生的两起严重事故:现场工人存在着有章不循的现象,由于管理不力,个别职工违章现象时有发生,这些人为过失实质就是由事故的隐患于产生事故各相关因素不完备,侥幸未发生事故,而当人为的过失和机械危害轨迹交叉时,事故就必然发生了。因此,我们必须清醒地认识到:违章等于玩命! 抓安全管理必须从遵章守纪、狠刹违章抓起,抓住人的主观因素,改造机械设备可能导致事故的客观因素,从根本上扭转安全生产的被动局面。

(原载 1989 年 9 月 19 日《连云港港报》第 209 期)

课外阅读

上海集装箱码头有限公司安全操作规程

第一章　安全操作总则

第一条　非作业人员禁止进入装卸生产现场。必须进入作业现场的,要征得码头操作部同意后方可进入。擅自进入生产现场者,一经发现,均按公司有关规定处理,并承担由此而产生的一切后果。

第二条　进入装卸生产现场必须戴好安全帽,不准赤膊、赤脚和穿塑料硬底鞋、露趾凉鞋、拖鞋、中高跟鞋及裙子。作业人员要按规定穿戴好劳防用品。

第三条　现场严禁吸烟,严禁擅自动用明火,严禁擅自下水,严禁用耳机收听音乐。

第四条　不准擅自进入警戒线范围。不准在码头护轮坎、护栏木、带缆桩、接电箱上和关路下、作业中的集装箱之间、机械转动部件上坐卧、逗留、行走、休息。

第五条　只有生产现场专用自行车才能进入集装箱箱区，自行车的刹车、车铃等必须保持完好。不准在公司区域内骑车带人或撑伞，禁止在集装箱之间、码头前沿一米内骑车或停车。

第六条　在危险品箱区、危险品仓库、大型机械修理现场、油库周围要树立明显的警告标志和保护装置，其中的机械和设备要装有安全防护装置。

第七条　在载重量200t以下的船舶上作业，在栏杆低于1.05m的船舶舱面上走动或作业，在码头边系解缆，必须穿好救生衣。

第八条　在2m以上高处（集装箱顶部除外）作业必须扣好安全带。登高作业用的梯子要保持完好。严禁从高空向下抛物。严禁酒后作业。

第九条　上下船舶必须使用专用扶梯或跳板，下面应张挂安全网。绳梯载人最多二人。不准攀爬、跨越大轮船舷。

第十条　车辆、船舶和机械设备不准超速、超负荷、超定员、带故障运行，喇叭、灯光、信号、刹车等必须完好。车辆在箱区内严禁违章行驶和停车。司机在作业时严禁与他人闲谈、用耳塞收听广播、吃零食、吸烟、看书报。与作业无关人员，不得留在驾驶室里休息、聊天。

第十一条　车、船、起重机械驾驶员和电气、焊接、锅炉、受压容器、起重指挥手等特殊工种人员必须经过专门安全技术培训，考试合格后方可持操作证（驾驶证）上岗单独操作。新进员工必须经过专门安全培训，考试合格后方可上岗操作。

第十二条　夜间作业应有足够的照明，大轮深舱、暗道、暗舱等禁止单独一人上下或作业。

第十三条　工属具在使用前必须认真检查，确认完好无损后才可用于作业。作业过程中应随时注意工属具的使用情况，如有异常情况和故障应立即排除或更换。

第十四条　本规程对外来人员同样适用。解释权属上海集装箱码头有限公司营运操作部。

第二章　集装箱作业安全操作规程

第十五条　集装箱作业

（一）集装箱堆码时，只能由集装箱的四个底角件支撑，上下层角件应充分接触，偏移量纵向不大于3.8cm，横向不大于2.5cm。

（二）风力达8级或8级以上时，应对堆垛的集装箱系紧固定。

（三）集装箱箱区内不准进行拆装箱作业。

（四）用桥吊、船关或其他起重机械起吊集装箱是必须垂直起吊，不准斜吊或拖吊。

（五）集装箱卸大船时，应先卸靠码头一侧，由里向外卸，装船时则相反，由外向里装。集装箱装卸驳船时应按照船方要求进行，以保证船体平稳。在装卸作业中如果船体发生较大幅度的倾斜，要督促船方值班人员及时调整。

第十六条　危险货物作业

（一）从事危险货物拆装箱作业的人员，必须经过培训和体检，未经培训以及有慢性病和过敏性反应的人员不得参加作业。

（二）作业人员在作业前，要了解危险货物的性质、包装和救护方法，严格按照码头操作部开具的“危险货物作业通知单”去作业。

（三）作业人员有按规定穿戴好相应的劳防用品，作业过程中不准随便脱卸。作业结束后，穿戴过的劳防用品不准带进食堂和更衣室，要交给专人统一处理、保管。

（四）装卸机械与工属具的安全负荷应按核定负荷量降低25%。作业机械要配备必要的安全装置，机械司机操作要稳，旋转要慢松关要轻。

（五）工人搬运时要轻拿轻放，不准摔扔、撞击，不准贴身紧抱，不准在危险货物上坐卧。

（六）发现有包装不良和跑、冒、滴、漏现象，应立即报告，及时处理，溅污的衣物应立即脱换。不准盲目用鼻嗅或用手接触去辨别性质。

（七）火种、香烟、茶水和食品等不准带进危险货物作业区域，饭前、便后、吸烟前须使用中和液和清水洗手、洗肠、漱口。

（八）一级易燃品和爆炸品作业时，应使用镀锌（铜）工具，禁止使用铁质工具。

（九）要及时做好有毒、要害货物作业后的工具、设备、防护用具的消毒、清洗工作，防止二次污染造成事故。

（十）夜间作业必须有足够的防爆照明。

第十七条　重大件以及特种箱作业

（一）重大件作业人员作业时必须穿好防护作业鞋。

（二）挑选有经验的员工参加作业。作业人员要明确货物重量、重心和套扣位置。对重心不明（包括重心偏离）、重量不清、无起吊标志、无外包装、外包装损坏或有特殊要求而影响安全装卸的重大件或特种货，要研究专门的工艺，必要时要求货主和船方提供有关资料。

（三）要指定专人负责全过程作业，在拆绑、挂钩、稳关、吊运、堆放、绑扎时，人的站立位置要适当。

（四）所用的工属具，在作业前要进行认真的检查，确保万无一失；作业中要进行动态复查，发现问题立即汇报。

（五）起吊钢丝绳等工索具的负荷和规格要严格按照工艺标准，禁止用硬性的大件钢丝绳吊运小件货物或在大件上带小件货物。

第十八条　冷藏箱作业

（一）冷藏箱作业时要指派专人进行交接和检查，保证冷藏设备运转正常和冷藏温度符合要求。

（二）冷藏箱接触电人员作业时必须按规定穿戴好电工鞋等劳防用品。

（三）一层高以上的冷藏箱接插电时，严禁在箱体上攀爬，要使用木制或竹制扶梯上下。

（四）冷藏箱的现场管理人员必须经过专门培训，考试合格后方单独上岗操作。

（五）对存放的冷藏箱必须按时检查冷藏温度，夏季每2小时检查一次，冬季每4小时检查一次。

第十九条　拆装箱作业

（一）集装箱开启箱门时，门前至少要有3m^2的空地，要防止箱内货物向外倾倒和有害气体的影响。

（二）货盘做关要整齐、稳固、重不压轻、扣好小绳子，不准超负荷、超高、超宽。

（三）不准用垫舱板代替货盘，袋装货不许用手钩，桶装货不许手扶桶子边缘，捆装货不许直接钩铲货物的打包铁丝或铁皮。

（四）易燃货拆箱作业的内燃机械要有防火罩，箱边备有灭火器材，禁止用钢丝绳捆扎吊运，不准用手钩敲击铅丝和铁皮等。其他危险品作业按照本规程第十六条的规定。

第三章　机械安全操作规程

第二十条　安全通则

(一)禁止无关人员上机,操作时禁止人员上下。上下大型机械要走规定的安全通道、站台和扶梯。

(二)水平机械夜间行走或在道上行走,要开夜光灯和后灯。

(三)各类机械在起步、转弯、超车、进出仓库、十字路口、人车拥挤的地方时要鸣号(喇叭、警铃、警笛)。两车同时行驶,前后车距保持5~10m。

(四)风力七级或七级以上,起重机应停止作业;风力8级或8级以上起重机要锚定。

(五)严禁待工时在驾驶室内发车取暖,烟熏灭蚊。

(六)不准擅自将机械交给他人操作,不准操作与证不符的机械。

第二十一条　桥吊作业

(一)桥吊在通电后,当班司机不得离机,无关人员禁止上机。司机在现场交接班。司机交接班后,要对桥吊进行检查并试车,了解作业要求和作业环境。

(二)装卸集装箱时,必须待箱与箱、箱与车、箱与船之间的连接锁和捆扎完全拆除后方可起吊。锁销等各种捆扎加固用具不准任意抛掷。

(三)严禁桥吊吊具和起吊集装箱后在人或机械驾驶室上方越过。在越过货物或集装箱时,要保持安全距离。

(四)桥吊在船舶驾驶台和船舶机具附近作业时,要随时注意桥吊前大梁的位置,避免碰撞。当驾驶台和船舶机具高于桥吊前大梁而需行走大车时,要起足前大梁,在桥边指挥员的监护下运行。

(五)桥吊司机如确需离开驾驶室,小车必须停稳到位,吊具上不准吊箱子,空吊具应升到14m高空,停放在后横梁上方。

(六)严禁桥吊大车与其他机械互相推动行走。吊具在舱内时,大车行走要在桥边指挥员的指挥下进行,同时,码头上的工人要注意轨道情况。

(七)夜间必须打开航空标志灯。

(八)桥吊吊具载人时,应装有安全设备,工人要扣好安全带,吊具应处于20ft位置,每次载人不超过3名。

(九)桥吊待时期间,小车要行至规定位置,前大梁升起,大车根据控制室的指令停放在安全位置,要有司机值班,以便在紧急状况下采取措施,保证桥吊安全。

(十)桥吊作业时,任何人(包括船方)不得擅自动用船上吊具,如要动用,必须得到桥边指挥员的同意。

第二十二条　轮胎吊作业

(一)轮胎吊吊具禁止载人,严禁吊具和起吊集装箱后在人或机械驾驶室上方越过。在越过货物或集装箱时,要保持安全距离。

(二)轮胎吊转向时,要将小车行至横梁中部位置,大车在转向钢板上转向。大车行驶时严禁人员上下扶梯,小车移动时必须将吊具升到最高位置。

(三)轮胎吊大车要在地面司机的监护指挥下行驶,地面司机应在驾驶室的另一侧随大车走动监护,吊具收到20ft位置。

（四）作业时，不准利用轮胎吊的限位装置来控制小车与起升机构的动作，吊重箱后移动大车不准超过30m。

（五）电器房内不准堆放杂物，门窗关妥。

（六）轮胎吊在运转过程中不得清洗、润滑和修理。

（七）下轮胎吊时必须同时要有两人在场，严禁披衣携物。

第二十三条　集卡作业

（一）集装箱牵引车和挂车应连接牢固，托运中集装箱必须稳妥。在进出码头大门、转弯、交会车时，车速不大于5km/h，码头内直行，车速不大于20km/h。在码头内拖运危险货物时，应按指定路线行驶，并在车上悬挂危险货物作业的明显标志。

（二）超负荷不拖，箱门敞开不拖，箱位不正不拖。

（三）装集装箱时要等吊架或铲齿完全与集装箱分离后再启动车辆，卸集装箱完全脱离挂车后再启动车辆。

（四）避免突然牵动和制动，尽量保持直线行驶，转弯时防止碰撞人和物，不得逆向行驶，不得横穿箱区，40ft挂车装运一只20ft集装箱时，箱子应放在挂车后半部。

（五）用船关装卸集装箱时，集卡停好位置，熄火停车，关好车门后，驾驶员离车以防不测。

（六）作业完毕后，要拧开储气筒底部的放泄旋塞或打开气阀，排出内部积水，若因放水导致储气筒内压力降低过多时，应重新充气保持规定压力。

第二十四条　铲车作业

（一）铲车在行驶是起重门架不可前倾，铲齿离地面团0.3～0.4m，铲车吊架升到不影响视线的最佳位置，行驶速度不得大于5km/h，空载行驶时吊架收到达20ft位置。

（二）铲齿型铲车要在铲足集装箱铲孔后方可铲运，不得铲无铲孔的箱子，不准两只空箱叠铲，不许单齿铲箱、货（提头除外）。

（三）铲集装箱不得硬性拖拉，铲起后箱下严禁站人。下降时不得猛降或突然停止。

（四）非特殊情况禁止急转弯或急刹车。严禁行驶途中突然换档或没有完全停止便反向行驶。不准带箱过铁路和带箱行驶超过150m。

（五）不许拖车及顶撞其他车辆和货物。铲动大件、危险品、贵重物品、设备箱时要注意周围环境，防止倾斜坠落，如果货物影响视线，要倒车慢行。

（六）禁止铲齿带人升降，如遇特殊情况必须带人升降的，要采取必要的安全措施。

（资料来源：真虹编著的《港口管理》）

港口危险货物管理规定

第一条　为加强港口危险货物管理，保障人民生命、财产安全，根据《中华人民共和国港口法》（以下简称《港口法》）、《中华人民共和国安全生产法》（以下简称《安全生产法》）、《危险化学品安全管理条例》等有关法律、行政法规，制定本规定。

第二条　在港口装卸、过驳、储存、包装危险货物或者对危险货物集装箱进行装拆箱等项作业（以下简称“危险货物港口作业”）适用本规定。

用于危险货物港口作业的港口设施的建设和运营应当符合本规定的有关要求。

第三条　本规定所称“危险货物”，是指列入国家标准GB 12268《危险货物品名表》和国际海事组织制定的《国际危险货物运输规则》，具有爆炸、易燃、毒害、腐蚀、放射性等特性，在水路运输、港口装卸和储存等过程中，容易造成人身伤亡和财产毁损而需要特别防护的货物。

第四条　交通部负责全国港口危险货物管理工作。

省级和设区的市级人民政府交通（港口）主管部门根据地方人民政府确定的职权负责本行政区域内港口的危险货物管理工作。

港口所在地人民政府设置的港口行政管理部门具体负责该港口的危险货物管理工作。

第五条　禁止在港口装卸、储存国家禁止通过水路运输的危险货物。

第六条　新建、改建、扩建危险货物作业码头、库场、储罐、锚地等港口设施，应当符合港口总体规划和国家有关建造规范和标准，经所在地港口行政管理部门批准后，按照国家有关基本建设程序办理审批手续。

港口行政管理部门在批准新建、改建、扩建危险货物码头、锚地时，应当事先征得海事管理机构同意。

第七条　危险货物港口作业的码头、库场、储罐、锚地等港口设施投入作业前，应当按照国家有关规定组织验收。验收合格后，方可交付使用。

第八条　港口经营人从事危险货物港口作业，应当具备本规定第九条规定的条件，并向所在地港口行政管理部门申请危险货物港口作业资质认定。未取得危险货物港口作业资质的，不得从事危险货物港口作业。

第九条　从事危险货物港口作业的港口经营人，应当具备以下条件：

（一）符合《港口法》规定的港口经营许可条件；

（二）具有符合国家标准的应急设备、设施；

（三）具有健全的安全管理制度和操作规程；

（四）至少有一名企业主要负责人应当具备与本单位所从事的危险货物港口作业相关的安全生产知识和管理技能；

（五）配备足够的具有上岗资格证书的管理、作业人员；

（六）具备事故应急预案；

（七）取得消防、环保部门核准意见。

前款事故应急预案的主要内容应当包括：危险货物作业码头、库场、储罐、锚地等港口设施的概况、重点部位、应急队伍的组成及职责、应急措施、应急救援流程图、指挥序列表、通信方式、应急人员联络表等。

第十条　港口行政管理部门应当自收到危险货物港口作业资质申请之日起30日内按照第九条规定予以审核，作出予以认定或者不予认定的决定。予以认定的，应当根据该港口经营人的危险货物作业能力确定认可作业的范围，并核发相应的危险货物港口作业认可证；对不予认定的，应当书面通知申请人并说明理由。

第十一条　危险货物港口作业认可证由所在地港口行政管理部门按照国务院交通主管部门规定的统一格式制作、发放、管理。

第十二条　从事危险货物港口作业的企业应当在危险货物港口作业认可证上核定的危险货物港口作业范围内从事危险货物港口作业活动。

第十三条　从事危险货物港口作业的企业，应当对从事危险货物港口作业的人员进行有关安全作业知识培训。

从事危险货物港口作业的管理、作业人员,必须接受有关法律、法规、规章和安全知识、专业技术、职业卫生防护和应急救援知识的培训,并经交通部或其授权的机构组织考核。考核合格,取得上岗资格证后,方可上岗作业。

第十四条 对危险货物港口作业人员进行培训的机构,应当具备相应的教学、师资条件,按照交通部规定的考核科目、考试大纲和培训大纲进行培训,保证学员能满足本规定规定的资格要求。

第十五条 船舶载运危险货物进出港口,应当将危险货物的名称、理化性质、包装和进出港口的时间等事项,在预计到、离港 24 小时前向海事管理机构报告。但定船舶、定航线、定货种的船舶可以按照有关规定向海事管理机构定期申报。海事管理机构接到上述报告后应当及时将上述信息通报港口所在地港口行政管理部门。

第十六条 作业委托人应当向从事危险货物港口作业的企业提供正确的危险货物名称、国家或联合国编号、适用包装、危害、应急措施等资料,并保证资料正确、完整。作业委托人不得在委托作业的普通货物中夹带危险货物,不得将危险货物匿报或者谎报为普通货物。

第十七条 从事危险货物港口作业的企业,在危险货物港口装卸、过驳、储存、包装、集装箱装拆箱等作业开始 24 小时前,应当将作业委托人,以及危险货物品名、数量、理化性质、作业地点和时间、安全防范措施等事项向所在地港口行政管理部门报告。港口行政管理部门应当在接到报告后 24 小时内作出是否同意作业的决定,通知报告人,并及时将有关信息通报海事管理机构。未经港口行政管理部门同意,不得进行危险货物港口作业。

第十八条 从事危险货物港口作业的企业,应当按照安全管理制度和操作规程组织危险货物港口作业。

第十九条 从事危险货物港口作业的人员应当按照企业安全管理制度和操作规程进行危险货物的操作。

第二十条 从事危险货物港口作业的企业,应当对危险货物包装进行检查,发现包装不符合国家有关规定的,不得予以作业,并应当及时通知作业委托人处理。港口行政管理部门应当根据国家有关规定对危险货物包装进行抽查。不符合规定的,可责令作业委托人处理。

第二十一条 爆炸品、压缩气体和液化气体、易燃液体、易燃固体、自燃物品和遇湿易燃物品的港口作业,企业应当划定作业区域,明确责任人并实行封闭式管理。作业区域应当设置明显标志,禁止无关人员进入和无关船舶停靠。作业期间严禁烟火,杜绝一切火源。

第二十二条 发生下列情况,从事危险货物港口作业的企业应当及时处理并报告所在地港口行政管理部门:

(一)发现未申报或者申报不实、申报有误的危险货物;

(二)在普通货物或集装箱中发现性质相抵触的危险货物。

第二十三条 从事危险货物港口作业的企业应当按照事故应急预案进行定期演练,做好演练记录,并根据实际情况对事故应急预案进行修订。

第二十四条 当危险货物港口作业发生事故时,从事危险货物港口作业的企业应迅速启动事故应急预案,采取应急行动,排除事故危害,控制事故进一步扩散。并按照国家有关规定立即向港口行政管理部门和有关部门报告。

第二十五条 港口行政管理部门应当制定事故应急预案,当危险货物港口作业发生事故时，应当及时组织救助。

发生特大安全事故，港口行政管理部门和有关单位、企业应当服从地方人民政府指挥，积极配合救助，并按照规定向有关部门报告。

第二十六条 港口行政管理部门应定期对从事危险货物港口作业企业的资质进行审验，发现其不再具备条件的，应当限期整顿，或按照《安全生产法》第五十四条规定撤销其资质。

第二十七条 港口行政管理部门及其管理人员对从事危险货物港口作业的企业进行监督检查，可以行使下列职权：

（一）进入并检查港口危险货物作业场所，查阅、抄录、复印相关的文件或者资料，提出整改意见；

（二）发现危险货物港口作业和应急设备、设施不符合法律、法规、规章规定和标准要求的，责令立即停止使用；

（三）发现安全隐患，应当责令立即排除或者限期排除；

（四）发现违法行为，应当当场予以纠正或者责令限期改正。

第二十八条 违反本规定，未取得危险货物港口作业资质认定，擅自从事危险化学品港口作业的，由所在地港口行政管理部门按照《危险化学品安全管理条例》第六十五条的规定处罚；在港口经营活动中擅自从事其他危险货物的作业的，由所在地港口行政管理部门处以 3 万元以下罚款。未取得港口经营许可的，按照《港口法》第四十八条处罚。

第二十九条 违反本规定，有违反《危险化学品安全管理条例》下列行为之一，由港口行政管理部门按照《危险化学品安全管理条例》第六十六条的规定处罚；在经营活动中有下列行为但不属于违反《危险化学品安全管理条例》规定行为的，由港口行政管理部门处以 3 万元以下的罚款并责令改正：

（一）从事港口危险货物作业的人员未经考核合格取得上岗资格证的；

（二）在港口装卸、储存国家禁止通过水运运输的危险货物的；

（三）作业委托人未向港口危险货物作业人提供危险货物名称、国家或联合国编号、适用包装、危害、应急措施等资料或上述资料申报不实；

（四）作业委托人委托作业的普通货物或集装箱中有性质相抵触的危险货物；

（五）未按规定对危险货物的包装进行检查的。

第三十条 违反本规定，从事爆炸品、压缩气体和液化气体、易燃液体、易燃固体、自燃物品和遇湿易燃物品的港口作业，企业未划定作业区域，明确责任人并实行封闭式管理的，由港口行政管理部门按照《安全生产法》第八十五条第（一）项规定处罚。

第三十一条 违反本规定，未按有关规定、标准和规范配备应急器材、必要安全设施、设备的，由港口行政管理部门按照《安全生产法》第八十三条第（五）项规定处罚。

第三十二条 违反本规定，有下列行为之一的，由港口行政管理部门按照《安全生产法》第八十五条规定处罚：

（一）安全管理制度和操作规程不健全的；

（二）未按事故应急预案进行定期演练的。

第三十三条 违反本规定，企业未对危险货物港口作业人员进行有关安全作业知识培训的，由港口行政管理部门按照《安全生产法》第八十二条第（三）项规定处罚。

第三十四条 港口经营人有第二十九条、第三十条、第三十一条、第三十二条、第三十三条违法行为,情节严重的,港口行政管理部门可依据《港口法》第五十一条规定吊销港口经营许可证。

第三十五条 违反本规定中第六条规定,未经批准建设、改建和扩建危险货物作业码头、库场、储罐、锚地等港口设施的,由港口行政管理部门按照《港口法》第四十六条规定处罚。

第三十六条 违反本规定,从事危险货物港口作业企业未按规定在作业前向港口行政管理部门报告并经其同意的,由港口行政管理部门按照《港口法》第五十三条规定处罚。

第三十七条 违反本规定,从事危险货物港口作业的人员未按照安全管理制度和操作规程作业的,由港口作业单位予以批评教育,依照有关规章制度予以处分;造成重大事故,构成犯罪的,由有关机关依法追究刑事责任。

第三十八条 违反本规定,未及时报告危险货物港口作业事故的,分别按照《安全生产法》第九十一条和第九十二条的规定处理。

第三十九条 从事危险货物港口作业不具备本规定第九条规定的条件,港口行政管理部门应当责令停业整顿,经停业整顿仍不具备条件的,取消其危险货物港口作业资质。构成犯罪的,由有关机关依法追究刑事责任。

第四十条 交通(港口)主管部门和港口行政管理部门的工作人员在执行本规定中,滥用职权、玩忽职守、徇私舞弊的,依法给予行政处分。构成犯罪的,由有关机关依法追究刑事责任。

第四十一条 本规定自2004年1月1日起施行。交通部1984年发布的《港口危险货物管理暂行规定》[(84)交海字1181号文]同时废止。

思考题

1. 简述劳动定额的概念、作用及港口劳动定额制定的基本要求。
2. 何谓工时定额和产量定额,两者之间是什么关系?
3. 什么是经验估工法?
4. 什么是统计分析法?
5. 什么是类推比较法?
6. 什么是技术测定法?
7. 何谓正态分布定额水平?
8. 如何计算港口装卸机械生产效率?
9. 如何计算港口装卸作业线或是装卸工班的生产效率?
10. 什么是基本作业时间、辅助作业时间?
11. 什么是生产过程的准备、中断和结束时间?
12. 哪些行为占用的时间是属于生理需要时间,对于生理需要占用的时间能否可扣除?
13. 哪些时间是不能计入工时定额时间?
14. 常用的劳动定员法有几种?
15. 劳动定额制定的方法以及各方法的优缺点。

16. 港口劳动定额修订的方法以及原则。
17. 港口劳动组织形式有几种?
18. 港口定编定员的基本原则是什么?
19. 港口企业编制定员是如何划分的?
20. 什么是安全技术和劳动保护?
21. 劳动保护工作的任务是什么?
22. 单班制、多班制、两种班制的优缺点是什么,我国港口大部分执行的是哪一种班制?
23. 工作环境和劳动条件的内容有哪些?
24. 如何提高职工的安全自我保护意识?

技能训练

1. 试计算和确定袋粮的装卸劳动定额(工时定额、产量定额)。

已知:货种为袋粮,共3600t,操作过程,船→库,操作程序,舱内作业(人力)—出舱(船吊)—水平搬运(叉车)—库内作业(人力)。设每吊货重2t,测时确定船吊操作周期时间为90s,牵引车平均每次拖带6t,平均周期时间为250s。船舱内每2人一组,每做一关货物平均花费320s(包括摘挂钩时间),库内堆码作业每2人一组,堆码一关货物平均需要时间240s。请根据以上资料计算:

(1)计算船吊(关键环节)生产效率;
(2)牵引车生产效率$P_{牵}$;
(3)牵引车台数配置$n_{牵}$;
(4)舱内工人生产效率$P_{舱}$;
(5)舱内工人配置数$n_{舱工}$;
(6)库内工人生产效率$P_{库}$;
(7)库内工人配置数$n_{库工}$。

2. 对某一港口件杂货码头进行劳动定员调查,分析此港口劳动定员是否符合中华人民共和国交通行业标准JT/T 331.1~331.7—2006的规定。通过学习和实地调查,你认为港口件杂货码头如何定员比较科学、合理?

第三章　港口生产指标

● 知识目标

1. 了解港口指标的概念及分类；
2. 了解港口企业指标的统计规定；
3. 熟悉理解并掌握港口指标统计、计算方法和计算公式。

● 技能目标

1. 能熟练的计算出港口的吞吐量、装卸自然吨、装卸操作吨、货物起运量、库场堆存面积、库场容量运用率、库场容量周转次数、驳运船舶使用率、装卸工时利用率等重要指标；
2. 能够区分操作系数、入库系数、直取比重这几个指标的含义，并知道它们之间的关系。

第一节　港口指标的概念及其分类

港口生产是水运生产的主要部门，港口生产效益，一方面靠港口全体干部和全体职工的共同努力，另一方面靠港口要有一套科学的完整的生产工作指标。港口生产指标既是港口的生产经营目标又是港口生产经营的考核标准，因此这套指标设计一定要比较全面反映整个港口生产活动的全貌，可以全面客观地考核港口生产活动的效果。

一、港口生产指标的概念

为了考察、研究、分析和评定港口生产活动及港口工作质量，就必须有能够说明和反映这些内容而又能提供定性和定量分析的工具，这个工具就是港口生产指标。港口生产指标是一组综合反映港口生产经营活动状态、特征的信息，同时也是港口生产计划和统计工作的依据。由于港口生产的复杂性、全面研究、分析、评定港口工作、管理水平、生产任务完成情况，必须借助于指标体系作为工具，指标通常用绝对数、相对数、平均数等数值符号表示。绝对数一般是总量指标，如港口装卸货物总吨数、港口库场总面积、港口总吞吐量等；相对数一般是相对指标，如出勤率、工时利用率、装卸作业机械化比重、机械完好率、机械利用率等等。平均数即平均指标或派生指标，如装卸工人平均工资水平、平均舱时量、库场平均堆存期等等。指标设置应达到的基本要求包括：

(1)指标是有具体内容的。任何一项指标的涵义、计算方法要科学,能正确反映港口生产经营的实际情况,有助于港口生产发展。

(2)指标应该是可比的。有比较才有鉴别,才能够有正确的评价。比较既考虑横向的比较(或前后左右比较)又考虑纵向的比较(古今中外比较)。横向比较要求统一口径,纵向比较要求有相当的稳定,不能随心所欲变来变去,同时,还要熟悉各地区、各个时期指标的变动情况,包括指标的涵义、统计范围、计算方法等方面。

(3)指标的涵义、范围、计算方法应该有统一的规定。特别是计划、考核指标要符合国家统计局的规定。

二、港口生产指标的分类

港口工作指标一般有两种分类方法。

1. 按计划期和报告期来分

(1)计划指标。是指港口在计划期内生产经营要达到的具体目标和水平。计划指标必须要在生产之前核定,然后再依据此指标安排生产。

(2)统计指标。是指港口在一定时期已经达到的生产经营目标和水平。统计指标是全面反映港口生产、技术、经济活动的基础指标,统计指标的建立是根据生产需要确定的。

2. 按生产的量和质来分

(1)数量指标。是指港口生产所应达到的或已经达到数量水平,它反映生产现象的总体规模及水平或工作总量,数量指标通常都用绝对数量表示的。如多少吨、多少个、多少平方。港口主要数量指标有:吞吐量、装卸自然吨、操作量、泊位数、装卸机械数、职工人数、利润总额、库场总面积、堆存货物吨天等等。

(2)质量指标。是指港口生产经营活动所应达到的或已经达到的效果和工作质量的水平。

质量指标通常都用相对数表示的,如比例、比值、百分率等等。港口装卸工作中主要的质量指标有:操作系数直接换装比重、船舶平均每装卸千吨货在港停时、泊位占用率及利用率、装卸机械利用率、库场容量利用率、货损率、货差率及赔偿金额率等等。

三、数量指标和质量指标两者之间的关系

数量指标和质量指标两者既有区别又有联系。数量指标是计算质量指标的基础,质量指标是数量指标之间或数量指标与时间的比值,数量指标与质量指标互相密切联系。港口生产经营活动是通过质量指标、数量指标组成的指标体系得到全面反映的,所以指标设置的合理与否,是关系到能否全面反映出港口生产经营的特征和效果,因此,制定一套完整、科学的港口生产指标是对港口生产管理起着促进和提高的作用。

第二节　港口吞吐量指标

港口吞吐量指标是港口最主要的产量指标,港口吞吐量的大小、构成流向等因素是显示着

港口生产的性质、作用和规模,它体现着港口在国民经济发展中的地位,也反映着港口干部员工的劳动效果和对我国国民经济建设的贡献。同时港口吞吐量指标也是编制港口生产计划和确定港口发展建设规划的依据。

一、港口吞吐量定义与分类

港口吞吐量是港口指标中最重要的产量指标,它分为旅客吞吐量、货物吞吐量和集装箱吞吐量。

1. 旅客吞吐量

指报告期内经由水路乘船进、出港区范围的旅客数量。包括购买半票的旅客人数和乘旅游船进出港区的旅客人数,但不包括免票儿童、船舶船员人数、轮渡和港区内短途客运的旅客,以及在本港下船登岸,后又乘同一船舶上船出港的旅客人数。计算单位:人。

港口旅客吞吐量按旅客流向分为旅客发送量和旅客到达量;按航线分为国内航线旅客吞吐量和国际航线旅客吞吐量;还可按旅客国籍分组等。

港口旅客吞吐量是根据客票出售记录单(应扣除退票数)和客运日报表等进行统计计算的。

2. 货物吞吐量

港口货物吞吐量是指报告期内经由水路进、出港区范围并经过装卸的货物数量。包括邮件、办理托运手续的行李、包裹以及补给运输船舶的燃料、物料和淡水。计算单位:吨(t)。

3. 集装箱吞吐量

指报告期内由水路进、出港区范围并经装卸的集装箱数量。按箱量和重量分别统计。计算单位:箱(TEU)t。

二、货物吞吐量的计算

1. 可计算为货物吞吐量的情况

(1)自本港装船运出港口的货物,计算一次出港吞吐量;由水路运进港口卸下的货物,计算一次进港吞吐量。

(2)由水路运进港口,经装卸又从水路运出港口的转口货物,分别按进港和出港各计算一次吞吐量。

(3)货物吞吐量必须以该船在本港装卸的货物全部装卸完毕,并且办理交接手续后一次进行计算。

(4)牲畜、家禽、轻泡货等无法取得实际重量的货物重量按相应规定进行换算。

(5)滚装汽车的吞吐量按车辆数和实际重量分别计算。

(6)集装箱吞吐量计算箱量时,按集装箱的实际箱数和折合为20英尺集装箱(TEU)数计算。计算重量时,按集装箱的总重和货重分别计算。无法取得集装箱实际重量时,每TEU按8t计算。

集装箱吞吐量按集装箱的尺寸类型分为10英尺箱、20英尺箱、35英尺箱、40英尺箱、45英尺箱集装箱吞吐量等;按是否装载货物分为空箱和重箱集装箱吞吐量。同时根据需要,参照货物吞吐量相关分组方法进行分组。

45 英尺箱　1:2.25　　箱自重约 4t

40 英尺箱　1:2　　　箱自重约 4t

20 英尺箱　1:1　　　箱自重约 2.3t

2. 不可计算为货物吞吐量的情况

(1)由同一船舶运载进港,未经装卸又运载出港的货物(包括原驳船换拖)。

(2)由同一船舶卸下,随后又装上同一船舶运出港口的货物,或装船未运出,又卸回本港的货物。

(3)港区范围内的轮渡、短途运输货物,以及为运输船舶装卸货物服务和各码头之间的驳运量。

(4)港口进行疏浚,运出港外抛弃的泥沙。

(5)在港区内装船运至港区以外倒入海内的废弃物。

例题 3-1:已知某港某年的货物进出港情况及统计期完成的货物作业任务情况如图 3-1 所示(单位:万 t)。

计算该港统计期完成吞吐量(说明:港驳作业由于在港内进行,故不计算吞吐量)

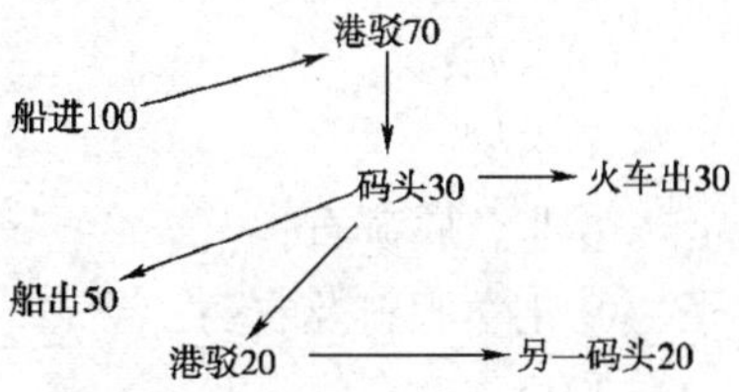

图　3-1

解:该港统计期完成吞吐量 = 100 + 50 = 150 万 t

例题 3-2:某港有甲、乙、丙三个装卸区有三批货物的进、出港装卸情况如下:

(1)化肥 500t,在甲区以货轮外档过驳(船→港驳)后去乙区进库(港驳→库),数日后装火车(库→火车)出港。

(2)杂货 200t,在乙区卸火车进库(火车→库),数日后,落驳(库→港驳)去丙区,在丙区以外档装船(港驳→船)出港。

(3)面粉 300t,自本市某货主码头以港驳运来丙区进库(港驳→库),数日后,又落驳(库→港驳)去甲区,在甲区以外档装船(港驳→船)出港。

求这三个装卸区的装卸自然吨(按出港时计算)。

解:货物吞吐量为:

化肥 500t 是水进陆出计算 500t 吞吐量

杂货 200t 是陆进水出计算 200t 吞吐量

面粉 300t 是水进水出计算 600t 吞吐量

货物吞吐量 = 500 + 200 + 600 = 1300t

三、货物吞吐量的统计

1. 统计范围

(1)按货物进、出口、全港、本港吞吐量来统计。

①全港吞吐量所谓全港吞吐量是指港区范围内所有从事运输生产的码头、浮筒、锚地等泊位,不论隶属关系而全部统计的吞吐量。包括港务局码头、货主码头吞吐量。

②本港的吞吐量。所谓本港吞吐量是指港区范围内仅属港务局管辖的从事运输生产的码头、浮筒、锚地等泊位装卸完成的吞吐量,包括本局工人、干部参加劳动及外付装卸费完成的吞

吐量。

货物吞吐量统计除按进出口、全港本港等统计外，还要根据不同目的贸易性质、货物类别、船舶类型、货物流向等进行统计。

(2)按货物的贸易性质可以分为内贸吞吐量和外贸吞吐量，其中外贸吞吐量还可按其承运船舶的船旗分组。

(3)按货物的类别，分为不同货类的吞吐量。

根据中华人民共和国交通部标准《运输货物分类和代码》(JT 0019)，所有运输货物共分为 17 大类、108 中类：和 150 小类，组成三个层次。一般港口统计按大类统计，即

①煤炭及其制品；

②石油、天然气及其制品；

③金属矿石；

④钢铁；

⑤矿物性建筑材料；

⑥水泥；

⑦木材；

⑧非金属矿石；

⑨化学肥料及农药；

⑩盐；

⑪粮食；

⑫机械、设备、电器；

⑬化工原料及制品；

⑭有色金属；

⑮轻工医药产品；

⑯农、林、牧、渔业产品；

⑰其他货类。

(4)按装运货物的船舶分类，分为杂货船、散货船、滚装船、集装箱船、油船、客货船、其他。

(5)按其货物流向分为不同国家和地区统计。

(6)按货物所通过的码头泊位，逐个泊位统计。

2. 统计单位

货物吞吐量的统计一律按重量吨为计量单位，集装箱的自重也计算在吞吐量中。

3. 统计的截止时间

吞吐量统计的截止时间，一律以统计期末(月、季、年)这一天 18 时为准，即在报告期末当日 18 时以前整船卸完和整船装妥，并办完交接手续者，统计为报告期的货物吞吐量。否则应列入下期完成的吞吐量。

4. 吞吐量统计的依据

(1)货物吞吐量是内贸船舶为“货物交接清单”、“货物运单”，外贸船舶为“舱单”。

(2)旅客吞吐量是客运报告表。

四、吞吐量统计存在的缺陷

1. 不同的货物装卸的劳动消耗不一样

在同一吞吐量水平的条件下,货种结构不同,换装工艺的差别,不同货种装卸难易程度,其劳动消耗有很大的差别。其次,船舶类型流向的不同,劳动消耗也大不一样。

例如:同样的吞吐量装棉花与装钢铁所消耗劳动量就不一样。

2. 货物不同的流向会导致不同的吞吐量

同样1t货物,在水陆中转时计算为1t吞吐量,而水水中转则计算为2t,这就扩大了河口港的吞吐量。因此,仅仅对吞吐量进行比较,无论是横向(各港之间的同期),还是纵向(同一港口的不同时期),意义都不大。

为了弥补这些缺陷,为了使吞吐量有可比性,我们可用换算吨作为货物吞吐量的计量单位。所谓换算吨就是以某一货种(如石油)为基数,即以装卸1t石油为1个换算吨,其他货种则依照其难易程度比例换算为相当于装卸石油的吨数,这个比例就是换算系数。换算吨就是各货种的实际吨数与换算系数的乘积。

货物吞吐量是港口最重要的指标,它一方面反映了港口在国民经济和社会发展中的地位,而国际集装箱吞吐量则反映了港口在国际上的地位。另一方面,吞吐量也是港口企业管理的目标之一,是港口设施和经营管理水平的综合性反映。在港口的经营计划中,吞吐量计划是最基本的计划,其他计划的编制都以它为基础。在港口规划设计中,也是根据对吞吐量的预测确定港口通过能力规模的。但是,仅仅用吞吐量指标来确定港口的规模或其生产力水平是不全面的。港口最主要的生产是货物的装卸作业。

第三节　装卸作业指标

港口主要生产活动是货物的装卸,因此,反映装卸工作情况的装卸作业量指标就是对港口生产活动进行的全面描述。目前我国港口现有的港口装卸作业量指标有装卸自然吨、装卸操作吨、操作系数、装卸工日产量、装卸工时效率、装卸作业直取比重、装卸机械起运量等。通过这些指标,可以对港口装卸工作进行全面地考察,从而对港口生产进行评价分析和总结,发现存在的问题,能及时解决问题,从而提高港口装卸工作的组织管理水平,增加港口经济效益。

一、装卸自然吨

1. 装卸自然吨定义

装卸自然吨是货物自然物理量,它是指进出港区并经过装卸的货物数量,一吨货物从进港到出港(包括水进水出、水进陆出、陆进水出、陆进陆出,或进港后不再出港的港内消耗的物资等),不论经过几次操作,均只计算为一个装卸自然吨。

装卸自然吨和吞吐量一样都是港口装卸工作量的主要指标,它与吞吐量之间的主要差别是水水中转货物在港口进行换装作业时,每一装卸自然吨计算为两个吞吐吨,而水陆中转则统计为一个吞吐吨。由于装卸自然吨不随货物装卸工艺过程的变化而变化,因此,用它作为计算港口装卸成本和其他一些指标的基础比吞吐量确切。

2. 装卸自然吨计算

在计算装卸自然吨时,除进港后不再出港(即在港内消耗的建港物资)的货物在进港时统计外,其余一律在装船或装车出港时统计。这样统计首先是符合港口生产活动的特点,即当货物装运出港时才完成了港口的生产过程,才是完成一个完整的产品生产过程。其次,也可以促进港口不仅重视卸货,而且更重视装货,有利于提早实现商品的使用价值,同时,也有利于减少货物在库场的积压,保持港口的畅通。

装卸自然吨的计算公式:

$$Q_{自} = Q_{吞}/(2-\alpha) \quad 或 \quad Q_{吞} = Q_{自} \times (2-\alpha) \tag{3-1}$$

式中:$Q_{自}$——装卸自然吨(t);

$Q_{吞}$——吞吐量(t);

α——货物水陆换装比重。

二、装卸吨

1. 装卸吨定义

装卸吨又称货物装卸吨,是指经由水运或陆运进、出港区范围,并经过装卸的货物数量。计算单位:t、TEU。货物装卸量是反映港口装卸工作量大小的数量指标,也是港口增添装卸设备和配备劳动力的主要依据,它与吞吐量不同之处是在于装卸量还包括不由水进出港区的货物量。

2. 装卸吨的计算

在计算装卸吨时:

(1)水路进港或出港的货物从船上卸下的进港货物或装上船的出港货物,计算一个船舶作业装卸吨;

(2)陆路进港或出港的货物从车上卸下的进港货物或装上车的出港货物,计算一个火车或汽车作业装卸吨;

(3)货物从货主码头用港驳运入港区,或货主用港驳把货物提取出港的,均分别各计算港驳作业装卸吨;

(4)进出港区货物在车、船间直取和货船外档过驳,虽在港口仅操作一次,规定要按一装一卸计算,作为两个装卸吨;

(5)在同一港口的各作业区之间的货物驳运,凡未出港区范围的不算装卸吨 ;

(6)港区内库场之间的转垛作业和倒载作业不能计算为装卸吨。

在一般情况下1t货物通过港口装卸后,均有两个装卸吨,车、船直取和船过船作业虽然在港口操作一次,但仍要按一装一卸两个装卸吨计算。

装卸吨按不同运输工具分为船舶、货车(火车)、汽车、管道和港驳装卸吨统计计算等。

三、装卸操作吨

吞吐吨或装卸自然吨只能反映港口装卸工作的社会效果,并不能完全反映港口的装卸工作量。因为货物通过港口有不同的操作过程,为了反映港口在完成上述产量时所消耗的实际工作量和港口生产的组织管理水平,在港口指标体系中设有操作吨指标。

1. 装卸操作吨的定义

装卸操作吨是指通过一个完整的操作过程所装卸、搬运的货物数量，计量单位是 t。

2. 装卸操作吨的计算

在一个既定的操作过程中，1t 货物不论经过几组工人或几部机械的操作，也不论搬运距离的远近，是否有辅助作业，均只能计算为一个操作吨。操作吨是反映装卸工作量大小的数量指标。

操作过程一般划分为 15 种：

船—船；船—车；船—库；船—场；船—驳；
车—车；车—库；车—场；车—驳；
库—库；库—场；库—驳；
场—场；场—驳；
驳—驳

一个完整的操作过程，是指货物由某一运输工具（船或车）到另一运输工具（车或船）或库场，即货物在船、车、库场之间每两个环节所完成的一个完整的装卸搬运过程。它是由舱内、起落舱、水平运输、库场（或车）内等若干道工序组成。但同一库场内的倒垛、转堆属库场整理，还有翻舱、干散货的拆、倒、灌、绞包、摊晒货物等同属装卸辅助作业，一律不得计为操作吨。

港口货物操作吨是反映装卸工作量大小的数量指标，编制作业计划时操作吨是根据吞吐量与各种货物的操作方案，通过操作系数确定的，在统计时，则是根据报告期实际数累计求得。

装卸自然吨、货物吞吐吨、货物装卸吨和装卸操作吨之间的计算关系举例见表 3-1（单位：t）

自然吨、吞吐吨、装卸吨和操作吨之间的计算关系　　表 3-1

操作过程	自然吨	吞吐吨	装卸吨	操作吨
船—船	1	2	2	1
船—库—船	1	2	2	2
船—车—库—车—船	1	2	2	4
船—港驳—库—船	1	2	2	3
船—库场—港驳（去货主码头）	1	1	2	2
船—库场—港驳（去港务局码头）	1	1	1	2
港驳（自港务局码头来）—库场—船	1	1	1	2
车—船	1	1	2	2
车—库—车—船	1	1	2	3
车—场—港内某处（建港物资）	1	0	1	2
船—库—港内某处（港口自用物资）	1	1	1	2
船—场—库—车	1	1	2	3

自然吨、货物吞吐吨、装卸吨和操作吨，这四者指标都是港口指标体系中的重要指标，也是最基本指标，但是通过表 3-1 我们能看出装卸自然吨、货物吞吐量、装卸吨和装卸操作吨在统计时存在着不等量的问题，这是受着货种结构变化和港口集疏运不畅的影响，这就要求我们在

分析港口质量指标时必须结合以上情况考虑。

现将吞吐量、装卸量、装卸自然吨和操作量的不同点比较如表 3-2 所示。

吞吐量、装卸量、装卸自然吨和操作量的不同点比较 表 3-2

指　标	反映的内容	统计范围和统计方法	从进港到出港统计次数
吞吐量	反映港口船舶装卸任务大小的数量指标	只统计进、出港区范围并经装卸的水运货物、陆运货物都要统计	水运进港统计一次,水运出港口又统计一次,陆运进、出港不统计,最多统计二次,最少统计 0 次
装卸量	反映港口装卸任务大小的数量指标	不论是水运或陆运,只要进、出港区范围并经装卸的货物都要统计	进港时统计一次,出港时双统计一次,共统计二次
装卸自然吨	反映港口装卸货物物理吨数的数量指标	不论是水运或陆运,只要进、出港区范围并经装卸的货物都要统计(与装卸量相同)	从进港到出港只统计一次
操作量	反映港口装卸工作量大小的数量指标	不论是水运或陆运,只要经过完整的操作过程的货物都要统计	每操作一次就统计一次,可能一次、二次、三次,任何次均可能

四、操作系数

货物通过港口时,由于其经过的工艺过程不同而产生不同的操作量。操作量越多,劳动消耗也就越多。管理工作应该力求采用简单工艺过程,以最少的劳动消耗来取得最大的经济效益。为此,设置了操作系数这个指标。

1. 操作系数的定义

操作系数是指货物的操作量与装卸自然吨数的比值。用以测定货物通过港口的平均操作次数,是考核港口装卸工作是否经济合理的主要质量指标之一。

2. 操作系数的计算

由于每吨货物通过港口至少要经过一个操作过程,因此操作系数不会小于 1。如果港口全部货物都是以直接换装的形式进行(如船—船或船—车),则操作系数等于 1。但实际上,由于不同运输工具之间的衔接以及由于其他作业的需要等种种原因,总是会有相当一部分货物需要进入库场保管一段时间,然后再运出港口,所以,操作系数总是大于等于 1 的。

其计算公式是:

$$K_{操} = \frac{Q_{操}}{Q_{自}} \tag{3-2}$$

式中:$K_{操}$——操作系数;

$Q_{操}$——装卸操作吨(t);

$Q_{自}$——装卸自然吨(t)。

例题 3-3: 某港本月完成装卸工作及耗用劳动量情况为:

货物自然吨　200 万 t

货物装卸量　360 万 t(其中有港内消耗的建港物资 40 万 t)

装卸操作吨　270 万 t

装卸实际工作工日　　装卸工人　12000(工日)

　　　　　　　　　　机械司机　 1500(工日)

　　　　　　　　　　装卸工人　80000(工时)

　　　　　　　　　　机械司机　10000(工时)

计算该港的操作系数

$$K_{操}=\frac{Q_{操}}{Q_{自}}=\frac{2\ 700\ 000}{2\ 000\ 000}=1.35$$

在一般情况下,操作系数低的港口,直取比重高,库场需求也会相应减少,换装作业所消耗的劳动量少,成本也低,通常此指标是港口追求的目标。但有时为了确保船期和提高车船装卸效率或由于为了减少因车船之间的相互等待所造成的时间损失,采取进库场的间接换装是更合理些,也会取得更好的经济效益,所以,不能盲目地追求操作系数的降低。

五、装卸工日产量

1. 装卸工日产量的定义

装卸工日产量是指装卸工人(包括司机和助手)平均每个装卸工日所完成的操作量。计算单位为 t/工日。它也是表明港口劳动生产率的指标之一。

2. 装卸工日产量的计算

计算公式是;

$$P_{工日}=\frac{Q_{操}}{N_{工日}} \tag{3-3}$$

式中:$P_{工日}$——装卸工日产量(t/工日);

$Q_{操}$——装卸操作吨(t);

$N_{工日}$——装卸实际工日数(工日)。

在例题 3-3 中,该港该月的装卸工日产量计算为:

$$P_{工日}=\frac{Q_{操}}{N_{工日}}=\frac{2\ 700\ 000}{12\ 000+1500}=200\text{t/工日}$$

装卸实际工日数是指装卸工人(包括司机及助手)出勤后实际装卸作业的工作日数,包括节、假日加班装卸日在内。凡一个装卸工人出勤参加装卸工作,不论是否满一个工班,或加班加点超过一个工班,均按一个装卸工日计算。

装卸工人因执行国家或企业指示,出勤后参加党、团、工会会议,参加学习、民兵训练、文体活动、基建施工等非装卸工作及整工待班时,均不得计为装卸工日数。

六、装卸工时效率

1. 装卸工时效率的定义

装卸工时效率是指装卸工人(包括机械司机及其助手)平均每人工作 1h 所完成的装卸货物数量。它是装卸劳动生产率的指标之一。

2. 装卸工时效率的计算

计算公式是:

$$P_{工时}=\frac{Q_{操}}{N_{工时}} \tag{3-4}$$

式中：$P_{工时}$——装卸工时效率(t/工时)；

$Q_{操}$——与装卸工时数相对应的操作量(t)；

$N_{工时}$——装卸工时数(工时)。

在例题3-3中，该港该月的装卸工时效率计算为：

$$P_{工时}=\frac{Q_{操}}{N_{工时}}=\frac{2\ 700\ 000}{80\ 000+10\ 000}=30\text{t/工时}$$

装卸工时数是指装卸工人(包括司机及助手)从事装卸工作工时数，它包括配工后的准备时间、装卸作业时间、实际装卸作业的工作日数。

装卸工时效率也是港口工作指标体系中说明劳动生产率水平的指标之一。港口装卸时相当多的环节是劳动密集的作业，也是劳动强度大并带有一定危险性的作业。因此，在港口实现机械化，不但可以降低产品成本和提高劳动生产率水平，而且也是降低劳动强度和减少劳动危险性的重要途径。所以，通过提高装卸机械化、自动化水平，提高装卸工时效率是港口的重要任务之一。

七、直取作业比重

1. 直取作业的定义

直取作业是指货物在港口的换装作业不需要经过库场作业，而只是两种运输方式之间的换装。它是货物通过一个操作过程就能完成的换装作业。直取作业比重是装卸货物中直接作业的装卸量占总装卸货物数量的比重。

2. 直取作业的计算

计算公式为：

$$K_{直}=\frac{Q_{直}}{Q_{总}}\times 100\% \quad 或 \quad K_{直}=\frac{Q_{直吞}}{Q_{总吞}}\times 100\% \tag{3-5}$$

式中：$K_{直}$——直取作业比重；

$Q_{直}$——直接作业的装卸量(t)；

$Q_{总}$——总装卸货物数量(t)；

$Q_{直吞}$——直接作业的吞吐量(t)；

$Q_{总吞}$——总的吞吐量(t)。

直取作业比重是反映港口生产组织工作水平的质量指标之一，装卸作业直取比重的提高能节约劳动力，加速车、船的周转。但也不能一味地追求提高直取比重而延长车船停港时间影响货物周转。

八、装卸机械作业量

1. 装卸机械起运量

装卸机械起运量指标是反映港口装卸机械工作量大小的指标，它是把起重搬运机械按机台完成的工作量，进行综合统计相加得出的，计量单位为吨。在实际装卸作业中，对分机种、机

台实际完成的工作量分别进行统计,计算公式为:

$$Q_{起} = \sum_{i=1}^{m} \sum_{j=1}^{n} G_{ij} \tag{3-6}$$

式中:$Q_{起}$——货物起运量;

G_{ij}——第 j 类机械完成第 i 类货物的起运量;

i——1,2,…,m 货类;j=1,2,……,n 机类。

2. *工序吨数*

指按作业操作工序所完成的货物数量。计算单位:吨(t)

一个完整的操作过程,可划分为若干个工序,在既定的一个工序中,完成一吨货物的操作,计为一个工序吨。在同一工序中,同时使用机械和人力操作时,以花费劳动量较大或操作距离较远的操作形式作为该工序的操作形式。

工序吨数按货物装卸操作地点及顺序分为舱底作业、起落舱作业、搬运作业、车内作业、库(场)内作业工序吨数;按货物装卸作业的机械化操作程度分为机械操作、半机械操作、人力操作工序吨数。

根据目前港口装卸作业情况,共划分为以下 5 个工序:

(1)舱底作业:是指货物装船或卸船时舱内的全部作业,它包括在舱内的挂钩、摘钩、拆垛、码垛、拆关、做关、平舱、扫舱等作业。

(2)起、落舱作业:是指货物装船或卸船时,从船舱到岸壁、从岸壁到船舱、从船舱到车辆,以及从船舱到另一个船舱等的起、落舱作业。

(3)搬运作业:是指货物在码头、库场、车辆等之间的水平搬运作业。

(4)车内作业:是指火车、汽车等车辆的装卸作业。它包括装车和卸车时的搬上、搬下、做关、拆关、车内拆垛、码垛等作业。

(5)库内作业:是指货物在库内的拆垛、码垛、堆高、做关、拆关、给喂料等作业。

3. *装卸作业机械化程度*

装卸作业机械化程度指港口装卸作业中,机械操作工序吨数占工序吨数的比重。计算单位:%。

装卸作业机械化程度的不断提高,不但可以使装卸工人摆脱笨重的体力劳动,减轻装卸工人的劳动强度和提高劳动生产率,而且可以加速船、车的周转和扩大港口的通过能力。

装卸作业机械化程度,目前规定用工序吨来计算,即把每个完整的操作过程划分为若干个工序,以每一工序作为统计计算的观察单位。在既定的工序中,完成 1t 货物的操作,即计为一个工序吨。在同一工序中,同时使用机械和人力操作时,应按其所需的劳动量较大或操作距离较远者,计为机械或人力操作工序吨。计算公式为:

$$\delta_{机械} = \frac{G_{机操工序}}{G_{总工序}} \times 100\% \tag{3-7}$$

式中:$\delta_{机械}$——装卸作业机械化程度(%);

$G_{机械工序}$——机械操作工序吨数(t);

$G_{总工序}$——总工序吨数(t)。

例题 3-4:操作过程是船—库,茶叶 200t,先用装卸机拆垛装平车,再用牵引车拖到船边,又用船吊把货物吊入在舱内,然后用人力把货物在舱底堆码整齐。试计算这项装卸作业的工序吨和装卸机械操作比重。

解:1)计算装卸工序吨

已知:(1)库内作业:装卸机拆垛装平车　200t(机械操作)

(2)搬运作业:牵引车水平搬运　200t(机械操作)

(3)落舱作业:船吊落舱　200t(机械操作)

(4)舱底作业:舱底人力码垛　200t(人力操作)

$$G_{机械工序}=200+200+200=600t$$

$$\sigma_{人力工序}=200t$$

$$G_{总工序}=G_{机操工序}+G_{人力工序}=600+200=800t$$

2)计算装卸机械操作比重

根据公式:$\delta_{机械}=\dfrac{G_{机械工序}}{G_{总工序}}\times100\%$

得 $\delta_{机械}=\dfrac{G_{机械工序}}{G_{总工序}}\times100\%=\dfrac{600}{800}\times100\%=75\%$

第四节　车船在港停留时间指标

车船在港停留时间是指运输船舶或车辆自进港到离港的一段在港停留时间,简称车船停时。车船在港停留时间指标它是港口综合质量指标之一,车船在港停留时间的长短,是体现港口装卸生产效率的重要标志。因此,压缩车船在港停留时间也就相当于给港口增加了泊位和停车道。研究制定运用好一套车船在港停留时间指标是对港口提高生产效率有着非常重要意义的。

一、船舶在港停泊时间及在港作业指标

1. 船舶在港停泊时间统计规定

1)船舶在港停泊时间的概念

船舶在港停泊时间是指运输船舶自进港到离港的一段在港停留时间。

2)船舶在港停泊时间的组成

船舶在港停泊的时间由生产性停泊时间、非生产性停泊时间和自然因素引起的停泊时间三部分组成。

(1)生产性停泊时间。指船舶在运输生产过程中所必需的停泊时间。它包括装卸作业时间、技术作业时间、移泊时间及其他生产性停泊时间。

①装卸作业时间。即为装卸前后的悬挂安全网、起落吊杆、开盖货舱、接拆输油管等准备和结束时间、移泊时间、装卸货物时间等生产性停泊时间和补给船用燃、物料、淡水,货物加固捆绑或拆解时间,扫舱、洗舱及熏舱、油船加温等辅助作业时间。

②技术作业时间。即为船舶靠离泊位、浮筒时间和拖驳运输船舶的编、解船队时间。

③移泊时间。即为装卸作业计划中规定或因港口条件限制,必须从这一泊位移至另一泊位的移泊时间。

④其他生产性停泊时间。指不属于上述各种原因的其他生产性停泊时间,如船舶联检、熏

舱、洗舱时间等等。

(2)非生产性停泊时间。指由于装卸组织、运输工作不善,或因货物不能按时集中等运输生产过程中非必需的停泊时间。按其产生的原因可分为:

①港方原因造成的非生产性停泊。包括因港口能力不足或调度不当,致使船舶等码头泊位、等库场、等工人、等港作拖船、等港口调度命令、等驳船以及港口装卸机械故障等由于港方责任所造成的停泊时间。

②船方原因造成的非生产性停泊。包括因船方责任而等候货物积载图、等船员、等船舶调度部门的运行调度命令、等运行拖驳以及船上装卸机具和照明发生故障等造成的停泊时间。

③货主原因造成的非生产性停泊。包括因货主责任,货物流向未定不能开工卸货或货物未按时集中而等货;货主未及时提货造成库场堵塞,以致船舶无法作业而造成的停泊时间。

④其他原因造成的非生产性停泊时间,这是指除上述原因以外所造成的非生产性停泊时间。如等货物联检、报关。

(3)自然因素引起的停泊时间。指因自然因素影响而造成的停泊时间。包括因风、雨、雪、雾而不能作业,高温季节工人午休,候潮进出港、航道水位等造成的停泊时间,也包括船舶到指定地点避风的停泊时间及其往返的航行时间。

在对船舶停泊时间进行分类时,对那些在同一时间内,船舶停泊时间由两种或两种以上不同性质的原因引起时,应将停泊时间计入主要的或停时较长的一种原因之中。

3)船舶在港停泊时间统计规定

(1)船舶在港停泊时间所考核和统计的范围:

①港务局管辖的码头、浮筒、锚地上进行装卸货物的运输船舶(海港在500载重吨以上船舶,河港在100载重吨以上货船)。

②对外籍船舶,则不论其所停泊码头的隶属关系由什么单位进行装卸,都要进行考核或统计。

(2)船舶在港停泊时间不能统计范围:

①路过及来港避风未装卸货物的船舶;

②计划批准停航的船舶、卸完货后准备修理的船舶;

③在装卸时间以外洗刷锅炉及其他处于非营运状态的船舶。

(3)船舶在港停时的统计计量单位为"艘天"或"艘时"。

(4)船舶在港停时统计的截止时间。一律以月、季、年最后一天的18时为截止时间。凡18时前装卸完毕,且已发航的船舶,则统计在本报告期内。这与吞吐量统计的口径一致。

(5)船舶在港停时的统计起讫时间。船舶进港直接靠码头时从靠好码头时起到装卸货物完毕离开码头时止;船舶进港先在锚地或浮筒停泊时,从在锚地、浮筒泊妥时起至装卸货物完毕离开锚地、浮筒时止。

在港停泊处于非营运状态的船舶停泊时间不作统计。例如重载进港、卸货完毕后转入停港封存、修理或报废拆除的船舶,其在港停泊时间,计至统计的货卸完时止;在装卸时间以外进行清洗锅炉及航次检修的时间,不计为在港停泊的时间。

2. 船舶在港停时指标及其计算

1)船舶停泊艘次

船舶停泊艘次是指报告期内在港停泊船舶次数的累计数。船舶从进港时起至出港时止,不论单装、单卸或又装又卸，不论是否发生移泊或移泊次数多少，均只计算为一次停泊艘次。

2）船舶作业艘次

船舶作业艘次是指报告期内在港作业船舶次数的累计数。计算时要按装、卸业分开计算，即装货算一次，卸货算一次，又装又卸的双重作业计算两次。

在某些港口中，往往一艘船舶进港后，要在几个装卸区先后进行装卸，为了分别计算各装卸区的船舶在港停泊时间情况，各装卸区可以分别按本区范围为准来计算船舶在港停泊时间。具体计算方法如下：

（1）船舶停泊艘次。凡船舶进入本装卸区进行装卸者，不论是否有跨区装卸现象，均统计一个船舶停泊艘次，但如是由他区移来本区者（不包括货主码头移来），则再统计一个“其中：续装卸艘次”。全港汇总时，只要扣除此数，就可计算出不含重复因素的全港船舶停泊数。

（2）船舶作业艘次。凡船舶由他区移来本区续卸或加装货物者（不包括货主码头移来），除按规定计算船舶作业艘次外，再统计一个“其中：续卸或加装艘次数”。但他区卸毕移来本区装货者，只在“船舶停泊艘次”中统计为“其中：续装卸艘次”，不得在“船舶作业艘次”中统计为“其中：续卸或加装艘次数”。

现将船舶停泊艘次、作业艘次、续装卸艘次、续卸或加装艘次的关系见表3-3。

船舶进出港、移泊和装卸情况　　表3-3

船舶进出港、移泊和装卸情况	甲装卸区				乙装卸区				全港	
	停泊艘次数	其中：续装卸	作业艘次	其中：续卸加装	停泊艘次数	其中：续装卸	作业艘次数	其中：续卸加装	停泊艘次数	作业艘次数
1. 由甲区一个区卸货，卸货出港	1		1						1	1
2. 由甲区一个区卸货，卸毕装货，装毕出港	1		2						1	2
3. 甲区先卸，卸毕装货，后移乙区加装，装毕出港	1		2		1	1	1	1	1	2
4. 甲区先卸，后移乙区续卸，卸毕出港	1		1		1	1	1	1	1	1
5. 甲区先卸，后移乙区续卸，卸毕装货，装毕出港	1		1		1	1	2	1	1	2
6. 甲区先卸，后移乙区续卸，卸毕装货，又移甲区加装装毕出港	1		2	1	1	1	2	1	1	2
7. 甲区先卸，卸毕移乙区装货，装毕出港	1		1		1	1	1		1	2
8. 甲区先卸，卸毕移乙区装货，又移甲区加装，装毕出港	1		2	1	1	1	1		1	2
9. 本港无卸装，由甲区一个区装货，装毕出港	1		1						1	1
10. 本港无卸装，甲区先装，后移乙区加装	1		1						1	1

例题 3-5：某港有 3 个装卸区，在报告期内船舶停泊时间的情况如表 3-4 所示。则该港汇总后的船舶停泊艘次和作业艘次为：

某港 3 个装卸区报告期内船舶停泊时间　　　　表 3-4

	一　区	二　区	三　区
船舶停泊艘次	3	4	4
其中：续装卸	–	2	1
船舶作业艘次	4	5	5
其中：续卸加装	–	2	1
船舶定额吨位数	19 000	2020 000	25 000
其中：续装卸	–	9,000	6,000
船舶停泊艘时	150	170	190

船舶停泊艘次：$(3+4+4)-(2+1)=8$ 艘次

船舶作业艘次：$(4+5+5)-(2+1)=11$ 艘次

3）船舶平均每次在港停泊天数

船舶平均每次在港停泊天数指标是在报告期内离港船舶以进港时起到出港时止，平均每艘船每次在港停泊时间。其计算公式是：

$$\overline{T}_{次}=\frac{\sum_{i=1}^{N}T_{停i}}{\sum_{i=1}^{N}N_{次}} \tag{3-8}$$

式中：$\overline{T}_{次}$——船舶平均每次在港停泊天数（天/次）；

$\sum_{i=1}^{N}T_{停i}$——船舶停泊总艘天（艘天）；

$\sum_{i=1}^{N}N_{次}$——船舶停泊总艘次数，即船舶在港停泊艘次的总和（艘次）。

例题 3-6：某港某年 6 月份的船舶在港停泊时间统计资料如下：

船舶停泊艘次数	20 艘次（其中：单装单卸 8 艘次，双重作业 12 艘时）
船舶停泊总时间	1200 艘时（其中：装卸作业 800 艘时，非生产性停泊 210 艘时）
停泊船舶总额吨位数	150000t
船舶作业舱口数	180 个
船舶作业舱时数	3200 舱时
装卸货物吨数	200000t
船舶装卸作业标准时间	1000 艘时

则该港该月的船舶平均每次在港停泊天数为：$\overline{T}_{次}=\frac{\sum_{i=1}^{N}T_{停i}}{\sum_{i=1}^{N}N_{次}}=\frac{1200\div24}{20}=2.5$ 天/次

一般船舶从进港起到出港时止，不论是仅仅装货还是卸货，或者又装又卸，也不论移泊次数的多少，都只计算为一个停泊艘次。通常来说每艘船在港停泊的时间越短越好，但由于计算公式中分子指的是船舶在港停泊时间，船舶在港停泊时间的构成复杂，且每艘船在港停泊时间的长短受货种、流向、船舶吨位大小、装卸效率高低受装卸性质和自然因素等一系列原因的影响。

4)船舶平均每次作业在港停泊天数

船舶平均每次在港停泊天数指标是在报告期内离港船舶以进港时起到出港时止,平均每艘船每次作业在港的停泊天数。其计算公式是:

$$\overline{T}_{作业}=\frac{\sum_{i=1}^{N}T_{作业i}}{\sum_{i=1}^{N}N_{作业i}} \tag{3-9}$$

式中:$\overline{T}_{作业}$——船舶平均每次作业在港停泊天数(天/次);

$\sum_{i=1}^{N}T_{作业i}$——船舶在港作业停泊的天数总和(艘天);

$\sum_{i=1}^{N}N_{作业i}$——即船舶在港装卸作业次数的总和(艘次)。

一般在港单装或单卸只计算为一个作业艘次,而卸货后又装货的双重作业则计算为两个作业艘次。

在例题3-6中,该港该月的船舶平均每次作业在港停泊天数为:

$$\overline{T}_{作业}=\frac{\sum_{i=1}^{N}T_{作业i}}{\sum_{i=1}^{N}N_{作业i}}=\frac{1200/24}{8+24}=1.56\text{ 天/次}$$

5)船舶平均每装卸千吨货在港停泊时间

这个指标通常简称为千吨停时,它是指在港停泊船舶平均每装卸千吨货的在港停泊时间,这个时间是属于港方责任的停泊时间,所以这一指标在时间上扣除了船方责任、货方责任和自然因素所造成的停泊时间。在货物吨数上全部以千吨为计算单位,因此,这比船舶平均每次在港停泊天数更有可比性,更有利于不同吨位船舶的比较。

其计算公式是:

$$\overline{T}_{千}=\frac{\sum T_{总停时}}{\sum Q_{装卸}}\times 1000 \tag{3-10}$$

式中:$\overline{T}_{千}$——船舶平均每装卸千吨货在港停泊时间(天);

$\sum T_{总停时}$——船舶装卸货物总停时,等于生产性停泊时间和非生产性停泊时间之和(天);

$\sum Q_{装卸}$——船舶装卸货物吨数之和(t)。

6)船舶千吨货装卸小时

这个指标通常简称为千吨时数,是指装卸千吨货物,平均所需的小时数。这个数字越小,则说明船舶装卸效率越高。其计算公式是:

$$\overline{T}_{千吨}=\frac{\sum_{i=1}^{N}T_{装卸i}}{\sum Q_{装卸}}\times 1000 \tag{3-11}$$

式中:$\overline{T}_{千吨}$——千吨货装卸小时(h/1000t);

$\sum_{i=1}^{N}T_{装卸i}$——船舶装卸艘时(h);

$\sum Q_{装卸}$——船舶装卸货物吨数之和(t)。

在例题 3-6 中该港该月的千吨货装卸小时为：

$$\overline{T}_{千吨} = \frac{\sum_{i=1}^{N} T_{装卸i}}{\sum Q_{装卸}} \times 1000 = \frac{800}{200\ 000} \times 1000 = 4\text{h}/1000\text{t}$$

在实际统计计算工作时，还可按外贸内贸船舶、货物种类、船舶载重吨级分组计算船舶平均每次在港停泊天数、船舶平均每装卸千吨货在港停泊时间和船舶千吨货装卸小时。

7）非生产性停泊所占比重

非生产性停泊所占比重是指船舶停泊总艘时中，非生产性停泊艘天所占的比重。这比重占的高，就说明港口生产组织工作水平要提高。因此要尽量控制这一指标的升高。其计算公式是：

$$K_{非} = \frac{\sum_{i=1}^{N} T_{非}}{\sum T_{总停时}} \times 100\% \tag{3-12}$$

式中：$K_{非}$——非生产性停泊所占比重（%）；

$\sum_{i=1}^{N} T_{非}$——非生产性停泊时间（艘时）；

$\sum T_{总停时}$——船舶装卸货物总停时，等于生产性停泊时间和非生产性停泊时间之和（天）。

例题 3-7：某港某日有 5 艘已发航离港的船舶，其在港停泊时间统计资料见表 3-5。则该港该日的有关船舶在港停泊时间统计指标为：

某港某日已发航离港船舶在港停泊时间统计 表 3-5

船名	停泊艘次	作业艘次	定额吨	装卸货物吨数（单位：t）			停泊时间（单位：艘时）						作业舱口数（个）	作业舱时数
				小计	卸	装	小计	生产性	其中：装卸作业	非生产性	其中：港方责任	自然因素		
A	1	2	3000	6000	3000	3000	40	27	25	13	12	—	4	90
B	1	1	5000	5000	5000	—	38	33	30	5	5	—	4	100
C	1	2	800	1300	800	500	13	10	10	3	3	—	4	30
D	1	2	1000	1700	700	1000	22	15	12	7	6	—	4	40
E	1	1	6000	6000	—	6000	57	35	33	12	10	10	5	140
合计	5	8	15800	20000	9500	10500	170	120	110	40	36	10	21	400

根据表 3-5 得知下列指标数量

（1）船舶停泊艘次 5 次

（2）船舶作业艘次 8 次

（3）船舶停泊艘天 7.08 艘天

（4）停泊船舶定额吨位数 15800t

（5）停泊船舶作业舱口数 21 个

（6）停泊船舶作业舱时数 400 舱时

（7）装卸货物吨数 20000t

（8）船舶平均每装卸千吨货在港停泊时间 0.354 天

(9)非生产性停泊所占比重　　　　　　　　　25%

二、车辆在港停时指标

铁路运输是我国一些港口的主要集疏运方式,因此,缩短铁路货车在港口的停留时间,加速其周转与加速船舶的周转具有同样的意义。铁路货车在港停留时间是反映铁路货车在港时间的指标,由于它的计量单位是车小时,所以也简称"车点",在港口统计车点因受信息源和计算工具的限制,目前都是用非号码制的方法。

这组指标统计的范围包括所有在港区管辖范围内的火车装卸线或路、港协议规定的交接线内装卸货物的铁路货车,但不包括港口自备货车。

统计报告的截止时间一律以18时为准,18时以前装卸完毕并与路方办妥交接手续的车辆,统计在本报期内。

1. 货车一次作业平均在港停留时间

这是一个反映铁路货车在港停留时间的指标,是指报告期内已发出车辆,在港区范围内的专用线(或装卸线)上,平均每辆车每作业车次的停留时间。它反映港口为每辆车在进行一次装车或卸车时,所使用的时间长短,是考核港口经营管理水平和装卸组织工作好坏的主要质量指标之一。

其计算公式是:

$$\overline{T}_{车次}=\frac{\sum_{i=1}^{N}T_{车}}{\sum_{i=1}^{N}N_{作次}} \tag{3-13}$$

式中:$\overline{T}_{车次}$——车次作业平均在港停留时间(h/次);

$\sum_{i=1}^{N}T_{车}$——总停留车时数,是指报告期在港车辆停留小时的累计数(h);

$\sum_{i=1}^{N}N_{作次}$——作业车次数累计数是指装车和卸车数的总和(次)。

作业车次数指装车和卸车数的总和,即装(或卸)一辆车计算为一个作业车次;同一辆卸货后又装货的车称之为双重作业,计算为两个作业车次。

例题3-8:某港在某年内共完成装车作业1200车次,卸车作业2400车次,总停留车时为9900车时。

则该港该年的货车一次作业平均在港停留时间为:

$$\overline{T}_{车次}=\frac{\sum_{i=1}^{N}T_{车}}{\sum_{i=1}^{N}N_{作次}}=\frac{9900}{1200+2400}=2.75\text{h/次}$$

总停留车时数的计算方法还视港口有无调车机车而不同。对有调车机车的港口,其总停留车时的计算,是从路局将车辆送至路港交接线,路、港双方检验完车体,办理完交接手续起至装卸作业完毕,港方将车辆送到路港交接线,办理完交接手续为止。它包括解体、编组、接运车辆的运转等技术作业时间、辅助作业时间、待装卸作业时间和装卸作业时间。

对没有调车机车的港口,其总停留车时数的计算,应从路局将车辆送到港口装卸线摘完钩时起. 到装卸作业完毕,关好车门,盖好篷布,捆绑完毕,清理好到车两旁安全通道时止,它包括装卸作业时间和待装卸作业时间。

货车在港总停留时间计算范围见图 3-2。

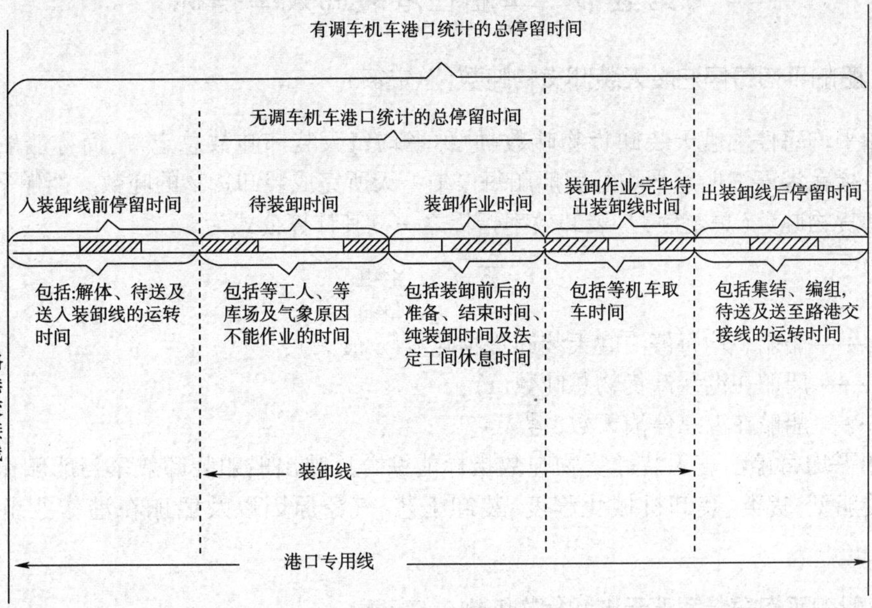

图 3-2　货车在港总停留时间计算范围

2. 日均到港车数

这是反映路局每天平均送到港口铁路专用线的车辆数。其计算公式是：

$$\overline{N}_{日\cdot车}=\frac{\sum_{i=1}^{N}T_{车i}}{T_{日}} \tag{3-14}$$

式中：$\overline{N}_{日\cdot车}$——日均到港车数,应分别按重车、空车计算(辆/天)；

$\sum_{i=1}^{N}T_{车i}$——报告期送到港口铁路专用线的车辆数,要分别按重车、空车统计(辆)；

$T_{日}$——报告期日历天数(天)。

3. 日均装(卸)车数

日均装(卸)车数是平均每天装车或卸车数是装卸车的总和与报告期日历天数的比值。其计算公式为：

$$\overline{N}_{日\cdot装}=\frac{\sum_{i=1}^{N}T_{日\cdot装i}}{T_{日}} \tag{3-15}$$

$$\overline{N}_{日\cdot卸}=\frac{\sum_{i=1}^{N}T_{日\cdot卸i}}{T_{日}} \tag{3-16}$$

$$\overline{N}_{日\cdot装卸}=\overline{N}_{日\cdot装}+\overline{N}_{日\cdot卸}=\frac{\sum_{i=1}^{m}T_{日\cdot装i}+\sum_{i=1}^{N}T_{日\cdot卸i}}{T_{日}}=\frac{N_{作次}}{T_{日}} \tag{3-17}$$

第五节　车船在港装卸效率指标

一、船舶平均每停泊艘天装卸货物吨数(总定额)

船舶平均每停泊艘天装卸货物吨数、原称平均每天装卸吨数总定额,简称船舶装卸总定额。它是指在港停泊船舶平均每艘船舶每停泊一天所完成装卸货物的吨数。船舶平均每停泊艘天装卸货物吨数(总定额)是装卸效率指标之一。其计算公式为

$$\overline{Q}_{总} = \frac{\sum Q_{装卸}}{\sum T_{停泊}} \tag{3-18}$$

式中:$\overline{Q}_{总}$——船舶平均每停泊艘天装卸货物吨数(t/艘天);

$\sum Q_{装卸}$——船舶在港装卸货物总吨数(t);

$\sum T_{停泊}$——船舶在港总停泊天数(艘天)。

船舶平均每停泊艘天装卸货物吨数指标能综合反映出船舶装卸效率与船舶作业组织水平。它受船型、货类、装卸机械化程度、装卸工艺、气象原因以及船舶在港作业组织好坏的影响。

二、船舶平均每装卸艘天装卸货物吨数(纯定额)

船舶平均每装卸艘天装卸货物吨数,原称平均每天装卸吨数纯定额,简称船舶装卸纯定额。是指在港停泊船舶平均每艘船舶每装卸一天所完成装卸货物的吨数。船舶平均每装卸艘天装卸货物吨数同样也是装卸效率指标之一。其计算公式是

$$\overline{Q}_{纯} = \frac{\sum Q_{装卸}}{\sum T_{装卸停泊}} \tag{3-19}$$

式中:$\overline{Q}_{纯}$——船舶平均每装卸艘天装卸货物吨数(t/艘天);

$\sum Q_{装卸}$——船舶在港装卸货物总吨数(t);

$\sum T_{装卸停泊}$——船舶装卸停泊时间(艘天)。

船舶平均每装卸艘天装卸货物吨数与船舶平均每停泊艘天装卸货物吨数一样,同样也受船型、货类、装卸机械化程度、装卸工艺以及船舶在港组织好坏的影响。

三、平均每艘船舶载重量

平均每艘船舶载重量是指来港停泊装卸的船舶平均载重量。其计算公式是

$$\overline{Q}_{船} = \frac{\sum Q_{船}}{\sum N_{次}} \tag{3-20}$$

式中:$\overline{Q}_{船}$——来港停泊装卸的船舶平均载重量(t/艘次);

$\sum Q_{船}$——所有来港停泊装卸的船舶定额载重量之和(t);

$\sum N_{次}$——船舶停泊总艘次(艘次)。

四、平均船时量

这是指在来港装卸的船舶,平均每艘船每小时所装卸的货物吨数,其计算公式是:

$$\overline{Q}_{船\cdot时}=\frac{\sum Q_{船}}{\sum T_{船}} \tag{3-21}$$

式中：$\overline{Q}_{船\cdot时}$——平均船时量（t/艘时）；

$\sum Q_{船}$——船舶装卸货物吨数之和（t）

$\sum T_{船}$——船舶装卸作业时间之总和（艘时）。

五、平均舱时量

这是指在港装卸的船舶平均每一舱口 1h 所装卸的货物吨数，其计算公式是：

$$\overline{Q}_{舱\cdot时}=\frac{\sum Q_{船}}{\sum T_{舱}} \tag{3-22}$$

式中：$\overline{Q}_{舱\cdot时}$——平均舱时量（t/舱时）；

$\sum Q_{船}$——船舶装卸货物吨数之和（t）；

$\sum T_{舱}$——船舶作业舱时之总和（舱时）。

作业舱时是指船舶个舱口作业小时。一个舱口开一条作业线作业 1h 则计算为一个作业舱时；如一个舱口开两条作业线作业 1h，则计算为两个作业舱时。

船舶国籍不同（即本国船和国外船），所载货种及流向不同，船舶类型（分普通船和专用船及大小不同），对上面这组统计指标有很大的影响。为了便于分析比较，上述指标要分国籍、分货种和分船舶进行统计。

六、平均每天作业舱口数

平均每天作业舱口数是指在港停泊船舶，平均每天开工作业的舱口数。其计算公式是：

$$\overline{N}_{舱}=\frac{\sum N_{停舱}}{T_{日历}} \tag{3-23}$$

式中：$\overline{N}_{舱}$——平均每天作业舱口数（个/天）；

$\sum N_{停舱}$——在港停泊船舶作业舱口总数（个）；

$T_{日历}$——报告期的日历天数（天）。

根据例题 3-6 的资料可计算出下列指标的数量：

（1）船舶平均每停泊艘天装卸货物吨数	4000t
（2）船舶平均每装卸艘天装卸货物吨数	6000t
（3）平均每艘船舶载重量	7500t
（4）平均船时量	250t/艘时
（5）平均舱时量	62.5t/舱时
（6）平均每天作业舱口数	6 个

七、平均车时量

这是车辆装卸的效率指标，是指在港装卸的车辆平均每车皮或每辆车 1h 所装卸的货物吨数，其计算公式是：

$$\overline{Q}_{车} = \frac{\sum Q_{车}}{\sum Q_{装卸}} \tag{3-24}$$

式中：$\overline{Q}_{车}$—— 平均车时量（t/车时）；

$\sum Q_{车}$——车辆装卸货物吨数之和（t）；

$\sum T_{装卸}$——车辆装卸时间之和（车时）。

此指标最好按货类进行统计分析。

八、平均台时产量

这是反映装卸机械的生产率指标，是指在港装卸的机械平均每台机械每小时所装卸的货物吨数，其计算公式是：

$$\overline{Q}_{台时} = \frac{\sum Q_{货}}{\sum T_{作业}} \tag{3-25}$$

式中：$\overline{Q}_{台时}$——平均台时产量（t/台时）；

$\sum Q_{货}$——机械装卸或搬运货物吨数之和（t）；

$\sum T_{作业}$——机械作业时间之和（台时）。

此指标应根据货类，按机械类型分别统计分析。

第六节　港口生产设备运用指标

为了分析、研究、考核和评价港口生产活动的水平和效益，不仅需要研究关于港口生产任务和效率的有关情况，而且还需研究完成这些生产任务的各种设备的使用情况。因此，必须要制订出一套指标，用它们来反映港口各种设备，包括码头泊位、装卸机械、仓库、堆场、港内运输工具（如汽车、驳船、拖船等）、港内铁路线、自备机车等等的完好情况和使用情况，以揭示现有设备的能力，研究如何发挥设备的作用，如何进一步提高设备的生产效率和改善港口的经营管理。

一、泊位运用指标

1. 日历泊位小时数

日历泊位小时数是指报告期生产用码头泊位在册日历小时数的总和。计算单位为“艘时”。

日历泊位小时数的构成见图 3-3。

2. 泊位运用指标

码头泊位是表示港口特征的最重要的设施，也是港口所有设施中投资最大、建设周期最长的设施。码头泊位的运用好环是直接影响港口企业的经济效益。目前反映泊位运用情况的指标有泊位占用率、泊位利用率与泊位作业率。

1）泊位占用率

（1）泊位占用率定义与计算公式。泊位占用率是指泊位被占用时间占泊位日历小时数的比重，它反映码头泊位停靠占用的程度。其计算公式是：

- 日历泊位小时数
  - 泊位占用时间
    - 泊位作业时间
      - 装卸前准备时间
      - 装卸后结束时间
      - 纯装卸作业时间
      - 补给燃、物料、淡水时间
      - 其他辅助作业时间
      - 上下客时间
    - 泊位非作业时间
  - 泊位非占用时间
    - 码头修理时间
    - 疏浚挖泥时间
    - 港口封冻时间
    - 无船舶停泊任务时间

图 3-3　日历泊位小时数的构成

$$\eta_{泊·占} = \frac{T_{泊·占}}{T_{泊·日}} \times 100\% \qquad (3\text{-}26)$$

式中：$\eta_{泊·占}$——泊位占用率(%)；

$T_{泊·占}$——泊位日历小时数，是指生产用泊位在册日历小时数(艘时)；

$T_{泊·占}$——泊位日历小时数中停靠船舶(包括运输船舶和非运输船舶)占用的时间，包括装卸时间和非装卸时间(艘时)。

(2)泊位占用时间的计算：

①泊位占用时间应从船舶靠码头系妥第一根缆绳起到船舶离码头解完最后一根缆绳时止。

②计算泊位占用时间时，应以既定的泊位数为准。即一个既定的泊位，停靠船舶 1h，不论是停靠一艘还是两艘及以上船舶，均只能计为一个占用泊位艘时，不能计算为两个或两个以上的占用泊位艘时。

具体来说，当一个泊位靠一艘船时，其泊位占用时间就是该船停靠码头的延续时间；当一个泊位停靠两艘及以上船舶时，其泊位占用时间的计算，应从第一艘船舶靠码头起至最后一艘船舶离码头时止，仍按一个泊位占用时间计算，第二艘及以后陆续靠码头的船，进行累积计算。当两个泊位停靠一艘大船时，即以该船停靠码头时间乘 2 作为这两个泊位的占用时间。其余靠泊船舶情况的泊位占用时间，以此类推。

③计算泊位占用时间时，只计算直接靠码头船所占用时间，停靠外档的船一律不予计算。

2)泊位利用率

泊位利用率是指泊位生产性停泊时间占泊位日历小时的比重。它表明泊位生产的使用情况。其计算公式是：

$$\eta_{泊·利} = \frac{T_{泊·生}}{T_{泊·日}} \times 100\% \qquad (3\text{-}27)$$

式中：$\eta_{泊·利}$——泊位利用率(%)；

$T_{泊·生}$——泊位生产性停泊时间(艘时)；

$T_{泊·日}$——泊位日历小时(艘时)。

3)泊位作业率

泊位作业率是指泊位作业时间占泊位日历小时数的比重。它说明码头泊位进行装卸作业的使用情况。其计算公式是：

$$\eta_{泊\cdot作} = \frac{T_{泊\cdot作}}{T_{泊\cdot日}} \times 100\% \tag{3-28}$$

式中：$\eta_{泊\cdot作}$——泊位利用率、泊位作业率(%)；

$T_{泊\cdot作}$——泊位生产性停泊时间(艘时)；

$T_{泊\cdot日}$——泊位日历小时(艘时)。

泊位生产时间是指泊位占用时间中进行装卸作业的时间，包括装卸前后的准备、结束时间、纯装卸时间、补给供应及其他作业时间。其单位为艘时。

例题 3-9：某港有 5000 吨级，3000 吨级及 1000 吨级的码头泊位各一个，由该港 6 月份的日历泊位小时数如表 3-6 所示，如果它的三个码头泊位的泊位占用时间为 1350 艘时，三个码头泊位的泊位作业时间为 1188 艘时。

三个码头泊位的泊位作业时间 表 3-6

泊位名称	吨级(t)	日历泊位小时数(艘时)
甲	5000	1 艘 ×30×24 = 720
乙	3000	1 艘 ×30×24 = 720
丙	1000	1 艘 ×30×24 = 720
合计	9000	2160

根据表 3-6 的资料可计算得：

(1)泊位占用率 62.5%

(2)泊位作业率 55%

二、库场运用指标

库场运用指标是反映港口企业的仓库和堆场运用情况的指标。它统计的范围是港务局营业用的所有仓库和堆场，包括待修、在修、待报废以及租入、借入的仓库和堆场，但不包括批准封存、出租、外借以及非营业用的仓库和堆场。

库场运用指标要分别按仓库、粮食筒仓、油库(分原油和成品油)和堆场进行统计，各港还要根据需要与可能分货种进行统计(如堆场中把煤炭堆场专门分开统计)。

库场运用指标有：

1. 库场面积

(1)库场总面积。指仓库或堆场地面总面积。计算单位为平方米(m^2)。仓库面积是指内墙所包围的面积，多层仓库的总面积是每层面积之总和；库场总面积是所有库场面积之总和，每一库场面积等于库场的长乘宽。

$$S_{总} = \sum_{i=1}^{N} S_i = \sum_{i=1}^{N} l_i \times b_i \tag{3-29}$$

式中：$S_{总}$——库场总面积(m^2)；

S_i——第 i 座库场面积(m^2)；

l_i, b_i——第 i 座库场的长度、宽度(m)。

(2)库场有效面积。是从总面积中扣除不能堆存货物的面积(如办公室、安全通道、墙距、柱距、垛距等)，计算单位为平方米(m^2)。不能堆货的面积有些是固定的，如办公室、墙距、柱距以及货垛之间的距离等；而有些却是变化的，如通道就是随着所使用的仓库机械的类型而变化，但不能小于消防规定所要求的最低限度；

2. 库场堆存定额

(1)库场单位面积堆存技术定额。是指库场有效面积中每平方米使能堆放货物的最大设计承载重量。对于近年来新建造的仓库，可根据设计要求和竣工时试验达到的每平方米最大允许载重量确定。对于年代已久的仓库，要根据现在的结构强度，慎重确定每平方米最大允许承载重量。库场单位面积堆存技术定额计算公式为：

$$\alpha_{技} = \frac{G_{设}}{S_{有效}} \tag{3-30}$$

式中：$\alpha_{技}$——单位面积堆存技术定额(t/m^2)；

$G_{设}$——设计承受重量(t)；

$S_{有效}$——库场的有效面积(m^2)。

库场单位面积堆存技术定额仅与库场的建筑和结构有关，在确定库内货物的堆放高度时，要是单位面积所堆放的货物重量不应超过堆存计算定额，尤其是楼层仓库如忽视这点，就有可能造成不安全因数。

(2)库场单位面积堆存使用定额。是指在能够保证安全和货物完整无损的条件下，单位面积所能堆存的最大重量，这一数值不仅取决于堆存技术定额，还取决于货物的理化特性、包装形式及强度、堆码形式和安全技术条件等因数。库场单位面积堆存使用定额计算公式为：

$$\alpha_{使} = \frac{G_{使}}{S_{有效}} \tag{3-31}$$

式中：$\alpha_{使}$——单位面积堆存使用定额(t/m^2)；

$G_{使}$——某一货物的最大使用堆存重量(t)；

$S_{有效}$——库场的有效面积(m^2)。

单位面积使用定额是取决于仓库的净空高度，所使用堆垛机械性能和堆垛的操作方法，货物的包装形式、材料及其强度，货物的容重和其批量大小等众多因素，但最高不得超过单位面积技术定额技术定额。因为影响参数的因素很多，所以最好能分货种确定。散装件杂货的票数多、批量小，包装形式和形状也是各式各样，而且这类货物无论是装船前的进库还是卸船后的出库又都是随机的。为了便于机械行走存取方便和减少在库场内翻垛的次数，通道就得多留一些，垛就得堆低一些。这些在确定总面积利用率和单位面积堆存定额时都得考虑到。所以在计算散装件杂货库场(特别是仓库)时，这两个参数都应该定得低一些，以免夸大了库场的堆存能力；不同类别、不同包装形式的货物有不同的堆存使用定额，如果货物堆放高度过高，以致超过了堆存使用定额，就可能压坏包装及货物或出现其他不安全因数。注意在核算库场单位面积堆存使用定额时一定要记住其值不能超过库场单位面积堆存技术定额，否则就会出事故。

3. 库场面积利用率

库场总面积利用率是指库场有效面积(即可以用以堆存货物的面积)与总面积的比值：

$$\eta_s = \frac{S_{有效}}{S_{总}} \times 100\% \tag{3-32}$$

式中：η_s——库场面积利用率（%）；

$S_{有效}$——库场有效面积（m^2）；

$S_{总}$——库场总面积（m^2）。

例题 3-10：某仓库总面积为 $800m^2$，有效面积为 $700m^2$，单位面积使用堆存定额为 $3.5t/m^2$。则该仓库的有效面积利用系数为：

$$\eta_s = \frac{S_{有效}}{S_{总}} \times 100\% = \frac{700}{800} \times 100\% = 87.5\%$$

4. 库场总容量

库场总容量是指库场、堆场拥有的最大堆存能力，其计算公式：

$$R = S_{有效} \times a_{使} = S_{总} \times \eta_s \times a_{技} \tag{3-33}$$

该公式是理论上的容量。

库场平均仓容量为：

$$\overline{R} = \frac{\sum(S_{有效} \times a_{使})}{T_{营}} \tag{3-34}$$

式中：$a_{技}$——单位面积技术定额（m^2），单位面积技术定额是根据地面强度确定的，也就是库场地面强度所允许的单位面积荷重；

$a_{使}$——单位面积使用定额（m^2）；

R——库场总容量（t）；

$\overline{R}$——平均仓容量（t）；

$T_{营}$——库场营运期（天）。

在例题 3-10 中，该仓库的总容量为 $R = S_{有效} \times a_{使} = 700 \times 3.5 = 2450t$。

例题 3-11：某堆场月初时有面积为 $800m^2$。单位面积堆存定额为 $3.6t/m^2$，从 4 月 11 日起将其中的 $200m^2$，改建为修理车间，则该堆场 4 月份的平均仓容量为：

$$\overline{R} = \frac{\sum(S_{有效} \times a_{使})}{T_{营}} = \frac{800 \times 3.6 \times 10 + (800-200) \times 3.6 \times 20}{30} = 2400t$$

5. 货物堆存吨数

指报告期内使用库场的存货吨数。安是反映港口堆存工作量大小的主要指标。其计算公式为：

$$Q_{堆} = Q_{期初} + \sum Q_{进} \tag{3-35}$$

式中：$Q_{堆}$——堆存货物吨数（t）；

$Q_{期初}$——期初结存吨数，也称上期期末库场结存吨数（t）；

$\sum Q_{进}$——本期进库场吨数之总和（t）。

期初结存吨数是指上期最末一天继续堆存在库场内的货物吨数，所以也就是上期期末结存吨数。

本期进仓吨数是指报告期内每日进入库场堆存的货物吨数和累计数。

本期出仓吨数是指报告期内每日自库场提走的货物吨数的累计数。

结存吨吨数与进仓吨数、出仓吨数的关系如下：

$$Q_{本结} = Q_{期初} + \sum Q_{期进} - \sum Q_{期出} \tag{3-36}$$

式中：$Q_{本结}$——本期结存吨数(t)；

$Q_{期初}$——期初结存吨数(t)；

$\sum Q_{期初}$——本期进仓吨数(t)；

$\sum Q_{期出}$——本期出仓吨数(t)。

例题 3-12：某仓库 9 月初结存货物 8000t，9 月份进仓货物 64 000t，出仓货物 66 000t，货物堆存吨天数为 396 000 吨天，仓库平均有效面积 6 000 m^2，单位面积堆存定额为 3.2t/m^2。则该仓库 9 月份的货物堆存吨数为：

$$Q_{堆} = Q_{期初} + \sum Q_{进} = 8000 + 64\,000 = 72\,000\text{t}$$

本期结存吨数为：

$$Q_{本结} = Q_{期初} + \sum Q_{期进} - \sum Q_{期出} = 8000 + 64\,000 - 66\,000 = 6000\text{t}$$

6. 货物堆存吨天数

指报告期内库场堆存货物的吨数与其堆存天数的乘积的总和。计算单位为吨天。这个指标不仅反映了货物堆存的数量，而且也反映了货物堆存的时间，它既是考核库场堆存工作的产量指标，也是计算库场堆存工作某些质量指标的依据。所以这是库场堆存工作中的一个最基本的总量指标。但是在分析货物堆存吨天数时，不能单独根据其绝对数的大小来衡量库场堆存工作的好坏，而必须与吞吐量、货物堆存吨数、平均堆存期、库场运用率及库场容量周转次数等指标联系起来研究，这样才能作出正确的评价。货物堆存吨天数的计算公式为：

$$G_{吨天} = \sum (Q_{堆} \times T_{堆}) \tag{3-37}$$

式中：$G_{吨天}$——货物堆存吨天数(吨天)；

$Q_{堆}$——堆存货物吨数(t)；

$T_{堆}$——货物堆存天数(天)。

例题 3-13：某仓库的货物进、出仓情况如下：

(1)3 月 28 日进仓 100t，于 4 月 3 日出仓。

(2)4 月 1 日进仓 150t，于 4 月 15 日出仓。

(3)4 月 14 日进仓 120t，于 4 月 236 日出仓。

(4)4 月 20 日进仓 150t，于 4 月 29 日出仓 100t，其余 50t 于 5 月 3 日才出仓。

则该仓库 4 月份的货物堆存吨天数为：

(1)$100 \times 3 = 300$ 吨天(3 月份的 4 天未计入)

(2)$150 \times 15 = 2250$ 吨天

(3)$120 \times 10 = 1200$ 吨天

(4)$100 \times 10 = 1000$ 吨天

$50 \times 11 = 550$ 吨天(只计算 4 月份的 11 天)

总计：5300 吨天

在实际工作中要这样具体的分批计算货物堆存吨天数是很困难的，因为每个库场进、出仓情况很频繁，货物整进零出和零进整出和情况也很多，如果要逐笔查清出仓货物的进仓日期度计算货物堆存天数，其工作量是很大的。为简便起见，可采用下列公式计算货物堆存吨天数：

$$G_{吨天} = \sum Q_{结} + \sum Q_{出} \quad (3\text{-}38)$$

式中：$G_{吨天}$——本期货物堆存吨天数(吨天)；

$\sum Q_{结}$——本期每天结存吨天之总和(吨天)；

$\sum Q_{出}$——本期每天出库场吨天之总和(吨天)。

根据上述例子，可编制成表格。见表3-7。

表3-7

日　期	进仓吨	出仓吨	结存吨	本月份结存吨累计
3月28日	100		100	100
29			100	200
30			100	300
31			100	400
4月1日	150		250	250
2			250	500
3		100	150	650
4			150	800
5			150	950
6			150	1100
7			150	1250
8			150	1400
9			150	1550
10			150	1700
11			150	1850
12			150	2000
13			150	2150
14	120		270	2420
15		150	120	2540
16			120	2660
17			120	2730
18			120	2900
19			120	3020
20	150		270	3290
21			270	3560
22			270	3830
23		120	150	3982
24			150	4130
25			150	4280
26			150	4430
27			150	4580
28			150	4730
29		100	50	4780
30			50	4830
4月份合计	420	470	4 830	4830

将表3-7的有关数字代入式(3-38)，可计算出该仓库货物堆存吨天数为：

$$G_{吨天} = \sum Q_{结} + \sum Q_{出} = 4830 + 470 = 5300 \text{ 吨天}$$

7. 货物平均堆存期

货物平均堆存期指平均每吨货物在库场内堆存的天数。它首先取决于集疏运渠道的通畅程度，也取决装卸企业与货主、航运单位和其他有关单位（如海关、商检）协作关系的好坏，也与港口库场管理水平有关。

平均堆存期的长短是直接影响库场的通过能力，其计算公式是：

$$\overline{T}_{堆存} = \frac{G_{吨天}}{Q_{堆}} \quad \text{或} \quad \overline{T}_{堆存} = \frac{G_{吨天}}{Q_{期初} + \sum Q_{期进}} \tag{3-39}$$

式中：$\overline{T}_{堆存}$——货物平均堆存期（天）；

$G_{吨天}$——货物堆存吨天数（吨天）；

$Q_{堆}$——堆存货物吨数（t）；

$Q_{期初}$——期初结存吨数（t）；

$\sum Q_{期进}$——本期进仓吨数（t）。

在例题 3-12 中，该仓库 9 月份的平均堆存期为：

$$\overline{T}_{堆存} = \frac{G_{吨天}}{Q_{期初} + \sum Q_{期进}} = \frac{396\ 000}{8000 + 64\ 000} = 5.5 \text{ 天}$$

这个指标可以反映库场的运用情况，作为编制计划时确定库场可接纳的货物数量的根据，也是确定港口规模的重要依据之一。在营运工作中应力求缩短平均堆存期，以提高库场接纳货物的次数，充分发挥码头泊位等其他环节的生产能力。同时，缩短平均堆存期也就加快了货物周转的速度，可以减少货主资金积压的损失。货物平均堆存的长短固然与集疏运系统的完善程度有关，也与港口和货主、其他运输部门的协作有密切的关系。

港口的库场主要是为船舶的快装快卸服务的，因此不仅应当在容量上和时间上经常被充分利用，更重要的还要加速它的周转，尽量缩短货物在港口的堆存时间，减少商品和积压。防止港口堵塞，扩大港口的吞吐能力。

在分析平均堆存期这一指标时，报告期的时期越长，反映的情况就越接近真实。因为货物堆存吨数中有一部分是本报告期之前进仓堆存的，它的平均堆存期只反映本报告期的情况，而无法反映本期以前的情况，因此无形之中掩盖了平均堆存期的延长，造成平均堆存期"缩短"的错觉。因此这一指标最好以一季或半年来看，以一个月来看则不易反映真实情况。

8. 平均每天货物堆存吨数

指在报告期内平均每天在港口库场堆存的货物吨数。其计算公式为：

$$\overline{Q}_{天} = \frac{G_{吨天}}{T_{日历}} \tag{3-40}$$

式中：$\overline{Q}_{天}$——平均每天货物堆存吨数（t）；

$G_{吨天}$——货物堆存吨天数（吨天）；

$T_{日历}$——报告期日历天数（天）。

在例题 12 中，该仓库 9 月份的平均每天货物堆存吨数为：

$$\overline{Q}_{天} = \frac{G_{吨天}}{T_{日历}} = \frac{396\ 000}{30} = 13\ 200\text{t}$$

平均每天堆存吨数越大,越接近仓容量,说明库场在容积方面运用越好,但我们在研究这个指标时,不定期必须与平均堆存期联系起来看,如果平均每天货物堆存吨数很多,而平均堆存期也很长,这说明有大批货物长期积压在港口库场中没有及时运走。

9. 单位面积堆存量

指在报告期内,平均每平方米有效面积库场实际堆存的货物吨数。其计算公式为:

$$G_{单} = \frac{\overline{Q}_{天}}{\overline{S}_{有效}} \tag{3-41}$$

式中:$G_{单}$——单位面积堆存量(t/m^2);

$\overline{Q}_{天}$——平均每天货物堆存吨数(t);

$\overline{S}_{有效}$——平均有效面积(m^2)。

在例题 3-12 中,该仓库 9 月份的单位面积堆存量为:

$$G_{单} = \frac{\overline{Q}_{天}}{\overline{S}_{有效}} = \frac{13\ 200}{6000} = 2.2t/m^2$$

单位面积堆存量越大,越接近单位面积堆存定额,说明库场运用得越好,但也与平均每天货物堆存吨数一样,还应该与平均堆存期结合起来分析,才能作出全面的评价。

10. 库场容量运用率

库场容量运用率是一个反映库场容量利用程度的指标,其计算公式是:

$$\eta_{库场} = \frac{\overline{Q}_{堆}}{\overline{R}_{容}} \times 100\% \text{或} \frac{G_{吨天}}{\overline{R}_{容} \times T_{营}} \times 100\% \tag{3-42}$$

式中:$\eta_{库场}$——库场容量运用率(%);

$G_{吨天}$——货物堆存吨天数(吨天);

$\overline{R}_{容}$——平均仓容量(t);

$T_{营}$——库场营运期(天)。

在例题 3-12 中,该仓库 9 月份的库场运用率为:

$$\eta_{库场} = \frac{\overline{Q}_{堆}}{\overline{R}_{容}} \times 100\% = \frac{13\ 200}{6000 \times 3.2} \times 100\% = 68.75\%$$

在这个指标越接近 100%,说明库场的容积运用得越好。但是与研究平均每天货物堆存吨一样,必须与平均堆存期联系起来分析,如果库场运用率很高,而平均堆存期也很长,说明库场中经常堆满了货物,但周转很慢,这对于扩大港口通过能力也是不利的。

11. 容量周转次数

这是反映库场容量利用情况的另一个指标,是指在营运期内库场单位容量平均周转的次数,其计算公式是:

$$N_{容} = \frac{Q_{堆}}{\overline{R}_{容}} = \frac{T_{日}}{\overline{T}_{堆存}} \times \eta_{库场} \tag{3-43}$$

式中:$N_{容}$——容量周转次数(次);

$Q_{堆}$——库场报告期的堆存货物吨数(t);

$\overline{R}_{容}$——平均仓容量(t);

$T_日$——库场统计的营运期(天),也叫库场年工作天数,这是库场每年可以堆存货物的天数,它等于港口年营运期减出仓库和堆场因为修理不能堆存货物的时间。由于下雨等气象原因而不能进行出入库作业并不影响库场年工作天数,而会对平均堆存期或库场运用率发生影响。

$\overline{T}_{堆存}$——货物平均堆存期(天);

$\eta_{库场}$——库场容量运用率(%),是指平均每天在库场内堆存货物的数量和库场容量(即同一时刻在库场内所能堆存货物的最大数量)之比。

由于种种原因,库场的运用率不可能等于1。主要原因是:

(1)港口的库场也和其他环节一样,应该有后备能力,特别是库场的造价比码头要低得多,所以后备能力就应该留得多一些。

(2)库场腾让时间。即前一批货物出库后到下一批货物入库之间因技术和组织原因所必需的间隙时间。对大宗货,这个时间可以很短,甚至可以不必考虑。但对散装的件杂货,特别是外贸的散装件杂货则必须考虑。例如,为了加速装船过程,在装船以前最好要把货物按装船的要求在仓库内堆好,以提高水平搬运和取货机械的效率,所以在为装船而集中货物以前要把仓库全部出空。同时又为了不发生机械之间的相互干扰,在装船过程中不再进行其他作业。在卸船前,为了提高卸船效率,也应该将库场出空或大部分出空。

在例题3-12中,该仓库9月份的库场容量周转次数为:

$$N_{容}=\frac{Q_{堆}}{R_{容}}=\frac{8000+64\ 000}{6000\times 3.2}=3.75\ 次$$

在库场容量周转次数一个反映库场设备使用频繁程度的指标,它的数字越大,说明货物流转越快。要提高容量周转次数,除了必须努力缩短货物在库场的堆存时间外,还必须充分利用库场容积,增加库场的堆存吨数。但是库场容量周转次数最高也只能等于报告期的日历天数,当它等于报告期日历天数时,表明这个库场在容积上是保持经常满载,在堆存时间上全部都只是一天,当然这种情况在实际上是不可能产生的。

12. 入库系数

货物在港口换装过程中,由于短期储存、改换包装、调节不同运输方式的衔接等原因,货物需要入库场保管。入库系数是进入库场的货物量与通过港口的货物自然吨之比。其计算公式:

$$K_{入}=\frac{Q_{入}}{Q_{自}}=1-K_{直} \tag{3-44}$$

式中:$K_{入}$——货物入库系数;

$Q_{入}$——货物入库场吨数(t);

$Q_{自}$——货物自然吨(t);

$K_{直}$——货物直接换装系数。

三、装卸机械运用指标

港口的装卸机械可以分为两大类:一类是固定在泊位上为装卸船服务的和固定在仓库或堆场为货物进出库服务的;另一类则是可以从事各种作业的流动机械,因此,港口装卸机械的运用指标分为:

1. 台时

台时是表示装卸机械时间利用情况的复合计量单位。一台装卸机械作业一个小时，即计为一个台时。其计算公式为：

$$T_{台时} = N_{机台} \times T_{小时} \tag{3-45}$$

式中：$T_{台时}$——装卸机械作业台时（台时）；

$N_{机台}$——装卸机械台数（台）；

$T_{小时}$——装卸机械作业小时数（h）。

装卸机械总时间的构成较复杂，现列表见图 3-4。

- 日历台时
  - 完好台时
    - 工作台时
      - 作业台时
      - 其他工作台时
    - 停工台时
      - 作业中断的停工台时
      - 不满 1h 的故障
      - 修理台时
  - 非完好台时
    - 修理、待修、缺配件、缺电瓶及待报废台时
    - 1h 以上故障修理台时

图 3-4　装卸机械总时间的构成

（1）日历台时。是指报告期内所有已安装的每台装卸机械在册天数，乘以 24h 的总和。它包括完好台时和非完好台时。日历台时反映装卸机械总的设备能力。其计算公式为：

$$T_{日历} = \sum_{i=1}^{N} N_{台i} \times T_{在册} \times 24 \tag{3-46}$$

式中：$T_{日历}$——日历台时（台时）；

$N_{台i}$——装卸机械（台）；

$T_{在册}$——装卸机械在册天数（天）。

皮带输送机和链板输送机一般也是按每台单独计算。但是，由数台皮带输送机、链板输送机及其他装卸机械组成一条专业化装卸线使用时，如固定在一个场所不再移动，也不增减，可将这组装卸机械视为一个整体，按一台计算；如果这组装卸机械经常移动，或虽已经因定场所，但可随任务和水位等变化而部分移动或增减时，仍须逐台进行统计。

日历台时的计算不受所配备的装卸机械司机班制时间的影响，不论装卸机械司机是一班制、两班制或三班制，每台装卸机械均以其在册天数乘以 24h 计算。

例题 3-14：某港原有起重机 10 台，4 月 16 日起又新投入使用起重机 2 台，在 4 月份中有 2 台各修理 20 天，有一台修理 10 天。根据全月的统计：

作业台时	4500 台时
其他工作台时	220 台时
作业中断的停工台时	1800 台时
机械故障修理台时	200 台时（其中：不满 1h 者 50 台时）
完成机械作业量	540000 台吨

则该港 4 月份起重机的日历台时为：

$$10 \times 30 \times 24 + 2 \times 15 \times 24 = 7920 \text{ 台时}$$

（2）完好台时。是指装卸机械技术状况良好，可借装卸使用的台时。即以日历台时减去非完好台时后所得的台时数，其中包括工作台时和停工台时。现分别说明如下：

①工作台时：是指装卸机械实际进行装卸作业台时和其他工作的台时。它可分为以下两部分：

A. 作业台时：是指装卸机械实际从事装卸作业的时间。具体计算时，应从装卸机械到达现场开始装卸作业时起，计算至最后一次货物装卸完毕时止的全部时间。但在作业过程中的停工或机械故障时间应予扣除，分别不同情况列入停工时间或非完好时间。

B. 其他工作台时：是指装卸机械实际从事装卸作业前后所必要的准备、结束时间，机械因转移工作场地在途中行驶的时间，和整理库场、翻桩、搬运工具等辅助工作时间。

②停工台时：是指装卸机械技术状况虽然良好，但由于货种不适用、船车到港不平衡暂无装卸任务、缺燃料、停电、不满 1h 的机械故障临时修理，以及风、雨、雪等原因而 造成的一切未参加工作的时间。

(3)非完好台时。是指装卸机械技术状况不良，不能从事装卸作业和其他工作的台时。它包括正常的维修保养台时、待修、缺配件、缺电瓶、待报废台时，以及 1h 以上的临时故障修理台时。

在例题 3-14 中，该港 4 月份起重机械的完好台时和非完好台时为：

修理台时：

$$2\times20\times24+1\times10\times24=1200\ \text{台时}$$

1h 以上的故障修理台时：

$$200-50=150\ \text{台时}$$

非完好台时：

$$1200+150=1350\ \text{台时}$$

完好台时：

$$7920-1350=6570\ \text{台时}$$

2. 机械作业量

机械作业量是指每台装卸机械在装卸作业过程中所起落或搬运的货物吨数的总和。计算机械作业量的目的是为了反映每一台装卸机械的完成工作量及其起运效率，因此必须以每一台装卸机械为计算单位，并以其实际经过起运的货物计算机械作业量。现将其计算方法说明如下：

(1)在同一操作过程中，有几种装卸机械分别在不同工序中进行起运工作，则每台装卸机械应分别计算一个机械作业量。

(2)几台同样的装卸机械(如起重机或牵引车)在同一工序中共同完成一批货物的起运工作，则每台装卸机械应平均分摊计算机械作业量。但在使用皮带输送机和链板输送机时，如果货物经过每一台装卸机械的起运，则每台装卸机械仍应分别计算一个起运吨。

(3)使用两台或两台以上的起重机同时起重某一大件货物时，则每台起重机应按其起重能力的比例分别计算其机械作业量。

3. 机械完好率

指装卸机械技术状况良好，可以提供参加装卸生产的台时数占日历台时数的比重，其计算公式为：

$$\eta_{\text{机}\cdot\text{完}}=\frac{T_{\text{机}\cdot\text{完}}}{T_{\text{机}\cdot\text{日}}}\times100\% \tag{3-47}$$

式中：$\eta_{\text{机}\cdot\text{完}}$——机械完好率(%)；

$T_{机\cdot完}$——装卸机械完好台时(台时);

$T_{机\cdot日}$——装卸机械日历台时(台时)。

在例题3-14中,该港4月份起重机的完好率为:

$$\eta_{机\cdot完}=\frac{T_{机\cdot完}}{T_{机\cdot日}}\times 100\%=\frac{6570}{7920}\times 100\%=82.95\%$$

完好率的提高,主要取决于技术管理水平的提高,严格执行装卸机械的各项维修保养制度,提高维修技术水平,保证修理质量,这样才能减少装卸机械的损坏,缩短修理时间,提供更多的可用时间。

4. 机械利用率

指装卸机械实际工作的台时数,占日历台时数的比重。其计算公式为:

$$\eta_{机\cdot利}=\frac{T_{机\cdot工}}{T_{机\cdot日}}\times 100\% \tag{3-48}$$

式中:$\eta_{机\cdot利}$——机械利用率(%);

$T_{机\cdot工}$——机械工作台时(台时);

$T_{机\cdot日}$——机械日历台时(台时)。

在例题3-14中,该港4月份起重机利用率为:

$$\eta_{机\cdot利}=\frac{T_{机\cdot工}}{T_{机\cdot日}}\times 100\%=\frac{4500+220}{7920}\times 100\%=59.60\%$$

完好率的提高,只能说明装卸机械可能参加生产的时间的增加,并不等于实际都参加了生产,只有利用率提高,才真正反映装卸机械实际参加生产时间的增加。要提高利用率,不但要严格执行装卸机械的各项维修保养制度,提高修理技术水平,保证修理质量,缩短修理时间和减少临时性故障的停工时间,而且要加强装卸组织工作和调度工作,扩大装卸机械的使用范围,减少因无任务或货种不适应等造成的停工时间。

5. 平均台时产量

指平均每台装卸机械在1h内所完成的机械作业量。其计算公式为:

$$\overline{Q}_{台量}=\frac{Q_{机}}{Q_{台时}} \tag{3-49}$$

式中:$\overline{Q}_{台量}$——平均台时产量(t/台时);

$Q_{机}$——装卸机械作业量(t);

$T_{台时}$——装卸机械作业台时(台时)。

在例题3-14中,该港4月份起重机的平均台时产量为:

$$\overline{Q}_{台量}=\frac{Q_{机}}{T_{台时}}=\frac{540\ 000}{4500}=120\text{t/台时}$$

平均台时产量是反映装卸机械起运效率的一个综合性指标,它受装卸机械负荷能力、装装卸机械司机技术熟练程度、装卸货种、包装形式、搬运距离、现场操作条件等因素的影响,因此在使用这个指标时,应该深入细致地加以分析。

四、驳运指标

驳运是港内运输的重要方式之一,港内驳船运输的主要任务是为运输的船舶服务,同时也为河口港的市内运输服务,尤其是河港和河口港。这些港口由于港内停泊线长,码头仓库分散;货物不易集中和疏运,船舶装卸往往要经过几次移泊,这样就会延长船舶在港停泊时间,在这种情况下,就需要利用港内驳船来集疏散货物,特别是浮筒作业主要都依靠港内驳船运输来完成。此外,港内驳船也是一种市内的运输工具,它利用港口的自然条件和驳船机动灵活的特点,来代替其他陆上运输工具,把从船上卸下的货物直接运送到江河两岸的货主单位手中,或从货主单位直接把货物运送到港内装船出口(或进库暂存)。还有一些港口、码头泊位深入港内,因航道水浅,大船不能直驶港内,必须在锚地进行卸载或加载,这也需要港内驳船的驳运来完成。因此,港内驳船运输已成港口装卸过程中不可缺少的重要一环。

1. 港内驳运船舶时间

港内驳运船舶时间的构成见图3-5。

(1)船舶总时间。指在报告期内,港口为运输船舶装卸货物,或为港内货物集散服务的驳运船舶每天拥有量的累计数,它是反映驳运船舶生产能力和编制计划的重要依据,是计算平均船舶数和营运率的基数。它包括营运时间两部分。其计算单位驳船为“吨天(t·d)”,拖轮为“千瓦天(kW·d)”。

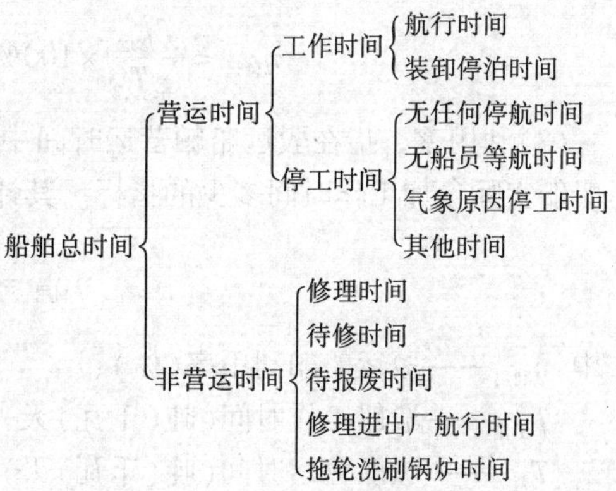

图3-5　港内驳运船舶时间的构成

驳运船舶总吨(千瓦)天的计算方法,是将驳船的定额载重量或拖轮的功率数乘其时间求得(以小时计算,除以24h折算为天)。在船舶发生增减变动时,新增船舶,自办妥固定资产登记之日起计算;报废船舶,自主管机关批准之日起不再计算;调入、调出船舶,以双方交接船舶之日为期,调出方不再计算,调入方开始计算。

(2)营运时间。指驳运船舶总时间中,船舶技术状态良好,可以从事驳运工作的时间,即在船舶总时间中,减除修理及由于技术状况不良而停航的时间。它包括工作时间及停工时间两部分。

(3)工作时间。指在营运时间中,为运输船舶装卸货物及港内集散货物等实际从事驳运的工作时间。包括两个驳运地点之间往返航行时间,及装卸货物的停泊时间。

(4)停工时间。指在营运时间中,由于无任务、无船员、气象原因及其他非船舶技术状况不良而造成的停航、停工时间。

(5)非营运时间。指驳运船舶,因船舶技术状况不良,不能从事驳运工作的时间。它包括船舶的修理时间、待修时间、待报废时间,因船舶修理进、出厂的航行时间,以及拖轮洗刷锅炉时间。

2. 港内驳船驳运指标

(1)驳运量。指驳运船舶实际完成的驳运货物吨数。整船装妥的货物才能统计驳运量。租入船舶完成的运量应该统计驳运量;而出租船舶完成的运量则不应包括在内。

在计算驳运量时,驳船以其本身实际装载的货物吨数为准;拖轮以其所拖带的驳船的驳运量(又称拖带量)为准。拖轮空放或拖带空驳船,都不计算拖带量。驳运量中减去驳船自航部分应该等于拖轮的拖带量。

(2)营运率。指在驳运船舶总时间(也称驳运船舶总吨)中,营运时间(也称营运吨)所占的比重。是反映驳运船舶在报告期内参加营运时间多少的指标。其计算公式为：

$$\eta_{营运}=\frac{T_{营运}}{\sum T_{驳总}}\times 100\% \tag{3-50}$$

式中：$\eta_{营运}$——驳船营运率(%)；

$T_{营运}$——驳船营运时间(吨天)；

$\sum T_{驳总}$——驳船在册总时间(吨天)。

例题 3-15：某驳运公司有驳船 205 艘，4 月份的驳船在册总时间为 108 万吨天，营运时间为 99.9 万吨天，工作时间为 79.92 万吨天，出船吨次为 45 万吨次，完成驳运量 43.2 万 t。则该公司 4 月份的驳船营运率为：

$$\eta_{营运}=\frac{T_{营运}}{\sum T_{总}}\times 100\%=\frac{99.9}{108}\times 100\%=92.5\%$$

(3)利用率。指在驳运船舶营运时间中，工作时间(也称工作吨)所占的比重。是反映驳运船舶实际参加工作时间多少的指标。其计算公式为：

$$\eta_{利用}=\frac{T_{工作}}{T_{营运}}\times 100\% \tag{3-51}$$

式中：$\eta_{利用}$——驳运船舶利用率(%)；

$T_{工作}$——驳船工作时间(吨(千瓦)天)；

$T_{营运}$——驳船营运时间(吨(千瓦)天)。

在例题 3-15 中，该公司 4 月份的驳船利用率为：

$$\eta_{利用}=\frac{T_{工作}}{T_{营运}}\times 100\%=\frac{79.92}{99.9}\times 100\%=80\%$$

(4)平均驳船舶数。指在报告期内，平均每天拥有的驳运船舶数量。是反映驳运船舶运输能力的指标。它包括租入的船舶，而不包括出租的船舶。计算单位 t(kW)，其计算公式为：

$$\overline{P}_{驳船}=\frac{\sum T_{驳总}}{T_{日历}} \tag{3-52}$$

式中：$\overline{P}_{驳船}$——平均驳船舶数(t 或 kW)；

$\sum T_{驳总}$——驳船在册总时间(吨(千瓦)天)；

$T_{日历}$——在册日历天数(天)。

在例 3-1 中，该公司 4 月份的驳船平均船舶数为：

$$\overline{P}_{驳船}=\frac{\sum T_{驳总}}{T_{日历}}=\frac{108}{30}=3.6\text{ 万 t}$$

(5)平均每吨(千瓦)船驳运量。指在报告期内，平均每吨驳船(或每千瓦拖轮)完成的驳运货物吨数。是反映驳运船舶运用效率的综合性指标。其计算公式为：

$$\overline{Q}_{驳运量}=\frac{Q_{驳}}{\overline{P}_{驳船}} \tag{3-53}$$

式中：$\overline{Q}_{驳运量}$——平均每吨(千瓦)船驳运量(t)；

$Q_{驳}$——完成驳运量(t)；

$\overline{P}_{驳船}$——平均驳船舶数(t 或 kW)。

在例题 3-15 中,该公司 4 月份的驳船平均每吨船驳运量为:

$$\overline{Q}_{驳运量} = \frac{Q_{驳}}{\overline{P}_{驳船}} = \frac{43.2}{3.6} = 12t$$

(6) 出船吨次。指港内运输驳船在报告期内所完成的配载次数与相应的船舶定额吨位数的乘积。其计算公式为:

$$N_{吨次} = \sum (G_{定吨} \times n_{配次}) \tag{3-54}$$

式中:$N_{吨次}$——驳船出船吨次(吨次);

$G_{定吨}$——船舶定额吨位(t)

$n_{配次}$——配载次数(次)。

(7) 驳船装载率。指港内运输驳船载重能力的利用情况。其计算公式为:

$$\eta_{装载} = \frac{Q_{驳运}}{N_{吨次}} \times 100\% \tag{3-55}$$

式中:$\eta_{装载}$——驳船装载率(%);

$Q_{驳运}$——完成驳运量(t);

$N_{吨次}$——驳船出船吨次(吨次)。

(8) 周转次数。又称周转率。是指港内运输驳船在报告期内平均参加运输的次数。其计算公式为:

$$N_{周次} = \frac{N_{吨次}}{\overline{Q}_{营运}} \tag{3-56}$$

式中:$N_{吨次}$——驳船出船吨次(吨次);

$\overline{Q}_{营运}$——平均营运吨(t)。

$$\overline{T}_{营运} = \frac{T_{营运}}{T_{日历}} \tag{3-57}$$

在例题 3-15 中,该公司 4 月份的驳船周转次数为:

$$\overline{T}_{营运} = \frac{T_{营运}}{T_{日历}} = \frac{99.9}{30}$$

$$N_{周次} = \frac{N_{吨次}}{\overline{T}_{营运}} = \frac{45 \times 30}{99.9} = 13.51 \text{ 次}$$

(9) 拖轮航行率。指在拖轮营运时间中,航行时间所占的比重。是反映拖轮实际航行时间多少的指标,其计算公式为:

$$\eta_{航行} = \frac{T_{航行}}{T_{营运}} \times 100\% \tag{3-58}$$

式中:$\eta_{航行}$——拖轮航行率(%);

$T_{航行}$——驳船航行时间(吨(千瓦)天);

$T_{营运}$——驳船营运时间(吨(千瓦)天)。

例题 3-16:某驳运公司拖轮队有 20 艘拖轮,其月的拖轮总时间为 15 万千瓦天,营运时间为 12 万千瓦天,航行时间为 8.4 万千瓦天。则该公司该月的拖轮航行率为:

$$\eta_{航行} = \frac{T_{航行}}{T_{营运}} \times 100\% = \frac{8.4}{12} \times 100\% = 70\%$$

第七节　劳动工日指标

一、劳动时间的构成

生产工人的劳动时间可按“工日”计算，也可按“工时”计算，1个工人劳动1天（1个轮班）的时间就是1个工日（又称1个工班）；1个工人劳动1h的时间就是1个工时。8小时工作制的职工，1个工日相当于8个工时。工日和工时是计算劳动时间的基本单位。

现将各种工时（工日）的概念和计算方法说明如下：

1. 日历工时（工日）

日历工时是指报告期日历工日乘以按制度规定每天工作小时计算之和。

日历工日是指报告期每天（包括公休工日）的工人实际工作与未实际工作的天数之和。是由应出勤工日和公休及节假日工日两部分组成。

应出勤工日是由实际出勤工日和缺勤、病、事假工日组成。

实际出勤工日包括：公差工日、实际工作工日（时）。

实际工作工日（时）包括：装卸工作工时、停工（待时）工时、非装卸作业工时。

我国实行每周5天工作的制度，因此，公休日与法定节假日继续工作均应按加班支付劳动报酬，收取装卸费用。法定的节假日共11天，全年公休日115天。

2. 法定公休工时（工日）

法定公休工时是指法定公休工日乘以按法律规定每天工作小时计算之和。

法定公休工日是指在国家（或企业）规定的例假、节日中工人应该休息的天数之和。因每个劳动者都有享受休息的权利，故工人因病假、产假、事假等各种原因请假时间的公休日，仍算作公休工日，不算缺勤工日。

3. 制度工作时间（工日）

是指按照国家（或企业）规定工人应该工作的工时（工日）。

制度工作工时（工日）的计算公式：

$$T_{制工日(时)} = T_{日历工日(时)} - T_{制休工日(时)} \tag{3-59}$$

式中：$T_{制工日(时)}$——制度工作工时（工日）；

$T_{日历工日(时)}$——日历工时（工日）；

$T_{制休工日(时)}$——制度公休工时（工日）。

4. 停工工时（工日）

指工人在制度规定的工作工时（工日）内，由于某种原因未能工作的工时（工日）。工人停工满一轮班的称为全日停工工日；停工不满一轮班的称为非全日停工工时。由于事先预知的原因（如计划停电等），企业将公休日与工作日调换使用，在这种情况下，工人在公休日不算加班，在工作日休息不算停工。

由于进行设备的计划检修，原有生产工人被调做其他非本职工作时，也不算停工。

5. 缺勤工时(工日)

指工人按照制度规定应到班参加生产,但由于企业或工人本身的原因,如疾病、产假事假等由于工人个人原因经企业行政允许请假的工时(工日)、探亲假、婚丧假、旷工、工伤假等原因,未能出勤参加生产的工时(工日)。工人进行计划生育手术的时间可计入产假项内,不予单列。工人缺勤满一轮班的称为全日缺勤工日,工人因迟到、早退或因病、因事等缺勤不满一轮班的,称为非全日缺勤工时。

6. 非生产工时(工日)

又称公假工时(工日),是指执行国家或社会义务,或经企业指示从事其他社会活动,而未从事本企业生产的工时(工日),如参加抗旱、防汛,参加企业内外的党、政、工、团及其他社会团体会议、劳模大会、选举、参观、支援农业、民兵训练,迎接外宾、听报告、学习等。上述工时(工日)不算缺勤工时(工日)但也不能算实际工作工时(工日)。非生产时间满一轮班的称为全日非生产工日,不满一轮班的称为非全日非生产工时。

7. 实际工作工时(工日)

指工人实际工作的小时(天数)。在实际工作工时(工日)中包括:

(1)加班工时(工日)数。

(2)因公出差到企业外工作的工时(工日)数。

(3)因工人原有工作结束或发生停工,临时被调从事其他生产工作的工日(工时)数。

$$T_{实工日(时)} = T_{制工日(时)} - T_{停工日(时)} - T_{缺工日(时)} - T_{非工日(时)} + T_{加工日(时)} \tag{3-60}$$

式中:$T_{实工日(时)}$——实际工作工日(工时);

$T_{制工日(时)}$——制度工作工日(工时);

$T_{停工日(时)}$——停工工日(工时);

$T_{缺工日(时)}$——缺勤工日(工时);

$T_{非工日(时)}$——非生产工日(工时);

$T_{加工日(时)}$——加班工日(工时)。

根据上述各种劳动时间之间的关系,可以绘制“劳动时间构成图”,见图3-6。

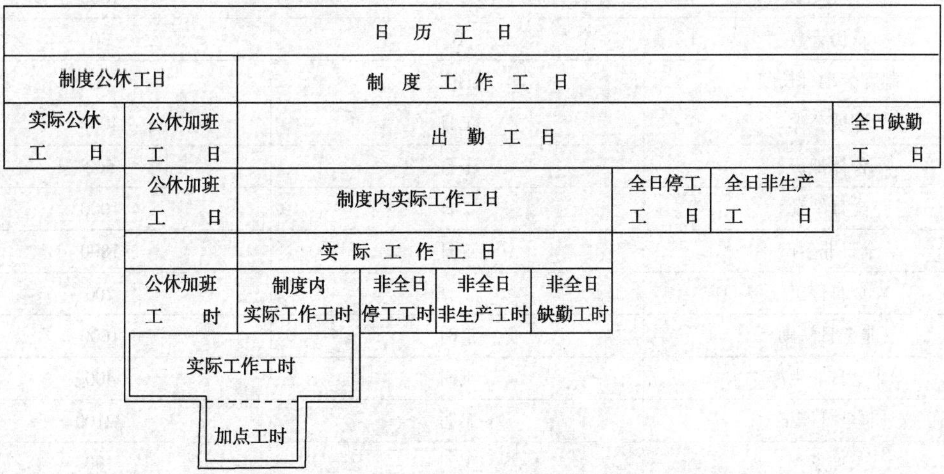

图3-6 劳动时间构成图

二、劳动时间利用情况统计的指标

劳动时间利用情况统计的目的是在于反映劳动时间的利用程度和未被利用的原因。从而可以不断改善生产组织和劳动组织，尽量减少缺勤、停工和非生产时间，节约劳动力，挖掘劳动潜力，充分地把劳动时间用在生产第一线。

反映劳动时间利用情况的指标有出勤率、装卸出勤率和工时利用率。现分述如下：

1. 出勤率

指实际出勤时间占制度工作时间的比重。它反映工人在制度规定的工作时间内，实际出勤程度，只有工人出勤，劳动时间才能被利用。因此，出勤率可以反映工人劳动时间可供利用的程度，是研究劳动时间利用情况的一项基本指标。一般来说，出勤率越高，说明劳动时间利用越好。在计算工人出勤率后，还应进一步分析影响出勤率高低的具体原因。如病假、事假、工伤假、旷工等，以便加强思想工作、卫生保健工作和劳动保护工作等。

由于考核制度的不同，出勤率有两种计算方法。一种是按工日计算，它只反映全日缺勤工日对劳动时间利用的影响，而目前港口企业的出勤率就是按这种方法计算的；另一种是按工时计算，它不但反映全日缺勤工日对劳动时间利用的影响，而且也反映非全日缺勤的影响，两者相比，后者比前者更精确。其计算公式为：

$$\eta_{出} = \frac{T_{出勤工日(时)}}{T_{制工日(时)}} \times 100\% = \frac{T_{制工日(时)} - T_{缺工日(时)}}{T_{制工日(时)}} \times 100\% \tag{3-61}$$

式中：$\eta_{出}$——出勤率（%）；

$T_{出勤工日(时)}$——出勤工日（工时）；

$T_{制工日(时)}$——制度工作工日（工时）；

$T_{缺工日(时)}$——缺勤工日（工时）。

例题 3-17：某港 6 月份的装卸工人劳动时间情况见表 3-8。

某港 6 月份的装卸工人劳动时间情况 表 3-8

项　目	计算单位	数　量
平均人数	人	1000
日历天数	D	30
制度劳动日长度	h	8
制度公休	工日	4000
公休加班	工日	500
全日缺勤	工日	1000
全日非生产	工日	1800
全日停工	工日	200
非全日缺勤	工时	1600
非全日非生产	工时	400
非全日停工	工时	32100
加点	工时	100

根据表 3-8 所示，计算该港 6 月份的各项时间为：

日历工日：　　　　　　平均人数×该月日历天数 =1000×30 =30 000 工日

制度工作工日：　　　　日历工日 - 制度公休工日 =30 000 - 4000 =26 000 工日

出勤工日：　　　　　　制度工作工日 - 全日缺勤 =26 000 - 1 000 =25 000 工日

实际公休工日：　　　　制度公休工日 - 公休加班工日 =4000 - 500 =3500 工日

制度内实际工作工日：出勤工日 - 全日非生产 - 全日停工 =25 000 - 1800 - 200 =23 000 工日

实际工作工日：　　　　制度内实际工作工日 + 公休加班工日 =23 000 +500 =23 500 工日

出勤工时：　　　　　　出勤工日 ×8 - 非全日缺勤工时 =25 000 ×8 - 1600 =198 400 工时

公休加班工时：　　　　公休加班工日 ×8 =500 ×8 =4000 工时

制度内实际工作工时：制度内实际工作工日 ×8 - 非全日缺勤工时 - 非全日非生产 - 非全日停工 =23 000 ×8 - 1600 - 400 - 32 100 =149 900 工时

实际工作工时：　　　　制度内实际工作工时 + 公休加班工时 + 加点工时 =149 900 +4000 + 100 =154 000 工时

根据出勤率的计算公式得：

$$\eta_{出} = \frac{T_{出勤工日(时)}}{T_{制工日(时)}} \times 100\% = \frac{T_{制工日(时)} - T_{缺工日(时)}}{T_{制工日(时)}} \times 100\%$$

出勤率(按工日计算)：$\frac{25\ 000}{26\ 000} \times 100\% = 96.15\%$

出勤率(按工时计算)：$\frac{25\ 000 \times 8 - 1600}{26\ 000 \times 8} \times 100\% = 95.38\%$

2. 装卸出勤率

指装卸工人在制度工作时间中,可供装卸生产使用的比率。这是港口企业中使用的一个指标,由于在出勤时间中非生产时间(即公假时间)往往比重较大,而这些时间对装卸生产又不能发挥直接的作用,因此出勤率这一指标无法真实反映劳动时间可供装卸使用的程度。装卸出勤率不包括非生产工日数计算,这样便解决上述矛盾。装卸出勤率是按工日计算的。其计算公式为：

$$\eta_{装卸出} = \frac{T_{出勤工日} - T_{全日非工日}}{T_{制工日}} \times 100\% = \frac{T_{制工日} - T_{缺工日} - T_{全日非工日}}{T_{制工日}} \times 100\% \tag{3-62}$$

式中：$\eta_{装卸出}$——装卸出勤率(%)；

$T_{全日非工日}$——全日非生产工日；

$T_{出勤工日}$——出勤工日；

$T_{制工日}$——制度工作工日；

$T_{缺工日}$——缺勤工日。

在例题 3-17 中,该港 6 月份的装卸出勤率为：

$$\eta_{装卸出} = \frac{T_{出勤工日} - T_{全日非工日}}{T_{制工日}} \times 100\% = \frac{25\ 000 - 1800}{26\ 000} \times 100\% = 89.23\%$$

3. 工时利用率

指以工时为单位计算的劳动时间利用率。可分为制度工时利用率和出勤工时利用率两种：

(1)制度工时利用率。反映制度工时数实际被利用程度的指标。全日和非全的缺勤工时，非生产工时和停工工时的多少都影响制度工时实际被利用的程度，因此，它是一个综合性的指标。其计算公式为：

$$\eta_{制工时利} = \frac{T_{制实工时}}{T_{制工时}} \times 100\% \tag{3-63}$$

式中：$\eta_{制工时利}$——制度工时利用率(%)；

$T_{制实工时}$——制度内实际工作工时；

$T_{制工时}$——制度工作工日。

(2)出勤工时利用率。指工人出勤后，劳动时间直接作用于生产的情况。它反映了全日非生产、全日停工、非全日缺勤、非全日非生产和非全日停工时间对实际可能利用的劳动时间的影响。其计算公式为：

$$\eta_{出勤工时利} = \frac{T_{制实工时}}{T_{出勤工时}} \times 100\% \tag{3-64}$$

式中：$\eta_{出勤工时利}$——出勤工时利用率(%)；

$T_{制实工时}$——制度内实际工作工时；

$T_{出勤工时}$——出勤工时。

在例题 3-17 中，该港 6 月份的工时利用率为：

$$\eta_{制工时利} = \frac{T_{制实工时}}{T_{制工时}} \times 100\% = \frac{149\ 900}{26\ 000 \times 8} \times 100\% = 72.07\%$$

$$\eta_{出勤工时利} = \frac{T_{制实工时}}{T_{出勤工时}} \times 100\% = \frac{149\ 900}{198\ 400} \times 100\% = 75.55\%$$

目前有的港口企业在计算出勤工时利用率时，仅按装卸出勤工时部分计算，即在出勤工时中剔除非生产(公假)工时来计算。另外，又包括加班加点中的实际工作工时率。其计算公式为：

$$\eta_{装卸出勤工时利} = \frac{T_{制实工时} + T_{加班加点实工时}}{\sum T_{装卸出勤工时}} \times 100\% \tag{3-65}$$

式中：$\eta_{装卸出勤工时利}$——装卸出勤工时利用率(%)；

$\sum T_{装卸出勤工时}$——装卸出勤总工时；

$$\sum T_{装卸出勤工时} = 出勤工时 - 非生产工时 + 加班加点工时$$

或 $$\sum T_{装卸出勤工时} = (出勤工日 + 公休加班工日 - 全日非生产工日) \times 制度劳动日长度 - (非全日缺勤工时 + 非全日非生产工时) + 加点工时$$

$T_{加班加点实工时}$——加班加点中的实际工作工时。

在例题 3-17 中，该港 6 月份的装卸出勤工时利用率为：

$$\eta_{装卸出勤工时利} = \frac{T_{制实工时} + T_{加班加点实工时}}{\sum T_{装卸出勤工时}} \times 100\% = \frac{149\ 900 + (4000 + 100)}{198\ 400 - (1800 \times 8 + 400) + (4000 + 100)} \times 100\% = 82.05\%$$

第八节　港口生产安全和货运质量指标

一、安全指标

1. 伤亡事故总次数

指在报告期内发生职工伤亡事故的总案次数。在同一案次伤亡事故中,不论伤亡人数多少和事故严重程度如何,均按一次统计。

伤亡事故次数可分为:

(1)死亡事故次数。指有死亡情况的事故次数。在一次事故中,如有多人伤亡,则只要有一人死亡,不论其余负伤者情况如何,即计为死亡事故次数。

(2)重伤事故次数。指有重伤(无死亡)情况的事故次数。在一次事故中,如有多人受伤,则只要有一人为重伤(无死亡),则计为重伤事故。

(3)轻伤事故次数。指只有轻伤(无死亡、重伤)的事故次数。

2. 伤亡总人次数

指在报告期内由于工伤事故所致的负伤和死亡的总人数。伤亡总人次数可分为死亡人数、重伤人次数和轻伤人次数。

3. 负伤者歇工总日数

又称连续丧失劳动能力的工作日数,是指职工发生工伤事故后,为了治疗和休养而在一定时间内连续但非永久性的丧失劳动能力,不能从事工作的停工天数。歇工日数从事故发生后中断工作时算起,到负伤者治疗痊愈恢复工作,或正式确定为残废(必须经有关部门鉴定)时为止。恢复工作后因旧伤复发又歇工的天数不再统计在内。对职工发生工伤事故而残废或死亡者,是永远丧失劳动能力,也不予统计。

负伤者歇工总目数有以下两个不同的概念:

(1)负伤者在报告期内的歇工总目数即报告期工伤歇工日数,是指负伤者在报告期内实际发生的歇工日数的总和。它除了计算本期发生事故的负伤者的歇工日数外,还应包括本期以前发生事故负伤未愈者,在本期继续治疗休养的歇工日数,但不包括这些人员在本期以前的歇工日数。

(2)伤愈者歇工总目数即报告期伤愈者歇工日数是指在报告期内伤愈恢复工作的工伤事故负伤者,从负伤中断工作时起,至伤愈时止,歇工日数的总和。它包括本期内和本期以前发生事故负伤,而在本期内未愈负伤人员的歇工日数。伤愈人员的全部歇工日数,但不包括本期内未愈负伤人员的歇工日数。

例题 3-18:某港 2006 年 3 月份发生 2 次工伤事故,另有 4 次过去发生而尚未处理结束的工伤事故,其负伤日期和复工日期见表 3-9,据此即可计算出两种歇工总日数。

4. 负伤频率

指在报告期内,平均每 1000 名职工中,因工负伤(包括重伤和轻伤)的人次数。它是反映职工工伤事故发生频繁程度和企业安全生产水平高低的一个指标。通过负伤频率可以便上级部门及时了解职工工伤事故的严重程度,以便采取消除工伤事故的措施。其计算公式为:

某港工伤事故情况 表 3-9

姓 名	负伤日期	复工日期	负伤者在本月（2006 年 3 月）内歇工总日数	伤愈者歇工总日数
张××	2005 年 7 月 9 日	2006 年 3 月 5 日	4	241
王××	2005 年 11 月 13 日	—	31	—
李××	2006 年 2 月 2 日	—	31	—
赵××	2006 年 2 月 19 日	2006 年 3 月 14 日	13	23
陈××	2006 年 3 月 1 日	2006 年 3 月 9 日	8	8
吴××	2006 年 3 月 21 日	—	11	—
合 计	—	—	98	272

$$\eta_{负伤} = \frac{M_{重伤} + M_{轻伤}}{\overline{M}_{职工}} \times 1000‰ \tag{3-66}$$

式中：$\eta_{负伤}$——负伤频率（‰）；

$M_{重伤}$——重伤事故人次数；

$M_{轻伤}$——轻伤事故人次数；

$\overline{M}_{职工}$——全部职工平均人数。

例题 3-19：某港在某年内因工发生死亡事故 1 人，重伤事故 2 人次，轻伤事故 13 人次，该港全部职工平均人数为 2500 人。

则该港该年的工伤事故负伤频率为：

$$\eta_{负伤} = \frac{M_{重伤} + M_{轻伤}}{\overline{M}_{职工}} \times 1000‰ = \frac{2+13}{2500} \times 1000‰ = 6‰$$

5. 负伤严重率

指平均每一负伤职工工伤一次所损失的工作日数，它是反映职工受伤轻重程度和企业安全生产水平高低的一个指标。其计算公式为：

$$\eta_{负伤严重} = \frac{T_{负伤歇工日}}{M_{负伤总人}} \tag{3-67}$$

式中：$\eta_{负伤严重}$——负伤严重率（日）；

$T_{负伤歇工日}$——报告期负伤者歇工总日数（工日）；

$M_{负伤总人}$——报告期负伤总人次数（人次）。

例题 3-20：某航运公司 1984 年内共发生工伤事故 22 人次，其中在该年内伤愈复工者 20 人次，全年歇工总日数为 495 工日，其中伤愈复工者歇工总日数为 414 工日，则该公司该年的负伤严重率为：

$$\eta_{负伤严重} = \frac{495}{22} = 22.5 \text{ 日}$$

此项指标不按照结束的负伤事故来计算，仅按照报告期统计的负伤人次数和歇工总日数计算,适用于较长一段时期(如一季、半年或一年)或较大范围(如全国、全省、全市、全主管部等)计算,否则由于各种偶然因素的影响,计算出来的数字有时不能反映客观情况。

为了更确切地反映平均每一负伤人员在负伤期间丧失劳动能力的天数,表明负伤事故的严重程度,可以用报告期的伤愈人员为对象,来计算负伤严重率。因为只有负伤者伤愈复工后,才能准确地计算出它的歇工日数来。其计算公式为:

$$伤愈者负伤严重率(日)=\frac{伤愈者歇工总日数(工日)}{伤愈者人数} \tag{3-68}$$

在例题 20 中,该公司该年的伤愈者负伤严重率为:

$$伤愈者负伤严重率(日)=\frac{414}{20}=20.7\ 日$$

6. 千人死亡率

指平均每 1000 名职工中,发生因工死亡的人数。它是反映因工死亡事故严重程度的指标。其计算公式为:

$$千人死亡率(‰)=\frac{因工死亡人数}{全部职工平均人数}\times 1000‰ \tag{3-69}$$

在例题 3-19 中,该港该年的千人死亡率为:

$$千人死亡率(‰)=\frac{1}{2500}\times 1000‰=0.4‰$$

7. 伤亡事故次数

指报告期内所发生的职工伤亡事故次数。计算单位:次。

计算方法:

(1)职工伤亡事故只指因工伤亡者。非因公伤亡不包括在内,如与生产无关的民兵操练、体育比赛、游行等发生的人员伤亡。

(2)虽在工作时间内,但因做私活或擅离职守以及上下班乘车、骑车发生的事故,属非因公事故。

(3)虽在工作时间内,但因身体健康原因而致病、死亡的,不属于职工伤亡事故。

(4)多人事故(指 1 次事故伤亡 3 人及以上的),为 1 次伤亡事故。统计时一般按以下方式分组:

①按职工伤亡事故类别分组。

②按事故严重程度分为:轻伤事故、重伤事故、重大伤亡事故以及特大伤亡事故次数。

8. 重大安全责任事故次数

指报告期内所发生的重大安全事故的总次数。计算单位:次。

统计分组:可分为重大人身伤亡事故、重大海损事故、重大火灾事故、重大机损事故次数。

9. 伤亡总人数

指报告期内由于职工伤亡事故致伤和死亡的总人数。计算单位:人。

计算方法:某职工在报告期内,前后工伤负伤 2 次或以上,只按一人计算。

10. 千人因工死亡率

$$\eta_{死亡}=\frac{M_{因工}}{M_{在册}}\times 1000‰ \tag{3-70}$$

式中：$\eta_{死亡}$——因公死亡率(‰)；

$M_{因工}$——因公死亡人数；

$M_{在册}$——职工在册人数。

二、货运质量指标

1. 货损率

货损率是指在报告期内港、航企业发生的货损件数占总货运件数的比重，以万分比表示。它是考核港、航企业货物运输质量的主要质量指标之一。其计算公式为：

$$\eta_{货损}=\frac{S_{货损件}}{S_{货总件}}\times 10\ 000‱ \tag{3-71}$$

式中：$\eta_{货损}$——货损率；

$S_{货损件}$——货损件数；

$S_{货总件}$——货运总件数。

2. 货差率

指在报告期内港、航企业发生的货差件数占总货运件数的比重，以万分比表示。它是考核港、航企业货物运输质量的主要质量指标之一。其计算公式为：

$$\eta_{货差}=\frac{S_{货差件}}{S_{货总件}}\times 10\ 000‱ \tag{3-72}$$

式中：$\eta_{货差}$——货差率；

$S_{货差件}$——货差件数；

$S_{货总件}$——货运总件数。

3. 赔偿金额率(赔偿金额比例)

指在报告期内港、航企业的实际赔偿金额占货运收入的比重，以万分比表示。它是考核港、航企业货物运输质量的主要质量指标之一。其计算公式为：

$$\eta_{赔偿}=\frac{R_{赔偿}}{R_{货运总收入}}\times 10\ 000‱ \tag{3-73}$$

式中：$\eta_{赔偿}$——赔偿金额率；

$R_{赔偿}$——赔偿金额；

$R_{货运总收入}$——货运总收入。

例题 3-21：某航运公司在某年中共运输 300 万件货物，货运收入为 360 万元，今年发生货损货物 138 件，货差货物 120 件，实际赔偿金额 1080 元。则该航运公司该年的：

货损率： $\eta_{货损}=\frac{S_{货损件}}{S_{货总件}}\times 10\ 000‱=\frac{138}{3\ 000\ 000}\times 10\ 000‱=0.46‱$

货差率： $\eta_{货差}=\frac{S_{货差件}}{S_{货总件}}\times 10\ 000‱=\frac{120}{3\ 000\ 000}\times 10\ 000‱=0.4‱$

赔偿金额比例：$\eta_{赔偿}=\frac{R_{赔偿}}{R_{货运总收入}}\times 10\ 000‱=\frac{1080}{3\ 600\ 000}\times 10\ 000‱=3‱$

课外阅读

上海港口吞吐量统计规则

第一条　为加强上海港口吞吐量统计工作，提高统计质量，满足制定港口规划和港口行业发展政策需要，依据交通部《港口统计规则》和《港口统计报表制度》，特制定本规则。

第二条　本规则适用于上海港口建设、经营和相关活动的吞吐量统计工作。

第三条　上海港口由下列陆域范围和水域范围组成：

（一）陆域范围：

1. 海港港区陆域由长江口南岸港区（含长兴、横沙和崇明三岛）、杭州湾北岸港区、黄浦江港区、洋山深水港区组成；

2. 内河港区陆域由上海市境内的通航内河两岸港区组成。

（二）水域范围：

1. 海港港区水域为长江口和杭州湾北岸水域、黄浦江水域、洋山深水港区水域，以及长江口外的长江口锚地水域；

2. 内河港区水域为内河港区所涉及的水域。

第四条　吞吐量分为货物吞吐量和旅客吞吐量。

货物吞吐量，是指经由水路进、出上海港口（包括码头、浮筒、锚地），并经过装卸的货物数量，包括邮件、办理托运手续的行李、包裹以及补给船舶的燃料、物料和淡水。

旅客吞吐量，是指经由水路乘船进、出上海港口的旅客数量。

第五条　上海市港口管理局（以下简称市港口局）负责上海港口吞吐量统计管理工作。

第六条　市港口局履行搜集、整理、审核、汇总、报送港口统计数据，编制、提供、管理港口统计资料，定期发布港口统计信息等职责，并为港口统计调查对象保守商业秘密。

本条所称港口统计调查对象是指从事港口建设、经营及相关活动的组织和个人。

第七条　港口统计调查对象应当及时、准确填报统计报表，如实提供吞吐量统计调查资料。

第八条　港口统计调查对象管理本单位港口统计原始记录、统计台帐、统计报表及其他统计资料。

吞吐量统计核算凭证必须准确、可靠；在收集整理过程中，需要逐日、逐船（驳）分别核对；收集的统计凭证应当分月妥善归档保存。

吞吐量统计经过整理、核查原始记录，登录台帐，复核后方可报送。

第九条　货物吞吐量统计区别以下不同货物，其原始依据分别为：

（一）外贸统计：进、出口载货清单，进口货物卸货报表；

（二）内贸统计：进、出口交接清单，进口货物卸货报表；进仓报表（内河），出仓货物日报表（内河）。其中“驳←→船”直取部分依据进口货物卸货报表，交接清单，船用燃料依据船用煤（油）签证单；

（三）危险品统计：除上述第（一）、（二）项规定的依据外，还包括《上海港水上危险品货物运输证》或《船舶装载危险货物准单》；

(四)集装箱吞吐量统计:进、出口载货清单(外贸)、交接清单(内贸)；

(五)行李包裹统计:进、出口载货清单,行李包裹交接清单；

(六)邮件统计:港湾费用证明单。

第十条 旅客吞吐量统计根据进出港口,其原始依据分别为:

(一)进港口,旅客进港日报；

(二)出港口,客票售出记录。

第十一条 货物吞吐量统计整理包括下列内容:

(一)序号；

(二)起运港或到达港,包括编码、国家、港口；

(三)船名；

(四)航次；

(五)停靠泊位、浮筒；

(六)开工、完工日期；

(七)合计；

(八)货物分类名称及吨位；

(九)危险品；

(十)大件。

第十二条 集装箱吞吐量统计整理包括下列内容:

(一)序号；

(二)国家、地区或港口；

(三)船名；

(四)航次；

(五)停靠泊位、浮筒；

(六)开工、完工日期；

(七)箱型；

(八)空箱和重箱(个数)；

(九)重量(包括箱皮重和货重)；

(十)标准箱个数和重量。

第十三条 货物吞吐量航线分组口径:

(一)外贸:上海港口与外国港口之间的水路运输货物,上海港口与香港、澳门,台湾省之间的水路运输货物,以及内支线运输货物参照计入本组,并单独列出；

(二)北方沿海:上海港口与长江口以北沿海港口之间水路运输的货物；

(三)南方沿海:上海港口与长江口以南沿海港口之间水路运输的货物；

(四)长江航线:上海港口与长江沿线两岸港口之间水路运输货物；

(五)内河航线:除外贸、沿海和长江航线外,上海港口与经济腹地内河港口之间的水路运输货物。

第十四条 确定某航线吞吐量以到达港或起运港所在位置划分,不以运输的船型或航线来区分。

到达港是指船舶本航次运输的目的港。

起运港是指船舶本航次运输的出发港。

第十五条　货物吞吐量区别不同情形,分别按下列计算方法统计:

(一)装船运出港口的货物,计算一次出口吞吐量;由水路运进港口卸下的货物,计算一次进口吞吐量;

(二)由水路运进港口,经装卸又从水路运出港口的转口货物(包括船→岸→船转口和船→船直取),分别按进口和出口各计算一次吞吐量;

(三)凡被拖带或流放的竹、木排在港口进行装卸(包括拆、扎排)的,计算为进口或者出口吞吐量;

(四)补给国内外运输船舶的燃、物料(包括垫舱物料、船用配件及淡水等),计算为出口吞吐量;

(五)邮件及办理托运手续的行李、包裹,计算为进口或者出口吞吐量;

(六)集装箱箱内货物按货类分组分别计算。

第十六条　下列情况不计算货物吞吐量:

(一)内河港区之间、内河港区与海港港区之间运输的货物;

(二)洋山深水港区与其他港区之间的货物或集装箱驳运量;

(三)由同一船舶运载进港口,未经装卸又运载出港口的货物(包括原驳换拖或重新办理交接手续调票);

(四)自同一船舶卸下,随后又装上同一船舶运出港口的货物,或装船未运出,又卸回港口的货物;

(五)市内轮渡,以及为运输船舶装卸服务和各码头、锚地、浮筒之间的驳运量;

(六)港口进行疏浚,运出港口外抛弃的泥沙;

(七)在港口内装船运至港口外倒入海内的废弃物。

第十七条　货物分类按照交通部"货物运输分类目录"分组。

第十八条　旅客吞吐量按照乘船进港或乘船出港包括购买半票的旅客人数计算,但不包括免票儿童、船员、轮渡和港口内的短途客运的旅客人数。

第十九条　统计截止时间为报告期的最后一日 18 点。凡 18 点以前整船卸完或者整船装妥的货物,并办完交接手续,统计为本报告期的吞吐量。

第二十条　吞吐量计算单位和标准按下列要求执行:

(一)货物吞吐量计量单位:吨。

1. 按进、出口舱单,交接清单上记载的实际重量统计,木材以 $1m^3$ 为 1t 统计;

2. 不过磅的货物如牲畜、家禽、蜜蜂、轻泡垫隔舱物料等可以按计费吨为计量单位;

3. 实际重量与原始记录记载不符时,依照过磅后的实际重量统计,但是应当在整理表中注明。

(二)旅客吞吐量计量单位:人次。

国际旅游船的旅客分别按进、出港口各计 1 人次。

第二十一条　港口统计调查对象在报送统计报表经由单位负责人签名并加盖公章。

报出统计报表后如发现差错,应当立即向所有受表部门书面更正,并说明差错原因。

第二十二条 港口统计调查对象报送统计报表资料按照吞吐量统计操作系统要求的时间和程序进行。

逢法定节假日,报送日期顺延。但是非节假日的双休日除外。

第二十三条 港口统计调查对象应当严格遵守国家保密制度,未经批准,不得向外提供未正式公布的数据。

第二十四条 下列数据未经允许不能对外提供:

(一)国防、军工、特种物资吞吐量;

(二)港口吞吐能力,港口外贸进、出口分货类的吞吐量,港口分货类的流向和流量;

(三)法律、法规规定的其他内容。

第二十五条 市港口局进行港口统计检查时,港口统计调查对象需要提供以下吞吐量统计凭证:

(一)进口货物卸货报表;

(二)货物交接清单;

(三)出仓日报;

(四)出口载货清单(外贸);

(五)进仓日报;

(六)港驳进出上海港口货物统计凭证和其他费收核算原始记录。

(七)需要提供的其他相关统计资料。

第二十六条 港口统计调查对象有下列违法行为之一的,市港口局会同统计机构根据有关法律规定予以处理:

(一)虚报、瞒报统计资料的;

(二)伪造、篡改统计资料的;

(三)拒报或者屡次迟报统计资料的。

第二十七条 本规则自2007年1月1日起施行。

思考题

1. 港口生产指标分为哪几类?
2. 何谓数量指标、质量指标、计划指标、统计指标?
3. 什么是货物吞吐量和旅客吞吐量,如何计算?
4. 港口吞吐量统计范围和统计截止日期如何确定?
5. 何谓货物吞吐量、装卸自然吨和装卸操作吨,三者之间是个什么关系,三者在统计计算上有什么区别?
6. 什么是操作系数、入库系数、不平衡系数,直取比重与入库系数是什么关系?
7. 运输船舶在港停泊时间的起讫时间有什么规定?
8. 什么是船舶停泊艘次和船舶作业艘次,两者有什么关系?
9. 什么是停泊船舶作业舱口数和停泊船舶作业舱时数,两者有什么关系?

10. 什么是船舶平均每次在港停泊天数和船舶平均每次作业在港停泊天数,如何计算?

11. 什么是船舶每装卸千吨货在港停泊时间和千吨货装卸小时,怎样计算?

12. 什么是船舶平均每停泊艘天装卸货物吨数和船舶平均每装卸艘天装卸货物吨数,如何计算?

13. 船舶平均每停泊艘天装卸货物吨数与船舶平均每装卸艘天装卸货物吨数有什么关系?

14. 什么是船舶平均船时量和平均舱时量,如何计算,两者有什么关系?

15. 如何计算到港装卸车辆的平均车时量?

16. 港口装卸机械的生产率、装卸工人的劳动生产率指标有哪些,指标如何计算?

17. 什么是车船在港停留时间,其停留时间的统计范围和统计的截止时间如何确定?

18. 船舶和车辆在港的起讫时间是按什么规定进行计算?

19. 哪些时间是属于船舶在港的生产性停泊时间,哪些时间是属于船舶在港的非生产性停泊时间?

20. 船舶在港的非生产性停泊时间产生原因有哪些,如何避免?

21. 什么是非生产性停泊所占比重,如何计算?

22. 什么是货车总停留时间、作业次数和货车一次作业平均在港停留时间,如何计算?

23. 考核港口生产设备运用的指标有哪些?

24. 什么是泊位的占有率、利用率、作业率、占用时间和泊位作业时间,如何计算?

25. 港口库场运用指标包括哪些?

26. 库场的总面积与库场的有效面积有什么区别?

27. 什么是平均堆存期,如何计算,它的缩短说明什么问题?

28. 哪些指标影响港口库场周转率?

29. 什么是驳船的驳运量、营运率、利用率、平均船舶数、平均每吨(功率)船驳运量,如何计算?

30. 什么是劳动工日、应出勤工日、实际出勤工日和实际工作工日?

31. 怎样计算工人的出勤率和工时利用率,工时利用率与装卸工时利用率有什么区别?

32. 港口企业装卸和保管货物的质量指标有哪些,货损、货差率和货损、货差的损失金额占运输总收入金额控制比例各是多少?

技能训练

1. 组织学生到某一港口收集一个月的生产资料,然后再整理并对此港口的装卸工作量、车船在港停留时间、生产设备运用等指标进行核算。

2. 港口装卸作业指标计算

(1)如果一批100t的货物,自进港到出港经过表3-10中各种不同的操作过程,请根据资料计算该批货物的吞吐量、装卸量和操作量,并将计算结果填入表3-10。

货物的吞吐量、装卸量和操作量(t)　　表3-10

自进港到出港的操作过程	装卸自然吨	装卸量	吞吐量	操作量
船→船				
船→车、驳(货主提货出港)				
船→驳→船				
船→驳→车、驳(货主提货出港)				
船→驳→库→船				
船→驳→库→车、驳(货主提货出港)				
船→库→船				
船→库→车、驳(货主提货出港)				
船→库→驳→船				
船→库→驳→车、驳(货主提货出港)				
船→库→库→船				
船→库→库→车、驳(货主提货出港)				
车、驳(货主码头来)→船				
车、驳(货主码头来)→车、驳(货主提货出港)				
车、驳(货主码头来)→驳→船				
车、驳(货主码头来)→驳→车、驳(货主提货出港)				
车、驳(货主码头来)→驳→库→船				
车、驳(货主码头来)→驳→库→车、驳(货主提货出港)				
车、驳(货主码头来)→库→船				
车、驳(货主码头来)→库→车、驳(货主提货出港)				
车、驳(货主码头来)→库→驳→船				
车、驳(货主码头来)→库→驳→车、驳(货主提货出港)				
车、驳(货主码头来)→库→库→船				
车、驳(货主码头来)→库→库→车、驳(货主提货出港)				

注:表内的船是指各类运输船舶;车是指火车、汽车、拖车和手推车;驳是指港内驳船;库是指仓库和堆场。

(2)已知某港某年的货物进出港情况如图3-7所示(单位:万t),试计算吞吐量、装卸自然吨、操作量、操作系数、入库量、入库系数。

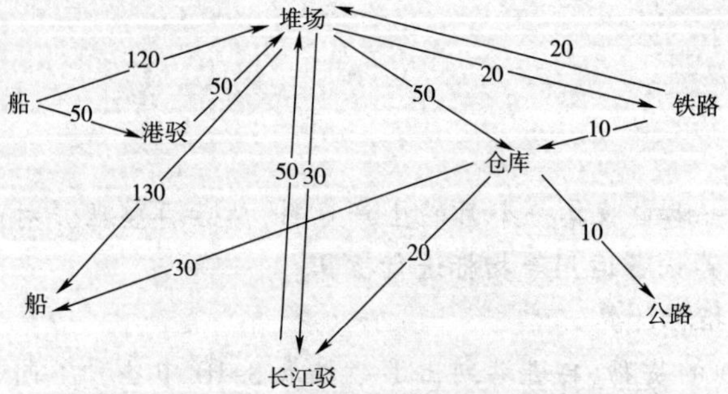

图3-7　某港某年货物进出情况

3. 港口车船在港停时及装卸效率指标计算

已知统计期船舶在港作业情况如表 3-11 所示。假设船舶在港时间全部属港方责任。由此请根据统计期船舶在港作业情况表计算下列指标：

统计期船舶在港作业情况　　表 3-11

载重量	船舶停泊天数(天)	船名	船舶作业次数	非生产性停泊天数(天)	装货吨数(t)	卸货吨数(t)
22 000	5	A	2	2	22 000	22 000
5000	2	B	1	0	5000	
20 000	4	C	2	1	20 000	5000
26 000	4	D	1	1		25 000
20 000	3	E	1	0.5	20 000	

(1)船舶平均每次在港停泊天数；

(2)船舶平均每次作业在港停泊天数；

(3)船舶平均每装卸千吨货在港停留时间；

(4)非生产性停泊时间所占比重；

(5)平均每艘船载重量；

(6)平均每次作业装卸货物吨数；

(7)船舶平均每停泊艘天装卸货物吨数；

(8)船舶平均每装卸艘天装卸货物吨数。

4. 库场运用指标计算

已知某库场在一个为期 8 天的统计期内货物堆存情况如表 3-12 所示。平均仓容量为 20 000t，上期末结存货物为 8000t。请根据表 3-12 计算库场运用指标：

统计期内货物堆存情况　　表 3-12

日　期	1	2	3	4	5	6	7	8
结存(t)	13 000	7000	10 000	6000	8000	12 000	10 000	11 000
出库(t)	5000	9000	7500	12 000	10 000	6000	9000	10 000

(1)货物堆存吨天数；

(2)每天进库场吨数；

(3)平均堆存期；

(4)库场运用率；

(5)库场容量周转次数；

(6)8 天的库场通过能力。

第四章　港口通过能力

● **知识目标**

1. 了解港口通过能力的概念及分类；
2. 了解影响港口通过能力的主要因素；
3. 了解港口码头、库场、集疏运、人机等四系统的构成；
4. 熟悉理解并掌握港口码头、库场、集疏运、人机等四系统的通过能力确定与计算方法计算公式。

● **技能目标**

1. 能够确定并计算出港口码头、库场、集疏运、人机等四系统的通过能力；
2. 能熟练的计算出港口的吞吐量、装卸自然吨、装卸操作吨、货物起运量、库场堆存面积、库场容量运用率、库场容量周转次数、驳运船舶使用率、装卸工时利用率等重要指标；
3. 能够区分操作系数、入库系数、直取比重这几个指标的含义。

第一节　港口通过能力的概念

一、港口通过能力概念

要想科学地组织和计划企业的装卸生产任务，就必须了解企业的生产能力，并且善于充分利用。港口通过能力实际上就是港口企业的生产能力，它是指港口在一定时期内（年、月、日），在既定的技术装备条件下，按照先进、合理的工艺流程组织装卸生产所能装卸货物的最大数量。计量单位为货物自然吨（在集装箱方面则为标准箱）。

我们还可以从以下四点来理解港口通过能力的含义：

（1）港口通过能力是企业内部各个生产环节、各种固定资产的综合生产能力，是各环节生产能力综合平衡的结果。它是由港口泊位通过能力、库场通过能力、集疏运系统通过能力、装卸机械能力、工人操作能力、港内运输能力等经过综合平衡而形成的。

相对于影响生产能力的其他因素来说，固定资产是一个主要的和比较稳定的因素，按照固定资产计算出来的生产能力是符合实际情况并能满足企业生产管理需要的。

某一环节的生产能力的降低，将影响其他环节生产能力的发挥。其结果将导致港口通过能力的减少。因此，我们必须注意克服薄弱环节，以发挥港口的整体综合能力。

(2)港口通过能力是指在一定时间内所能装卸货物的数量。港口各环节营运期的长短、工作时间的多少决定着总的生产能力的大小，通常按年计算通过能力。我们必须设法提高各环节的工作时间，并尽可能地发挥固定资产和劳动力的生产能力，以便尽可能多地完成装卸任务。

(3)港口通过能力是指在一定的技术组织条件下装卸货物的能力。在确定生产能力时，应当以一定的技术组织条件为基础，因为在不同的技术组织条件下，港口所能达到的生产能力水平是不同的。所谓技术组织条件，包括货种、装卸要求和装卸难易程度；使用的装卸机械设备、工属具、装卸工艺、职工的技术业务水平和熟练程度；采用的生产组织和劳动组织等。很显然，如果采用高效机械、先进装卸工艺，则其装卸效率及装卸能力当然会比一般港口高。

这里，一定的技术组织条件，还含有"正常条件"的意思。港口通过能力必须按正常条件来确定。就是说能源供应正常，劳动力在数量配备和技术水平上都能满足装卸货物的需要，装卸机具基本上配套齐全，能充分开工等等。显然，如果按照非正常条件(如缺电、缺劳动力、设备不配套等)确定的生产能力是不能反映客观实际的。如果条件发生变化，通过能力也将发生变化。它不是一个固定值。

(4)港口通过能力反映了港口装卸货物的最大可能性，是港口最主要的营运指标。它是制订生产计划的重要依据，也是港口设计的基础。

总之，港口通过能力的正确确定，是对港口提高生产效益有着很重要的意义，一方面可以为编制港口生产计划、作业计划、长远规划和港口设计以及确定港口规模提供重要的依据，另一方面可掌握完成生产任务的可靠性，同时还能及时地了解各个环节之间是否协调配合，以挖掘生产潜力和找出薄弱环节，从而针对薄弱环节，采取相应措施，来提高港口通过能力。

二、港口通过能力的分类

根据不同情况，港口通过能力通常可分为：

1. 设计通过能力

指新建或扩建的港口，在设计任务书和技术文件中所规定的应达到的生产能力。如果对原有的设备进行过重大的技术改造，或者原设计的货类构成、流向等条件已发生重大变化，就不能采用设计能力，必须重新核定港口的通过能力。

2. 核定通过能力

一般是指老码头没有规定设计能力，或者是经过设备的技术改造，是泊区专业化分工作了新的调整，实际的通过能力已超过原设计能力，港口应根据先进合理的技术组织条件，重新测算其通过能力。测算的能力叫核定能力。

3. 营运通过能力

也叫做现有能力。通常是指港口在计划年度内，依据现有的生产设备、技术组织措施和货运量的实际构成，以及在营运期内能够实现的扩大通过能方的改造措施效果来计算，实际可能达到的通过能力或者统计期已经达到的能力。

上述三种通过能力各有不同的用途和作用。实际工作中，在编制港口长远规划，确定港口企业的生产规模，安排企业的基本建设和技术改造时应以设计能力或核定能力为依据。在编制港口年度生产计划或短期作业计划时,则应以营运通过能力为依据。

第二节 影响港口通过能力的因素

港口通过能力是港口企业生产组织、管理水平、装卸设备能力、员工素质等情况的反映,它是各种因素综合作用的结果。港口又处于环境之中,受环境的影响和制约。影响港口通过能力的因素,有的来自系统本身,也就是港口和装卸公司的内部条件;有的来自系统之外,即港口的环境因素。在这些因素中,有的属于技术因素,其中包括港口的规模;有的则属于社会因素,其中包括经营管理因素。有些因素对港口通过能力起直接的影响,有的则起间接的影响。在它们当中,有些因素对通过能力的影响可以定量,有的则难以定量。总之,影响港口通过能力的因素既多又复杂,这里不能一一述说,下面只叙述其中一些主要的影响因素。

一、影响港口通过能力的主要因素

1. 货类方面

货类是影响港口通过能力的主要因素之一,港口的通过能力通常是指货类结构为一定时的通过能力,而不存在抽象的能力。在港口生产要素为一定的前提下,不同时期通过能力的变化,主要是货类及其结构的变化所引起的。

货类对通过能力的影响主要表现为:货物种类及其特征,货物的批量、包装形式、单件重量、运输的形式(如散装、包装等),货物在流向和时间上的分布特征等等。

货物的特性,如容量、易损性、易冻结性、易凝结性等理化性质直接影响到装卸机械的效率和装卸工人的劳动生产率。如果是同一个货种,使用同一种机械,其效率也会随着流向的不同而不同。在一般情况下,装船的效率总是高于卸船的效率。货物运进或运出港口的集疏运方式,采用直接方案装卸所占的比重,货物在港口所要求进行的辅助作业等等都会影响到货物的装卸效率,最终影响到港口的通过能力。而外贸进出口货物由于它们所需要办理的手续比国内运输的货物多,涉及的部门也多,因此,船舶产生非生产性停泊时间的可能性也要大一些,这也不能不对通过能力有所影响。

另外,件杂货的包装类型、尺寸、每件重量、运输形式(集装箱、成组、散装)也都会直接影响港口的装卸效率。

货物的容重、包装形式及其强度等因素还会影响到货物在库场里的单位面积堆存定额,而货物的批量又影响到库场里所需通过的多少,从而影响库场的堆存能力。同时,货物因其包装和其性质不同,其怕水湿程度也不一样,所以不同货物每年可以进行装卸的天数是不一样的,怕水湿货物的天数要少一些,而不怕水湿的天数就多一些,从而影响港口营运期不同而导致不同的通过能力。

货物到港的不平衡程度虽然不会对理论通过能力产生影响,但会影响到港口的营运通过能力。因为,在吞吐量为一定时,货物到港越均衡,船舶排队的时间就越短,设备的合理利用率就高。

为了解决货种和货物流向结构不同对港口通过能力的影响,在计算通过能力时总是以货种和货物流向结构一定为前提的,当货种和货物流向结构发生变化时,港口通过能力也会有相应的变化。

2. 港口设施与设备

港口的设施和设备是港口企业进行生产活动的物质基础，它们的数量和规模、性能及技术状态，是计算通过能力的基本依据。

进港航道的水深、宽度、曲率半径及其可利用的潮位将限制进港船舶的最大尺度和来港船舶的艘数，在某些特定的条件下，它可能影响到几个港口的通过能力。例如，长江航道的通过能力就对长江口以内所有港口的能力起制约作用。

锚地的规模、水掩护程度及其距港池或装卸泊位的距离决定着港口水上过驳能力、船舶让档时间以及内河港口对船队的编解能力。

泊位的数量、结构、水深及其装备情况，包括岸壁机械的数量、技术性能和技术状态都决定着泊位的通过能力，而码头的泊稳条件则会影响到泊位的年工作天数。

仓库和堆场的面积及其布置（如是否规则、与码头前沿的距离、库场的相对位置），仓库的特征（层次、净高、跨度、柱距、采光、照明、地面强度等等），进出库场的方便程度和库场使用的机械一方面决定着库场的能力，另一方面会影响到装卸效率，从而影响泊位的通过能力。装卸机械的种类、数量、性能及其技术状态是决定港口各环节装卸效率的主要因素。

其他辅助设和设备的情况，如电能力、设计能力、港内能力、装卸机械的维修能力、港内导航设备等等，都会影响到主要设施和设备能力的充分发挥。

3. 港口的总体布置

港口平面布置影响通过能力最重要的因素包括：①码头的布置、码头前沿、堆场和仓库的相对位置，码头前沿有没有足够的操作场地，机械作业是否会互相干扰；②水域、陆域面积是否满足需要；③港内交通的布局的方便程度与港外交通的方便程度及是否互相干扰；④有水水中转的港区，船舶之间的换装是否方便等等。

4. 来港运输工具的技术性能及其作业条件

来港运输工具（包括船舶和车辆）的类型及其组成也在很人程度上影响着港口的通过能力。船舶的主要尺度、载重量、舱口数、舱口载货的不平衡程度、船舱的结构、舱口面积及其与船舱面积之比，船上装卸设备的类型、数量、起重量与速度等等，这些因素或直接影响到装卸时间的长短，或对其他时间的长短产生影响。如船舶载货的不平衡程度直接影响装卸时间的长短，又如，船舶载重量大小决定船舶连续装卸时间的长短，因此，一般规律是同一泊位装卸同一货种时，装卸大船的通过能力要比装卸小船的大。

车辆方面主要是车型、载重量和长度。一般来说，来港的运输车辆、专业化的车辆和载重量大的车辆占的比重越大，港口的通过能力也越大；车辆来港后的管理方式，由港口自管车辆时的通过能力要大于由车站统管时的通过能力。

运输工具到达和服务时间的分布规律（概率分布）是影响排队时间的因素，会影响到合理储备能力的规模。

5. 装卸工人和机械司机

生产过程是生产手段与劳动力的结合过程。当前，虽然港口装卸劳动的机械化水平有了很大的提高，但不能完全替代某些繁重的体力劳动。直接参加装卸劳动的人（包括装卸工人和装卸机械司机）在生活中还是起着主导作用。他们在生产中的作用是通过设备在时间上的利用程度以及装卸效率的高低体现出来的。因此,他们的技术水平、数量以及积极性的发挥程度都会直接影响到通过能力的水平。当然,装卸工人体力对通过能力的影响也不容忽视。

港口装卸工人和机械司机的劳动组织对港口通过能力也起着重大的影响。这些包括装卸工人与司机的轮班制度、工组的组成等等。

6. 港口的自然条件

这方面的主要因素有风、雪、雨、雾、气温、水位变化等等,它们对于港口作业条件的影响很大。如有些货种雨大不能装卸,遇有大雾船舶不能进出港,大吨位满载的船舶必须乘潮进出港口,严寒酷暑装卸效率受到影响等等,这些都会对通过能力产生影响。

除了上述各项因素外,企业管理素质,港、航、货的某些经济指标,港口的环境因素对港口通过能力也起着重大的作用。在这些因素中,有的是直接对港口通过能力起制约的作用(铁路运输能力就直接影响到港口通过能力是否得到充分发挥),但其中大多数对港口通过能力的影响是间接的、难以定量的。在计算港口通过能力时,必须充分估计这些因素的影响,这些因素的影响有政策因素社会因素、宏观经济因素等一些大的方面,也有相关单位的工作制度等一些小的方面,这就要求人们在计算通过能力时,要对港口所处环境作全面深入地分析,充分估计其对港口通过能力的影响。

计算港口通过能力是一种预测性的工作,因此,我们对因素不仅应该分析,也要预测其变化的可能性及其发展趋势,从而确定其数值。

二、港口通过能力的系统结构模型

通过对国内外港口的实际情况进行分析,港口通过能力系统的结构模型,可以概括为下列模式(图 4-1):货物以某种流的方式,从泊位子系统、集疏运子系统输入、输出。货流进入系统后,则在泊位与库场(前方、后方)之间,泊位与集疏运系统之间,库场与集疏运系统之间流动。

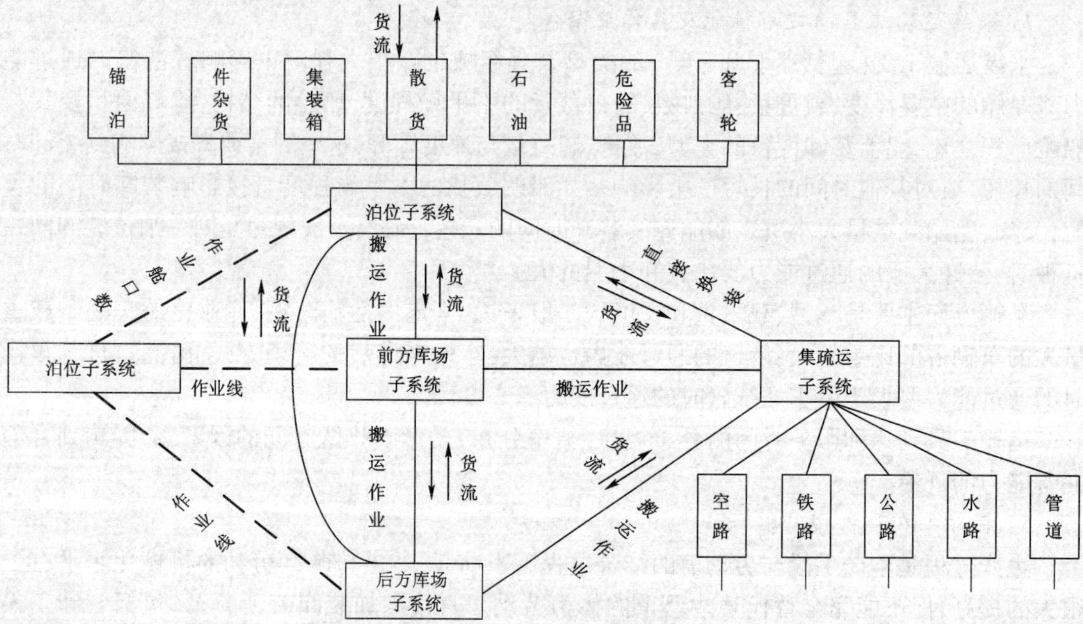

图 4-1 港口通过能力系统结构模型

装卸子系统是以“人—机”组合的作业线形式支持货流在泊位、库场、集疏运系统之间流动。

泊位子系统实际是由件杂货、集装箱、散货、液体货、危险品、客船以及浮筒与锚泊泊位等构成。

集疏运子系统也是由铁路、公路、水运、空路、管道以及输送带等方式组成。

库场子系统根据货物堆存的时间长短可划分为前方与后方两部分。所谓前方通常是指码头前沿,直接为泊位上的船舶装卸服务。随着船舶大型化的发展趋势,码头前沿的区域逐渐向后方延伸,如集装箱泊位的纵深开始超过500m以上,件杂货泊位纵深也向200m以上发展。后方库场是指远离码头前沿的位置,通常是为堆存期较长的货物提供服务,或者为需要进行某些辅助作业,如改换包装、干燥或其他加工等提供场所。

任一港口均可以用这一模式描述,只是在泊位构成与集疏运系统、库场系统、装卸系统的构成上存在着不同。

这一结构中也可以划分为下列两个部分:一个是物流通过的物理系统——泊位、库场、集疏运子系统;另一个是保证货物实现其流动的支持系统——装卸子系统。

第三节 港口通过能力计算

港口生产能力是港口生产组织和技术水平的综合反映,港口生产的任何环节发生变化或者影响港口生产的任何主、客观因素发生变化,都将直接或间接地影响港口的通过能力。因此,为了了解和掌握港口各环节的生产能力,找出影响生产的薄弱环节,就必须定期或不定期地对各个环节进行计算,同时,对原来没有计算和查定设计能力的港口或设计能力已发生重大变化的港口,也需要重新进行测算和核定。

一、码头与泊位系统通过能力计算

1. 码头与泊位系统的组成

泊位子系统实际是由件杂货、集装箱、散货、液体货、危险品、客船以及浮筒与锚泊泊位等构成。泊位子系统内部是由码头泊位、前方装卸机械(或船舶吊杆)、水平运输机械和劳动力组成的。

1)船舶动态模拟

码头前沿船舶动态模拟图见图4-2,反映了船舶从入港、靠岸装卸到船舶离岸、出港期间的作业情况。

2)泊位子系统的货物流动

进口货经舱口起重机(岸边起重机)装卸,分别卸到驳船、火车、卡车直接运走,或经港内水平运输入库;然后再由火车、汽车或者驳船接运出港。其进口货物流动见图4-3。

出口货是经港口卸货机械将货物先卸到仓库或者是堆场再经水平运输运到码头前沿装船,如是现交货,则由货主直接送到码头前沿装船,其出口货物流动见图4-4。

从泊位子系统船舶的动态模拟及货物的流动可以得出这样的结论:泊位子系统的关键环节是装卸,装卸的快慢影响码头对船舶服务时间的长短,这可从船舶在港停泊时间指标($t_{船停}$)

来反映，而 $t_{船停}$ 是船舶衡量港口服务水平的尺度；同时，装卸的快慢又影响码头泊位利用率（η），泊位利用率是衡量码头设施利用的尺度，它直接影响港口、船舶的成本。泊位利用率的大小直接对船舶排队等待时间有影响。

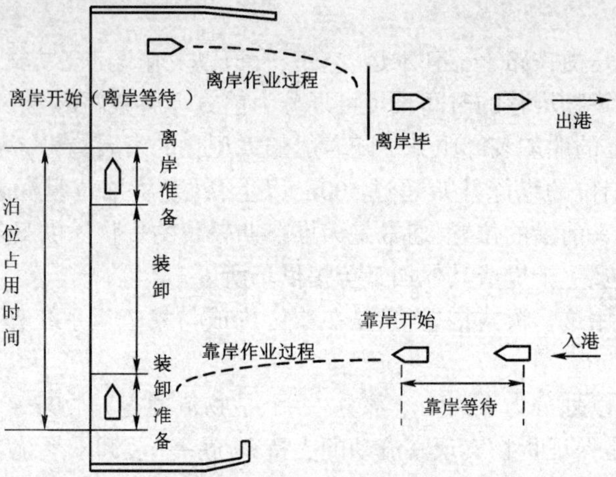

图 4-2　码头前沿船舶动态模拟图

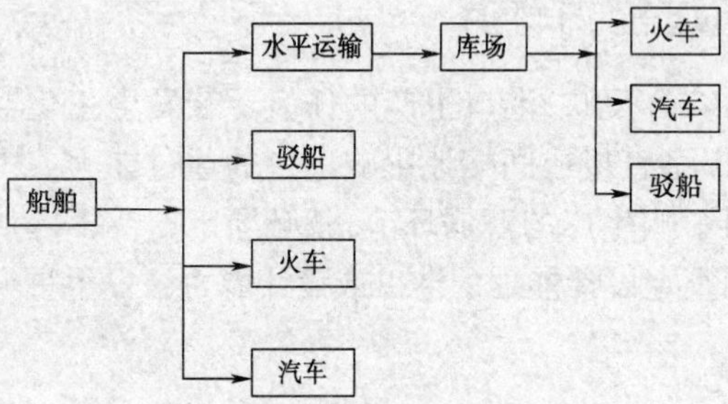

图 4-3　码头前沿进口货物流动图

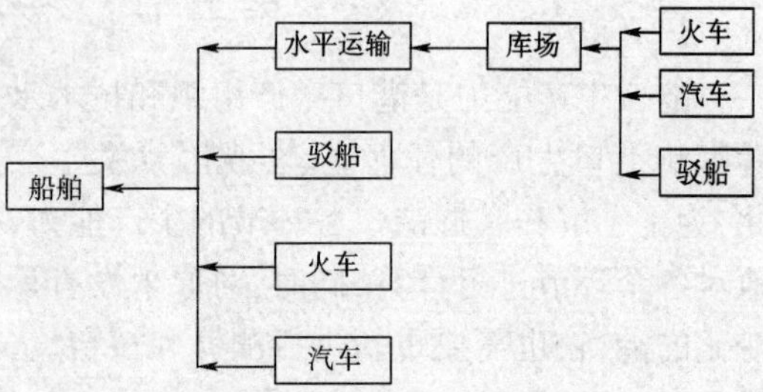

图 4-4　码头前沿出口货物流动图

2. 泊位通过能力计算

1）泊位设计通过能力

$$P_{设计}^{泊} = T_{营} \times n \times p \tag{4-1}$$

$$p = 24 \times \alpha_{利} \times q_{额} \times \beta$$

式中：$P_{设计}^{泊}$——泊位年设计通过能力（t）；

$T_{营}$——泊位年营运期（天）；

n——泊位设计作业线数（条）；

p——每条作业线的昼夜生产率（t/条·天）；

$\alpha_{利}$——装卸设备理论利用率；

$q_{额}$——装卸设备（系统）额定生产率（t/h）；

β——装卸设备负载利用率（载荷利用率）。

设计通过能力，亦即泊位理论上应具备的能力，是在泊位设计时按照具体货种、作业线数确定的，它是提供营运能力的基础。当营运期货种变化、作业线数变化的时候，仍可以根据变化后的情况计算出设计通过能力。设计通过能力不受船型、船舶到达规律的直接影响，即使全年没有船来（当然这是不可能的），它的能力仍然存在。设计通过能力的大小只与泊位机械的技术状态和作业线有关（关于岸壁的维修，不在 $T_{营}$ 内）。码头通过能力即为各泊位通过能力之和。

$$P_{设计}^{码} = \sum_{i=1}^{m} P_{设计}^{泊} \tag{4-2}$$

式中：$P_{设计}^{码}$——码头设计通过能力；

$P_{设计}^{泊}$——泊位设计通过能力。

从公式中看出：因为营运期对于确定的港口是一个稳定的常数，所以泊位通过能力仅与泊位上的作业线（或开工舱口）数以及相应的作业线生产率有关。

但是，由于船、车、货物的到达并不是均衡和稳定的，由于港口装卸机械设备，装卸工人所组成的装卸能力不可能在生产过程中组织衔接得十分严密，以及由于其他多方面因素的影响，泊位设计能力不可能被完全利用，因此就引出了营运通过能力。

2）泊位营运通过能力

营运通过能力，根据定义就是在营运期内泊位实际能达到的通过能力，亦即设计通过能力得到利用的部分，可表示为：

$$P_{营} = P_{设计}^{泊} \times \eta \tag{4-3}$$

式中：η——泊位利用率（%）；

$P_{营}$——泊位营运通过能力（t）。

货流的发生是伴随着车流、船舶流的规律而存在的。当船舶靠在泊位上并进行装卸作业时，就有货流通过，装卸设备投入装卸作业，泊位能力进入被利用状态；靠上船舶但并不进行装卸作业，泊位只是被占用，能力并没有被利用；当船舶装卸作业已结束，或长时间作业中断，泊位的利用状态即刻终止，或泊位没有船靠泊，即泊位能力被闲置，没有被利用，这就是引出泊位利用率的原因。也就是说泊位设计通过能力不可能百分之百地被利用，其利用程度同船舶到达规律、装卸作业时间的长短有关，于是问题就变成为寻找泊位利用率与船舶到达规律和装卸作业时间的关系。

营运通过能力又可以表示为：

$$P_{营} = N \times q \tag{4-4}$$

式中：N——营运期装卸船舶艘数（艘）；

q——船舶平均载货量（t/艘）。

3. 船舶数及船舶到达规律

1）到港船舶数

到港的船舶数，一般根据计划货运量或预测货运量计算。

$$N = \frac{Q}{q} \tag{4-5}$$

式中：Q——计划期（或规划期）的货运量（t）；

$\bar{q}$——计划期（或规划期）确定船型平均载货量（t）。

2）船舶到达规律与装卸船舶数

目前港口的船舶到达规律有以下两种方式：一是定期到达，二是不定期到达，这里只介绍定期到达。

定期到达就是班轮运输方式，由于这种运输方式的船舶是以一定的规律到达的，码头、泊位对所有到达的船舶都应提供装卸作业服务，因此，当船舶靠在泊位上进行装卸作业时，就有货流发生，即泊位处于被利用状态。当船舶装卸作业结束或中断，货流随之亦中断，泊位的利用状态亦随之而终止，那么，该泊位能够装卸的船舶数为：

$$N_1 = \frac{T_{泊}}{t_{停} + t_{让档}} \tag{4-6}$$

$$t_{停} = t_{装卸} + t_{技、辅} + t_{靠离} + t_{准结} + t_{气} + t_{非} \tag{4-7}$$

式中：$T_{泊}$——泊位工作天数，即泊位营运期（年、季、月）内可用于船舶装卸生产的工作天数，它等于年营运期减去因修理及疏浚而不能使用的天数，在使用港口机械装卸船舶的泊位上还应减去因机械修理而不能装卸的天数；

$t_{让档}$——船舶让档时间，即前、后两艘船之间的正常间隔时间；具体的讲就是一条船舶离开码头后，下一条船舶开始靠码头因技术原因所需的间隔时间，在有足够宽度航道的港口，仅需考虑码头的整理时间，有时候可以忽略不计，在单航道港口则应考虑离港船舶出口时间及到港船舶的进口时间；

$t_{停}$——船舶在泊位的总停泊时间；

$t_{装卸}$——船舶在码头上装卸作业时间；

$t_{技、辅}$——船舶为装卸所必需的技术作业时间（包括调车时间、机械移动时间、驳船调档时间等技术中断时间）辅助作业时间（包括移泊、联检、熏舱、洗刷舱以及船舶补给等必要的中断时间）；

$t_{靠离}$——船舶靠离码头时间，这一时间可根据定额或有关人员操作经验确定；

$t_{准结}$——平均每艘船舶所需的准备、结束作业时间；这段时间是指船舶靠妥码头后至开工及船舶完工后至开始离码头所需的时间；这一时间也可以根据有关定额或有关人员操作经验确定；

$t_{气}$——因气象原因造成的作业中断延续时间；这一时间在计算时，可根据历年统计资料，取停泊时间的一定百分比来计算；

$t_{非}$——船舶在港停泊时间中非生产性停泊时间，这仅指不是因为港口其他环节（如库场、工人、机械等）能力不足而发生的占用码头的非生产性停泊时间（如等车、等货及航方原因造成的停泊时间）。

这样就满足：$N_1 = N_{班}$，即$\frac{T_{泊}}{t_{停} + t_{让档}} = \frac{T_{营}}{C}$，也就是对一个泊位来说，$T_{泊} = T_{营}$，应该使得，$t_{停} + t_{让档} = C$（$C$ 为班期）。

这就要求安排的船舶在港作业时间应与班期 C 相等。但是事实上并不可能在时间上做到完全吻合，将会出现下列两种情况：

（1）$C > t_{停} + t_{让档}$，也就是$\frac{C}{t_{停} + t_{让档}} > 1$。

在这种情况下，说明该泊位仍有一定的空闲。如果其比值为正整数，说明该泊位可以安排相同的班轮作业，只需将班期错开就可以了（当然，库场能力应有保证），这样，就可以使得泊位数减少。但是,如果在货物的流向、分类、库场通过能力都不允许的情况下,一般是不轻易地将不同的班轮安排在同一泊位上的。

(2) $C < t_{停} + t_{让档}$。

这时说明船舶在港时间比班期长,亦即船舶到港后出现等泊位现象。解决的办法是:(a)采取压缩船舶在港时间,增加装卸能力,使装卸作业在班期内完成;(b)增加泊位,即用下式计算所需泊位数

$$n_{泊} = \frac{(t_{停} + t_{让档}) \cdot N}{C \cdot N_{班}} \tag{4-8}$$

当然,在选择哪种解决办法时,应进行技术、经济论证。

4. 泊位数的计算与确定

泊位数的确定方法有如下几种:

1)按每米泊位通过的货运量确定泊位数

这种方法多是建立在对大量的营运泊位通过能力统计的基础上,按不同货种、泊位专业化分工分别统计出每米泊位的通过能力。于是,泊位通过能力和所需泊位数就可表示为:

$$p = p_{每米} \times L_{泊};n_{泊} = \frac{Q}{p_{每米} \times L_{泊}} \tag{4-9}$$

式中:$p_{每米}$——每米泊位的通过货运量;

$L_{泊}$——泊位长度;

Q——规划期货运量;

$n_{泊}$——计算所需泊位数。

这一方法的关键是正确地确定每米泊位通过的货运量。在参考国外资料时,应慎重结合我国的实际情况。

2)按码头上泊位类型计算其营运通过能力以确定泊位数

这种方法目前在我国广泛采用,但是不得不指出,这是一种静态的、始终存在着船舶排队的状态下完成的,因此也是造成港口船舶排队的理论上的原因。当泊位同时有几种货物时:

$$P_{综} = \frac{1}{\sum_{i=1}^{m} \frac{a_i}{P_i}} \tag{4-10}$$

$$P_i = \frac{T_{营} \times t_{日} \times q}{t_{停} + t_{让档}} \tag{4-11}$$

式中:$P_{综}$——泊位综合通过能力(t);

P_i——泊位第 i 类货物的通过能力;

a_i——第 i 类货物占运量的比重。

综合性泊位的通过能力,在各货运量及其比重无法确定的情况下,其通过能力计算公式为:

$$P'_{综} = \overline{P} \times t_{日} \times T_{营} \tag{4-12}$$

式中:$\overline{P}$——泊位平均装卸效率(t/h);

$t_{日}$——船舶昼夜装卸小时数;

$T_{营}$——泊位营运期。

必须指出，当在一个泊位上装卸几种货物，或者既有进口，又有出口而装卸效率又不同时，或者虽装卸单一货种、单一船型或进口与出口分别计算然后再按下列公式计算出泊位的综合通过能力。例如船型单一，货种不同时，其计算公式为：

$$P_{综合}=\frac{1}{\sum_{i=1}^{m}\frac{\alpha_i}{P_i}}=\frac{1}{\frac{\alpha_1}{P_1}+\frac{\alpha_2}{P_2}+\cdots} \tag{4-13}$$

式中：$P_{综合}$——泊位综合通过能力；

P——泊位第 i 类货物的通过能力；

α_i——第 i 类货物占运量的比重。

为了说明问题，现以数据举例如下：

例题 4-1：某泊位只装卸钢材时其能力为 50 万 t，仅装卸木材时 20 万 t，如钢材与木材通过该泊位装卸比重为 3∶7，则该泊位的综合通过能力为：

$$P_{综合}=\frac{1}{\sum_{i=1}^{m}\frac{\alpha_i}{P_i}}=\frac{1}{\frac{\alpha_1}{P_1}+\frac{\alpha_2}{P_2}}=\frac{1}{\frac{0.3}{50}+\frac{0.7}{20}}=\frac{1}{0.006+0.035}=24.39\text{ 万 t}$$

如果钢材与木材通过该泊位装卸的比重为 7∶3，则该泊位的综合通过能力为：

$$P_{综合}=\frac{1}{\sum_{i=1}^{m}\frac{\alpha_i}{P_i}}=\frac{1}{\frac{\alpha_1}{P_1}+\frac{\alpha_2}{P_2}}=\frac{1}{\frac{0.7}{50}+\frac{0.3}{20}}=\frac{1}{0.014+0.015}=34.48\text{ 万 t}$$

从上面的例子，很明显地可以看出，通过泊位的货物结构发生变化，对于泊位的通过能力是会有极大影响的。因此，虽然在计划期内港口进出口吞吐量并没有多大增减，但只要货种或其所占比重及其流向发生了较大的变化，就必须重新测算港口各环节的通过能力，一确定港口通过能力与生产任务是否适应。此外，在实际工作中，为便于估算某一泊位（船位）的月通过能力，经常采用下述两种计算方法。

（1）对于专业性强的码头可按以下公式来计算泊位的通过能力 $P_{泊}$：

$$P_{泊}=\frac{30(24-\sum t)Q}{t_1+t_2}\quad (\text{t/月}) \tag{4-14}$$

式中：30——每月按 30 天计；

24——每天按三班计，每班 8h。如果每天开二班或一班则分别为 16h 或 8h；

$\sum t$——平均每昼夜泊位非生产时间的总和，其中包括气象影响/工间休息/机械故障等；

Q——某一类型船舶平均载货量；

t_1——装（卸）一艘各该类型船舶所需的纯装（卸）作业时间；

t_2——各该类型船舶靠离码头、准备及结束时间，以及不能与装卸作业同时进行的辅助与技术作业时间之总和。

以上公式中各项数值应在实际中获取。

（2）对于综合性的码头可按下列公式计算泊位的通过能力 $P_{泊}$：

$$P_{泊}=P_{装}\times t_{装}\times T \tag{4-15}$$

式中：$P_{泊}$——综合性的码头泊位的通过能力（t/月）；

$P_{装}$——泊位小时装卸效率,可根据实际营运中同类机械设备的平均先进作业水平确定(t/h);

$t_{装}$——泊位每昼夜装卸作业小时,一般在装卸作业为一班制 $t_{装}$ 取 6.5 ~ 7.0h,两班制 $t_{装}$ 取 12 ~ 13h,三班制取 17 ~ 18h;

T——泊位月工作天数;可用 30 天减去因水文气象、机械故障、停电等不能进行作业的天数(一般为 3 ~ 5 天)。

二、库场系统通过能力

1. 库场系统的组成

库场子系统由仓库、堆场、库场堆存机械和劳动力组成。库场货物流动见图 4-5。

由于船舶与火车、卡车以及驳船载重量相差很大,所以库场的根本作用是不同运输工具的能力之间的衔接、调整。在港口通过能力系统中,库场起缓冲器的作用,即作为进口货物在船舶卸货和疏运及出口货物从接收出口货物和船舶装船之间的缓冲器。库场的能力影响着船舶装卸效率的快慢和在港时间的长短。库场子系统的关键环节是库场的容量及疏运。

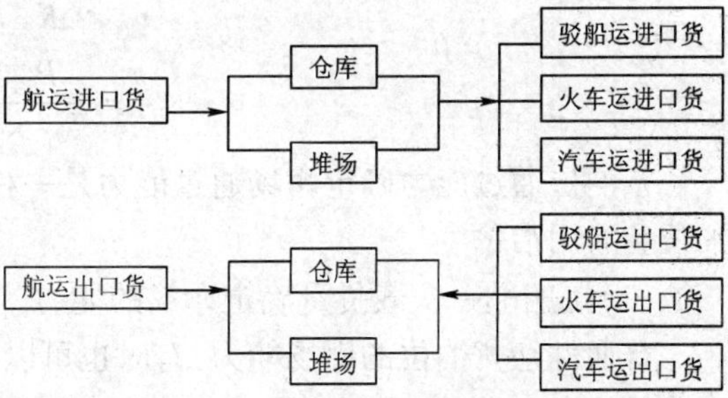

图 4-5 库场货运流动图

2. 库场系统通过能力的计算

(1)按泊位通过能力确定库场通过能力:

$$P_{库} \geqslant P_{泊} \times K_{入}$$

$$P_{库} = E \times K_E \times n_{库} \tag{4-16}$$

$$E = S \times K_S \times a = B \times L \times K_S \times a$$

$$n_{库} = T_{营} / t_{存} \tag{4-17}$$

$$K_E = \frac{E_{日}}{E}; E_{日} = \frac{\sum Q_i t_i}{T_{营}} \tag{4-18}$$

式中:$P_{库}$——库场通过能力(t/月);

$K_{入}$——货物入库系数($K_{入} \leqslant 1$);

E——库场一次容量;

$n_{库}$——库场周转次数;

K_E——库场容量利用系数;

S——库场面积;

K_S——库场面积利用率,即库场总面积中减去通道、垛间距、固定设备占用、装卸月台、办公室等不能堆存货物的面积后可以用来堆存货物的面积占总面积的比重;

a——单位面积使用定额(t/m^2);

B——仓库或堆场的宽度;

L——仓库或堆场的长度;

$T_{营}$——库场的营运期;

$t_{存}$——货物平均堆存期(天);

$E_{日}$——库场每日平均堆存量;

$\sum Q_i t_i$——各批货物入库堆存吨天数总和。

实际上,由于库场处于经常周转状态,不可能使库场的容量被100%地利用,否则就意味着库场的每一货位始终处于饱和堆存状态,周转的货物必须在同一时间进行出库和入库,毫无任何间断。这无论在理论上还是在实践上都是做不到的。如果库场天天处于饱和状态,就意味着港口已面临堵塞的局面。另一方面,库场单位面积使用定额也往往不能恰好达到标准。因此,库场容量实际是不能达到饱和状态的(除货源充足生产繁忙的港口外)。

当已知泊位通过能力之后,就可应用下列公式确定库场容量和面积:

$$E = \frac{P_{泊} \times K_{入}}{n_{库} \times K_E} = \frac{P_{泊} \times K_{入} \times t_{存}}{T_{泊} \times K_E} \tag{4-19}$$

$$S = \frac{P_{泊} \times K_{入} \times t_{存}}{T_{营} \times K_E \times K_S \times a} \tag{4-20}$$

按泊位通过能力确定库场通过能力是一种基本的方法,它适用于各种不同货类的专业化泊位和通用泊位。

(2)按船舶一次载货量确定库场的能力。

普通件杂货泊位的库场能力,有时也可以按确定的标准船型(或最大载货量船型)的一次载货量确定。即:

$$E_{min} = (1 \sim 1.5)q_{max} \tag{4-21}$$

式中:E_{min}——库场的最小容量;

q_{max}——确定船型的最大载货量。

按船舶一次载货量确定库场容量,需要的基本条件是船型确定,一次载货量变动不大,货流及其构成相对比较稳定。如果船型变化很大,货流及其构成也不稳定,就不能应用这种方法确定库场的能力。

(3)按年货运量确定库场能力。

大宗散货码头堆场容量,往往按泊位年货运量的8%~20%确定,即:

$$E = (1/12 \sim 1/5) \cdot Q \tag{4-22}$$

式中:Q——泊位年通过货运量(t)。

三、集疏运系统通过能力

1. 集疏运系统的组成

集疏运子系统由集疏运工具、装卸线、后方装卸系统和劳动力组成。集疏运系统货物流动见图4-6。

货物运入港区被称为集中,从港区运出称为疏散或疏运。集疏运能力是港口通过能力的重要组成部分。货物集疏运途径有水路、陆路、空路及地下;运输方式有船舶运输、铁路运输、公路运输、管道运输、输送带运输和航空运输。

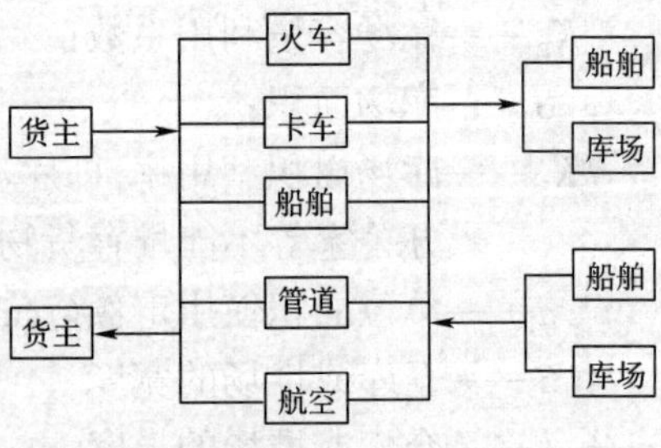

图4-6 集疏运系统货物流动图

我国港口集疏运方式主要采用铁路运输、船舶运输、公路运输和管道运输。下面分别进行铁路、公路、驳运船队、管道疏运能力的计算。

2. 集疏运系统通过能力计算

1)铁路集疏运能力计算

(1)昼夜内需要的车辆数：

$$n_{铁} = \sum_{i=1}^{m} \frac{Q_i \cdot K_i^{铁}}{q_{铁} \cdot a_i^{铁}} \tag{4-23}$$

式中：$n_{铁}$——昼夜所需的车辆数；

Q_i——第 i 类货物昼夜货运量(t)；

$q_{铁}$——车辆平均载重量(t)；

$a_i^{铁}$——第 i 类货物车辆载重量利用率；

$K_i^{铁}$——第 i 类货物由铁路运输的比重。

(2)铁路装卸线通过能力：

$$P_{铁} = n_{铁} \times T_{铁} \times q_{铁} \times a_{铁} \tag{4-24}$$

式中：$P_{铁}$——铁路装卸线通过能力；

$T_{铁}$——铁路装卸线年营运期(天)。

为保证铁路通过能力适应码头通过能力，必须满足：

$$P_{铁} \geqslant P_{码} \times K_{铁} \tag{4-25}$$

式中：$K_{铁}$——铁路运输货运量比重。

(3)同时装卸车数与装卸线长度：

同时装卸车数是关系到昼夜抵港车辆数能否完成装卸作业的基础，也是确定铁路装卸线长度的依据。

$$n_{车} \geqslant n_{铁} \frac{\bar{t}_{停}^{车}}{24} \tag{4-26}$$

式中：$n_{车}$——同时装卸车数；

$\bar{t}_{停}^{车}$——车辆平均占用装卸线时间(h)。

$$L = \frac{n_{车} \times L_{车}}{\eta_{铁}} \tag{4-27}$$

式中：$L_{车}$——车辆长度；

$\eta_{铁}$——装卸线利用率；

L——装卸线的有效长度(装卸线总长度减去道岔、通道等不能停靠车辆的长度及因受库门、货垛长度等限制，虽能停靠车辆但不能装卸的长度)。

(4)调车场通过能力：

$$P_{调} = \frac{T_{营} \times 24 \times L_{停} \times q \times \eta_{线}}{(t_{间} + t_{场}^{车}) \times L_{车}} \tag{4-28}$$

式中：$P_{调}$——调车场通过能力；

$L_{停}$——停车线长度；

$\eta_{线}$——停车线利用率；

$t_{间}$——每批车辆之间平均间隔时间；即前一批车抵达装卸线到下一批车到达装卸之间的间隔时间。其中包括：装卸时间、待装卸时间、待调车时间。另外也包括两批车之间因技术原因所必需的时间。如机车把已结束装卸的车取出送到调车场，又将要装卸的车送到装卸线之间所需的间隔时间等。从提高港口通过能力的角度来看，港口自己拥有调车机车并自己管理港口的铁路要比由铁路部门管理要有利得多。所以，在那些以铁路集疏运为主的大型港口，应力求由港口管理港口的铁路；

$t_{场}^{车}$——车辆在车场的平均停留时间；

其他符号同前。

停车线长度中不包括调车线、运行线的作业线路，停车线上只是完成停车过程中的检车、对票等作业。

停车线利用率考虑停车线上有部分区段不能停车，如道岔等。也可以直接量出，从停车线总长中减去。

车辆停留时间包括作业停留和非生产停留时间，而间隔时间仅指技术作业组织过程必然产生的时间间隔，而不包括任务不足而产生的空闲。

2）公路集疏运能力计算

（1）需要的车辆数。一次运输所需要的批量（车队数）

$$n_{汽1} = \frac{Q_1}{q_{汽} \times m_{汽1}} \tag{4-29}$$

式中：$n_{汽1}$——一次运输所需要的批量；

Q_1——一次运输的货运量（t）；

$q_{汽}$——汽车的载货吨数；

$m_{汽1}$——同时可装卸车数。

连续运输所需要的车辆数

$$n_{汽} = \frac{\sum_{i=1}^{n} Q_i \times K_{汽}^{i} \times t_{往返}}{q_{汽} \times t_{日}} \tag{4-30}$$

式中：$\sum_{i=1}^{n} Q_i$——计划每昼夜各类货物的疏运货运量；

$K_{汽}^{i}$——第 i 类货物汽车疏运比重；

$t_{往返}$——汽车往返行驶及装卸作业时间；

$t_{日}$——每日作业时间。

$$t_{往返} = \frac{L_{往返}}{v_{汽}} + t_{装卸} \tag{4-31}$$

式中：$L_{往返}$——往返里程；

$v_{汽}$——汽车行驶速度（这里取空、重的平均速度）；

$t_{装卸}$——装卸货物的时间。

（2）汽车疏运通过能力。某一段道路的通过能力，可以用通过的车辆数表示，也可以用载货车辆运输货物吨数表示。车道的通过能力是指在交通安全的条件下，1h 内车道的一个断面单向可能通过的最大汽车数。

3)驳运船队疏运能力计算

水路疏运是港口的重要疏运方式之一,常常是比较大的河口港或地区的中心港与其他卫星港之间联系的重要手段。货物的换装作业,除了在码头泊位上船舶与陆路运载工具之间进行之外,有不少的情况需要在锚地泊位进行,或者在浮筒泊位上进行,或者在靠岸船舶的外舷进行。

海船—船(海、河、驳船)之间的作业叫作直接换装。

水路疏运较陆路(铁路、公路)疏运有许多优点。不受靠岸泊位紧张程度的影响,可在锚地作业;不需要大量的陆上工程投资;不占高价的陆地、农田;航道维护费用比铁路、公路维修费用小得多;能源消耗少;运输成本低。特别是铁路、公路过于密集容易造成堵塞现象,而水上驳运的适应能力就比较强。

(1)驳船数的计算。所需要的驳船数应保证船舶装卸作业的连续进行,亦即应满足:

$$P_{船} \leqslant N_{驳} \times q_{驳} \times \frac{t_{日}}{t_{驳}} \tag{4-32}$$

式中:$P_{船}$——船舶昼夜装卸生产率(t/天);

$N_{驳}$——驳船艘数;

$q_{驳}$——驳船载货吨数;

$t_{日}$——昼夜装卸小时数;

$t_{驳}$——驳船一次周转时间(h)。

$$t_{驳} = 2t_{运} + t_{装} + t_{卸} = \frac{2L}{v} + \left(\frac{q_{驳}}{P_{装}} + t_{系1}\right) + \left(\frac{q_{驳}}{P_{卸}} + t_{系2}\right) \tag{4-33}$$

式中:L——驳船运行的距离(n mile);

v——驳船运行的速度(kn);

$P_{装}$,$P_{卸}$——驳船的装、卸小时生产率(t/h);

$t_{运}$——驳船的运输航行时间;

$t_{系1}$、$t_{系2}$——驳船靠离大船、靠离岸边所需的系解缆时间(h)。

大船装卸以舱口为单位(每一舱口小时装卸生产率),则各舱口同时作业时,其昼夜装卸能力为:

$$P_{船} = P_{装卸} \times t_{日} \times m_{舱} \tag{4-34}$$

式中:$P_{船}$——船舶昼夜装卸生产率(t/天);

$P_{装卸}$——每一舱口小时装卸生产率;

$t_{日}$——昼夜装卸小时数;

$m_{舱}$——装卸所开舱口数。

为保证所有作业舱口能同时连续装卸,所需的驳船又是相同类型,则驳船需要量可按下式求出:

$$N_{驳} = n_{驳} \times \frac{t_{驳}}{t_{停靠}} \tag{4-35}$$

式中:$N_{驳}$——驳船需要量;

$n_{驳}$——同一时间进行作业的驳船艘数(亦即同一时间装卸作业舱口数);如果两个舱口同时作业只配一艘驳船时,则艘数减少一半。

$t_{停靠}$——驳船在大船边的停靠时间(包括靠离、系解缆、装卸作业时间)(h)。

比值 $t_{驳}/t_{停靠}$ 表明一个舱口需要的驳船数。如果一艘驳船在大船边停靠了 t 小时时,则驳船一次周转中的其余时间内还没有返回驳船到大船边时,则必须有补充驳船靠上大船以维持作业的连续性。

如果驳船类型不一样,则其昼夜运输能力为各类驳船运输能力的总和。计算不同类型驳船的需要量,同样可用式(4-31)求出,只是按类型分别求出后相加。

大船各舱口的载货量一般是不等的,因此按式(4-31)计算出来的所有驳船并不都要工作到大船装卸完毕。当小舱(载货吨数少的舱口)装卸完时,在该舱作业的驳船即可调离。根据各舱口载货量不相等的特点选择驳船吨位时,按船舶各舱载货量比例,确定驳船的吨位比例,有利于各舱口装卸作业时间的平衡。

组织各舱口的平衡作业,有时采取中断小舱口作业时间的做法,但必须保持与最大舱装卸作业时间同时结束,或者稍早结束。在这种情况下,平均驳船艘数可以减少,但不得少于:

$$\overline{N} = n_{驳} \times \frac{t_{驳}}{t_{停靠}} \times K_{舱} \tag{4-36}$$

$$K_{舱} = \frac{n_{舱} \times q_{max}^{舱}}{Q_{船}} \tag{4-37}$$

式中:$\overline{N}$——平均驳船艘数;

$K_{舱}$——各舱载货不平衡系数;

$Q_{船}$——船舶载货吨数;

$n_{舱}$——船舶载货舱口数;

$q_{max}^{舱}$——最大舱口载货吨数。

$t_{驳}$——驳船一次周转时间(h)。

$n_{驳}$——同一时间进行作业的驳船艘数(亦即同一时间装卸作业舱口数);

$t_{停靠}$——驳船在大船边的停靠时间(包括靠离、系解缆、装卸作业时间)(h)。

当有足够的驳船供给船舶水上装卸作业时,船舶装卸作业时间取决于最大舱载货量,则船舶装卸作业时间为:

$$T_{装卸} = \frac{q_{max}}{P_{装卸}} \tag{4-38}$$

式中:$P_{装卸}$——船舶过驳装卸作业小时生产率(t/h);

q_{max}——最大舱载货吨数。

$$P_{装卸} = \frac{q_{驳}}{t_{停靠}} \tag{4-39}$$

式中:$q_{驳}$——驳船载货吨数;

$t_{停靠}$——驳船在大船边的停靠时间(包括靠离、系解缆、装卸作业时间)(h)。

$t_{停靠}$考虑了驳船靠离、系解缆等中断时间在内。

当驳船不足时,不能保证装卸能力的充分利用,则船舶的装卸时间可以用下列公式求出:

$$T_{装卸} = \frac{Q_{船} \times t_{驳}}{N_{驳} \times q_{驳}} \quad (4\text{-}40)$$

式中：$N_{驳}$——投入装卸、驳运的驳船艘数。

$q_{驳}$——驳船载货吨数；

$Q_{船}$——船舶载货吨数；

$t_{驳}$——驳船一次周转时间(h)。

为保持大船作业的连续性，不使装卸能力过多地闲置，并且充分发挥驳船的驳运能力，应该保持岸边装卸驳船的小时生产率等于或大于水上过驳作业的装卸小时生产率。

(2)驳船的疏运能力。为保证港口的通过能力，驳船的疏运能力应满足：

$$P_{驳} \geqslant P_{港} \times K_{驳} \quad (4\text{-}41)$$

式中：$P_{驳}$——驳船的疏运能力(t)；

$P_{港}$——港口通过能力(t)；

$K_{驳}$——驳船运输比重。

4)管道疏运能力计算

管道运输也是港口集疏运方式之一，大多数是承担石油运输。目前，我国的大型石油输出港都是长输油管直接铺设到码头。因此，港口通过能力的大小，毫无疑问地取决于输油管线的能力。

(1)长输油管线的输运能力可用下式计算：

$$P_{营} = 24 \times Q_{营} \times T_{营} \times \eta_{营} \quad (4\text{-}42)$$

式中：$P_{营}$——输油管输油能力(t/年)；

$T_{营}$——输油管年工作天数；

$Q_{营}$——输油管单位时间流量(t/h)；

$\eta_{营}$——输油管线效率利用系数，这一系数是通过实际测定、分析确定的。

为保证码头通过能力的需要，输油管输送能力应满足：

$$P_{营} \geqslant P_{码} \cdot K_{营} \quad (4\text{-}43)$$

式中：$K_{营}$——在设计通过能力中，管道输运量比重。

(2)油罐的通过能力。管道的集疏运一般需通过油罐，油罐通过能力可用下式计算：

$$P_{罐} = \sum_{i=1}^{n} \frac{V_i \cdot \gamma_i \cdot \eta_i \cdot T_{营}}{t_i} \cdot K_i \quad (4\text{-}44)$$

式中：V_i——第 i 个油罐的容量(m^3)；

γ_i——第 i 个油罐贮存油品的重度(t/m^3)；

η_i——第 i 个油罐的利用系数。通常考虑油罐的底油、底水、油罐允许最大装油液面等，非金属油罐取 $\eta_i = 0.75$；金属油罐取 $\eta_i = 0.85$；

$T_{营}$——营运期油罐工作天数；

t_i——第 i 个油罐油品平均贮存天数；

K_i——油罐能力利用率，它受货流到达规律影响；货流稳定、均衡到达时，利用率就高；反之，利用率就低，所以 K_i 是小于 1 的系数。

为了保证码头通过能力的需要,油罐通过能力应等于或大于入罐油品的运量,即:

$$P_{罐} \geqslant P_{码} K_{入} \tag{4-45}$$

式中:$K_{入}$——油品入罐系数。

四、人—机系统能力及其计算

1. 人—机系统的组成

人—机系统由装卸工人、装卸指导、装卸机械、装卸司机、装卸工艺员等组成。

港口是货物的集散、换装地。车、船到港必须借助装卸机械和装卸工人按事先编排好的装卸作业计划进行对货物的装卸。因此,人—机系统的装卸能力是港口通过能力的最关键、最重要的组成部分。人—机系统的装卸能力主要是决定于装卸工人的装卸操作能力和装卸机械作业效率。

2. 人—机系统能力计算

1)装卸操作能力的计算

(1)装卸工人需求量的计算。装卸工人需求量的计算可按同时作业舱口数与车辆数求出,也可以用每一装卸工人的劳动生产率计算求出。

①按同时作业舱口数与车辆数计算装卸工人需求量:

$$M = \frac{n}{(1-\eta) \cdot K_{出} \cdot K_{利}}(\overline{N}_{舱} \cdot \overline{m}_{舱} + \overline{N}_{车} \cdot \overline{m}_{车}) \leqslant M_{实} \tag{4-46}$$

式中:$M, M_{实}$——需要工人数、实有(在册)工人数;

$\overline{N}_{舱}, \overline{N}_{车}$——平均开工舱口数、平均开工火车数;

$\overline{m}_{舱}, \overline{m}_{车}$——舱口、车平均单位配工人数;

$K_{出}$——工人出勤率;即纯装卸出勤工人数与应出勤工人数之比,纯装卸出勤工班是指装卸工人出勤后,实际从事装卸作业的工班数;

n——班制;

η——轮休率,装卸工人轮休率即平均每天休息的工人与在册人数之比;在实行三班半制度的企业中轮休率可取为1/7,在实行四班三轮转的企业则取为1/4,在同时实行这两种制度的港口,则按实行这两种制度的工人分别计算。

只有满足 $M \leqslant M_{实}$ 时,说明装卸工人数足够保证同时开工量的需要。

②按装卸工人劳动生产率计算装卸工人需要量:

$$M = \frac{G_{操}}{R_{工人}} = \frac{Q_{货} \cdot K_{操}}{T \cdot K_{出} \cdot K_{利} \cdot (1-\mu) \cdot t \cdot P_{工时}} \tag{4-47}$$

式中:$G_{操}$——货物操作量;

$Q_{货}$——计划期的货运量;

$K_{操}$——货物操作系数;

$P_{工时}$——工时效率(t/工时);

t——每班工作小时数;

$R_{工人}$——每一工人的年劳动生产率。

$$R_{工人} = T \cdot K_{出} \cdot K_{利} \cdot (1-\mu) \cdot t \cdot P_{工时} \tag{4-48}$$

(2)装卸工人操作能力的计算。在已知工人数的情况下,同样可计算出装卸工人的操作能力。

$$G_{操} = M_{实} \cdot R_{工人} \tag{4-49}$$

式中符号意义同前。

2)船舶、火车同时开工数的计算与确定

船舶同时开工舱口数与火车同时开工数是由货运量的大小决定的。同时,它们又决定同一时间需要投入作业的机械数量。

根据不同的目的,可选择不同的计算方法。

(1)按完成货运量计划的目标确定车、船开工量;

(2)按船舶、港口所构成的运输系统利益确定开工量;

(3)按社会的经济效益确定开工量。

这里着重介绍按完成货运量计划的目标确定车、船开工量计算。

(1)平稳状态下开舱、开车量计算:

$$N_{舱} = \sum \frac{Q_i \times K_i}{T_{营} \times t_{日} \times P_i \times m_i^{船}} \tag{4-50}$$

$$N_{车} = \sum \frac{Q_i \times K_i}{T_{营} \times t_{日} \times P_i \times m_i^{车}} \tag{4-51}$$

式中:$N_{舱}$,$N_{车}$——同时开工的船舶舱口数、火车数;

Q_i——计划期第 i 类货物的运量(t);

K_i——第 i 类货物的操作系数;

$T_{营}$——港口营运期(天);

$t_{日}$——港口日工作小时数(可按工时利用率计算);

P_i——船、车装卸综合工时效率(t/工时);

$m_i^{船}$,$m_i^{车}$——船、车单位配工人数(人/舱口或车)。

(2)最大开舱、开车量的确定:

$$N_{舱}^{max} = N_{舱} \cdot K_{舱} \tag{4-52}$$

$$N_{车}^{max} = N_{车} \cdot K_{车} \tag{4-53}$$

式中:$K_{舱}$——开工舱口不平衡系数;

$K_{车}$——火车开头量不平衡系数。

$$K_{舱} = \frac{\bar{x}_{舱} + (2 \sim 3)\sigma}{\bar{x}_{舱}} \tag{4-54}$$

$$K_{车} = \frac{\bar{x}_{车} + (2 \sim 3)\sigma}{\bar{x}_{车}} \tag{4-55}$$

式中:$\bar{x}_{舱}$——平均开工舱口数;

$\bar{x}_{车}$——平均火车开车皮量;

σ——标准差。

3)机械需要量的计算

按同一时间开舱量计算。机械需要量的计算包括装卸船舶的主机、与之配套的流动机械(或辅助机械)及火车装卸机械的计算。

(1)装卸船舶主机台数$N_{主}$。凡是船舶装卸作业中担任起落舱工序的机械叫做装卸船舶主机,简称主机。主机台数应等于船舶作业的开工舱口数。在船舶装卸作业中,通常每一开工舱口配一台主机。主机可由船机或港机承担,所以港口需要配备的主机台数应为:

$$N_{主} = \frac{q}{TP_{主}} \tag{4-56}$$

式中:$N_{主}$——装卸船舶主机台数(台);

q——船舶载货吨数(t);

T——船舶计划装卸时间(h);

$P_{主}$——主机小时生产率(t/台时)。

(2)辅机台数$n_{辅}$(流动机械台数)。流动机械包括船舶装卸作业与主机配套的机械和装卸火车作业的流动机械两部分。主、辅机的配套原则是辅机应满足主机生产率的需要。即:

$$n_{辅} \geqslant \frac{P_{主}}{P_{辅}} \tag{4-57}$$

式中:$n_{辅}$——辅机台数;

$P_{主}$,$P_{辅}$——主机、辅机的小时生产率。

4)机械起运能力的计算

机械起运能力的计算是对现有机械究竟有多大能力进行核定。这种计算只能提供一个能力的轮廓,因为不同机械对不同货类的装卸或搬运(输送)的生产率不相同,因此,在相同的货物构成条件下,不同的装卸工艺方案组合,产生不同的机械起运能力。于是,往往在计算时按照各种类型的机械分别计算,并对一些参数选取统计数值。

$$G_{机械} = \sum_{i=1}^{k} n_i \times T_{营} \times 24 \times \eta_i \times P_i = \sum_{i=1}^{k} n_i \cdot t_i \cdot P_i \tag{4-58}$$

式中:$G_{机械}$——所有机械的总起运能力(起运吨);

n_i——第i类机械台数;

$T_{营}$——港口营运期;

η_i——第i类机械的理论使用率;

P_i——第i类机械的综合(统计)生产率;

t_i——第i类机械的年最大工作小时数。

起运能力并不是通过能力。它与通过能力之间的关系通常可以用一个起运系数表示。即:

$$K_{起} = \frac{G_{机械}}{Q_{自}} \tag{4-59}$$

式中:$G_{机械}$——所有机械的总起运能力(起运吨);

$Q_{自}$——货物装卸自然吨。

起运系数的概念,表示通过港口的货物被机械起重、装卸、搬运的次数。它可以在装卸工艺方案设计时确定,也可以从统计资料中确定。

案例

设某装卸公司有6个泊位,每个泊位的年通过能力是60万t,平均船舶装卸货物吨数是1万t。设某装卸公司,平均船舶装卸货物时间为4天,此时,其泊位占用率是75%,总能力是260万t。如果要把能力提高到420万t,可以有两个方案:一是增加1个泊位,另一个方案是提高装卸效率,把原来的卸船时间从4天缩短为3.43天,即把泊位能力由60万t提高到70万t,泊位占用率还是75%,但总能力还是为420万t。这两个方案的船舶停泊时间不一样,当利用率为75%,泊位数为7时,其排队时间所占比率为22%,即其总停泊时间是4×(1+0.22)=4.88天,后一个方案排队时间所占比率为28%(泊位数为6),则其总停泊时间是3.34×(1+0.28)=4.29天,较前一方案缩短17%。这就说明,改造与新建相比较,在一般情况下,无论是投资效益还是营运效果都要好。

资料来源于肖钟熙的《港口企业管理》

课外阅读

全国沿海港口布局规划

(中华人民共和国交通部,2006年9月)

一、规划背景和意义

我国现有沿海港口150余个(含长江南京及以下港口),2005年货物吞吐量达33.8亿t,比2000年翻了一番多。沿海港口作为国民经济和社会发展的重要基础设施,有力地支撑了经济、社会和贸易发展以及人民生活水平的提高,对于国家综合实力的提升、综合运输网的完善等具有十分重要的作用。

近20年来,沿海港口坚持统筹规划、远近结合、深水深用、合理开发的原则,整体上已初步形成了布局合理、层次清晰、功能明确的港口布局形态和围绕煤炭、石油、矿石和集装箱四大货类的专业化运输系统,对满足国家能源、原材料等大宗物资运输、支持国家外贸快速稳定发展、保障国家参与国际经济合作和竞争起到了重要作用。目前,沿海港口规划、建设和运营状况良好,总体上呈健康、平稳、持续发展态势,在旺盛的运输需求带动下,货物吞吐量特别是外贸、集装箱吞吐量持续快速增长,港口建设步伐明显加快,投资主体多元化的局面形成,建设和经营步入随市场需求变化而调整和发展的阶段,港口呈现出规模化、集约化、现代化发展趋势。

依据《中华人民共和国港口法》,从国家发展战略和全局考虑,进一步优化沿海港口布局,合理有序开发和利用港口岸线资源,加强国家对港口规划和建设的管理,保障国家经济和社会全面、协调、可持续发展,有必要编制全国沿海布局规划。

——从国家经济社会和贸易发展的需要看,全面建设小康社会要求港口不仅在数量上,而且在质量、效益、集约化、竞争力等方面要满足经济社会快速发展对能源、原材料、产成品和人员运输的巨大需求,迫切需要按照合理的沿海港口布局规划加快建设。

——从国家经济安全、增强综合国力的需要看,随着经济全球化进程的加快和我国对石油、天然气、原材料等重要物资对外依存度的增加,港口设施作为外贸物资进口的接卸点、中转或储备基地,其对国家经济安全的作用更显重要。国际航运船舶大型化、专业化、运输组织联盟化的趋势日益增强,要在激烈的国际航运市场竞争中提升我国航运业的竞争能力和经济安全保障,必须尽快完善港口布局。

——从国家综合运输网发展的需要看,港口是国家综合运输体系的重要节点,沿海港口布局规划将保障其与其他各种运输方式在能力、网络、布局等方面的协调、衔接,促进综合运输网的形成与发展。

——从岸线资源合理利用看,制定国家层次的沿海港口布局规划有利于加强港口规划和建设的宏观管理,合理利用和有序开发有限的海岸线资源,指导各地编制港口规划,防止或避免出现港口盲目建设。

全国沿海港口布局规划由交通部与国家发展和改革委员会联合组织编制,在以往港口规划和研究成果的基础上,总结了多年来我国沿海港口发展的经验和规律,借鉴了国外港口发展的理念,开展了全国沿海港口吞吐量发展水平预测、国际航运市场分析、全国沿海港口主枢纽论证、环渤海地区沿海港口布局规划、长江三角洲地区沿海港口布局规划、珠江三角洲地区沿海港口布局规划、全国集装箱运输系统沿海港口布局规划、全国煤炭运输系统沿海港口布局规划、全国外贸进口原油运输系统沿海港口布局规划、全国外贸进口铁矿石运输系统沿海港口布局规划等10项专题论证,并广泛听取沿海各省、自治区、直辖市人民政府有关部门,以及国家有关部门和专家的意见,经认真研究、充分协调,对规划进行了修改和完善。2006年8月16日,国务院审议并通过《全国沿海港口布局规划》,标志着中国沿海港口建设与发展进入了新的发展阶段。

二、全国沿海港口布局规划方案

全国沿海港口布局规划是沿海港口的空间分布规划,也是最高层面的港口规划,主要是根据沿海各区域港口的基本条件、区域经济发展和产业布局的状况及需要,并根据相关行业的发展规划,在现有港口布局的基础上,研究和确定沿海港口的合理分布,引导港口协调发展。作为国家级沿海港口的布局,服务于国家经济安全、社会进步、贸易发展、结构调整以及国防建设,体现国家发展现代化港口和综合运输的意志,并通过港口布局规划来指导各省和具体港口的发展规划,合理利用和保护港口岸线资源,通过港口的集约化发展来提高港口资源的利用率,为经济社会的协调、可持续发展提供水路交通保障。

全国沿海港口布局的具体方案是:

根据不同地区的经济发展状况及特点、区域内港口现状及港口间运输关系和主要货类运输的经济合理性,将全国沿海港口划分为环渤海、长江三角洲、东南沿海、珠江三角洲和西南沿海5个港口群体,强化群体内综合性、大型港口的主体作用,形成煤炭、石油、铁矿石、集装箱、粮食、商品汽车、陆岛滚装和旅客运输8个运输系统的布局。

1. 环渤海地区港口群体

环渤海地区港口群体由辽宁、津冀和山东沿海港口群组成,服务于我国北方沿海和内陆地区的社会经济发展。

辽宁沿海港口群以大连东北亚国际航运中心和营口港为主，包括丹东、锦州等港口组成，主要服务于东北三省和内蒙古东部地区。辽宁沿海以大连、营口港为主布局大型、专业化的石油（特别是原油及其储备）、液化天然气、铁矿石和粮食等大宗散货的中转储运设施，相应布局锦州等港口；以大连港为主布局集装箱干线港，相应布局营口、锦州、丹东等支线或喂给港口；以大连港为主布局陆岛滚装、旅客运输、商品汽车中转储运等设施。

津冀沿海港口群以天津北方国际航运中心和秦皇岛港为主，包括唐山、黄骅等港口组成，主要服务于京津、华北及其西向延伸的部分地区。津冀沿海港口以秦皇岛、天津、黄骅、唐山等港口为主布局专业化煤炭装船港；以秦皇岛、天津、唐山等港口为主布局大型、专业化的石油（特别是原油及其储备）、天然气、铁矿石和粮食等大宗散货的中转储运设施；以天津港为主布局集装箱干线港，相应布局秦皇岛、黄骅、唐山港等支线或喂给港口；以天津港为主布局旅客运输及商品汽车中转储运等设施。

山东沿海港口群以青岛、烟台、日照港为主及威海等港口组成，主要服务于山东半岛及其西向延伸的部分地区。山东沿海以青岛、日照港为主布局专业化煤炭装船港，相应布局烟台等港口；以青岛、日照、烟台港为主布局大型、专业化的石油（特别是原油及其储备）、天然气、铁矿石和粮食等大宗散货的中转储运设施，相应布局威海等港口；以青岛港为主布局集装箱干线港，相应布局烟台、日照、威海等支线或喂给港口；以青岛、烟台、威海港为主布局陆岛滚装、旅客运输设施。

2. 长江三角洲地区港口群体

长江三角洲地区港口群依托上海国际航运中心，以上海、宁波、连云港港为主，充分发挥舟山、温州、南京、镇江、南通、苏州等沿海和长江下游港口的作用，服务于长江三角洲以及长江沿线地区的经济社会发展。

长江三角洲地区港口群集装箱运输布局以上海、宁波、苏州港为干线港，包括南京、南通、镇江等长江下游港口共同组成的上海国际航运中心集装箱运输系统，相应布局连云港、嘉兴、温州、台州等支线和喂给港口；进口石油、天然气接卸中转储运系统以上海、南通、宁波、舟山港为主，相应布局南京等港口；进口铁矿石中转运输系统以宁波、舟山、连云港港为主，相应布局上海、苏州、南通、镇江、南京等港口；煤炭接卸及转运系统以连云港为主布局煤炭装船港和由该地区公用码头、能源等企业自用码头共同组成；粮食中转储运系统由上海、南通、连云港、舟山和嘉兴等港口组成；以上海、南京等港口布局商品汽车运输系统，以宁波、舟山、温州等港口为主布局陆岛滚装运输系统；以上海港为主布局国内、外旅客中转及邮轮运输设施。根据地区经济发展需要，在连云港港适当布局进口原油接卸设施。

3. 东南沿海地区港口群体

东南沿海地区港口群以厦门、福州港为主，包括泉州、莆田、漳州等港口组成，服务于福建省和江西等内陆省份部分地区的经济社会发展和对台“三通”的需要。

福建沿海地区港口群煤炭专业化接卸设施布局以沿海大型电厂建设为主；进口石油、天然气接卸储运系统以泉州港为主；集装箱运输系统布局以厦门港为干线港，相应布局福州、泉州、莆田、漳州等支线港；粮食中转储运设施布局由福州、厦门和莆田等港口组成；布局宁德、福州、厦门、泉州、莆田、漳州等港口的陆岛滚装运输系统；以厦门港为主布局国内、外旅客中转运输设施。

4. 珠江三角洲地区港口群体

珠江三角洲地区港口群由粤东和珠江三角洲地区港口组成。该地区港口群依托香港经济、贸易、金融、信息和国际航运中心的优势,在巩固香港国际航运中心地位的同时,以广州、深圳、珠海、汕头港为主,相应发展汕尾、惠州、虎门、茂名、阳江等港口,服务于华南、西南部分地区,加强广东省和内陆地区与港澳地区的交流。

该地区煤炭接卸及转运系统由广州等港口的公用码头和电力企业自用码头共同组成;集装箱运输系统以深圳、广州港为干线港,汕头、惠州、虎门、珠海、中山、阳江、茂名等为支线或喂给港组成;进口石油、天然气接卸中转储运系统由广州、深圳、珠海、惠州、茂名、虎门港等港口组成;进口铁矿石中转运输系统以广州、珠海港为主;以广州、深圳港等其他港口组成的粮食中转储运系统;以广州港为主布局商品汽车运输系统;以深圳、广州、珠海等港口为主布局国内、外旅客中转及邮轮运输设施。

5. 西南沿海地区港口群体

西南沿海地区港口群由粤西、广西沿海和海南省的港口组成。该地区港口的布局以湛江、防城、海口港为主,相应发展北海、钦州、洋浦、八所、三亚等港口,服务于西部地区开发,为海南省扩大与岛外的物资交流提供运输保障。

该地区港口集装箱运输系统布局以湛江、防城、海口及北海、钦州、洋浦、三亚等港口组成集装箱支线或喂给港;进口石油、天然气中转储运系统由湛江、海口、洋浦、广西沿海等港口组成;进出口矿石中转运输系统由湛江、防城和八所等港口组成;由湛江、防城等港口组成的粮食中转储运系统;以湛江、海口、三亚等港口为主布局国内、外旅客中转及邮轮运输设施。

三、实施效果

全国沿海港口布局规划实施后,在区域分布上将形成环渤海、长江三角洲、东南沿海、珠江三角洲、西南沿海5个规模化、集约化、现代化的港口群体。港口群内起重要作用的综合性、大型港口的主体地位更加突出,增强为腹地经济服务的能力。港口群内部和港口群之间港口分工合理、优势互补、相互协作、竞争有序。

在主要货类的运输上,将形成系统配套、能力充分、物流成本低的八大运输系统:

——由北方沿海的秦皇岛港、唐山港(含曹妃甸港区)、天津港、黄骅港、青岛港、日照港、连云港港七大装船港,华东、华南等沿海地区电力企业的专用卸船码头和公用卸船设施组成的煤炭运输系统。

——依托石化企业布点,专业化的、以20万~30万吨级为主导的石油卸船码头和中、小型油气中转码头相匹配的石油运输系统。

——临近钢铁企业布点,专业化的、以20万~30万吨级为主导的铁矿石卸船泊位和二程接卸、中转设施匹配的铁矿石运输系统。

——以大连、天津、青岛、上海、宁波、苏州、厦门、深圳、广州九大干线港为主,相应发展沿海支线和喂给港的集装箱运输系统。

——与国家粮食流通、储备、物流通道配套的,专业化运营、集约化的粮食运输系统。

——依托汽车产业布局和内、外贸汽车进、出口口岸,专业化、便捷的商品汽车运输及物流系统。

——在满足岛屿出行要求的前提下，适应沿海岛屿社会经济发展要求的陆岛滚装运输系统。

——以人为本、安全、舒适、便捷的旅客运输系统。

全国沿海港口布局规划在方案和效果上总体上贯彻了适应经济、区域协调、突出重点、综合运输、资源节约的布局原则和思路，形成的五大港口群体能基本适应区域经济协调发展和全面建设小康社会及现代化建设的要求，突出了港口群内综合性、大型港口的重点作用，采用系统化布局理念形成的与国计民生密切相关的八大运输系统，也是衔接和促进国家综合运输体系发展和完善的重要体现，规模化、专业化、集约化、效益优先的港口发展方向将引领港口节约资源、提高资源利用率，促进港口可持续发展。布局方案还为港口发展留有一定的空间，可以适应国家生产力和结构进一步调整的需要。

在全国沿海港口布局规划指导下，沿海港口将逐步形成布局合理、层次分明、功能明确、节约资源、安全环保、便捷高效、衔接协调、市场有序的水路客、货运输系统，辐射、服务面覆盖全国范围，明显提升我国沿海港口的综合竞争力，基本适应国家经济、社会、贸易、国防等发展的需要。

思考题

1. 什么是港口通过能力，它包括哪几项通过能力，各通过能力之间有什么区别，如何计算？
2. 哪些因数对港口通过能力有影响？
3. 如何建立港口通过能力系统构成模型？
4. 什么是库场单位面积堆存技术定额、单位面积堆存使用定额，两者在计算上有什么区别？
5. 什么是货物平均堆存期，它与库场通过能力有什么关系？
6. 如何求入库系数？
7. 什么是直接换装和间接换装？
8. 什么是直取比重，其值如何算出？
9. 港口码头泊位系统由哪几部分构成？写出港口码头泊位系统通过能力计算公式。
10. 港口库场系统由哪几部分构成？写出港口库场系统通过能力计算公式。
11. 港口集疏运系统由哪几部分构成？写出港口集疏运系统通过能力计算公式。
12. 港口人—机系统由哪几部分构成？写出港口装卸工人与机械需求量计算公式。
13. 我国港口集疏运哪几种方式，疏运量比较高的是哪一种方式？
14. 港口火车停车线长度与火车装卸线的有效长度有什么区别？
15. 车辆停车时间由哪几个时间构成？
16. 什么是轮休率，如何计算？
17. 何谓港口营运期？何谓到船密度？
18. 何谓主机，何谓辅机，各由哪些机械充当？

19. 港区水路疏运与陆路疏运相比,哪一种疏运方式优点多?

20. 如何确定港口的综合通过能力,提高港口通过能力的途径有哪些?

21. 港口装卸机械的利用率与完好率存在着什么关系?

技能训练

1. 组织到港口收集某一泊位、某一仓库的一个月的生产资料,然后再整理并对此港口的某一泊位、某一仓库的通过能力进行计算。

2. 某一泊位有钢材、木材、袋粮三种货物,已知各种货物通过能力分别为 $P_{钢材}=60$ 万 t, $P_{木材}=25$ 万 t, $P_{袋粮}=35$ 万 t。求该泊位的综合通过能力 $P_{综}$。

第五章 港口库场作业

● 知识目标

1. 了解了解港口库场的功能、类型和设置;
2. 掌握堆存计划的编制原则、要求、内容、程序;
3. 理解库场堆存面积计算中的堆存能力、可用堆存面积、堆垛高度、积载因素和亏仓的含义;
4. 了解港口库场的安全库存量意义;
5. 掌握港口库场的安全库存量确定方法;
6. 了解库场的货运的作业流程;
7. 了解集装箱码头堆场货运作业流程;
8. 掌握集装箱码头堆场场箱位编排。

● 技能目标

1. 根据资料会正确计算货物所需的堆场面积;
2. 根据资料会计算港口库场的安全库存量;
3. 能够编制库场货物堆存计划;
4. 会看会绘集装箱码头堆场箱位示意图。

第一节 港口库场概念及功能

一、港口库场概念及功能

港口库场是指港口为保证货物换装作业正常进行,防止进、出口货物灭失、损坏而提供的用于贮存与保管货物的仓库、堆场、货囤和其他工作物的总称。

在现代运输组织中,由于货物种类繁多,运往的地点不同,到港等待装船的货物事先需要在港口不同仓库、堆场进行集中和组合。进口货物抵港卸载,许多货物不能及时由铁路、公路或水路中转出去,这些货物也需要在港口库场贮存。因此,港口库场在现代运输组织中是不可或缺的,它具有重要的作用。

港口库场是装卸和贮存货物的主要场所,在整个水路货物运输过程中起着重要的衔接和调节作用。实践证明,作为运输枢纽的港口,其生产能力是由码头泊位及相应的装卸能力、库场堆存能力和疏运能力共同组成的，这三种能力不论哪一种能力相对不足，就必然影响港口整体生产能力的发挥。

因此，加强库场管理，提高库场的堆存能力，对于降低货运成本、保证货运质量、提高港口起运的经济和社会效益，起着至关重要的作用。

港口库场的功能主要有以下几个方面：

1. 货物的集散功能

为了把小批量的货物集成为足够的船舶一次载货量，出口货物必须在港口库场集中；为了能按正确顺序装载，需按积载图进行堆装，出口待运货物必须在港口库场重新组合；为了提高货物的装卸效率，小件包装货可能需要组成较大的单元，货物也留在港口库场集中组合；为了使船舶卸货作业顺利进行，许多进口货物需先经过库场，再通过各种运输工具向不同方向及时运出。

2. 调节与缓冲功能

由于货流的不平衡和运输生产的不平衡，到港货物和船舶会呈现出不均衡性，船货衔接难以做到直接对口。此外，在不同运输工具之间的换装过程中，由于不同运输工具在技术条件、运行组织及载货量上的差异，有可能出现不协调现象，而港口库场将各种运输工具的衔接截然分开，在船、货之间和运输工具之间，起到调节和缓冲作用。

3. 实施货运作业的功能

由于货物种类繁多，性质各异，包装形式各式各样，运输条件不同，港口在承运时，需要检查货物及其包装。承运后要根据货物的不同物理、化学性质和包装进行配、积载、成组、装箱（集装箱拼箱）等。有的中转货物需要在港口库场进行灌包、捆包业务。进口的货物，由于分属许多不同收货人，必须卸入库场进行分票、点数、拆箱等。此外，对进出口外贸货物，还要在港口库场进行海关的结关业务及检疫等手续。因而港口库场又是进行进、出口货作业的重要场所。

4. 保管货物的功能

当进、出口货物卸入港口库场，库场与交货方办妥交接手续后，就对货物的数量、质量承担起责任。为保证入库场货物的完整无损，必须针对货物的不同特性将其贮存在最合适的仓库或堆场，配备必要的设施，采用科学的管理方法，使入库货物处于良好状态。这也是港口库场的功能之一。

从上述港口库场的功能来看港口库场的性质主要属周转性的而非贮存性的。因而，它的主要任务是保证进出口货物畅通无阻，加速库场周转，为货物的装船与卸船服务，这与一般工厂、商业部门的贮存物料的仓库有所不同。

但是，由于种种原因，港口库场的贮存性对于港口特别是外贸港口来说是不可少的，但并不是所有港口经营者都承认它是港口的功能之一，许多人认为，长期贮存是与港口的基本功能不相容的。港口的基本功能应是使货物以尽可能高的效率和速度通过港口。一部分人认为，提供长期堆存将会怂恿货主把货物贮存在港口，这就会造成港口的拥堵。然而，长期堆存是货主的基本要求，港口又是提供这种服务的最好场所。

显然，港口是否能提供长期贮存取决于是否有足够的合适仓库与堆场，或取决于能否经济地提供库场，如果经营者管理得好，长期堆存可以增加额外的收入，还能提高港口的声誉，促进贸易发展。

在港口向货主提供长期堆存服务前,港口经营者必须完全把握以下几个因素,港口有足够的贮存能力;贮存作业管理质量高、效率高;货物的仓库保管费用高于港口支出成本;货物在港的长期贮存不会干扰货物装卸作业和中转贮存。

另外,作为具有长期堆存功能的那部分库场设施,必须建在远离码头前沿的地方,最大限度地减少对码头日常生产活动的干扰。

为了使港口库场在运输生产中充分发挥作用,适应港口年货运量的不断增长,货物种类不断的增多、包装形式的不断多样化、装卸技术的不断提高,以及满足货主对港口库场的贮存要求不断增加。港口需要不断加强对库场的贮存作业管理。库场管理的基本目标有以下几个方面:

(1)建立切合实际的有效管理制度,对库场实行计划管理,标准化管理,使整个库场处于良好的管理状态;

(2)使用科学的管理方法,以充分利用库场的堆存能力,加速库场周转,扩大库场的通过能力,确保进出口货物的畅通无阻;

(3)完善库场的货运作业,按照货运规章的要求,正确处理有关票证和单证,做好信息储存,查询和统计工作;

(4)采取正确的技术措施,完善库场的护货设施,以保证入库货物的完好无损。

为了实现上述库场管理的基本目标,把业务管理范围十分广泛而又繁杂的库场管理工作做好,必须做好以下几个方面的具体管理工作:

(1)库场堆存定额指标管理。科学地制定有效面积定额、仓容量定额、堆存技术定额、堆存使用定额等。

(2)库场计划管理。制定切实的库场年工作计划,根据堆存能力和堆存需要情况编制月度、旬度及日常堆存作业计划等。

(3)货物入库作业管理。建立入库货物的验收制度和方法,规定签发入库票据以及台账登记的办法等。

(4)堆码管理。推行堆码标准化管理,根据堆码的要求,对堆码的形式、堆码技术、方法予以标准化,制定堆码注意事项等,使库场处于科学管理状态。

(5)库场货物的保管。完善护货设施的管理,根据货物不同的物理、化学性质,确定正确的防湿、防毒、防虫害、防锈蚀等技术措施。对于冷藏仓库、危险品仓库制定特殊的技术管理措施等,以保证入库货物的完好无损。

(6)货物出库作业管理。规定提货的手续,制定货物出库的放行办法,更新台账内容,组号信息储存工作,为统计、查询和编制计划提供依据和信息。

(7)库场的安全管理。主要是对库场货物安全进行管理,如对货物进行防窃、防污染、防火、防爆等方面的管理。

(8)其他方面的管理。各种统计资料、表报的管理、查询等工作。

二、港口库场使用的原则

港口库场是货物的集散地,通过港口装卸的货物不仅种类繁多、形态各异,而且货物的集疏港方式、在港堆存时间也不尽相同。因此,如何满足不同货物的堆存要求、科学合理地使用好港口库场,是摆在港口库场管理工作者面前的重要课题。

港口库场的使用必须遵循以下几个原则:

1. 库场使用的计划性

港口库场资源是有限的,而且其中堆存货物的随机性也较强,因此,港口库场在使用上必须体现出高度的计划性。首先,港口经营人必须按照与作业委托人的约定期限接收与交付货物,货物的接收与交付基本上都是在港口库场内进行的,必须要有相应的计划;其次,要根据港口昼夜生产计划(包括到发船舶计划、火车计划和灌包计划等等)制定货物昼夜出入库计划,以保证货运生产的顺利进行。

2. 库场使用的科学性

所谓科学性是指库场管理工作必须按照科学的方法来进行组织。首先,在库场管理人员中,必须有科学严密的分工,有明确的岗位责任制,切实做到"人有专责,人有专管"。其次,必须要有一套健全的库场管理制度、严格的交接手续、科学的保管方法,从而使库场的工作质量和货运质量都保持在一个较高水平。此外,还必须有一套科学的库场定额和指标,使货物布局合理,库场有效利用率高,保证港口通过能力的充分实现。

3. 港口库场的经济性

港口库场是港口生产不可缺的重要环节,其使用管理的经济性直接影响着港口的经济效益和社会效益,要提高库场的经济性,必须解决好以下几个主要问题:

(1)提高单位面积堆存量。单位面积货物堆存量是测算库场通过能力的基础,同时也是影响库场使用效率的最直接的指标。单位面积的货物堆存量越大,库场的通过能力也就越大,库场的使用效率也就越好;反之,单位面积的货物堆存量越小,库场的通过能力也就越小,库场的使用效率也就越差。因此,合理安排货位,向空间要堆存能力,从而不断提高库场面积的有效利用率是摆在每一个库场管理工作者面前的一个十分重要的课题。

压缩非生产性库场,也是充分利用库场的有效措施。在港存货物经常居高不下、库场拥挤堵塞的情况下,把相当数量可以用于堆存货物的库场作为非生产性使用是很不合适的。

(2)缩短货物在库场的堆存时间。库场单位面积货物堆存量与库场通过能力成正比,而货物在库场堆存时间的长短与库场通过能力成反比。即货物在库场的堆存时间越短,库场的通过能力就越大,通过库场吞吐货物的量就越多;反之,货物在库场堆存的时间越长,库场的通过能力就越小,通过库场吞吐货物的量就越少。因此,加快疏运、缩短货物在港堆存时间,是提高港口库场效益的重要途径。

(3)提高货物收发保管质量。确保货物在收发保管过程中的质量,是港口库场的基本职责和要求。由于港口生产的复杂性和不确定性,稍有疏忽,就可能造成货损货差,给港口带来损失,因此,对货物正确地收发,妥善保管货物,确保货运质量,是提高库场效益的最基本也是最主要的方面。

(4)港口库场的安全性。港口库场的安全性主要考虑以下两个方面:一是对于具有爆炸、易燃、有毒、腐蚀、放射性等性质的货物,作业委托人应当按照有关危险货物运输的规定妥善包装,制作危险品标志和标签,并将其正式名称和危害性质以及必要时应当采取的预防措施书面通知港口经营人。港口经营人按照《水路危险货物运输规则》的有关规定在库场内进行作业或堆存。如作业委托人未按要求通知或通知有误的，港口经营人可以在任何时间、任何地点根据情况需要停止作业、销毁货物或者使之不能为害，而不承担赔偿责任。作业委托人对港口经营人因作业此类货物所受到的损失，应当承担赔偿责任。港口经营人知道危险货物的性质并且已同意作业的，仍然可以在该项货物对港口设施、人员或者其他货物构成实际危险时，停止作业、销毁货物或者使之不能为害，而不承担赔偿责任。二是库场有单位面积荷重使用定额，它是单位库场有效面积的最大承载能力。库场在使用过程中，单位面积的堆存重量不能超过其使用载荷，否则就可能危及库场的安全。因此，库场工作人员要依据库场的单位面积荷重使用定额来测算、确定不同货种的堆码方式和堆码高度。

第二节　库场的类型及设置

一、库场的类型

港口库场从不同的角度可以有不同的分类方法：

1. 按库场所处位置分

(1)前方库场。靠近码头前沿，用来堆存短期的、待装船而且集中的货物，或是堆存由船上卸下、短期内转运的货物。换言之，周转比较快的货物一般堆存在前方库场。

(2)后方库场。此类库场位置离码头前沿较远，一般用于堆存堆存期较长的货物。

2. 按保管货物的技术和方法分

(1)仓库。是一种封闭式的堆存货物的建筑。由于保管条件优越，适宜于堆存各种不宜露天存放的普通货物和贵重货物。仓库又分为普通仓库和特种仓库两种，普通仓库用来堆存一般性货物，特种仓库用来堆放有特殊性质的货物(如危险货物、冷藏货物、散粮谷等)。

(2)货棚。是一种开敞式的建筑物，有房顶而无墙，分固定式和流动式两种。主要用来短期堆存怕雨水、怕阳光的货物。目前在我国的港口，货棚的建筑形式较少。

(3)堆场。堆场又称露天货场。用于堆存不怕日晒、不怕水湿的货物。在有铺垫和苫盖条件的堆场也可用于堆存大宗的包装件货物。堆场可分为：散货堆场、件杂货堆场、集装箱堆场以及危险品专用堆场等。

3. 按堆存货物的要求分

(1)综合性库场。是一种目前普遍采用的适宜于多类普通货物堆存的库场。凡是货物符合常规堆存要求，其本身特性既不受其他货物影响，又不会给其他货物品质带来危害的，均可以通过合理安排进入库场内堆存。这类库场一般都比较大，货物进出频繁，使用率较高。

(2)专业性库场。一是根据货物的特殊性或货物运输要求所设置的库场，如危险货物库场、冷藏仓库、散粮筒仓、储油罐等。二是根据到港量大的货物需要专门作业的要求所设置的库场，如煤炭、矿石、木材等大宗货物库场以及为铁路专用线服务的库场等等。

二、附属设施

1. 防汛设施

为防止潮汛、台风、暴雨的侵蚀而设置的设施。主要有：防汛墙、闸门、泵房、垫板以及灌好沙石、泥土的草包等等。

2. 防火设施

库场的防火设施主要有:消防栓、灭火器、沙箱(桶)、消防带等等。现代化的仓库还配有化学灭火药品及喷淋设备。消防设备应置放在便于操作和取用的处所;消防龙头周围应设立防撞墙,并用鲜明油漆刷示;灭火器应定期检查和更换;消防给水设施应保证供水。

3. 计量设备

根据库场的使用性质和生产的需要,库场一般需要配备磅秤、汽车衡、轨道衡、电子秤等计量设备和器具。这些计量设备和器具必须经过政府计量部门定期鉴定,合格后方可使用。

4. 排水系统

为保证库场及库场内货物的安全,库场排水必须快捷、彻底。排水设施主要有下水井、泵房、仓库泄水设施等等。

5. 篷垫物品

篷垫物品主要有篷布、垫布、货台、货盘等等。当怕水湿货物临时堆放在露天货场上时,使用篷垫物品采用"上盖下垫"的方法来保证货物的安全。港口一般情况下都应该保有一定数量的篷垫物品,其具体数量要根据怕水湿货物的通过能力和库场运用指标来进行确定。篷垫物品的收取、发放、检查、使用、维修、报废等工作要制定专门的管理制度,并配备一定的人员进行管理。

三、港口库场的设置

港口库场是港口的重要设施,在新建、扩建码头泊位的同时,必须新建、扩建仓库和堆场,使港口堆存能力与泊位通过能力保持协调一致。在新建、扩建或改建仓库和堆场时,首要的是位置必须规划合理。在合理规划库场的位置后,再根据港口进、出口货物的种类,选择仓库的建筑结构和露天堆场的地面条件。只有港口库场的位置安排得恰当,才能缩短装卸搬运的循环时间,提高港口生产效率和降低港口装卸成本。

1. 前方库场

设置在接近码头前沿的仓库或货场与设置在远离码头前沿的仓库或货场比较,前者能缩短货物搬运的距离,提高港口的装卸效率,同时也能减少泊位与库场间流动机械运行的干扰。水位落差特别大的斜坡式码头泊位,在低水位时,从陆上库场搬运货物装船或将货物从船上卸到陆上库场,坡度陡,搬运距离长,势必延长船舶作业时间。如果能尽量开辟水上库场,将木材之类能在水面贮存的货物放在水上库场,或者利用货囤,临时增放一部分装船、卸船的货物,为陆上库场与船舶之间长距离搬运方式提供缓冲条件,无疑将有效地压缩船舶装载和卸载时间。

前方库场都是用于堆存期较短的货物,为配合快装快卸,这类库场应该保持较高的周转率。对于那些保管期超过发船间隔时间的货物,有必要予以转载,使前方库场保持畅通。

2. 后方库场

吞吐量大的码头泊位应设置足够大面积的后方库场,可以为前方库场分担堆存压力。虽然充足的前方库场是装卸船能否高效进行的关键,但是如果没有足够的后方库场作为前方库场的补充,则前方库场可能会被堵塞。

设置在离码头前沿较远的后方库场可以堆放不直接影响卸船效率的货物,如货主要求预先进场的货物，前方库场短期内未提走以及收货人要求不提走的货物等。

在有条件的港口可在远离码头前沿的地方设置可向货主提供商业仓贮服务的后方库场，是为长期堆存需要开办仓储服务。这种仓储服务可进一步扩大港口的功能，增加港口的收入，促进进出口贸易发展。

当然，在吞吐量较小的港口是否需要设置后方库场，除要根据吞吐量、前方库场的容量、能力和疏运条件等综合考虑外，也应考虑港口的功能、商业仓储服务的需要，进行全面权衡，方能确定。

考虑到货物通过港区库场有几种形式，如进口、出口、中转等，为了取得较好的经济效益及便于组织管理，对大型港口还可考虑设置进口库场、出口库场及中转库场。

3. 进口库场

为进口货物及卸船服务的库场，对于大型港区还可以考虑进一步划分杂货进口库场、大宗货进口库场，南方进口、北方进口及远洋进口库场等。

4. 出口库场

为出口货物及装船服务的库场，在需要的情况下也应像进口库场一样作进一步划分。

5. 中转库场

对于联运换装港口，设置专为中转货物服务的库场很有必要，为了适应需要，还可以按水陆中转或水水中转分别设置。

水陆中转库场设置的位置主要根据水陆换装货物入库量占港口货物总入库量的比重大小决定。如果水陆换装的入库量占总入库量的比重较大，陆路接运衔接的条件又比较好，为了提高换装效率可将水陆中转库场设置在靠近码头前沿的位置；反之，当换装入库量占总入库量的比重不大，车辆接运间隔时间较长或接运能力较小，应将水陆中转库场设置在距离码头前沿较近的位置。

有的港口水水中转货物入库量较大，为了适应需要，可设置水水中转库场。当水水中转的货物进、出口均需通过码头泊位时，一般不宜将水水中转库场设置在远离码头前沿的地方，除非接运船舶的发船间隔时间长，而且前方库场面积紧张。

港口库场在港口生产过程中所承担的任务及条件是很复杂的。由于港区之间存在着专业分工，港区及港区内各泊位之间在生产任务上都各有其特点，为了适应这些特点有必要对港区内的库场实行专业化分工。

6. 专业化库场

由于不同的货类有不同的特性，要求不同的保管条件，可以根据港口或港区生产任务的特点，如生产任务量大而且货种复杂，或者是专业化码头等特点，来设置专业化库场。

库场专业化重要意义在于：库场专业化有利于实现统一领导和分工负责，在全面规划的基础上，按照任务特征对港区库场实行分区或分片、分库管理。既有利于确立各区各库的分工负责制，又有利于在分工的基础上进行统一领导，全面承担港区内库场应予承担的任务。

实行库场专业化分工的主要依据是港口生产任务的规模，进出口货物的特点，港区库场的条件等。为专业化码头服务的库场多数是某一货种的专业库场，如为装卸煤炭码头服务而设置的煤场，为装卸粮食码头服务的粮库，油码头的贮油罐等，库场的专业化与码头的分工是一致的。对于生产任务量大而且货种复杂的港口或港区可根据货类来考虑库场的专业化，如冷藏库、危险品仓库等。

第三节　港口库场堆存计划

编制库场堆存计划的目的是根据进出口货物的需要，结合港区现有各类库场的条件和堆存能力，合理地安排货物的入库时间、入库数量和堆存位置。

为入库货物合理地安排堆存计划，对满足进出口货物的需要，充分利用库场通过能力和加速库场的周转，对提高装卸效率、缩短船舶在港时间和保证货运质量有重要作用。

库场的计划管理分为长期规划和短期计划两种。长期规划是根据货源、航线及市场需求等因素制定的，它是港口总体规划的一个重要组成部分；短期计划是指年度、月度及昼夜的库场使用计划，它是在日常货运管理过程中制定的。

在货源相对稳定的情况下，库场使用计划可以按年度、月度进行编制，通过计划的编制，把港口的库场堆存能力同生产计划有机地结合起来。在实际操作过程中，最常用也是最重要的是库场昼夜使用计划的编制。

一、计划编制的准备

昼夜库场使用计划是港口昼夜生产计划的延伸和补充，在昼夜计划的编制过程中要做到计划科学、合理，计划编制者必须全面掌握有关情况，主要有：

(1)现有各类库场的剩余堆存能力，包括面积、货位等等；

(2)昼夜可以使用的库场位置，包括本昼夜可以空出的位置；

(3)承运船舶的到港时间、停泊位置及船舶的配、积载情况；

(4)进出口货物的货种、包装、票数、规格、流向(集港方式)等待，并以此确定货物的垛型及入库位置；

(5)昼夜生产计划所确定的开工作线，配备的机械、劳力情况以及计划的作业进度等等。

(6)根据货物种类和入库数量，以及垛型和库场荷重使用定额，估算出需用库场的面积或货位。

二、计划编制的原则

(1)根据昼夜生产计划合理计划安排库场，保证各项港口作业的顺利进行，从而加快货物周转、提高港口通过能力；

(2)根据货种、流向及货物性质对储存的不同要求，合理选用库场，充分发挥库场的功能，提高库场的利用率；

(3)对货物进行集中管理，确保货物集疏运畅通；

(4)便于机械操作，降低工人的劳动强度；

(5)保证货运质量和库场安全；

(6)便于理货和计数。

三、编制堆存计划的要求

堆存计划是对月度、旬度及昼夜入库货物在时间、数量和货位方面的安排。前面介绍了昼夜计划编制的准备工作以及编制计划的原则，接下来讨论编制堆存计划的要求。

堆存计划是港区生产计划的一个重要组成部分，它与装卸作业计划有密切关系，堆存计划必须依靠装卸作业计划来实现，而装卸作业计划应根据堆存计划的需要来编制，各自从不同角度来保证港区生产计划的实现和进出口货运任务的完成。

堆存计划应以满足入库货物的需要为前提，充分利用库场的堆存能力，使库场保持畅通。

堆存计划必须以现有的仓容量为依据，各类库场由于专业化分工及设备条件的不同，使用情况不同等，可供使用的仓容量有很大差异，应根据这些情况作出安排，使堆存计划能全面实现。

在具体安排堆存计划时，应满足下列要求：

1. 最佳搬运路线

入库货物来自不同方向，有进口、出口和中转，有来自水路、铁路和公路，使卸船入库货物和出库装船的货物，在能满足最佳搬运路线的条件下安排堆存计划，以减少操作环节，避免交叉作业，提高装卸效率。

2. 最短的搬运距离

无论是货物入库或出库，都必须进行必要的搬运，但是这种搬运应该是尽可能直接的和距离最短的，货物的存放点应该能保证这一要求的实现，避免迂回和远距离搬运。

3. 最少的装卸和搬运次数和操作量

货物的装船和卸船以及入库和出库所发生的装卸和搬运，应该是操作次数最少和工作量最小，应根据货物的流向、品种、包装及装卸搬运要求，选择适当的货位，以避免不必要的操作次数。

4. 进出方便

港口库场在生产过程中货物的进出是很频繁的，有时进与出同时进行。应该恰当地安排进与出的次序，在确定入库货物的货位时，要按入库便于出库的要求进行，保持足够的通道并使其畅通。

5. 便于理货和符合安全要求

理货工作要求分票、分标志和便于清点，入库货物的货位安排应适应理货的需要。此外，也应符合安全的要求，以保证入库货物的完整无缺。

6. 能充分利用仓容量和库场设备

为了提高仓容量利用程度，更好地满足进出口货物的需要，在可能的情况下还应兼顾到充分利用仓容量和库场设备。

四、编制堆存计划的程序

(1)根据船、货方提供的各种信息，库场的现有状况(昼夜生产计划)，进行综合考虑、平衡，编制库场堆存计划。

(2)为库场堆存计划的实施进行准备。包括协调配备相应的机械劳动力，库场附属设施的使用，篷垫苫盖用品的配套，必要零星货物的整、并、转等等。

(3)库场堆存计划的下达。

(4)库场堆存计划实施过程的监督与指导。

(5)库场堆存计划实施后的总结,并在总结的基础上编制下一个库场堆存计划。

五、编制堆存计划

1. 编制月度、旬度堆存计划

首先要掌握港口或装卸公司在计划期内的库场堆存能力,即可以使用的仓库和露天堆存在计划期内共能堆存多少货物。其次根据下月(或下旬)将在港口或装卸公司靠泊的船舶到港计划表,估计出非直取方式的货运量,并且根据下月(或下旬)将在港口或装卸公司出口的货运计划,估计出需预先进入库场集中待运的货运量,然后利用上述资料进行需求与能力的平衡。

2. 编制日常堆存计划

如果没有堆存计划,工班组长和仓库员就无法知道该票货物的堆放位置,同时货物堆放的位置是否正确将在很大程度上影响库场管理目标的实现。因此,需要在装卸作业开始前就编好堆存计划,并将计划分送到工班组长和库场管理员手中。

编制堆存计划主要确定三个方面的内容:出库或入库线路、入库量以及各票货物的堆存货位。

当一艘船的泊位确定后,便可开始编制堆存计划。

(1)为即将到达的卸货船舶制定堆存计划,需取得如下资料:

①船舶卸货量;

②入库货物的数量、品种及批量大小;

③可使用的库场位置以及可堆货的面积;

④装载这些货物的舱口号码及装舱位置;

⑤货物将预计堆存多长时间;

⑥托运人员是否有特殊要求;

⑦换装接运的工具、货物的流向等。

(2)为即将到达的装货船舶制定堆存计划,需要取得如下资料:

①承、托双方约定的货物集中日期;

②该船将装载的货物品种和数量,其中船边直接装船所占比重;

③每票入库货物所需的库场面积;

④可使用的库场位置以及可堆货的面积;

⑤每票货物装船的舱口号码及货物的配积载情况。

在取得了上述全部资料后,就可对一艘船的进出口货物堆存作出计划。

(3)作出进、出口货物堆放库场的方案,确定货物的入库和出库路线。

计划的编制者可利用上述资料初步确定哪些地方用来集中出口货物,哪些地方用来接受船舶卸下的进口货物。

各个计划编制者在安排出、入库路线上,可视泊位和库场的布局、条件等作出不同的堆存方案。

①进出分开的堆存方案。有些港口的习惯是指定专门的前方舱口和露天堆场分别堆放进口货和出口货,即进口库场与出库库场分开。虽然这样做可以有很好的货物分隔,但亦会导致

操作上的问题。如果一艘船在同一泊位上既装又卸,那么两个作业中必定有一个搬运循环时间很长,因为设备需要在该泊位与其他泊位的库场或港口其他地方的库场之间来回运行。如果卸货应该在装货开始之前完成,那么最理想的是船应在专卸进口货的泊位和专装出口货的泊位之间移动,但这在实际上是较难做到的。

②进出合一的堆存方案。在每次靠泊时既卸又装的泊位,较为可取的作业方案是在同一前方舱口或堆场内把进出口货分开,出口货放在靠近码头一侧的货位上,进口货放在向陆地一侧的货位上,以便与内陆运输衔接。这样,装卸双方的搬运距离相当短,而且货物分离使搬运道路畅通,相互干扰小。当然,这要求泊位后面的库场面积较大,一个库场就能够满足进、出口货物的堆存需要。

在实际工作中,泊位的作业情况比较复杂,这就要求编制出明智的堆存方案。并且要求经常检查码头搬运作业,确保作业遵循如下基本要求:

①前方库场内堆存的进口货和出口货只要有可能,就要按流向分开;

②以将搬运距离缩到最短为原则确定各批货物的堆存场地;

③正确选择库场大门的数量和位置,库门最好与开工舱口对应;

④进、出库场的交通路线应分道,选好交叉道口,减少设备作业时的相互干扰,确保危险地段的保持措施,必要时,应采用单行道方案;

⑤应清除港区道路一切路障,确保设备在码头前沿和堆存地之间的运行畅通无阻。

(4)计算堆存面积,确定各票货物的堆存货位。

计划的编制者要详细计算各票货物所需的堆存面积。如面积充裕,计算就比较简单,但是如果面积紧张,计算就要详细,并作出合理的安排。

六、货位的设置及堆码标准化

货位是货物在库场堆放的标准位置。港口库场的面积一般都较大,在库场上,进出货物川流不息,时常处于变动状态。库场管理者不可能随时记住每票货物存放在库场的哪个位置。再者,不将库场划分区块,并编明标号,在编制堆存计划时就很难表述清楚货物将堆放的确切位置。这样必然会因为库场管理者在货堆中寻找货物而延长了入库、出库的作业时间,由此造成设备在仓库门口排队现象,阻塞库内通道,并造成库外道路的混乱状况,致使装卸船作业时间延长。将库场合理划分出通道和堆货位置,并将堆货位置依次编明号码,库场管理者根据记录的货物堆存货位号,就能在任何时间很快找到货物堆放的位置,运输机械可迅速地开向正确方向。所以,设置货位可以提高库场进、出货物的效率,缩短收货、发货作业时间,减少差错。

确定货位图首先应考虑通道的布置。通道的布置要使装卸设备能到达库场的每一部位,通道的宽度要满足装卸设备的安全运行,然后考虑墙距和柱距的要求,最后进行货位的布置。

货位的布置既要紧凑,以充分利用仓容,又要使货位与货位之间保留一定的间隔,间隔的宽度要能便于作业人员的进入,以便理货、检查。

货位计划好以后,按计划图在库场地面设置鲜明的货位标记线,并依次编好货位号,货物必须都堆放在标准货位线内。

编制堆存计划时要注意货位的面积必须与计划堆放货物所需的面积相匹配,避免面积不够而将一票货堆放在分开的几个货位上。同一货位如果要计划堆存几票进口货时,因货垛之间必需留出理货计数和交付提货的间隔，所以需占用的货位面积要大一些，即必须考虑到小票货物堆放时仓容亏损的因素，以免发生在计划的面积内放不下该堆存的货物情况。

库场货物堆码应实行标准化，把货物堆码工作置于严密的标准基础之上是实行科学管理的基本要求。

要设计一种货物的堆码标准，必须考虑该种货物的性质、包装种类、包装材料、数量、成组方式等条件。同一种货物在不同的库场可能有不同的堆码标准，这是因为各港口库场的结构不同，使用的装卸、码垛机械和存放地自然条件（如温度、湿度）也有所不同，因而码垛标准可以因地制宜、多种多样，只要堆码的形式能符合保证货物质量、合理利用仓容、便于理货和有利于快装快卸等条件，就是合理的堆码形式，各库场应根据本港的情况予以标准化。

货物进入港口库场，一般都需要堆码，在露天堆放的货物有的还要苫盖。采用正确的货物堆码、苫盖方法，不仅可以保证货物安全、垛数准确，而且也能够提高库场面积的有效利用率，保持良好的文明生产水平。

1. 货物的堆码

1）货物堆码的要求

货物在库场的堆码必须遵照以下标准和要求：

（1）码垛整齐牢固、成行成线，做到标准化；成组货物定量上垛，能点清关数，不成组货物能点清件数。

（2）按单堆码，标志朝外，箭头朝上，重货不压轻货，木箱不压纸箱，残损另堆。

（3）露天堆放，怕湿货物要垫盖良好，不露不漏，捆绑牢固。

堆垛时应注意不超过库场的荷重使用定额，除注意留出通道外还需注意留出“六距”，即墙距（内墙距、外墙距）、灯距、垛距、柱距、消防栓和电源开关距。

港口库场管理人员要指导工人堆垛，堆垛时应掌握先里后外、先算后堆的原则；堆垛时要考虑到出货的方便，不同票的货不相压、大票货不围小票货等情况；要根据不同货物的性质、包装形式进行货物的堆码；有包装储运指示标志及危险品标志的货物要按其要求堆码。

2）堆码的垛型

垛型是指货物堆码后形成货垛的形状。确定垛型要考虑货物的物理和化学性质、批量大小、规格尺寸、保管场所（仓库或货场）以及库场面积、作业机械、保管时间等因素，常见的垛型主要有：

（1）平台垛。此类垛型呈长（正）方体，垛顶呈平面，每层件数相同。采用重叠法或纵横压缝法堆垛。这种垛型适用于在库内堆码同规格的箱装货物、成组货物等。其优点是货垛整齐、数字易于清点、占用面积少；缺点是采用重叠法堆码的垛型不够稳固，不能堆得太高。

（2）起脊垛。是先按平台垛堆码，待堆到一定层数后再开始压缝起脊（两面逐步收），直到顶部收尖呈屋脊形。这种垛型多用于露天，用于堆码同规格的袋装货物、箱装货物、成组货物等。其优点是覆盖篷布后易于排泄雨水，防止货物遭到湿损；缺点是拆关堆放的货物较难清点出货物的件数。

（3）行列垛。是将每票货物排列成行，适用于一票货物件数不多、包装形式各异的零星件杂货、堆垛方法以单件或多件货物为底进行重叠堆垛，每票堆成一列或数列的小货垛。为防止差错，常一票一垛。垛与度之间留出一定间隔。这种垛型适用于在仓库进行件杂货堆码。其优点是便于出货、分票、计数；缺点是垛底面积少，不能堆高，且垛距较多，有效面积浪费较大。

(4)宝塔形垛。是将底层货件整齐排列后，从垛底向上每层四面减数压缝堆码，即上层的每件货物压住下层的四件货物，使货垛呈现下大上小的宝塔形状。这种货垛适用于包装松软、光滑或货物外形不宜按重叠方法堆码的货物。其优点是货垛稳固；缺点是库场面积利用率低、数字较难清点。

(5)梯形垛。是将底层货件整齐排列后，从垛底向上每层两面减数压缝堆码，即将上层的每件货物压在下层的两件货物之间，即收长不收宽或收宽不收长，货垛两面呈梯形或三角形。这种垛型适用于库内外横卧或直立的桶(筒)装货物。其优点是垛型较稳固，易于点数；缺点是库场面积利用稍差。横放桶(筒)货堆码时，底层两端必须用垫木垫紧，以防滚动。

(6)井形垛。是将货件一层一层纵地堆码，每层件数相同或每两层件数相同，从垛顶俯视呈井字状。这种垛形适用于成型的钢材、木材等长形货物。其优点是垛型稳固，易于堆高，且便于计数；缺点是操作复杂，场地面积要求较大。在堆码井形垛时，必要时每层要在两端用垫木垫牢，并用绳子捆扎，以防滚动。

以上货垛的堆码垛型主要是针对件杂货，对散装干货的堆码如煤、沙、矿石等，原则上每堆货物要边角规范、成行成线；各面呈规则的几何形状并有一定的倾斜度，其倾斜度要少于货物的自然倾角；场地整洁无杂质。堆码的具体形式应按照货种、场地条件及通道位置等情况加以确定。

3)货垛的定量

货垛的定量是指确定货垛内货件的数量，是货垛标准化的主要内容之一。它的确定除要考虑货垛的定型外，还要考虑以下因素：

(1)可利用库场的面积和货台的尺寸。

(2)货物的包装形式及包装质量，货物的规格尺寸。

(3)库场内的净空高度，以及堆高机械的起升性能。

(4)库场单位面积的荷重使用定额和荷重技术定额。

(5)货物转运的方式。如货物火车转运，为保证装车数字的准确，单位定量为60t或者为60t的倍数。

2. 货物的苫垫

苫垫是防止货损的必要措施。凡需堆码的货物，除散货外，其他都需要进行妥善的垫垛，防止货物受潮、水湿或污染等等。露天堆码的货物，除生铁、原木、部分矿石等少数货种外，还需进行严密的苫盖，防止货物受日晒和风、雨、雪、灰尘等的危害，以确保货运质量。

(1)垫垛。货垛在定量和定型后，应按货垛的大小和重量先进行垫垛。垫垛的目的主要是使货物避免地面潮气从垛底的侵入或者露天堆存时雨水的浸湿以及地面杂质的污染等等。为了使货垛稳固平整、便于操作等，有时也需要在货垛层间进行铺垫。

由于港口库场属中转性库场，港口的货源大多是大宗货物且相对稳定，因此大多数港口都配备相当数量且规格尺寸相同的货台和垫板用于垫垛。

货台一般由水泥预制而成，分为固定式和移动式两种，垫板一般为移动式，主要有铁垫板、木垫板、铁木垫板、塑料垫板等等。货台和垫板的高度一般要求在20cm以上。对防潮要求较高的货物还应在货台或垫板上铺一层油布或塑料薄膜等隔潮物料。货台或垫板不能露在货垛外面以防雨水顺势流入货垛内。

货垛层间的铺垫要根据货物的特点进行,如软性的型钢、管类重叠堆码时,每层的两端需用方垫木,以利堆码稳固及防货物变形;易碎的箱装平板玻璃需直放,堆高时每层应铺垫板,可起平整稳固的作用;重大件的钢板、钢轨等层间放垫木有利于套绑吊具。

(2)苫盖。露天货场堆放的货物除下垫外,还需上盖。货垛的苫盖要做到刮风揭不开、下雨淋不着,要与货垛或者货物的形状相适应。

苫盖的方法有:就垛苫盖法,鱼鳞式苫盖法、活动棚架苫盖法等。苫盖时需根据货物性质、季节、风向、垛型等采取适宜的办法。用于苫盖的物料主要有:篷布、帆布、油布、芦席、塑料薄膜等等。

货垛(货物)苫盖时应注意的问题:

①苫盖前应检查篷布是否有破损现象,确认良好后再进行苫盖。

②篷布、封垛网拉放平整。两块篷布接口处压茬要超过1.5m,篷布接口要背风。

③篷布下沿不触地。

④货物不露不损。

⑤封绳拉紧扯直、走向条理、无交叉,绳头不拖地。

⑥雨雪停止后,应及时泻落垛顶凹陷处的积水,以防雨雪入垛内损害货物。

⑦形成的半垛仍然要在顶部起脊,并封闭严密。

第四节　港口库场堆存面积的计算

如果库场有足够的面积来接纳将要入库的货物,那么编制堆存计划只需将每票货物分配到货位即可。但是在许多情况下,库场不能提供充裕的堆存场地,特别是前方堆场和仓库的面积更为紧张。这样,计划者就必须将库场可使用的面积与入库货物所需要的面积进行比较,然后作出计划。由于每单位重量的入库货物所需要的面积不是一个常数,它是随货物的种类、包装与装卸保管方式等的变化而变化的,所以计算每票货物所需库场堆存面积是编制堆存计划者经常要做的一项重要工作。

一、堆存能力

库场的堆存能力,就是库场所能容纳的最大货物堆存量,以吨为单位。

首先,库场面积是其堆存能力的主要因素。其次,货物本身也是一个重要因素。如货物的装卸特性,即货物的尺码、包装,货物的体积与重量比,可堆到多高,每票货物之间必须怎样分隔等。库场堆存能力不仅受库场堆存面积大小的影响,而且也受库内堆存货物的自然特性和装卸特性的影响。前方仓库和堆存的堆存能力主要取决于如下四个因素:

(1)可用堆存面积(有效面积);

(2)货物的堆垛高度;

(3)货物的积载因素;

(4)亏仓情况。

上述各因素对库场堆存能力的影响,依次讨论如下。

二、可用堆存面积

在计算仓库的堆存容量时,首先要计算出它的可用堆存面积。仓库的可用堆存面积并不是仓库的地面总面积,而是实际能用于堆货的地面面积。实际用于堆货面积,是从库场的地面总面积中扣除一系列不能使用的面积。如货堆间的通道,支柱、办公室、仓库围墙周围的安全空间,设备的通道以及预防火警和其他突发事件时用作通路的安全空间等。

库场面积利用率是在扣除了一系列不能用于堆存的面积后,可用于堆存面积占总面积的比例,称库场面积利用率。典型的前方杂货仓库库场面积利用率通常在59%～69%之间。当面积利用率低于这个数字,就说明库场面积的使用情况不佳。

增加前方库场可用堆存面积的通常方法是:减少仓库门数;减少通路和主要通道的宽度;减少办公室的面积或把办公室移到仓库之外等。

但必须注意,谨防过度提高库场面积利用率,这会导致堆存作业的困难。

三、堆垛的高度

有效地利用垂直空间常常是增加库场堆存能力的最简单的方法之一,垂直堆垛不足是库场能力未能达到应有指标的一个主要原因。

然而,货物的堆垛高度常常要受到一些因素的限制。如货物的承压能力,入库货物的尺度,使用的堆垛机械设备的能力和安全因素等;又如货物的票数多、批量小,就不可能将货物堆得很高。

在堆存小批量的松散货物时,应该怎样最佳地利用垂直空间？最好的方法是:把轻泡货堆放在重货上面;把松散货放在码头托盘上;使用贮存货架系统等。

在保证货物堆垛是安全的、库场地面承受的载荷不超过许可限度情况下,尽可能提高货物堆垛高度是提高库场堆存能力的最有效的方法之一。

四、积载因素

货物积载因素即货物的体积与重量之比。假如仓库内只堆存一种货物,则根据该种货物的积载因素,便可计算出所需的堆存面积。然而一个仓库内往往是堆存多种不同的货物,这几种货物的积载因素又各不相同,要计算堆存面积就必须先计算出这几种货物的平均积载因素,这可用下列公式进行计算:

$$\bar{u} = \frac{\sum_{i=1}^{n} u_i}{n} \tag{5-1}$$

式中:$\bar{u}$——平均积载因素(m^3/t);

u_i——某种货物的积载因素(m^3/t);

n——堆存货物种类。

例题5-1:某库计划堆存甲、乙、丙三种货物,它们的积载因数依次为2.83m^3/t、1.71m^3/t、3.68m^3/t,计算这三种货物的平均积载因数。

解:根据公式

$$\bar{u} = \frac{\sum_{i=1}^{n} u_i}{n}$$

这三种货物的平均积载因素

$$\bar{u}=\frac{\sum_{i=1}^{n}u_{\mathrm{i}}}{n}=\frac{2.83+1.71+3.68}{3}=2.74\mathrm{m}^3/\mathrm{t}$$

在许多情况下，各种货物的入库量是不同的，即各种货物的入库量占总入库量的比例不同，则不能用上述公式计算平均积载因素，而应用下列公式来计算：

$$\bar{u}=\sum_{i=1}^{n}u_{\mathrm{i}}\times q_{\mathrm{i}} \tag{5-2}$$

式中：q_{i}——某种货物占总入库量的百分百。

例题5-2：在例题5-1 中甲、乙、丙三种货物的入库量占总入库量的比例依次为40%、59%、10%，计算这三种货物的平均积载因数。

解：根据公式 $\bar{u}=\sum_{i=1}^{n}u_{\mathrm{i}}\times q_{\mathrm{i}}$

这三种货物的平均积载因数

$$\bar{u}=\sum_{i=1}^{n}u_{\mathrm{i}}\times q_{\mathrm{i}}=2.83\times0.4+1.71\times0.5+3.68\times0.1=2.36\mathrm{m}^3/\mathrm{t}$$

对比两道例题的计算结果，可知在计算库场，可知在计算库场堆存面积中使用的货物积载因数不仅与入库货物品种、包装有关，而且与各种货物的入库量有关。一般港口都有常见的货物积载因数的参考资料，可供编制堆存计划时使用。

五、亏仓系数

在实堆存货物时，由于需留出分票的通道、货物包装不规则、货物不能堆放到允许堆高或不能紧密堆放、使用垫板等都会浪费部分堆存空间，使得按理论计算的面积放不下要入库的货物。这对港口仓库来说，就产生了仓容的亏损，这种仓容的亏损也称亏仓，亏仓大小取决于票数的多少、体积及其包装的形状，因而在计算堆存面积时必须考虑亏仓的因数，亏仓因素可通过采用亏损系数来量化。所以我们要引入亏损系数 K，亏损系数计算公式为：

$$K=1+\xi \tag{5-3}$$

式中：K——亏损系数；

ξ——亏损百分比。

亏损百分百是指由于受上述诸因素影响而减少堆放货物的体积与计划堆存的该种货物的体积之比，用公式表示为：

$$\xi=\frac{V'}{V\times u}\times100\% \tag{5-4}$$

式中：V'——少堆放货物的体积（m^3）；

V——计划堆存的该种货物的体积（m^3）；

u——货物积载因数。

根据港口的经验，采用紧密堆存的大批量袋装货的亏损百分百很小，只有5%左右，而形状不规则的包装货物与批量小的货，亏损百分比可能达到20%，甚至30%。由于亏损百分比取决于各票货物的数量、体积、包装形状以及是否需用垫板、托盘等物料，因此编制堆存计划者应积累经验，准确地判断亏损百分比的值。

六、货物所需堆存面积的计算

如果不考虑货物堆放的其他要求，堆存面积可按理论数学公式方便地算出。

$$S=\frac{G_{计堆}\times u}{h} \tag{5-5}$$

式中：S——堆存面积；

$G_{计堆}$——计划堆存货物的重量；

u——该货物积载因数。

例题5-3：某库计划堆存甲、乙、丙三种货物，它们的积载因数依次为2.83m^3/t、1.71m^3/t、3.68m^3/t，它们的入库量分别为400t、500t、100t，允许堆高分别为3m、2m、3.8m，计算这三种货物所需的堆存面积。

解：根据公式 $S=\frac{G_{计堆}\times u}{h}$ 计算

$$(1)\ S_{甲}=\frac{G_{计堆}\times u}{h}=\frac{400\times 2.38}{3}=378m^2$$

$$(2)\ S_{乙}=\frac{G_{计堆}\times u}{h}=\frac{500\times 1.71}{2}=428m^2$$

$$(3)\ S_{丙}=\frac{G_{计堆}\times u}{h}=\frac{100\times 3.68}{3.8}=97m^2$$

$$\sum S=S_{甲}+S_{乙}+S_{丙}=378+428+97=903m^2$$

但实践中，按理论公式计算的堆存面积往往堆不下入库货物，要在计算中考虑亏仓因数，并能准确地判断出亏仓百分比，然后再利用下面公式，可以较准确地计算出每票货物的实际所需的堆存面积：

$$S=\frac{G_{计堆}\times u(1+\xi)}{h} \tag{5-6}$$

式中：S——货物所需的堆存面积（m^2）；

$G_{计堆}$——计划堆存货物的重量（t）；

h——允许堆高（m）。

我们仍采用上面例题的资料，另外还知甲、乙、丙三种货物的亏仓百分比依次为15%、29%、8%，计算这三种货物所需的堆存面积。

根据公式 $S=\frac{G_{计堆}\times u(1+\xi)}{h}$ 计算

$$(1)\ S_{甲}=\frac{G_{计堆}\times u(1+\xi)}{h}=\frac{400\times 2.38\times(1+15\%)}{3}=434m^2$$

$$(2)\ S_{乙}=\frac{G_{计堆}\times u(1+\xi)}{h}=\frac{500\times 1.71\times(1+20\%)}{2}=513m^2$$

$$(3)\ S_{丙}=\frac{G_{计堆}\times u(1+\xi)}{h}=\frac{100\times 3.68\times(1+8\%)}{3.8}=105\text{m}^2$$

$$\sum S=S_{甲}+S_{乙}+S_{丙}=434+513+105=1052\text{m}^2$$

该三种货物的所需的堆存面积是 1052m^2，比上面不考虑亏仓系数时所需堆存面积要多 149m^2（$1052-903=149\text{m}^2$），由此可见在库场面积紧张的情况下，就必须考虑亏仓因数，否则，就会产生提供的计划堆存面积不能满足实际货物的堆存要求。

七、港口库场安全库存量的设置

港口时常要备有一定数量的安全库存。其一，是为防止船舶集中到港，对出口货物需求量突然增加而采取的一种调节措施。其二，是船舶运行受自然因数，如大风、大雾、大雪、水流速度的影响，内河船舶运行还受过船闸的影响，远洋运输船则不仅受上述因数影响，而且还受国际政治局势和国际航运市场因素的影响，这样就使船舶到港的时间难以均衡，有时港口到船十分集中，产生了对出口货源需求的大幅度波动。如果库场内不备有一定数量的出口待装货物，会因为来不及补充出口货源而使装载作业的中断、延误。

安全库存的储备量多少才算合理呢？库存量太低，起不到安全的作用，仍然影响装载作业的持久高速进行。安全库存量太多，虽然安全，但会过多地占用库场，有些货物还会因照看不好还会发生变质、损坏，甚至丢失。对于码头后方库场面积紧张的港口，更应慎重确定安全库存的数量，严格控制使用港口库场。当然这是一个相互矛盾的问题，解决此问题尽管有不少困难，但只要加强预测、运用数理统计方法来确定港口需要的安全库存量，仍是库场作业组织必不可少的工作。

1. 确定库场安全库存量所要考虑的因素

(1)集中到船的概率因素。凡是集中到船的概率较高的港口，安全库存量应该大一些。

(2)受季节性影响因素。某些货种（如粮、盐、糖）的装船需求量受季节性因数的影响较大，港口应加强对这些货种的预测，并根据预测的波动规律，适时、适当增加该货种的安全库存量。

(3)库场集货距离远近因素。若港口库场与出口货主的距离远，货物集中不便，则应增加安全库存量，反之可减少。

(4)库场面积大小因素。码头后方库场面积充裕的港口，可以提供货物预进堆存业务，增加安全库存量。这样做不仅解决路远出口货主的堆存需求，也有利于促进增加水运货源，而且还可以增加港口的业务收入，更重要的是船舶抵港前，如果库场内已存放了大部分待装货物，这就为港口的装载作业提供了较大的灵活性。

2. 库存模型

库场模型与安全库存量的确定有密切关系，在确定安全库存量之前，首先介绍几种库场模型。

(1)无安全库存的库存模型（前方库场较多采用）（图 5-1）。

(2)有安全库存的库存模型（最适用于后方库场）（图 5-2）。

从上面的库存模型可看出，在出口货物入库数量正常，装船量也正常的情况下，安全库存量不会减少，港口库场始终保持一定数量的出口货物。

(3)入库数量正常，装船需要量增加的库存模型（在有安全库存的情况下）。

图 5-3 表示装船需求量的增加小于安全库存量的情况时候，就要动用安全库存量，如果不

及时补足安全库存量,则将发生装船中断的不良状况。

图 5-4 表示需求量的增加大于安全库存量,也就是安全库存量值定低了,发生装船中断的情况。因此,港口库场必须根据货源的供求变化规律来确定最佳的安全库存量。

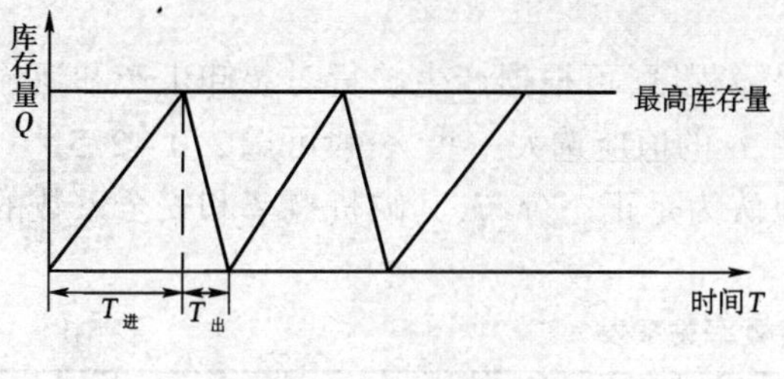

图 5-1　库存模型示意图

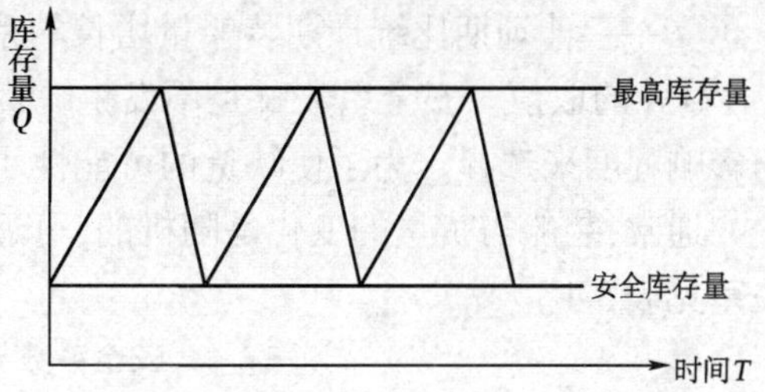

图 5-2　库存模型示意图

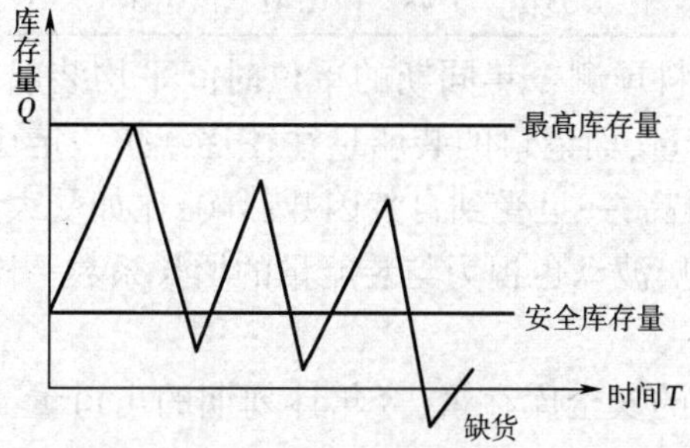

图 5-3　库存模型示意图

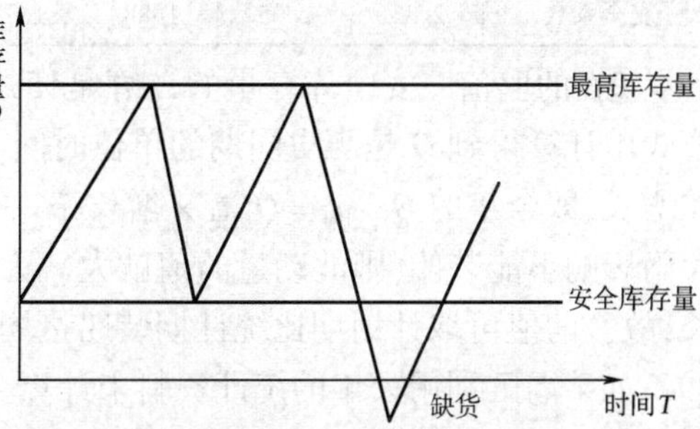

图 5-4　库存模型示意图

3. 安全库存量的确定

(1)计算平均需求量。港口可根据本港历史同期统计资料,分析在统计期 T 内,单位时间(以月或旬或日为单位时间)所需装船货物数量的变化规律,然后根据变化规律,计算出历史同期装货需求量的平均值。其计算公式为

$$\overline{Q} = \frac{Q_1 + Q_2 + \cdots + Q_i + Q_n}{n}$$

或

$$\overline{Q} = \sum_{i}^{n} Q_i P_i \tag{5-7}$$

式中:Q_i——在统计期 T 内,第 i 个单位时间发生的变量值;

P_i——在统计期 T 内,Q_i 出现的次数(即概率)。

(2)计算装船需求量的方差。装船所需的货物实力是随着时间变化的随机变量,它对平均值的离散度可以用方差表达式为:

$$\sigma^2 = \sum_{i} (Q_i - \overline{Q})^2 \times P_i \tag{5-8}$$

(3)计算均方差。统计期 T 内,单位时间需要装船货物数量的均方差为:

$$\sigma = \sqrt{\sum_{i} (Q_i - \overline{Q})^2 \times P_i} \tag{5-9}$$

如果从通知货主送货到货物入库所需时间为 t 个单位时间,显然在统计期 T 内,货物需要量的均方差为:

$$\sigma_\tau = \sqrt{\sigma_1^2 + \sigma_2^2 + \cdots + \sigma_\tau^2} = \sqrt{t \times \sigma^2} = \sqrt{t} \times \sigma \tag{5-10}$$

(4)计算安全库存量。在计划期 T 内,安全库存量的值可用下列公式计算:

$$A = \alpha \times \beta \times \sqrt{t} \times \sigma \tag{5-11}$$

式中:α——安全系数;

t——进货期(从通知货主送货到货物入库所需的时间);

β——计划期比统计期装船量增长的系数。

①α 的取值。安全系数 α 是不发生缺货的保障程度,可根据产生缺货对装卸生产和运输的影响程度来选择。为了使缺货的可能性小一些,α 的值应选大一些,一般可选 2.0 ~ 2.5。

通常,装船需货量的变化是随机的,可近似地认为是正态分布,其缺货概率和安全系数的关系见表 5-1。

安全系数与缺货概率关系表 表 5-1

缺货概率	1%	2%	3%	4%	5%	6%	7%	8%	9%	10%
安全系数	2.33	2.05	1.88	1.75	1.65	1.55	1.48	1.41	1.34	1.28

②β 的取值。安全库存量的计算是使用历史资料预测今年同期的单位时间平均装船量,公式中计算得到 $\overline{Q}$ 是历史同期的单位时间平均装船量,而港口的装船量往往逐年按一定比率在增长,即今年的 $\overline{Q}_{计划期} = \overline{Q}_{历史} \times$ 增长率。生产量愈高,一旦受到自然因数影响,比如受大风、大雨影响不能装船,则波动量的值就大。为安全起见,波动也视为与装船量的增长系数一样增长,故 β 的值可取计划期比统计期装船量增长系数。

如某港区利用去年的统计资料来计算今年同期的安全库存量,今年计划期的出口量比去年增长 5%,则 β 可取 1.05。

③进货期 t 的取值。若港口库场与出口货主的距离远,则在相同进货量的情况下,路远港区所需的进货时间比路近港区所需的进货时间要长,即 t 的值要取大一些。各港区可根据本港的实际情况确定出平均进货期(如 2 天、3 天)。

④对安全库存量 A 的讨论。安全库存量的值除受上述取值大小的影响外,还与装船效率的高低有关。机械化程度高,装同样数量的同种货物所需时间少,如果进货期不能缩短,则 α 的值要取大些,是安全库存量的值相应增加。

当船舶集中到港情况频繁的港口,由于装船需货量变化程度大,均方差的值就大,则 A 的值就会变大($A = \alpha \times \beta \times \sqrt{t} \times \sigma$),则安全库存量应适当大一些。

例题 5-4:某港区去年 7 月份日装船数量的统计资料见表 5-2。

某港区去年 7 月份日装船数量统计 表 5-2

日期	装船量(t)	日期	装船量(t)	日期	装船量(t)	日期	装船量(t)	备注
1	1100	9	1150	17	1125	25	1350	本月 23、24 两日因台风影响,装卸作业停止
2	1150	10	1125	18	1250	26	1350	
3	1100	11	1200	19	1280	27	1320	
4	1125	12	1250	20	1300	28	1320	
5	1125	13	1280	21	1250	29	1300	
6	1150	14	1200	22	1200	30	1300	
7	1100	15	1100	23	0	31	1280	
8	1100	16	1150	24	0			

将表 5-2 的资料整理后得表 5-3。

整理后的资料　　表 5-3

日装船量(t)	统计到的次数	概率	日装船量(t)	统计到的次数	概率
0	2	2/31 = 0.06	1280	3	3/31 = 0.10
1100	5	5/31 = 0.16	1300	3	3/31 = 0.10
1125	4	4/31 = 0.13	1320	2	2/31 = 0.06
1150	4	4/31 = 0.13	1350	2	2/3 = 0.06
1200	3	3/31 = 0.10	∑	31	1.00
1250	3	3/31 = 0.10			

请根据这些资料计算今年 7 月份该港区的安全库存量。

解:(1)该港区去年 7 月份平均每日装船为:

$$\overline{Q} = \sum_{i}^{n} Q_{\mathrm{i}} P_{\mathrm{i}}$$
$$= 0 \times 0.06 + 1100 \times 0.16 + 1125 \times 0.13 + 1150 \times 0.13 + 1200 \times 0.1 + 1250 \times 0.1 + 1300 \times 0.1 + 1320 \times 0.06 + 1350 \times 0.06$$
$$= 1135\mathrm{t}$$

(2)计算 7 月份装船量的方差:

$$\sigma^2 = \sum_{i} (Q_{\mathrm{i}} - \overline{Q})^2 \times P_{\mathrm{i}}$$
$$= (0 - 1135)^2 \times 0.06 + (1100 - 1135)^2 \times 0.16 + (1125 - 1135)^2 \times 0.13 + (1150 - 1135)^2 \times 0.13 + (1200 - 1135)^2 \times 0.1 + (1250 - 1135)^2 \times 0.1 + (1280 - 1135)^2 \times 0.1 + (1300 - 1135)^2 \times 0.1 + (1320 - 1135)^2 \times 0.06 + (1350 - 1135)^2 \times 0.06 = 88931$$

(3)计算该月装船量的均方差:

$$\sigma = \sqrt{88\,931} = 298$$

(4)安全库存量的确定:

该港区今年装船任务比去年增加 8%,则可取 $\beta = 1.08$。

根据该港区的实际情况,取 $\alpha = 2$,取 t = 2 天。

则:安全库存量

$$A = \alpha \times \beta \times \sqrt{t} \times \sigma = 2 \times 1.08 \times \sqrt{2} \times 298 = 908\mathrm{t}$$

第五节　港口库场货运作业

运转良好的库场货运作业是搞好港口货运工作的前提和保证。库场货运作业主要有货物入库作业、货物出库作业、货物保管作业这三大部分组成。

一、货物入库场作业程序

1. 起运港或到达港作业受理

作业委托人或代理人与港口经营人就委托港口进行货物装卸船作业等事宜进行协商,达成一致后，双方签订港口货物作业合同。

港口货运主管部门依据港口货物作业合同编制港口作业发票、港口作业单。

港口作业发票、港口作业单一式七联：

第一联，港口作业发票（计费存查联），即发票存根，由计费部门存查；

第二联，港口作业发票（发票联），交作业委托人；

第三联，港口作业发票（财务结算联），由作业单位财务记账；

第四联，港口作业单（装船入库或卸船提货联），对于装船货物作为入库联，对于卸船货物作为提货单，货方收到货物后，应对收到的货物在该联上签字确认；

第五联，港口作业单（现场作业联），用于仓库批注货物现场作业、堆存等情况，是计收港口费用的依据；

第六联，港口作业单（作业委托存查联），货方将装卸船货物交付港口后，港口仓库应对收到的货物在该联上予以签字确认；

第七联，港口作业单（港口经营人存查联），由港口货运主管部门留存。

港口作业单由作业委托人或其代理人传递至港口基层货运部门，港口基层货运部门依据港口作业单载明的有关内容接受货物。

作业委托人是与港口经营人相对应的港口作业合同的另一方当事人。在港口作业实务中，作业委托人可能是：托运人、承运人、出租人、承租人、实际承运人、收货人等等。一般是基于运输合同或者贸易合同中当事人的约定，根据约定来明确由谁负责订立港口作业合同、支付作业费用。

在港口作业合同的实际履行中，还存在一个较为特殊的主体——交货人，这是独立于作业委托人之外的将货物实际交付给港口经营人的人。例如，起运港作业委托人是运输中的托运人，将货物实际交付港口经营人的不是托运人而是发货人，则此时的发货人为交货人；到达港作业委托人是收货人，将货物交付港口经营人的是运输中的承运人，此时的承运人即为交货人等等。这一类主体可视为作业委托人的代理人，是代表作业委托人完成货物交付义务的人。如果因此而产生纠纷，则港口经营人可以根据作业合同的约定或《港口货物作业规则》中规定的权利、义务的内容，向作业委托人追究相应的责任，也可以直接根据侵权责任原则，要求该交货人承担侵权责任。

2. 货物入库的准备

作业委托人或其代理人向港口基层货运部门送达港口作业单以及具体的货物入库计划。对货物入库事宜达成一致后，双方各自做货物的入库准备工作。港口入库前的准备工作主要有：

（1）落实货物的入库方式（水路、铁路、公路），初步确定港口作业方案；

（2）落实船舶的受载日期，确定货物的入库时间；

（3）落实船、货衔接情况，确定是通过港口库场装船还是直取装船；

（4）落实货物的数量、包装、性质以及船舶的初步配载方案，确定货物入库顺序、堆码方式及货物的堆码位置；

（5）落实货物的质量要求；

（6）建立货物入库记录。

作业委托人应及时办理港口、海关、检验、检疫、公安以及其他货物运输和作业的各种手续,并将已办理的各种手续单证送交港口经营人。有特殊保管要求的货物,作业委托人应当与港口经营人约定货物保管的特殊方式和条件。

3. 货物入库的实施

(1)货物的验收:

①对作业委托人送交的港口、海关、检验、检疫、公安以及其他货物运输和作业的各种手续进行查验,这种查验义务只限于形式上的查验而非实质性的审查,主要是各种手续与证明文件是否齐备,有关文件上是否有主管部门核准的印章等。

②查验作业委托人交付货物的名称、件数、重量、体积、包装方式、识别标志是否与作业合同的约定相符。

笨重、长大货物作业,作业委托人应当声明货物的总件数、重量和体积(长、宽、高)以及每件货物的重量、长度和体积(长、宽、高)。

以件运输的货物,港口经营人验收货物时,发现港口的实际重量或者体积与作业委托人申报的重量或者体积不符时,作业委托人应当按照实际重量或体积支付费用并向港口经营人支付衡量等费用。

③需要具备运输包装的作业货物,港口经营人应当检查货物的包装是否符合国家规定的包装标准,没有包装标准的,作业委托人应当在保证作业安全和货物质量的原则下进行包装。

④港口经营人应当按约定的交接方式与作业委托人对货物进行交接,交接过程中发现的货物损坏、污染、灭失、单货不符等情况,双方共同编制货运记录。港口经营人应作业委托人的要求也可编制普通记录。如港口在接收货物时没有对货物的数量和质量提出异议,视为作业委托人已经按照约定交付了货物。

⑤在港口经营人已履行《港口货物作业规则》中规定义务的情况下,因货物的性质或者携带虫害等情况,需对库场或者货物进行检疫、洗刷、熏蒸、消毒的,应当由作业委托人负责,并承担相关费用。

(2)货物的堆码:

①根据货物的性质确定合理的堆放位置。主要考虑:货物的安全性、货物的互抵性;整票货物集中堆码,集中管理等等。

②货物堆码的原则:规格不一的货物堆码双联或单联垛型,同规格的货物堆码成组、多联等垛型。

(3)台账编制:

①根据当日货物入库数量,编制货物入库记录。

②根据货物入库记录,编制货物货位图。

(4)货物的签收:

一票货物入库验收完毕,港口仓库经办人应当在港口作业单第六联对收到的货物予以签收,签收后的作业单作为港口经营人收到货物的收据由作业委托人留存。

4. 票据处理

凡货物入库验收无误后,要与托运人或交货人或运输部门办清交接手续,在有关单证(运单、入库单、仓单)上签收。对验收中未解决而又一时不能解决的问题,应在单证上如实批注,并且要交接双方签字,以便日后作为查询处理凭证。货物一旦入库结束,仓管员要整理票据归类,以备上级主管部门检查。

5. 汇总与统计

(1)对货物入库后记录进行分类汇总。

(2)仓管员要定期编制货物入库统计报表,从而反映港口库场运用情况。

二、货物的保管作业程序

1. 建立货物保管制度

(1)货物保管责任制度。入库货物的保管是指库场针对货物的特性,结合库场的具体条件,采取各种科学手段对货物进行养护,防止和延缓货物质量变化的行为。货物保管的目的在于保持库存货物的使用价值,最大限度地减少货物自然损耗,杜绝保管不善而造成的货物损害,防止造成货物损失,失去仓储保管的意义。因此,对仓管员要明确保管项目和保管责任,保管人有绝对的义务对仓储物进行妥善保管,由于保管不善所造成的损失,保管人要承担赔偿责任。

(2)货物安全检查制度。库场应高度重视货物安全保管工作,针对各种货物的特性制定保管方法和程序,充分利用现有的技术手段开展有针对性地保管、养护。库场保管要遵循"以防为主、防治结合"的保管原则。要特别重视货物损害的预防,及时发现和消除事故隐患,防止损害事故的发生。特别要预防发生爆炸、火灾、水浸、污染和偷盗等恶性事故和大规模损害事故。要坚持例行安全检查制,在发生、发现损害现象时,要及时采取有效措施,防止损害扩大,减少损失。

2. 按货物特性制定并执行安全保管措施

1)通风

通风是指采取措施,加大空气流通的保管手段。利用干燥空气的大量流通,能够降低货物的含水量;利用低温空气降低货物温度;通风还具有消除货物散发出的有害气体的作用,如造成货物窒息的二氧化碳、使金属生锈的二氧化硫和酸性气体等;能增加空气氧气的含量。

当然通风也会将空气中的水分、尘埃、海边空气的盐分等带入仓库,影响货物。

仓库通风的方式有:

(1)利用库内外温差使库内热空气上升排出的自然通风方式。

(2)利用通风机械将库内空气排出的机械自然通风。

(3)利用通风机在库内将空气搅动的机械循环通风。

(4)将库内空气抽出制冷、除湿后再排入仓库的制冷通风方式。

2)温度控制

除了冷库外,仓库的温度直接受天气温度的影响,库存货物的温度也就随天气温度同步变化。货物温度高时,会融化、膨胀、软化,容易发生腐烂变质、挥发、老化、自燃,甚至爆炸现象。温度太低时,会变脆、冻裂、液体冻结膨胀等损害货物。一般来说,绝大多数货物在常温下都能保持正常的状态。

普通仓库的温度控制主要是避免阳光直接照射,因为在阳光直接照射的地表温度要比气温高得多,午间甚至高一倍。仓库遮阳采用仓库建筑遮阳和砧盖遮阳,当然不同建筑材料的遮阳效果不同,混凝土结构遮阳效果最佳。对怕热货物应存放在仓库内阳光不能直接照射到的货位。

对温度较敏感的货物,在气温高时可以洒水降温。对怕水的货物可以对砧盖、仓库屋顶洒水降温。在日晒降低的傍晚或夜间，将堆场货物的砧盖适当揭开通风，这也是对露天堆场货物降温保管的有效方法。

货物自热是货物升温损坏的一个重要原因，对容易自热的货物，应经常检查货物温度，当发现升温时，可以采取加大通风、洒水等方式降温，翻动货物散热降温。必要时可以采用在货垛内存放冰块、释放干冰等措施降温。

此外仓库里的热源也会造成温度升高，应避开或者在高温季节避免使用仓库内的热源。

在严寒季节，气温降低时，可以用加温设备对货物加温防冻。对突至的寒潮采取寒潮到达前对货物进行保暖砧盖，也具有短期保暖效果。

3）湿度控制

湿度分为货物湿度、空气湿度（大气湿度）。笼统地说，湿度表示含水量的多少，但在不同场合又有不同的表示方式。货物含水量用百分比表示；空气湿度则用绝对湿度和相对湿度两种方式表示；空气中的水汽结露成水珠用露点来表示。

（1）货物湿度。是指货物的含水量。货物的含水量对货物有直接影响，含水量高则容易发生霉变、锈蚀、溶解，甚至化学反应等；含水量太低则会发生干裂、干涸、挥发、容易燃烧等危害。控制货物的含水量是货物保管的重要工作。大多数货物要求较低的含水量，具体可根据货物资料确定合适的含水量标准（表 5-4）。

几种货物的温湿度要求　　表 5-4

种　类	温度（℃）	相对湿度（%）	种　类	温度（℃）	相对湿度（%）
金属及其制品	5～30	≤75	重质油、润滑油	5～35	≤75
碎末合金	0～30	≤75	轮胎	5～35	45～65
塑料制品	5～30	50～70	布电线	0～30	45～60
压层纤维塑料	0～35	45～75	工具	10～25	50～60
树脂、油漆	0～30	≤75	仪表、电器	10～30	70
汽油、煤油、轻油	≤30	≤75	轴承、钢珠、滚针	5～35	60

（2）空气湿度。用绝对湿度和相对湿度两种方式表示。

绝对湿度是指空气中含水量的绝对数，用“帕（Pa）”或“g/m^3”表示，如 25℃时，空气最高绝对湿度（也称为饱和湿度）为 31.7×10^2Pa 或者 22.80g/m^3。温度越高，空气中水分子的动能越人，空气含水汽的能力就越高，空气的绝对湿度就会越高。

相对湿度则是空气中的含水量与相同温度空气能容纳的最大水汽量的百分比，最大时为 100%。相对湿度越大，表明空气中的水汽量距离饱和状态越接近，表示空气越潮湿；相反，相对湿度越小，表明空气越干燥。

露点是指在一定温度下含有一定水汽量（未饱和）的空气，将温度降低，直到空气达到饱和状态，并开始出现水珠时的温度为露点。露点用温度表示。如果温度下降到露点以下，空气中的水汽就会在物体表面凝结成水滴，俗称“汗水”，会造成货物的湿损。

空气湿度可以采用“干湿球温度计（表）”测定和经过换算得出。干湿球温度计（表）由干球温度计（表）和湿球温度计（表）组成。干球温度计（表）直接测量空气温度；湿球温度计（表）下端裹缠纱布，纱布部分浸泡在水中，测量得到湿球温度。由于纱布的水分蒸发吸热，湿球温度计（表）的测量温度一般比干球温度计（表）低，当空气中水汽达到饱和时，两者相同。

通过有关的“湿度查对表”可以确定空气相对湿度、绝对湿度、露点等。

(3)湿度控制：

①湿度监测。仓库应该经常进行温度监测，包括空气湿度和仓内湿度监测。一般每天早、晚各监测一次，并做好记录。如表5-5所示的“温湿度记录表”。

②空气湿度太低时的处理措施。空气湿度太低意味着空气太干燥，应减少仓内空气流通，采取洒水、喷水雾等方式增加仓内空气湿度，或者对货物采取加湿处理，直接在货物表面洒水。

③空气湿度太高时的处理措施。封闭仓库或者密封货垛，避免空气流入仓库或货垛；在有条件的仓库采用干燥式通风、制冷除湿；在仓库或货垛内摆放吸湿材料，如生石灰、氯化钙、木炭、硅胶等；及时擦干、排除出现的汗水；特殊货仓可采取升温措施。

仓库温湿度记录表 表5-5

序号： 主要物资： 仓号： 年 月

检查时间			检查情况				气候	检查人
日	时	分	干表温度	湿表温度	绝对湿度	相对湿度		
1								
2								
…								
30								
31								

月温度最高 ℃；最低 ℃；平均 ℃。

相对湿度最高 %；最低 %。

气候：晴天“○”，雨天“川”，阴天“●”，风天“≈”，雪天“△”。

3. 特殊情况下的保管

为了保证保管质量，除了温度、湿度、通风控制外，仓库应根据货物的特性采取相应的保管措施。如对货物进行油漆、涂刷保护涂料，除锈、加固、封包、密封等，发现虫害及时杀虫，施放防霉药剂等针对性保护措施。必要时进行转仓处理，将货物转入具有特殊保护条件的仓库，如冷藏。

库场货物保管除以上保管措施外，还有：防止雨雪水湿货物，及时排水除湿；除虫灭鼠，消除虫鼠害；妥善进行湿度控制、温度控制；防止货垛倒塌；防霉除霉，经常对货物进行检查测试，剔出变质货物；对特殊货物采取有针对性地保管措施等。

三、货物出库作业

货物的出库作业分有货物装船、装车出库和货物到达交付出库两种，其作业程序可分为：

1. 核单、核票和核证

(1)核单是审核货物出库凭证(如港口作业单)上内容是否有涂改痕迹，是否超过了规定的免费保管期限，提货单上有无加盖印鉴。

(2)核票是审核港口作业发票,看费用是否交清。

(3)核证是核对证明货物接收人单位或者身份以及经办人身份的有关证件。

凡是单票证与实际不符的一律不予发货。

2. 出库前检查

货物出库前要核对单、票与货堆前的货垛牌以及货物上拴挂的运输标志,保证单货一致,如发现单货不符情况,需查清后再出库,避免事后发生错运、错转、错交等货运事故。

3. 货物的出库

(1)建立货物出库记录。

(2)向货物接收人提供港口所接收货物的具体的数量和质量情况及随货同行的货运记录和普通记录。

(3)货物接收人将一票货物一次性提取的,港口基层货运部门凭港口作业单提货联办理货物的出库。分批次提取的,凭货物接收人开具并签章的分批提货单办理货物的出库。

(4)按提货单证所记载的货物品种、数量,点交给提货方。在货物出库过程中,发生货物损坏、灭失等情况,双方共同编制货运记录。如货物接收人在接收货物时没有就交付货物的数量和质量提出异议,视为港口已经按照约定交付了货物。

(5)货物接收人提货单记载货物数量出库完毕,提货方应在提货单上予以签认。

(6)在货物出库过程中,根据货物动态,及时调整垛位图,并填写货物出库记录。

(7)每票货物出库结束后,货物接收人应在港口作业单第四联对收到的货物予以签收,签收后的作业单作为货物接收人收到货物的收据由港口经营人留存。

(8)港口经营人在已履行《港口货物作业规则》中规定义务的情况下,因货物的性质或者携带虫害等情况,需对库场或者货物进行检疫、洗刷、熏蒸、消毒的,应当由作业委托人负责,并承担相关费用。

(9)作业委托人或者货物接收人应当在约定或者规定的期限内接收货物。否则港口可以依照有关规定将货物转栈储存,有关费用和风险由作业委托人承担。

4. 票据处理

港口仓库发完货要与提货人(接运方)办清交接手续,并同时填发货物出门放行证。并对票据整理归类。

5. 记录与统计

一旦货物提离仓库。仓管员就要修正库存记录,清理查找逾期不提货的,如有,港口经营人应当每10天催提一次,满30天货物接收人不提取或者找不到货物接收人,港口经营人应当通知作业委托人,作业委托人在港口经营人发出通知后30天内负责处理该批货物。作业委托人未在该期限内处理该批货物的,港口经营人可以按照有关规定将该批货物作无法交付货物处理。仓管员按阶段要做好货物储存统计报表。

第六节　集装箱码头堆场货运作业

无论是发货人的待装集装箱,还是卸船后待发给收获人的集装箱,都必须经过集装箱码头堆场进行交接。集装箱码头堆场,不仅起到集装箱卸场地的作用,同时还起到集装箱储存、保管、交接和集疏运的作用,堆场管理的运作效率直接影响着码头的装卸效率和经济效益。集装箱化的优越性能否发挥,其关键之一,就在于集装箱码头堆场的标准化管理和运作效率。

堆场货运作业,是集装箱码头现场生产组织的中心环节之一,涉及码头堆场的分类和箱位的安排、堆垛规则及集装箱的保管、发放、交接、装卸、中转、堆存、装箱、运箱等诸多生产业务。总括起来分为以下货运作业项目。

一、堆场箱区划分及箱位编码方式

码头要保证船舶如期开船,就必须提高码头装卸速度,而装卸速度的提高很大程度上取决于码头堆场箱区、箱位安排的合理性。合理安排箱区和箱位,不仅能减少翻箱率,减少桥吊等箱的时间,提高码头装卸速度,而且还能最大限度地提高码头堆场利用率和通过能力,降低码头生产成本。

1. 堆场箱区的划分

堆场管理的最基本要求,是针对本码头的具体情况划分出不同箱区。堆场箱区可按不同的分类方法分出不同的箱区:

(1)按进出口业务可分为进口箱区和出口箱区;

(2)按集装箱货种可分为普通箱区、危险品箱区、冷藏箱区、特种箱区和中转箱区;

(3)按集装箱装载状态可分为空箱区、重箱区。

危险品箱区、冷藏箱区因有特殊设备,如冷藏箱区有电源插座,危险品箱区有喷淋装置及隔离栏,所以该箱区是相对固定的。中转箱区虽无特殊设备,但因海关部门有特殊要求,因此该箱区也是固定的。码头箱管人员在安排箱区时,原则上各箱区堆放哪一类箱是相对固定的,但也可以根据码头进出口箱的情况、实际堆存情况、船舶到港情况和船公司用箱情况等,适当调整各箱区的比例。如当某一期间内进口箱量大于出口箱量,码头箱务管理人员可将部分出口箱区调整为进口箱区;而当船舶集中到码头,出口重箱箱量又大大增加时,码头箱务管理人员可将部分进口箱区或部分空箱箱区调整为出口箱区。码头箱务管理人员应灵活使用该办法,特别是在船舶集中到港,进、出口箱有较大的不平衡时,该办法可以在原有条件下最大限度提高码头堆场的使用率和码头堆场的通过能力。

2. 堆场箱区的箱位编码方式

集装箱堆放在码头堆场,一般在场地上都要按照集装箱的箱型、尺寸预先画出标准区域,并有一组代码来表示其自在堆场内的物理位置,这个位置就是堆场位置,即称“场箱位”,它是组成集装箱堆场的最小单元。在场箱位线端部标出编号,这种号码称做“场箱位号”,一定区域或范围的箱位,再编上号码,这种号码又称做“场位号”。场位与场位之间留出适当间距,作为场地装卸机械和运输车辆通道,通道间距的大小,要视装卸工艺而决定。

场箱位由箱区、位(贝)、排、层组成,如图5-5、图5-6所示。

(1)箱区:箱区的编码分为两种,一种是用一个英文字母表示;另一个是由一个英文字母和一位阿拉伯数字组成,其中第一个英文字母表示码头的泊位号,第二位阿拉伯数字表示堆场从海侧到陆侧后方堆场的顺序号。国内码头普遍采用一位字母和一位数字组合,作为箱区的编码。

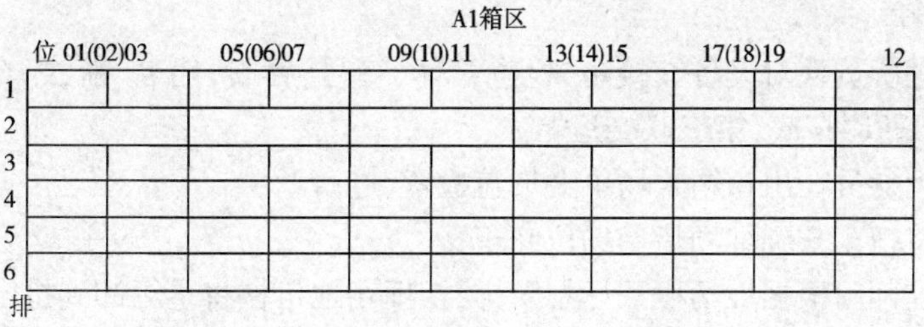

图 5-5　码头堆场平面箱区、位(贝)、排示意图

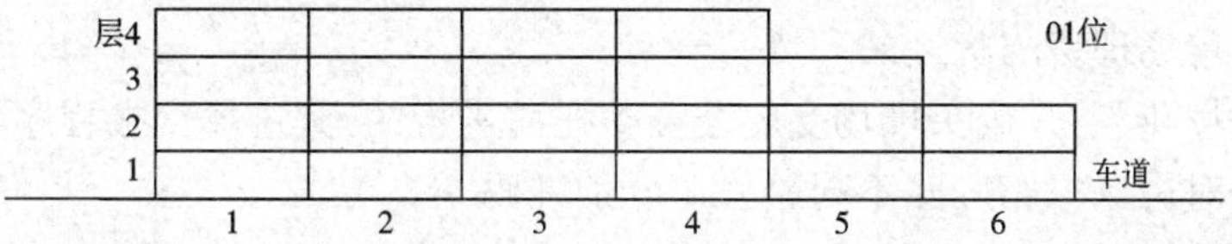

图 5-6　码头堆场平面位(贝)、排、层示意图

(2)位(贝):一个箱区由若干个位组成,位(贝)的编码一般用两位阿拉伯数字表示,与集装箱船舶箱位(行)号表示类同,用奇数 01,03,05,07……。表示 20ft 箱的位(贝)数与堆场,用偶数 02,04,08,10,14……。表示 40ft 箱或 45ft 箱的箱位。位(贝)数与堆场箱区的长度有关,而箱区的长度往往与泊位的长度或纵深相对应。

(3)排:用一位阿拉伯数字表示。排数宽度应视轮胎吊的跨度而定,一般轮胎吊的跨度为 23.47m,这样箱区的排数就是 6 排。

(4)层:用一位阿拉伯数字表示。堆箱层数是视轮胎吊的高度而定,不同类型的轮胎吊系统,堆垛高度也不相同,一般 4 层或 5 层。

因此,集装箱的场箱位一般是由 5 位或 6 位表示,如 A0111 表示该箱在 A 箱区 01 位(贝)第 1 排第 1 层;A10111 则表示该箱在 A1 箱区 01 位(贝)第 1 排第 1 层。

当船舶装卸及陆域收发箱作业时,码头堆场业务员便可根据船舶配积载图、堆场积载图、装卸顺序表、场地收提箱顺序表等,并根据堆场箱位号上集装箱的堆存情况,编制生产计划。而堆场理货和场地司机也可以根据这些编号,按照生产指令,到达指定的场位和箱位,正常有序地进行生产作业。

二、堆场收箱、提箱管理

集装箱码头堆场的收箱、提箱管理,是码头除装卸船以外的主要日常业务和生产活动。收箱业务是出口装船业务的前奏,而提箱业务则是进口卸船业务的延续。

1. *码头堆场收箱管理*

码头堆场收箱业务一般是指出口重箱集港堆场收箱交接;码头货运站装箱后重箱返回堆场交接以及受船公司委托返空箱的交接。前两种重箱,在堆场出口区域内进行交接,而返空箱的交接则在堆场专门设置的空箱堆存区域内进行。出口重箱收箱业务流程如下:

(1)公路承运人凭设备交接单和其他相应业务单证,在码头检查桥进场通道与堆场理货员办理集装箱进场交接;

(2)公路承运人将拖车开到检查桥地磅上称重,过磅理货员用计算机输入箱号、箱型、车

号,打印过磅计量单;

(3)检查桥理货员核对设备交接单,检查箱体、箱号、铅封、船名、航次、车队、车号后双方签字,理货员留下两联存底,第三联交运箱人;

(4)检查桥理货员在出口箱入场单上加盖检章、过磅章;

(5)运箱人将拖车开到堆场指定场位卸箱;

(6)堆场箱控部门根据堆场积载计划安排,指挥场地机械将重箱卸到指定场位、箱位;

(7)堆场理货员编制堆场箱位图并输入计算机,供调度(策划)部门编制出口装船计划。

货运站装箱出口重箱返场作业流程,大致与上述程序相同,所不同的是码头内部交接,交接双方是在码头堆场理货与货运站理货。

空箱返回进场业务,是码头堆场受船公司委托而进行的,其进场交接程序与出口重箱交接相同。码头堆场对进场空箱按照不同船公司分别堆码。

2. 码头堆场提箱管理

码头堆场提箱作业,涉及以下几方面业务:一是进口重箱出场交接;二是货运站交货重箱出场交接;三是进口超期箱转栈出场交接;四是调运空箱出场交接。提箱作业在码头堆场进口区域内进行。集装箱码头堆场在卸船进场时,在考虑堆场合理积载的同时,更要考虑货主提箱的方便与快捷,堆场进口区域一般设置在码头堆场靠近公路一侧。进口重箱提箱业务流程如下:

(1)公路承运人凭设备交接单、交货记录、集装箱提箱凭证,在检查桥出场通道与堆场理货员办理出场交接;

(2)堆场理货员核对运箱人所持设备交接单、交货记录、集装箱提箱凭证、费用结算单证、有效放行单证,并经双方检查箱体、铅封后在设备交接单上签字、交接;

(3)运箱人凭检查桥理货员开具的出门证,从检查桥出场通道运箱出场;

(4)堆场理货员将提箱信息及时输入计算机,及时变更堆场箱位图。

货运站交货又堆场提重箱,需向调度(策划)部门提出"摆重计划",由货运站与堆场办理重箱自堆场提离并进行交接后,运至货运站拆箱作业场地,进行拆箱作业。

三、堆场堆存管理

集装箱货物在进出码头堆场进行换装的过程中,需在码头堆场停留一段时间,因此就产生了集装箱的堆存保管业务。

集装箱码头堆场保管业务,是码头堆场部门的主要职能。码头堆场是集装箱码头现场生产管理的重要方面,也是加强箱务管理的重要场所。

1. 集装箱堆垛的基本要求

堆场堆垛的基本原则就是保证集装箱堆放安全,减少翻箱率,充分利用堆场面积、集装箱箱型不同,工艺不同,箱内装载货种不同,其堆垛方式也不相同。堆场堆垛的基本要求是:

(1)根据集装箱的不同箱型状态分开堆垛。即出口箱和进口箱分开堆放;重箱、空箱分开堆放;20ft、40ft 和 45ft 集装箱分开堆放;污箱、坏箱分开堆垛;中转箱按海关指定的中转箱区堆放。

(2)根据集装箱箱内装载货种不同分开堆垛。即危险货物箱应堆存于专设的危险货物堆场,并按货物不同类别分开堆码,堆码高度一般不超过两层高;冷藏箱应堆存于专设的冷藏箱堆场,堆码高度一般不超过两层高,对于现代化设施齐全的冷藏箱堆场,其堆码高度可视设备条件而适当增加;特种箱应堆放在相应的专用箱区。超限箱宽超过 30cm,相邻排不得堆放集装箱,超限箱超长过 50cm,相邻位不得堆放集装箱,超高箱、敞顶箱上严禁堆放集装箱。

(3)满足堆场作业机械的工艺要求。即按箱位线堆码,箱子不压线、不出线、上下角件部位对齐,四面见线;堆垛层数不能超过机械的最高起吊点的高度;各箱区之间要留有合适的通道,使集卡、铲车等机械在堆场内安全行驶;相邻列孤立的层高之差不得大于 3 层,以充分考虑堆放的安全系数。

(4)堆码层应视本码头具体条件及载荷而定。我国集装箱码头堆场,一般堆码 4 层高。

(5)合理安排出口箱进场堆放。出口箱进码头堆场堆放时,必须遵循一定的原则,使出口箱在配载装船时,能减少翻箱,提高装船效率。一般有以下几个原则:

①按排堆放:同一排内,堆放同一港口、同一吨级的箱;但同一位内不同的排可以堆放不同港口、不同吨级的箱。

②按位堆放:同一位内,堆放同一港口、同一吨级的箱;但同一箱区内的位,可以堆放不同港口、不同吨级的箱。

③按箱区堆放:同一箱区内,堆放同一港口、同一吨级的箱。

④在同一位中,较重的箱堆放于靠近车道二排,较轻的箱堆放在最里面二排,中间等级的箱堆放于较中间的排。

(6)合理安排进口箱进场堆放。同一位中相同的提单号,进同一排;一个位结束后,再选另一个位。

(7)合理安排空箱进场堆放。根据持箱人不同,箱型尺码不同,选择相应的进场位置。

2. 集装箱堆场堆存业务

集装箱堆场堆存业务工作包括以下几方面:

1)堆场配载室业务

根据船公司或其代理人提供的出口集装箱装货清单及预配清单、集装箱预配图,结合码头进箱堆存实际情况,编制出口集装箱实配图,具体操作按集装箱船舶配积载要求进行。

2)堆场调度室业务

(1)根据船舶靠离泊计划好堆场实际堆存能力。规划重箱、空箱进出口箱区。

(2)根据门卫整理的门票,为接收的集装箱指定堆场箱位,并编制堆场箱位图和堆场作业计划图。

箱位图内应包括船名、目的港地、箱号等。堆场作业计划图是用来安排集装箱在堆场上存储的,因此也可以称为集装箱在堆场的场地积载图。它的目的在于,根据在船期表和船舶积载图的基础上预选编制的计划表,交付和接受进出口集装箱,充分利用集装箱堆场的有限场地地储集装箱以便把集装箱顺利交付收货人或者装上船舶。堆场调度员必须与门卫值班员密切合作,根据堆场作业计划图,确保那些需要存储或交付的集装箱能够顺利地交接。

根据靠泊船舶的积载图,编制装卸顺序单(装卸船计划)装卸顺序单内卸船时应注明:顺序号、装船港、箱号、堆场箱位、拖头编号(如有)等。装船时应注明堆场箱位、集装箱编号、目的地、船上箱位等。

3）堆场箱控室业务

箱控室主要业务是执行装卸作业计划和堆场作业计划，具体操作包括进出场作业、验关移箱作业和装卸船作业。

（1）进场作业：

①根据出口备箱堆场计划、结合堆场作业动态，设定出口重箱进场应卸场区；

②集装箱进场后，据电脑显示的箱号及相关资料，通知相应的机械司机；

③机械到位，由机械司机报箱号，据箱号查看船名、卸港、箱型等，找出合理卸箱位置报给机械司机。

④机械司机完成卸箱操作；

⑤获机械司机确认后，将正确的箱号、卸箱位置等输入电脑，完成进场作业。

（2）出场作业：

①根据电脑显示的申请内容（箱号、场区、拖车号码、数量）指示机械司机做好提箱作业准备，通知机械到位。

②由机械司机报车号，箱控室将具体场位、箱号报给司机。

③机械司机核对箱号，完成装车操作，并将必要的移箱情况报箱控室；

④获机械司机确认后，将相关移箱情况输入电脑，完成提箱作业。

（3）验关移箱作业：

①根据移箱作业计划的时间、场位、质量要求，结合堆场作业动态，确定各项移箱计划合理的作业顺序，保证按时完成；

②据电脑显示的验关移箱内容（箱号、场位、移出时间及移出后所卸的场位），通知作业机械司机（需用移箱拖头时，及时联系移箱拖头）到位；

③机械司机到位后，将要移出验关的场位，集装箱箱号报给司机；

④机械司机核实后，直接移出或吊给移箱拖头，并将必要的移箱情况报箱控室；

⑤获机械司机确认后，将相应的移箱情况输入电脑；

⑥拖头将待移箱拖往计划场区，箱控室同时通知计划场区机械司机到位；

⑦移到验关场后，由机械司机报箱号，箱控室同时告知计划卸箱场位；

⑧机械司机核对箱号，明确计划场位后，完成卸箱作业；

⑨获机械司机确认后，将新场位输入电脑，完成移箱作业。

（4）装船作业：

①接到配载总图、装船顺序单；

②查看各舱所配卸港，计算箱量；

③接到调度室的装船通知，联系船边交接员和工班指导员，明确作业意图、发箱顺序、场区和注意事项；

④通知相应机械到位，同时船边员通知装船拖头到场；

⑤将电脑显示待装的箱号、场位报给机械司机；

⑥机械司机完成装车操作；

⑦获机械司机确认后，将已装船的箱号及操作司机代码输入电脑，完成装船发箱作业。

（5）卸船作业：

①根据卸船堆场计划的场区安排,箱控室联系船边交接员,确定卸船作业顺序,通知各接箱场区机械司机做好卸船接箱准备,同时注意各卸船接箱场区机械作业的协调进行;

②箱控室接到卸船清单;

③调度员通知卸船作业,箱控室接到船边员通知后,通知相应机械到位;

④拖车根据船边交接员的指示将卸船箱拖往相应的卸箱区后,机械司机将箱号报箱控室,箱控室根据电脑给出的计划卸箱场位,确认符合计划要求后,指导司机卸箱;

⑤机械司机完成卸箱作业;

⑥获机械司机确认后,箱控室将箱号、实际卸箱场位、司机代号等输入电脑,完成卸船作业。

四、堆场清场作业

堆场上的集装箱堆存情况千变万化。集装箱在堆场上的箱位、场位,随着装船、卸船作业不间断地进行,随时发生变化,特别是当堆场比较紧张,而进口或出口核心班轮集中到达之时,堆场的合理运用,就成为至关重要的问题。为保证核心班轮进出口作业正常进行,保证核心班轮班期,根据船期预报,提前做好场地安排计划,是堆场业务中不可缺少的工作。而清场作业又是堆场计划中的主要内容之一,清场作业程序是:

(1)堆场箱控部门根据调度室下达的清场单中明确的箱位、箱量,对需要清理的进出场地,通知陆运调度员组织作业;

(2)调度员视清场作业的倒箱量,配备场地及水平搬运机械,按照清场单进行倒箱作业;

(3)清场作业后,堆场理货员将发生移动的集装箱箱号、场位号重新输入计算机并通知相关部门可以卸箱的场位。

五、堆场中转箱业务

集装箱码头的中转箱,主要包括国内中转箱和国际中转箱。国内中转箱是指在境外装货港装船后,经国内中转卸船后转运到境内其他港口的集装箱,以及在国内装货港已办理结关手续,船公司出具全程提单,经国内中转港转运至国内外目的港的集装箱。国际中转箱是指由境外启运,经中转港换装国际航线船舶后,继续运往第三国或地区指定口岸的集装箱。集装箱码头设有专职中转业务员,负责码头内中转箱的箱务管理,掌握中转箱的动态,做好中转箱单证的业务工作。

1. 一程船卸船

国际海运中的"一程船"是指对某一中转箱而言将该箱从起运港运至中转港的船舶。码头配载计划员在收到船公司资料后,将其中的中转资料交中转业务员处理。中转业务员将中转资料输入电脑,在船舶卸船后,应将中转资料与实卸情况进行核对,发现问题立即通知有关方面协调解决。对于一程船卸船后超过一定时间(14 天)还没有出运的中转箱,码头中转业务员要主动与代理联系,及时安排二程船转运。

2. 二程船装船

国际海运中的"二程船"是对某一中转箱而言将该箱从中转港载运至目的港的船舶,中转业务员收到中转通知书后,将中转通知书(需要海关放行章)连同外区拖进本码头的中转箱的动态表一起交配载员处理。在装船结束后,中转业务员将经由配载员注明中转箱实际装箱情况好卸船时间的中转通知书与已装船的动态表等单证一起交收费部门。外区拖进本码头的中转箱因故未装上船的,中转业务员要妥善保管好动态表,以备使用。

3. 中转箱跨区拖运

如果中转箱一程船卸船与二程船装船不在同一码头,则在卸船后,该中转箱必须跨区拖运,拖出地码头的中转业务员在安排出场计划的同时开具中转动态表(一式三联)附在作业申请单上交出场检查口。司机拖箱时与检查口人员办理设备交接,检查口人员自留动态表一联,附在出场报表上交收费部门,其余交司机。在拖进地码头,检查口人员和司机办理设备交接,同时收下两联动态表,一联交中转业务员,另一联附在进出报表上交收费部门。其后的工作与卸船进场的中转箱作业类同。

4. 危险品中转箱转存

凡不宜在码头堆存的危险品中转箱,码头中转业务员应严格把关,及时通知代理安排转运,确保码头生产的安全。危险品中转箱出场,中转业务员填写作业申请单和动态表(一式三份)交检查口。检查口自留一联,附在出场报表上交收费部门,其余交司机。司机进场将动态表交堆场业务员保留以备日后进场之用。

5. 中转箱倒箱

国际中转箱如因箱体损坏、用错箱等原因需要倒箱的船舶代理应出具联系单给码头和海关。如在码头外倒箱,码头应根据海关许可证,安排出场计划和进场计划;如在码头内倒箱,则在倒箱时,要海关、船舶代理、理货员在场。倒箱结束后,由海关加铅封。

课外阅读

一、货物提货手续办理

1. 内贸货物提货手续受理

货物接收人持水路货物运单到港口办理货物提货手续,港口经营人要核对证明货物接收人单位或者身份以及经办人身份的有关证件,无误后港口货运主管部门依据港口货物作业合同和运单编制港口作业发票、港口作业单。港口作业发票、港口作业单一式七联。港口作业单由作业委托人或其代理人传递至港口基层货运部门,港口基层货运部门依据港口作业单载明的有关内容接收和交付货物。

2. 外贸货物提货手续受理

货物接收人持提货单(小提单)到港口办理货物提货手续,港口经营人要核对证明货物接收人单位或者身份以及经办人身份的有关证件,无误后港口货运主管部门依据港口货物作业合同和提货单(小提单)编制港口作业发票、港口作业单。港口作业发票、港口作业单一式七联。港口作业单由作业委托人或其代理人传递至港口基层货运部门,港口基层货运部门依据港口作业单载明的有关内容接收和交付货物。

货物接收人包括两类主体:一是作业委托人自己,二是作业合同双方当事人以外的第三人,在起运港货物接收人常常体现为运输关系中的承运人(或船方),在到达港常常体现为运输关系中的收货人。作业合同约定港口经营人将货物交付给第三人的，作业委托人应当保证第三方按照作业合同的约定接收货物。

二、货物的装卸船

1. 货物装船

(1)内贸货物的装船：

①根据货物交接清单的记载确认装船货物的名称、件数、标志、包装、吨数、票数、规格等等。

②与船方约定装船货物的交接方式，并按约定的货物交接方式进行货物的交接。

③如在装船过程中发现货物损坏、灭失、单货不符等情况，双方应共同编制货运记录。如船方在接收货物时没有就装船货物的数量和质量提出异议，视为港方已经按照约定交付了货物。

④每工班作业结束，港船双方共同对当班发生的货物装船数量进行签认。如双方对装船数量发生争议，应立即进行复核，并在复核的基础上进行签认。

⑤每工班作业结束，港口理货员应在货物垛位图上核销当班装完的货垛，填写单船货物作业进度台账，未尽事宜交给下一个工班理货员。

⑥全船货物装船完毕，港船双方共同在货物交接清单上对所装货物的数量及质量予以签章确认，签章后的货物交接清单是船方按货物交接清单"实装"栏和"状况"栏上记载的数量和质量接收货物的证明。船方按此签发运单。

⑦如货物直取装船，且货物由作业委托人与船方直接进行交接，此时船方签发的运单同时视为是船方向作业委托人签发的货物收据。

⑧货物入库和装船过程中编制的货运记录应交给船方，随货同行。

(2)外贸货物的装船：

①根据出口货物装货清单的记载确认装船货物的名称、件数、标志、包装、吨数等等。

②与理货机构约定装船货物的交接方式，并按约定的货物交接方式进行货物的交接。散装货物按重量进行交接的，其货物重量的交接依据贸易双方贸易合同的有关条款确定，主要有计量器具计量装船、公证部门水尺鉴定、原货原转等方式。

③如在装船过程中发现货物损坏、污染、灭失、单货不符等情况，理货机构编制现场记录。港口理货员予以确认。

④每工班作业结束，港口与理货机构共同对当班发生的货物装船数量进行签认。如双方对装船数量发生争议，应立即进行复核，并在复核的基础上进行签认。

⑤每工班作业结束，港口理货员应在货物垛位图上核销当班装完的货垛，填写单船货物作业进度台账，未尽事宜交给下一个工班理货员。

⑥全船货物装船完毕，港口与理货机构共同核对、确认装船货物数量和质量并签证。

⑦如货物直取装船，原则上由作业委托人与理货机构直接进行交接。

2. 货物的卸船

(1)货物的卸船准备。港口经营人卸船前的准备工作主要有：

①根据船舶预报和港口作业单记载内容，指定卸船的泊位，初步确定港口作业方案。

②将港口卸船计划通知作业委托人和货物接收人，商定货物卸船后是进入港口库场还是卸船直取。

③落实货物的出库方式（公路、水路、铁路），及各种出库方式的数量和进度。

④根据货物的数量、包装、性质以及船舶的积载方案，原则确定货物的堆码方式及货物的堆码位置。

⑤落实货物的质量要求，如属易损或操作难度较大货物，要通知货物接收人做好监卸准备。

⑥建立货物卸船及货物出库台账。

作业委托人应及时办理港口、海关、检验、检疫、公安以及其他货物运输和作业所需的各种手续，并将已办理的各种手续单证送交港口经营人。有特殊保管要求的货物，作业委托人应当与港口经营人约定货物保管的特殊方式和条件。

(2)内贸货物的卸船：

①与船方交接随货同行的货运单证，并进行单证核对。

②根据货物交接清单和运单的记载确认卸船货物的名称、件数、标志、包装、吨数、票数和规格等等。

③双方约定卸船货物的交接方式，并按约定的货物交接方式进行货物的交接。

④卸船过程中发现货物损坏、灭失、单货不符等情况，双方应共同编制货运记录。

⑤工班作业结束，港船双方共同对当班发生的货物卸船数量进行签认。如双方对卸船数量发生争议，应立即进行复核，并在复核的基础上进行签认。

⑥工班作业结束，港口理货员填写单船货物作业进度台账，并编绘单船货物垛位图，未尽事宜交给下一个工班理货员。

⑦全船货物卸货完毕，港船双方共同在货物交接清单上对所卸货物的数量及质量予以签章确认，签章后的货物交接清单是港口经营人按货物交接清单“实卸”栏和“状况”栏上记载的数量和质量接收货物的证明。港口经营人按此交付货物。

⑧如货物卸船直取，且货物由货物接收人与船方直接进行交接，货物接收人收到货物后，应当在其持有的一联运单上签认，签认后的该联运单作为货物接收人收到货物的收据交给船方留存。

⑨货物入库和装、卸船过程中编制的货运记录到达港港口经营人予以留存，随货同行。

(3)外贸货物的卸船：

①根据进口货物载货清单的记载确认卸船货物的名称、件数、标志、包装、吨数、票数和规格等等。

②与理货机构约定卸船货物的交接方式，并按约定的货物交接方式进行货物的交接。散装货物按重量进行交接的，其货物重量的交接依据贸易双方贸易合同的有关条款确定，主要有计量器具计量装船、公证部门水尺鉴定、原货原转等方式。

③在卸船过程中发现货物损坏、污染、灭失、单货不符等情况，理货机构编制现场记录，港口理货员予以确认。

④每工班作业结束，港口与理货机构共同对当班发生的货物卸船数量进行签认。如双方对卸船数量发生争议，应立即进行复核，并在复核的基础上进行签认。

⑤每工班作业结束，港口理货员填写单船货物作业进度台账，并编绘单船货物垛位图，未尽事宜交给下一个工班理货员。

⑥全船货物卸船完毕，港口与理货机构共同核对、确认卸船货物的数量和质量并签证。

⑦如货物卸船直取，原则上由作业委托人与理货机构直接进行交接。

三、火车作业的货运工作程序

火车运输是港口货物集疏运的重要途径。港口一般都拥有自己的铁路专用线，在铁路专用线进行火车作业的货运程序有火车装车作业的货运程序和火车卸车作业的货运程序两种。

1）火车装车的货运工作程序

（1）装车准备：

①接收货物接收人的发货指令和铁路转运流向。

②审核待装车发运货物，并编制、登录货位图。

③接收货物接收人的自备物品和加固材料，并在货位图上标明。

④确定货物装车的积载规范。

⑤提出装车的质量和相关要求。

（2）装车实施：

①接收当班装车作业计划，确定各作业线车辆对应的货位。

②核查所装货物的船名、货名、票类、标志、包装、规格和装货车辆的车号，并与装车计划和垛位图记载内容相符。

③向作业人员下达装车规范及质量和相关要求。

④检查火车车厢清扫和车底铺垫情况，使其具备保证装车货物质量的要求。

⑤指导作业人员按规范和标准进行装车作业。敞车装怕湿货物应在车内堆码成屋脊形，并苫盖良好，捆绑牢固。使用棚车装载货物时，对于装在车门口的货物，应与车门保持适当距离，以防挤住车门或湿损货物。

⑥对散装货物的装车，采取轨道衡计量、在车厢上画线（根据火车的载重量、车厢底面积和货物的比重计算出货物在车厢内装载的高度，并以此画线）等方法确定装车数量。

⑦每车装货完毕，对货垛剩余货物数量和车内货物数量进行复核。

⑧每车发生的残损货物单独堆放，计数后编制事故报告并送达指定位置。

⑨每垛货物装完后，在垛位图上核销该货垛。装车完毕后形成的半垛，要对剩余数量进行复核，无误后在垛位图上修正。

⑩编制货物装车记录和货物出库记录。

2）火车卸车的货运工作程序

（1）卸车准备：

①接收作业委托人货物铁路集港计划和每批集港货物的通知（包括铁路集港货物的货名、票类、规格、包装、数量和所载货物的车号、作业委托人自备物品和加固材料等）。

②根据货物情况确定货物的堆码库场。

③确定货物堆码的垛型。

④提出卸车的质量和相关要求。

(2)卸车实施:

①根据当班卸车作业计划,确定各作业线车辆对应的货位。

②卸车前,认真检查车辆、篷布苫盖、货物装载状态有无异状,施封是否完好。如有异状及时通知铁路货运和公安部门会同卸车。

③拆卸篷布和加固等,并送交指定位置。如属作业委托人自备物品和加固材料则按作业委托人的要求分类堆放。

④核查所卸货物的货名、票类、标志、包装、规格和卸货车辆的车号,并与卸车计划和铁路运单或作业委托人的传真记载内容相符。

⑤卸车过程中,要认真检查货物情况。如发现原残货物,及时通知铁路货运部门查验并做好货运记录。作业过程中发生工残,做好事故报告。

⑥指导作业人员按规范和标准堆码货垛。

⑦每车卸货结束,核查实际卸车数字。如与铁路运单或作业委托人的通知记载不符编制货运记录。

⑧当班卸车结束,编制货物卸车记录。

⑨根据货物卸车记录编制货物入库记录并编绘垛位图。

⑩将港口编制的货运记录送达铁路货运部门换取铁路货运记录。

四、货运交接

在水路货物运输过程中,随着运输区段的变化,货物在不同的当事人掌管之下。当货物从一个当事人手中转移到另一个当事人手中时,就发生一次交接过程。从发货人发出货物到货物接收人提取货物,一般要经过四次交接过程(不包括港口内部间的交接),即发货人→起运港→船舶→到达港→货物接收人。货物的交接意味着货物数量、质量、责任、风险的接收与转移,因此交接的基本原则为:“交接前由交方负责,交接后由接方负责”。

为了保证交接质量,使货物数量准确、质量无损,无论哪一种交接,都应该建立必要的交接记录和交接制度。

1. 货运交接的种类

货运交接按交接双方的身份可分为:港口与船方间的交接、港口与货方间的交接、港口与理货机构间的交接、港口内部间的交接等等。

1)港口与船方间的交接

港口与船方间的交接是港口与船方按约定的方式在装卸船过程中对货物进行交付与接收,交付接收完毕后,共同对交接货物的数量和质量等内容在有关货运单证上签认。

港口与船方间交接的主要货运单证有:货物交接清单和货运记录。在交接双方签认过程中,货物交接清单主要对货物实际装、卸的数量和货运记录的编号进行记载;货运记录主要对在装/卸船过程中发现的货物损坏、灭失等情况进行记载。

对在港口直装、直提的货物,由于货物基本上不在港口经营人的掌管之下,原则上由货方和船方进行交接。

港、船之间交接手续办理完毕后,船舶方能开航。

2)港口与货方间的交接

港口与货方的交接是港口与货方按约定的方式在货物进出港口库场时对货物进行交付与接收,交付接收完毕后,共同对交接货物的数量和质量等内容在有关货运单证上签认。

出口货物入库时,港口依据作业合同的有关内容对入库货物的名称、包装、标志、规格等进行验收,每票货物入库完毕,港口应予签认收据。进口货物出库时,每票货物出库完毕,货方也应签认收据。如在出入库过程中发现残损,双方应共同编制货运记录。

3)港口与理货机构间的交接

《港口货物作业规则》第四十八条中规定:“国际运输以件交接的货物、集装箱货物和集装箱,船方应当通过理货机构与港口经营人交接。前款规定以外的货物和集装箱,船方可以委托理货机构与港口经营人交接。”国际运输以件交接的货物、集装箱货物和集装箱,船方应当通过理货机构与港口经营人交接,这是专门针对国际运输货物而作出的具有特定使用范围的强制性规定。在没有作出强制性规定的情况下,船方可以自行理货也可以选择理货机构与港口经营人进行交接。

国际运输以件交接的货物,理货机构代表船方按舱单(进口货物)、装货单(出口货物)和货物上标明的主标志和港口经营人(或货方)交接货物,对每作业班次的交接数字双方共同签认计数单,对发现的残损共同签认现场记录。全船理货交接后,对出口货物,理货机构根据计数单和舱单,汇总编制货物溢短单;根据现场记录,汇总编制货物残损单。对出口货物,理货机构根据计数单和装货单,制作货物分舱单和积载图。

对非强制性的委托理货业务,委托方可以是船方,也可以是收、发货人,理货机构可以看成是委托方的受雇人或者代理人。此时港口与理货机构之间的交接,可以用港口与货方间及港口与船方间的交接方式和内容进行调整。

4)港口内部间的交接

港口内部间的交接是货物在港作业及堆存期间,港口货运部门内部依据有关货运程序进行的货物与货运单证的交接。

由于各港货运部门的机构设置、职责分工不尽相同,因此内部间交接细节和内容也不完全一致,在此不再细述。

2. 货运交接的方法

货运交接按交接的货种主要可分为:散货交接和其他货物交接。《港口货物作业规则》第三十二条规定:“除另有约定外散装货物按重量交接;其他货物按件数交接。”港口作业货物的交接方式以当事人约定为优先,当事人可以约定不同于《港口货物作业规则》的交接方式,在当事人没有约定或者没有不同约定时,才按照《港口货物作业规则》所确定的方式。

1)散装货物的交接方法

《港口货物作业规则》第三十三条规定:“散装货物按重量交接的,货物在港口经技术监督部门检验合格的计量器具计量的,重量以该计量确认的数字为准;未经技术部门检验合格的计量器具计量的,除对计量手段另有约定外,有关单证中载明的货物重量对港口经营人不构成其交接货物重量的依据。”该条款主要包括以下含义:

(1)当事人没有不同约定时,散装货物按重量进行交接。

(2)当散装货物按重量交接时,货物在港口经技术监督部门检验合格的计量器具计量的,港口经营人接收和交付的货物重量均以该计量的数据为准。如果港口经营人交付的货物重量在扣除货物自然减量、合理损耗等因素后较之接收时仍有短少的,则港口经营人应对短少的货物承担赔偿责任。

(3)未经技术监督部门检验合格的计量器具计量的,计量方法以约定优先,如双方可以约定使用船舶水尺数进行计量交接。

(4)未经技术监督部门检验合格的计量器具计量,双方又没有约定计量方法的,港口作业合同中载明的货物重量只是作业委托人的申报重量,并无法律认可的器具可以对其加以核实,故对港口经营人并不构成其收到货物重量的证据。此时港口经营人作为接收货物的一方向交付货物的一方当事人签发的货物收据,在双方之间也不再具有绝对的证据效力;交付货物的一方与作业合同中的货物接收人为一人时,港口经营人不再负有按交接单证上的记载向其交付货物的绝对义务,除非该货物接收人能够证明货物重量的短少确实发生在港口作业期间。但当货物接收人与交付货物的一方当事人不是同一人时,为保护善意第三人的合法权益,港口经营人仍负有按收据上的记载向提货人进行交付的义务。

2)其他货物的交接方法

由于港口装卸货物的种类、包装、规格、批量及操作方式不同,货物交接的方式也不相同,目前采用较多的交接方式主要有:

(1)点垛交接。是计件货物交接中使用最广泛的一种方法,是交接双方通过点计货垛的方式进行交接。适用于通过港口库场短期储存,由港口经营人与承运人发生交接的大宗包装件货物,交接的地点在货垛边。这种交接方法的前提是港口的货垛必须做到"三定"即定量、定关、定型;装卸作业的水平运输线路固定。点垛交接的前提是交接双方点计的货垛件数必须完全一致,否则不能进行交接。一般点垛交接均在港口库场进行,货物入库时,由交货方与港口库场人员共同进行点垛,货物出库时,由接货方与港口库场人员进行点垛,港口应为搞好这一交接方法创造有利条件。点垛交接应注意以下几点:

①货物在堆码过程中垛型要整齐规范,不得出现夹垛、缺垛现象。

②装卸作业完毕,要认真检查船舶甲板、作业线路和库场,防止因掉落或遗漏货物而造成缺卸、漏发。

③要强化工作责任心,杜绝重复点计或漏点。

④交付货物的件数必须与垛位图上的记载相符,如有溢短,查明原因后才能交接。

⑤班次作业结束形成的需下一班次继续作业的半垛,应搞好交接。

(2)划关交接。是交接双方同在交接现场,凭书面记载下的双方共同认可的货物件数为交接的依据。划关交接适用于多种货物的交接。采用划关交接应注意以下问题:

①货关必须落地,交接双方确认数字后方可移动。

②交接双方在划关前要口头提示,并互核书面记载的数字。

③货关停留超过正常时间或者作业暂时中断,必须对停留的货关作出是否交接的记号。

④划关记录作为原始凭证,必须妥善保管。

⑤必须正确选择划关位置,交接双方应明确一关货物走到什么地方为划关的"定点",否则在划关中极易发生多划或少划,造成差错,划关位置一般在船的甲板或船边。

(3)小票交接。是在货关难以"三定",货垛又难以点清件数,交接双方以每小票一关(件)按顺序编号进行交接，以收发一致的小票所记载件数为交接依据。采用小票交接既可核对交接件数，又可核对运输标志，为按票堆码或按票装船创造了条件。采用小票交接应注意以下事项：

①收发小票时，必须核对货关与小票记载内容是否一致，如不一致当场解决。

②小票与货关均要编写顺序号码，并按顺序号码收发小票。

③开具的小票件数、标志与货关相符。

④传递的小票要保证不丢失、不误传。传递小票的司机要做到无票不拖运，防止货、票分离。

⑤小票存根要妥善保管，便于复核复查。

(4)计筹交接。是延用时间最长的一种货物交接方法。但随着装卸机械化程度的提高，这种交接方法的适用范围在逐渐缩小。

计筹一般是用竹制成的，筹插在木制分格的筹桶内，共20格，每格5支，每桶共计100支，每筹的上端用油漆涂上不同颜色，以便识别。

在进行货物交接时，交货方将筹交给工人转交给收货方。工班结束或装卸完毕，交接双方凭筹数来结算货物的交接数量。一般是一支筹代表一件货物，也有事先商定一支筹代表一车货物，但每车货物必须定量。

计筹交接要求交接双方思想高度集中。点垛交接如果发现货垛件数有疑问时尚可重新点计，而计筹交接如果发现货物筹数有争议时，难以从筹子本身来解决，最后只有用翻舱翻垛的办法来解决。因此，在进行计筹交接时必须注意下列事项：

①货关从开始到结束，必须坚持"三定"，中途不得变更。

②发筹开始和回筹、收筹时要检查筹数和是否按顺序排列。

③发、收筹均应有固定的程序，即何时取筹、交挂筹、收筹。

④作业中断时对停留的货关要作出明显的已否收发筹记号。

⑤以货关编号，凭车编号来检查是否错发、满发等。

⑥传递筹子的司机要做到无筹不拖运，防止筹货分离。

⑦交接双方如发生争议，应当立即解决。

(5)点交点接。是指对某些特定货物，交接双方当面进行交付、接收的交接方法。特定货物主要指：涉外、精密、保密、贵重等货物。在交接过程中，交接双方要详细核对货物的件数、标志、包装等，并当场办理货物交接签证。

五、常见货物的性质及储存要求

通过港口储存的货物种类很多，这些货物的性质对货物堆码储存的方式和方法有着不同的要求，港口散杂货码头大宗的、较为常见的货物主要有：金属矿石、化肥、粮食、煤炭、钢铁、糖、盐等等。

1. 金属矿石

金属矿石绝大多数是散装运输。其主要特性为：

(1)密度大。所有金属矿石的密度都大于1。

(2)易散发水分和有害气体。开采出来的矿石不同程度地含有水分和杂质，精选的矿含水量更高，因此矿石多为散湿性货物。矿石的杂质含量高，有些能散发它所吸附的或与水作用生成的气体,其中有些气体具有毒性。

(3)易扬尘。在装卸和储存过程中,随着水分的散失,极易飞扬灰尘。

(4)渗水性。散装金属矿石含水量在9%时,会出现移动的可能,含水量达到12%时,就会出现大量的泥石浆移动。

(5)冻结性。含水量较多的矿粉,在低温条件下极易冻结,造成装卸困难。

(6)自热、自燃性。一般含硫量大、含水量在6%～8%的矿石,较易发热而引起自燃。

(7)静止角较大。块状、颗粒状矿石静止角较大,一般在30°～50°,在一定的底面积上可以堆得比较高。

(8)怕混杂。矿石的种类繁多、用途各异,如混杂会严重影响生产及产品质量。

金属矿石在港口基本上都是散装堆存,其储存要求为:

(1)各种矿石必须按不同品种、规格分别堆放,不得混卸混堆,不得混入杂质。

(2)堆放矿石要使用硬化堆场,堆场要干净整洁。垛型要成行成线,各面呈规则几何形状。

(3)对易扬尘的矿种,采取表面凝结、洒水、苫盖等方式,防止矿石扬尘,减少货物的风耗。

(4)矿石的比重较大,堆高时应注意堆场的负荷能力。

2. 化肥

化肥的种类很多,有多种分类方法,按化学成分可分为无机肥料和有机肥料。按化肥所含的主要成分的不同,可分为单质肥料和复合肥料两大类。单质肥料只含有一种元素,如氮肥、磷肥、钾肥;复合肥料则含有两种以上的元素,如磷酸二铵、尿素等。有的化肥还属于危险货物,如硝酸铵等。化肥的主要特性有:

(1)化肥的吸湿性和水溶性。大部分化肥具有吸湿性,吸湿的程度随环境的温度、湿度、化肥的品种的不同而不同,在一般情况下,高温高湿,化肥的吸湿性就大。有的化肥吸湿后易结块;有的化肥吸湿后易分解、挥发,损失有效成分,降低质量。大多数化肥易溶于水,吸湿后会溶化致使有效成分流失。有的化肥吸湿后会使体积膨胀,造成包装损坏。

(2)分解挥发性。磷肥、钾肥和一部分氮肥,性质比较稳定,一般不易分解。但有一些氮肥稳定性较差,在常温下就能分解,挥发出氨,使肥效降低。

(3)燃烧、爆炸性。硝酸铵、硝酸钾等属于氧化剂类的危险品,具有助燃性、爆炸性。石灰氮则具有遇火燃烧性,液氨具有爆炸性和有毒性。

(4)腐蚀性。凡属酸性和碱性的化肥都有一定的腐蚀性。酸碱性越强,腐蚀性就越大。化肥挥发出的气体同样也具有腐蚀性。

(5)毒性。石灰氮具有毒性,且粉末易飞扬,铵类化肥挥发出的氨也有一定的毒害性。

(6)结块性。散装化肥容易因受潮、水湿或受重压等原因结成大块,袋装化肥往往因储存时间过长而造成干燥结块和压实结块,化肥结块造成减重、降质,给运输、装卸带来困难。

(7)扬尘性。粉状化肥在散装和包装破碎时具有扬尘性。

(8)散发异味性。有的化肥有强烈的异味,尤其是铵类化肥分解时会发出氨气,异味更强烈。

化肥的包装形式主要有袋装和散装两种,其堆码储存要求为:

(1)化肥在装卸过程中应做好防水湿、防撒漏、防杂质和防扬尘的各项工作。

(2)散装化肥要堆放在仓库内,并尽量缩短其在港的堆存时间,以减少因吸湿、结块、分解等原因引起的质量变化。

(3)袋装化肥堆码在堆场上必须采用起脊垛的垛型,而且要做到上盖下垫、封盖严密。垛型不宜过高,以免化肥久压结块。

(4)一般化肥属支农物质,大部分进口化肥需在港口装车进行铁路运输,为保证火车装车的数字和质量,化肥垛可以采用60t或60t倍数的定量。

(5)对属于危险货物的化肥品种,应按《国际海运危险货物规则》的有关规定进行装卸和储运。对有毒性、腐蚀性的化肥品种,在装卸储运时要注意人身的安全。对硝类化肥的结块破碎应使用木质工具。

(6)化肥在库场与其他货物同时堆放时,要根据各自的性质注意货物的互抵性。

3.粮谷

粮谷的种类很多,分谷类、豆类和油料类。其主要特性为:

(1)呼吸性。粮谷是处于休眠状态的有机体,靠呼吸作用获得能量以维持生命。呼吸强度受粮谷的水分、温度、空气成分、籽粒状态等因素的影响,其中水分是最重要的因素。在一定范围内,粮谷的水分增大,能促进呼吸加强。干燥的粮谷呼吸作用极为微弱。当水分超过安全水分时,呼吸作用骤然加强。温度在0～50℃范围内,呼吸强度随温度上升而增强。粮谷的呼吸作用越强,营养物质的消耗就越多,会使其重量减少、质量下降。

(2)吸湿性。粮谷在相对湿度大的环境下会吸湿增加其含水量;反之则会散发水分,降低其含水量。粮谷的含水量增加以后,在一定的温度湿度条件下会增加呼吸强度,易引起发热、发芽、霉变、害虫繁殖等。

(3)吸附性。粮谷有吸附与解吸各种气体的性能,并能感染异味和有害气体。

(4)陈化性。粮谷随着储存时间的延长,由于酶的活性减弱,呼吸降低,使其品质变劣,这种由新到陈、由旺盛到衰老的过程,称为粮谷的陈化。粮谷的陈化程度与其保管时间成正比,此外在高温、高湿、杂质多,虫、霉滋生的环境中,易加速粮谷的陈化。

(5)发热性。粮谷在储运中,粮堆温度不正常的上升现象,称为粮谷发热。粮谷发热的主要原因是粮谷内生物体进行呼吸作用产生热量积聚的结果。如果粮堆内的热量产生比散失快,粮温就会增高。同时,粮温的增高又为生物体的旺盛呼吸创造了条件。这样就会产生粮堆自身促进发热的现象。

(6)散落性和下沉性。粮谷是一种散粒体,相互间的内聚力很小,由高处下落时很容易向四面流散,这种特性称为散落性。粮谷的散落性大小通常以静止角表示。静止角是货物由高处自然散落到平面上所形成的锥体斜面与水平面的夹角。粮谷间因有空隙,受外力作用后会产生表面下沉,这种特性称为下沉性。粮谷的下沉性与孔隙度(孔隙体积与粮堆体积的百分比)直接有关。

(7)易受虫害。粮谷很容易感染害虫,害虫蛀食粮谷,引起重量损失和品质下降,同时还会污染粮谷。

(8)易霉变。粮谷中带有大量微生物,微生物大量活动的结果,导致粮谷出现变色、变味、发热、生霉以及霉烂等霉变现象。微生物一般以粮谷超过安全水分、温度在25～35℃时生长最快。

粮谷的包装形式主要有袋装和散装两种。其堆码储存要求为：

(1)粮谷在装卸时要做好防水湿、防撒漏、防污染等工作。雨雪天气不能作业并配备使用干净干燥的工属具。

(2)散装粮谷最好堆存在专用的粮食筒仓。在一般条件下的仓库不宜长期堆存，堆存期间要采取措施对粮堆进行通风并做好粮堆内温度的监测工作。

(3)袋装粮谷堆放在堆场上必须采用起脊垛的垛型，而且要上盖下垫，封盖严密。垫垛的货台的设计最好可使垛底能自然通风。由于粮谷的下沉性，货垛成起后也能逐渐下沉造成垛绳松动，因此要经常对货垛进行加固。

(4)由于港口一般不具备专业粮谷储存的库房、设施和技术等，因此粮谷不宜在港口久存，否则就极易造成粮谷重量和品质的下降。

(5)粮谷在储存过程中要做好防虫、防鼠等工作。

(6)水湿、发热、含水量超过安全水分以及霉变、生虫的粮谷，原则上不得进入港口库场堆存。

(7)进口袋粮及进口散粮经港口灌包后，如通过火车转运，货垛的定量最好采用60t或60t的倍数。

4. 煤

煤的特性为：

(1)氧化与自燃性。储运过程中，由于煤与氧接触而发生缓慢的氧化作用，产生一定的热量，当热量不易散发时，煤堆温度就会增高，达到煤的燃点时，煤就会自燃。

(2)会产生爆炸性气体或爆炸性粉尘。从煤中挥发出来的煤气易燃，当煤气与空气混合达到一定比例时，遇火就会引起爆炸。装卸时如煤粉尘在1m^3空气中含量达10～32g时，遇火也会发生爆炸。

(3)冻结性。含水分超过8%的湿煤，在北方寒冷的冬季会冻结，造成装卸困难。

(4)污染性。煤有扬尘性和散湿性，会对其他清洁货物造成污损、湿损。

煤在港口一般是散装堆存，其储存要求有：

(1)各种煤炭必须按不同品种、规格分别堆放，不得混卸混堆，不得混入杂质。

(2)堆放煤炭要使用硬化堆场，堆场要干净整洁。垛型要成行成线，各面呈规则几何形状。粉煤应堆在避风处，块煤堆在迎风一面。

(3)煤垛的高度应视保管时间和煤种的自燃倾向而定。煤堆的方向应南北长、东西短，以减少日晒面积，煤堆之间应留有一定的间距，防止雨水冲击混堆。

(4)对有的煤种要做好测温工作，煤堆正常温度应与空气温度相一致，超过45℃就要定时进行测温，并做好记录。防止温度上升的较为简单的方法有插入通风器、打眼、压实和灌水等几种。如煤温超过60℃，要及时联系疏运，采取喷水降温、倒堆散热等措施以防止发生自燃。

(5)为防止煤冻结，冬季待装煤的含水量不得超过5%。

(6)对出口优质煤，要做好除杂和除铁工作。

5. 食糖

食糖的特性为：

(1)易溶于水。食糖遇水即可溶化，一般情况下，一份食糖能溶解三份多水，糖的溶解度与温度成正比。

(2)易潮解。食糖有吸湿性，当糖的含水量超过6%时，糖就会逐渐溶化。糖潮解后容易渗出糖蜜，严重时会发生淌浆（糖液流出），从而造成货损。在一定的条件下，温度越高，糖越容易吸湿；在同一湿度条件下，糖含水量越多，吸湿越快。含水量大的糖，在相对湿度较低的环境中，也会散失水分而变干。

(3)结块性。食糖容易结块，尤其是含还原糖较多、晶粒较细、水分较多的食糖。结块的主要原因有：干燥、受压、受冻等。食糖结块不仅减重、降质，而且给运输装卸带来困难。

(4)吸味与散味性。食糖极易吸收外来异味，吸味后的食糖糖味不正、质量下降。粗糖因处理较简单，留有异味，也不宜与其他吸味货物同放。

(5)易燃性。食糖的燃点是400℃，一般不易燃烧。在闷热潮湿的条件下，蔗糖经过化学分解，发酵后生成还原糖，倘若温湿度不变继续发酵，便会产生酒精蒸气，酒精蒸气在空气不流通的情况下，大多悬浮在糖包表面3～4 cm处，遇火星即可引起燃烧。另外，盛装食糖的麻袋，其表面的麻绒是易燃物，一遇明火或火星，就会立即引起燃烧，且蔓延快不易扑灭。

装卸储存要求有：

(1)储运食糖的仓库必须清洁干燥，没有异味，并做好防鼠工作。

(2)袋装食糖堆放在堆场上必须采用起脊垛的垛型，而且要上盖下垫，封盖严密。垫垛的货台的设计最好可使垛底能自然通风。

(3)装卸储运过程中，舱内、库内、车内等现场严禁烟火、严禁携带火种。进入仓库、船舶舱内作业的机械、车辆，必须装有防火帽。

(4)食糖在装卸时要做好防水湿、防撒漏、防污染等工作。雨雪天气不能作业并配备使用干净干燥的工属具。

(5)对含水量较高的食糖要做好温度检测和通风工作。发现问题及时采取措施。

(6)不能与扬尘货物、散湿散味货物、有毒货物、易燃自燃货物和危险货物同库堆放。

(7)垛型不宜过高，以免下层糖受压结块。

六、特种货物的储存要求

特种货物分为：危险货物、贵重货物、笨重长大货物、冷藏货物和涉外货物等。此类货物不同于其他普通货物，在储存过程中要采取特殊措施以保证货物和人身的安全。

1. 危险货物

危险货物品种繁杂、性质各异。《国际海运危险货物规则》按其主要危险类型将其分为九大类，各大类又分为若干小类，具体如下：

第1类——爆炸品

第1.1类　具有整体爆炸危险的物质和物品。

第1.2类　具有抛射危险但无整体爆炸危险的物质和物品。

第1.3类　具有燃烧危险和有较小抛射危险或两种危险兼有，但无整体爆炸危险的物质和物品。

第1.4类　无重大危险的物质和物品。

第1.5类　具有整体爆炸危险但极不敏感的物质和物品。

第 2 类——气体:压缩、液化或加压溶解的

第 2.1 类　易燃气体。

第 2.2 类　不燃气体。

第 2.3 类　有毒气体(有毒气体如果是易燃的,则归入第 2.1 类)。

第 3 类——易燃液体

第 3.1 类　低闪点类液体,即闭杯试验闪点低于 -18℃的液体。

第 3.2 类　中闪点类液体,即闭杯试验闪点为 -18℃至 23℃但不包括 23℃的液体。

第 3.3 类　高闪点类液体,即闭杯试验闪点为 23℃至 61℃且包括 61℃的液体。

第 4 类——易燃固体或物质

第 4.1 类　易燃固体。

第 4.2 类　易自燃物质。

第 4.3 类　潮湿时放出易燃气体的物质。

第 5 类——氧化物质(氧化剂)与有机过氧化物

第 5.1 类　氧化物质(氧化剂)

第 5.2 类　有机过氧化物

第 6 类——有毒的(毒性的)物质和感染性物质

第 6.1 类　有毒的(毒性的)物质

第 6.2 类　感染性物质

第 7 类——放射性物质

第 8 类——腐蚀性物质

第 9 类——杂类危险物质

危险货物在港口装卸一般要在船边采用直取的方式,如确需进入港口库场堆放,应按以下要求:

(1)危险货物进入库场,库场管理人员应严格把关,性质不明或出口货物包装、标志不符合规定的,库场管理员有权拒收;进口的破损货物应单独存放。

(2)危险货物库场管理人员应经过专门训练,了解和掌握各类危险货物保管知识,并经考试合格后方可承担。

(3)一级危险货物应存放在危险货物专用库场内,一般危险货物可在固定仓库或场地存放。所有存放危险货物的库场必须配备相应的安全设施和应急器材。

(4)危险货物提离现场,库场管理人员应认真核对品名、标志、标记和数量,按单发货,防止错发、漏发。

(5)危险货物必须严格按照《国际海运危险货物规则》中有关隔离要求堆存。库场管理人员应正确指导工人在指定的货位内按票分类堆放。码垛要整齐、稳固,标志朝外,桶口(箭头)朝上。垛顶距灯不得少于 1.5m,墙距不少于 0.5m,垛距不少于 1m,消防器材、配电箱周围 1.5m 范围内禁止堆存货物或放置其他物品,堆场消防通道不应少于 6m。

(6)危险货物库场应建立安全防火责任制,确保各项安全防护措施的落实。对堆存的危险货物应设置消防方法标志牌,高温季节,应根据货物的性质做好降温工作。

(7)库场应及时打扫和清洗,做到货走垛底清、地脚净。库场管理人员必须坚守岗位,严

格执行交接班和检查制度，保卫人员应做好库场巡视保卫工作。对受到危险货物污染的库场、垫苫品、工属具等要及时清刷或消毒，以确保库场和人员的安全。

(8) 凡进入危险货物库场的任何人员，必须遵守库场制度，服从库场管理人员指挥，工作完毕立即离开库场。

(9) 根据危险货物的性质，及时做好防火、防潮、防热、防暴晒和防雷电工作。

2. 笨重长大货物

笨重长大货物主要有：运输机械类、钢铁制品类、成套设备类和其他货物类。其储存要求为：

(1) 重大件货物在港区保管，应选择平整的水泥场地或适宜的仓库。

(2) 对重大件货物特别是长大件的货位要考虑到便于机械和车辆的行驶、转弯及起吊作业。对超长而并不笨重也不坚硬的货物，下面要多铺放垫木，相互距离要基本相称，以防中间下垂或两端下垂造成变形。

(3) 成套设备的重量和体积轻重大小不一，堆高时要在上下两箱之间衬垫木板或木方，以防下面大件箱顶压坏。密封箱与花格箱装的裸装大件设备应分开堆放，密封箱的堆垛要便于加盖篷布。对堆高不稳及重心偏向的重大件货物堆放时要保持平衡，避免倾斜，以防倾倒。

(4) 对要求保持恒温及严防雨湿的精密仪器重件设备，凡仓库具备条件的，应尽量存放仓库保管，港区限于条件无法满足时，应与货主密切配合，做好车、船(驳)直取的衔接工作。

3. 贵重货物及涉外货物

贵重货物和涉外货物的储存要求：

(1) 防潮；

(2) 防压、防撞击；

(3) 箭头朝上；

(4) 专人管理，货物交接采用点交点接的方式；

(5) 防铅封脱落，严禁开启。

思考题

1. 举例说明仓库、库场、货棚的定义。
2. 港口库场有哪些功能和类型？
3. 如何区分前方库场、后方库场？
4. 港口的计量设备有哪些？
5. 简述编制库场堆存计划的原则与要求。
6. 简述库场堆存计划的编制程序。
7. 编制库场堆存计划需要哪些资料？
8. 货物的堆码有哪些基本要求？
9. 常见的堆垛形式有哪些种？
10. 什么是货垛的定量？
11. 什么是货物积载因数？

12. 什么叫亏仓和亏仓百分比,如何计算?
13. 如何计算库场堆存面积?
14. 库场货运作业由哪几部分组成?
15. 简述集装箱箱区的箱位编码方式及场箱位、场箱位号、场位号的含义。
16. 场箱位的箱区、位、排、层是如何表示的?
17. 集装箱堆垛有哪些基本要求,如何办理中转箱的倒箱?
18. 简述码头堆存出口重箱和进口重箱的提箱的业务程序。
19. 简述码头堆存业务程序。
20. 什么是一程船、二程船?

技能训练

1. 某库计划堆存香皂(c/s)、奶粉(c/s)、白糖(bgs)、苹果(c/s)、茶叶(c/s)、纯碱(bgs)、水泥(bgs)7 种货物,这 7 种货物的积载因数、入库量、允许堆高、亏仓百分比情况见表 5-6。请根据表中资料要求完成:

表 5-6

货物名称	货物包装	积载因数(m^3/t)	入库量(t)	允许堆高(m)	亏仓百分比(%)
香皂	c/s	1.558	100	3	5
奶粉	c/s	2.369	200	2	4.5
白糖	bgs	1.359	300	2	8
苹果	c/s	2.507	400	2.8	10
茶叶	c/s	3.344	100	2.5	5.5
纯碱	bgs	3.205	50	3	12
水泥	bgs	0.891	500	3	7

(1)计算这 7 种货物所需的仓库堆存面积。
(2)判断以上 7 种货物在性质有没有互抵性。
(3)在满足货物保管安全的前提下,对以上货物合理安排货位(库场面积自己设计)。

2. 解释下列集装箱堆场的场箱位代号:
(1)A10111
(2)B20232
(3)F30564
(4)E60473

3. 收集某一港口集装箱堆场的平面图和一艘集装箱船 40 个标准箱的资料,要求画出集装箱码头堆场的场箱位图。

4. 收集某一港口月份日装船数量,根据计算公式试确定该港口安全库存量。

第六章　港口生产设施与设备

● **知识目标**

1. 了解港口的主要水域设施、陆域设施、工程建筑、装卸生产服务设施和管理设施;
2. 了解门座起重机、轮胎起重机、浮式起重机、拖车、吸粮机、皮带机、装卸桥、叉车的组成和工作原理特点;
3. 掌握门座起重机、轮胎起重机、叉车、皮带机和吸粮机的适用范围和优缺点;
4. 掌握选择港口装卸机械进考虑的因素;
5. 掌握合理使用港口装卸机械应遵循的原则;
6. 掌握港口装卸机械的维护保养的内容;
7. 了解港口装卸设备的报废和更新。

● **技能目标**

1. 能识别港口装卸机械中的通用机械和专用机械;
3. 会用投资回收期法进行港口装卸机械的经济性评价;
4. 会用费用换算法进行港口装卸机械的经济性评价;
5. 能运用直线折旧法计算港口设备的年折旧额。

第一节　港口生产设施

一、港口水域设施

港口水域是指港口所在地政府和有关单位根据港口为来往船舶停靠、作业和港口发展建设需要而划定的港口岸线相连接的水上面积。港口水域分为航行水域和作业水域,港口水域设施主要包括进出港航道、掉头区、航标、锚地和港池。

1. 航行水域设施

1)进出港航道

进出港航道是指供船舶进出港区水域并与主航道连接的通道。进出港航道要保证船舶安全方便地进出港口,因此,必须要有足够的深度和宽度、适当的位置、方向及弯道曲率半径。一般设在天然水深良好、有适当宽度、流态较好、泥沙回淤量小、可避免横风横流、冰凌干扰的水域。

当港口位置在深水海岸时,低潮时的天然水深已足够船舶航行需要,所以不需要人工开挖航道,只需在船舶进出港区水域的最安全方便路线加以标志即可。

人工开挖的航道,应尽可能设计成直线,避免或减少弯道。弯道最小半径决定于设计船长、航行速度及水流速度等,可参考类似航道情况,并征求有经验的船舶驾驶人员意见,进行确定。

2)掉头区

掉头区又称回旋水域。船舶在靠离码头、进出港口需要转头或改换航向时而专设的水域。其大小与船舶尺度、转头方式、水流和风速风向有关。船舶凭借拖轮协助进行转头时,旋转内接圆直径一般为最大船舶总长度。掉头区一般可以与港内航行水域合并在一起布置。

掉头区的深度,在海港和河口港,最小水深一般按大型船舶乘潮进出港口的原则考虑;在内河港,最小水深一般不大于航道控制段最小通航水深。

掉头区是为船舶掉头划定的水域,以方便船舶靠离码头、系泊浮筒、进出港口。其范围大小要考虑当地风、浪、水流等条件和拖船配备、空位标志、船舶大小等因素。

3)航标

航标是指为帮助船舶安全、经济和便利航行而设置的视觉、音响和无线电助航设施,也称为助航标志。我国航标制式有两种,一是海上浮标制式样,即在海区、通海河口以助航为目的而设置的航标。二是内河航标制式,即在江、河、湖泊、水库通航水域设置的航标。

(1)视觉航标。又称目视航标。指以形状、颜色和灯光等特征供船舶驾驶人员直观识别的固定或浮动的助航标志。这类航标有:灯塔、灯桩、灯船、立标等。

(2)无线电航标。是指以无线电波传送信息,供船舶测定船方位的助航标志。无线电航标能在大雾或极恶劣的气候条件下远距离帮助船舶定位、指示航向。无线电航标包括无线电指向标、无线电测向标、雷达应答器、雷达反射器、雷达指向标等。

(3)音响航标。是指为了传递助航信息而发出某种音响的助航设施。内河航道上极少设置音响航标。在雨天或雾天,驾驶人员看不清视觉航标。因此,设置发声装置,供船舶收听,指导航行。音响信号有空中音响和水中音响两种。前者有雾钟、雾锣、雾哨、雾炮、气雾号和电雾号等。对于后者,现代多采用电力震荡发声装置。水中音响较空气中音响传播得远,听程可达10n mile,缺点是船上必须有收听仪器。

2. 作业水域

1)锚地

锚地是指供船舶抛锚停泊、编解队、联检避风和进行各种作业的水域。锚地是港口的主要基础性设施之一,它的规模和功能是与整个港口的吞吐能力相配套的,它的设施和效能及安全状况将直接影响到整个港口能力的发挥。锚地可分为港外锚地和港内锚地。港外锚地供船舶等待引航、检疫时停泊。大船遇台风时可在此避风。港内锚地供船舶进行水上过驳作业,等待靠泊码头和出港,以及较小船舶避风。过驳作业要求良好的驳稳条件,所需泊位数决定与水上转载货运量及船舶吨位等因素。

(1)锚地的定义与种类。锚地是专供船舶(船队)在水上停泊及进行各种作业的水域。它分为装卸锚地、停泊锚地、避风锚地、引航锚地及检疫锚地等。装卸锚地为船舶在水上过驳的作业锚地；停泊锚地包括到离港锚地、供船舶等待靠码头、候潮和编解队（河港）等用的锚地。避风锚地指供船舶躲避风浪时的锚地，小船避风须有良好的掩护。检疫锚地为外籍船舶到港后进行卫生检疫的锚地，有时也和引航、海关签证等共用。

（2）锚地停泊方式。利用锚或浮筒使船舶在锚地安全停泊的方式。船舶在锚地停泊的方式有两种，即浮筒系泊和抛锚停泊。浮筒系泊又有单浮筒系泊和双浮筒系泊两种。抛锚停泊也有单锚停泊和多锚停泊等多种。船舶在锚地采用何种方式停泊取决于锚地设备条件、底质、风和水流的方向而定。

①单浮筒系泊。是锚地停泊方式，是从船首用缆直接系在一个浮筒上，是常用的系泊方式。这种方式系泊方便，船舶能随水流和风向改变方向，阻力小；所需水域面积较抛锚停泊为小。

②双浮筒系泊。也是锚地系泊方式。是首尾分别用缆绳系于浮筒上。此种方式适用于水域较窄的地方，河道中用的较多。占用的水域面积：长度为两浮筒间净距，船舶回转部分的水域可占用航道。为减少水域面积，前船尾和后船首可共用一个浮筒。有时也可用船首系浮筒而船尾抛锚的方式。

③单锚系泊。仍是锚地停泊方式。在锚地不设浮筒，船舶只抛一个首锚进行停泊。在水域宽阔，水底土质适宜抛锚的条件下使用。这种停泊方式船舶可以减少随风向或水流改变方向，以减少受风面积。

④双锚停泊。还是锚地停泊方式的一种。双锚停泊有两种情况：一为抛出两个首锚，一为首尾各抛出一个锚。第一种情况又分为抛八字锚和一字锚两种。八字锚是从船首成八字形抛出两个锚，多用于风浪大的港口；一字锚是从船首顺水流方向抛出两个锚，一个在上游，一个在下游，船舶处于两锚位的中心位置，多用在有潮汐影响的河段。

2）港池

港池是利用海湾、河流的天然条件，经过建设和疏浚，水深、宽度可保证船舶交会、掉头和靠泊，能进行装卸及其他作业的水域范围。港池形式分为：

（1）开敞式港池。港池内水面随水位升降变化，不设闸门或船闸的港池。它是海、河港口的一种最普通的形式，是相对于封闭式港池而言的。

（2）封闭式港池。一种建筑在潮差很大的地区，用闸门或船闸与港池外水域分隔开的港池。这种港池的优点是可使港池内的水面保持在一个比较稳定的高水位上，因而在建设港池时可以减少土方开挖量和码头建筑物的高度；可以减少泥砂淤积；保证船舶靠泊的稳定和改善货物装卸作业条件。缺点是船舶进出港口（港池）要过闸，不太方便；同时要相应增加一部分管理费用。

（3）挖入式港池。在岸上开挖出来的港池。在地形条件适宜或岸线不足时可建这种港池。其优点是：可延长码头岸线，多建泊位；掩护条件较好。缺点是：开挖土方量较大；在含砂量大的地方易受泥砂回淤的影响；在寒冷地区封冻时间较长。

二、港口陆域设施

1. 码头岸线

码头岸线是指水陆相连的一条线。港池按最高潮面划定，内河按常年洪水线划定。

2. 码头泊位

泊位指港区内码头岸线供船舶安全靠离,进行装卸作业或停泊所需要的水域和空间。有码头泊位、浮筒泊位、锚地泊位等。供一艘船舶停靠系泊的位置,称为一个泊位。其长度一般为设计船长的120%,接待的船舶越大,泊位就越长,前沿水域就越深。通常一个万吨级泊位长度为150~200m。泊位数量与大小是衡量一个港口或码头规模的重要标志。一座码头可能由一个或几个泊位组成,视其布置形式和位置而异。

3. 库场

库场是港口的储存系统,其主要作用是储放准备装船或从船舶上卸下后即将装车运走的货物,以加速车船周转,提高港口吞吐能力。出口的货物通常是分批陆续到港,需要在库场聚集成批,等待装船。在大多数情况下,车船不能同时到港;即便是同时到港,二者容积差别也很大,很多车辆的货物才能装满一条船,换车时还必须停止装卸,影响装卸效率。因此,库场可起到储备、调剂和缓冲的作用。此外,进口的货物种类繁多,收货人及收发地点也各不相同,所以进口货物一般需要在库场进行分类或等待提取,有时还需进行包装整理等工作。

(1)仓库。是指有屋顶和围墙的封闭建筑物,内部设有消防和照明设施。对要求保温和保持干燥的货物,仓库内可设通风取暖设备,以满足货物的保温、干燥或维持一定的温度、湿度等要求。有的仓库内还设有装卸设备,使用方便,工作效率较高。由于保管条件优越,仓库适合于保管各种不宜露天存放的普通货物和贵重货物以及许多特殊货物的保管。水上仓库式用作临时堆存货物(主要为散装液体、散装大宗货,另有少量的袋装货物)的场所,主要起过驳,保存货物的功能,这是减少陆域库场压力而设置的。

(2)货棚。即开敞式的堆存货物的建筑物,有柱子、房顶而无墙,分固定式和流动式两种,也有和铁路站台相连的,一般用来保管短期的、怕雨水的、怕阳光的货物。由于结构简单,造价较低,所以在内河小港中使用较多。采用货棚的地区,必须是雨季风力小,否则达不到防雨要求。货棚内的消防设施应齐全、防火标志应鲜明醒目。

(3)堆场。用于堆存不怕日晒、不怕水湿的散装货物,在有铺垫毡盖的条件下,也可用于堆放大宗包装件货物。堆场可分为散货堆场、集装箱堆场和件杂货堆场。

三、港口工程建筑

1. 港口陆上工程建筑

1)房屋

房屋就是陆上建筑物,分有港区生产性房屋(如港区生产办公楼、仓库、闸口值班房、配电房、发电房,机加工车间等),港区行政管理性房屋(如港区行政办公楼,包括海关、检验、代理等机构用房),港区服务性房屋(如宾馆饭店、职工食堂、医院、超市、银行储蓄所、澡堂等)。

2)道路

港口道路是指港区内部的道路系统,其特点与城市道路相似。港口与全国公路网、城市或其他企业相连接的道路称为港外公路;位于市区以外的港外公路,其性质同一般公路;如果港口与城市相邻,则港外道路即是城市道路。港口道路由通行线、装卸线和停车场组成。

港口通行线包括进出港道路和作业区道路。进出港道路是港口通往港外,与外界联系的主要出入道路。它要通到港口各作业区以及港口的各主要部分,以保证港区装卸和联运的顺利进行。作业区道路是作业区内部的主要运输道路,供港口内部各部分间联络之用。如码头与库场之间,库场与库场之间,以及码头、库场与码头辅助生产设施之间的道路,均属于作业区道路。库场与码头辅助生产设施之间的道路,均属于作业区道路。

装卸线在码头前沿、仓库后面或者货场中,设置供汽车停放、进行装卸作业的线路。当用汽车运输的货物数量较大时,应在装卸线附近设置停车场,供停放集结车辆之用,以保证装卸作业的连续进行。

港口道路除通行载重量较大时,常有各种流动机械、汽车起重机等行驶,有的轮较重,有的车较宽;当港内有铁路系统时,港内道路与铁路交叉频繁,给行车带来不便;因此,与公路和城市当路相比,港口道路的行车速度较慢,一般不超过15km/h。

3)给排水

(1)港口给水。港口给水的任务是供船舶、港口铁路机车以及港口各个部门的生产用水、消防用水和生活用水。港口给水应保证各种用水的水量、水压及水质的要求。供给工厂和船舶的锅炉用水的水质的硬度要求符合标准。

港口给水系统要求应能满足港口昼夜最大用水量。港口生产用水量,主要由船舶类型、机车型号及港口各生产单位生产工艺要求的用水量等情况决定。港口消防用水,可根据港口规模、建筑物的耐火性、建筑物的体积、层数和性质、堆放货物的价值及风的频率和强度,确定扑灭一个失火点的流量,以及可能同时发生的火灾数。港口生活用水量与当地生活习惯、气候条件及用水人数等因素有关。

港口给水系统的选择要因地制宜。当港口与城市相连或邻近时,应尽量利用城市给系统,与城市有关单位进行协商,保证满足供应港口用水量。如不能利用城市给水系统,则港口需自行设置给水系统,投资费就较高。

在由城市供水的情况下,港口给水系统只需要铺设给水管网,并根据城市供水的水压和水量情况,增设水泵站、蓄水池或水塔等。当港口自设给水系统时,要建造取水、扬水和净水等建筑物,同时还有铺设输水管和配水管。在选择水源时,要充分利用当地自然条件,选取井水、泉水、河水、湖泊水等。

给水网包括输水管网和配水管网两部分。前者主要是用来输水,而后者则将水由干管输送到用水点。管线应达到所有的用水地点,且能满足各用水点所需要的流量及水头的要求。同时,要使用方便,特别是消防用水。而且,给水系统应能保证不论在何种情况下,当局部发生可能的事故时,管网给水不被中断。

船舶用水是港口给水系统的重要方面。船舶要在码头取得淡水,故需在码头前沿设置给水栓。给水栓的数量、间距及供水能力,应根据船舶大小、水上数量、时间等要求来定。一般情况下,对3000吨级以上的码头,每个泊位需设3~4个给水栓,给水栓的间距不宜大于50m。

港内消防设备是港口重要安全设施之一,除在仓库和各建筑物内部设有灭火机、室内消火栓或自动灭火装置等消防设备外,还必须在全港配备足够的室外消火栓,以便发生火灾时,能迅速取得水源。消火栓的布置视港内建筑物、货场、仓库、货棚及道路等布置情况而定,其最大间距不应超过120m。消火栓距路边不大于2m,距房屋外墙不应小于5m。

(2)港口排水。港口排水系统是保证港口正常生产的必要设施。它的任务是及时地将港内的生产废水、生活污水及地面上雨水排出港区。对有害的生产废水,必须进行净化处理,以免污染环境。排水系统的好坏,直接影响港口装卸工作、货物保管以及港区的卫生条件。

港口的排水系统一般和附近的城市或工矿的排水系统共用,但当港区的高程低于城市的高程或港区距城市相当远时,可考虑采用独立的排水系统。港区地面雨水的排除是港口排水的重要问题。无论是大面积的货场、陆域或是港区道路和铁路的雨水,都要迅速排除,不得积水,以免造成货损、影响装卸作业和妨碍交通运输。因此,港口排水系统对于港口正常生产而言,具有重要作用。

2. 港口水上工程建筑

1)船闸

船闸是利用向两端有闸门控制的航道内灌、泄水,以升降水位,使船舶能克服航道上的集中水位落差的厢形通航建筑物,又称"厢船闸"。它由闸室、闸首、闸门、引航道及相应设备组成。船只上行时,先将闸室泄水,待室内水位与下游水位齐平,开启下游闸门,让船只进入闸室,随即关闭下游闸门,向闸室灌水,待闸室水面与上游水位相齐平时,打开上游闸门,船只驶出闸室,进入上游航道。下行时则相反。

2)防波堤

防波堤是为阻断波浪的冲击力、围护港池、维持水面平稳以保护港口免受坏天气影响,以便船舶安全停泊和作业而修建的水中建筑物。防波堤还可起到防止港池淤积和波浪冲蚀岸线的作用。它是人工掩护的沿海港口的重要组成部分。防波堤有不同的形式。

(1)按平面位置分:

①岛堤。两端均不与岸连接,独立于水中者称为岛堤。

②突堤。其一端与岸连接,自陆地伸向海中者称为突堤。

(2)按防波堤结构分:

①斜坡式。斜坡式防波堤有堆石式、堆方块式。其主要的优点是不必整理地基,即可施工,在软弱地基上也可采用、不易发生反射波,故不致扰乱附近海面。其主要的缺点是在深水处,需要增大断面,材料需要量大、工程费高,因堤体透水,故侵入港内之波浪较多。漂砂也能透过堤身进入港内。

②直立式。直立式防波堤有沉箱式、方块叠接式、空心块组合式和混凝土单块式。直立式防波堤的主要优点是用材料量少,不需维持修补,防波堤之内侧可利用作为码头,漂砂不易由堤身透过。其缺点是地基须加整理、底面反力较大,软弱地基不适宜,基础易受冲刷之处、容易倾倒、反射波大、扰乱附近海面。

③混合式。混合式防波堤为直立体安放在堆石部上,水位浅、波高较大时,其作用与斜坡式堤相同;水位深、波高较小时,其功能如直立式堤。水深大、地基软弱之处,最适宜采用混合式堤。

④特殊防波堤。特殊防波堤有透空式、浮式和压气式,属于新型防波堤,尚未普遍使用。透空式堤是利用支承在许多独立支柱上的横梁结构。浮式堤是利用一列或几列系在锚上的浮箱以阻挡上层水中的波浪。压气式设在水下的带有小孔的管子,并与压气站相连,从小孔中喷出的气体可造成一道泡幕,以消波能。

3)护岸

抵御暴潮、波浪、水流侵袭,保护港口内外岸滩,免遭侵蚀破坏的工程设施。护岸还须适应由于港口工程本身引起的水域环境变化。护岸包括在岸坡上直接承受波浪打击、水流冲刷的工程设施和为了减轻波浪、水流作用,用于保护岸坡前滩涂从而间接保护岸坡的工程设施。港口工程常由实体建筑物组成,在河岸、海滨建港时,工程建筑物将显著地改变周围的水流流场和输沙条件。由防波堤掩护的港口,港内水域平稳。港口护岸分为港内护岸和港外护岸。

(1)港内护岸。为了减轻波浪对岸坡的作用,应尽量避免在港内发生显著的波浪干涉与共振,这同港内水域的大小与形状有关,也同港内各建筑物结构形式选择有关。港内护岸主要有直墙式岸壁和斜坡式护坡两种结构形式。前者对波浪反射作用显著,应注意其反射波对水域平稳的影响;后者有利于消减波浪,在港口中用得较多,尤其是水域宽广的港口。护岸常在原有岸坡上修筑,除波浪、水流作用外,还需考虑来自陆上的土压力、地下水渗透压力作用可能引起的岸坡崩塌。岸壁常用板桩、砌石重力墙、混凝土挡土墙等结构。护坡常用干砌或浆砌块石护面、混凝土面板等。为了减小岸坡内侧的水压力,岸壁后需设排水滤层,用砂土回填并在壁上开出水孔,护坡面层下需设反滤层防止砂土流失。护岸底部常用抛石保护以防止底脚被淘空而引起崩塌。护岸的布置与结构还需适应港区或城镇交通、环境、绿化等要求。

(2)港外护岸。港外两侧的护岸主要考虑波浪、水流对岸滩的侵蚀,特别是建港后两侧岸滩的侵蚀给港口带来的影响。港外护岸的布置、结构和标准还需同城镇堤防或相邻海岸防护工程相适应,通常也有三种设施或措施。

①堤:是用于防止洪水、暴潮泛滥的挡水建筑物,有时在堤顶设置胸墙用来抵御波浪的爬越。堤防在天然岸坡顶部修筑,可以采用陡墙堤或斜坡堤的形式。前者为由混凝土或砌石筑成的重力墙,地基应力集中,墙易沉陷,墙上波压力大,但壅水低,工程量较小。后者用土堆成梯形断面,临水的外坡可同天然岸坡连接或设置一定宽度的平台,外坡及其平台用砌石或草皮护面,波浪爬高大,土方量大,但施工简便。

②护坡:与港内斜坡护岸相同,但护面标准高,需选择大块石,甚至专门预制大型混凝土人工块体。堤防和护坡也常是结合为一体的一种工程设施。

③保滩:是为护岸目的而实施的一种起预防和缓冲作用的工程措施。岸坡前的滩砂或滩涂被波浪、水流淘刷,滩面逐步剥蚀,进而淘刷岸坡底脚,导致护岸坍塌;滩面刷低变窄将加强波浪、水流对岸坡的直接作用,引起护岸损坏。因此要护岸先要保滩。保滩常采用建筑物或种植植物等人工措施。前者有丁坝、顺坝、护坦、护坎等;后者有红树林、芦苇、咸水草等。20 世纪 70 年代以来从传统砂石、梢料、混凝土等材料发展到应用塑料制品,如尼龙沙袋、薄膜护坡、人工水草等。有些国家还采用人工吹填的沙滩保护岸坡。港外护岸标准应适当提高。上述直接的护岸设施和间接的护岸措施也常结合采用。

4)栈桥

栈桥是建在港口用于装卸货物形状像桥的建筑物。栈桥在我国内河港口及沿海港口比较常见,它可以既可以承载车辆和流动机械通行于码头前沿之间库场,有些港口还将带式输送机械建造在栈桥上。码头栈桥一般为钢结构,它的形式与桥梁基本相同,不同的是桥梁的梁部结构和轨面固定不动、全部跨越河道,栈桥的梁部结构和轨面可随水位的涨落而升降,轨面坡度可随之调节。此外,栈桥只伸入水域一部分。栈桥的下部结构为混凝土或钢筋混凝土的桥墩和桥台;上部结构为钢板梁或钢桁梁。桥墩和桥台是支承桥梁上部结构和荷载的构筑物。桥台在栈桥靠岸一端,与路堤相连。跳板梁是连接栈桥和渡船的设备,它在栈桥入水的一端。

5)趸船

趸船为无动力装置的矩形平底船,固定在岸边、码头,以供船舶停靠,上下旅客,装卸货物。平底匣形的非自航船,通常固定在岸边,作为船泊停靠的“浮码头”,供装卸货物及旅客上下船用。

6)浮筒

浮筒是一个密封的空容积漂浮物,浮筒有木制、铝制、塑料和钢制等多种,一般水上用的多是钢制浮筒,浮筒大多设置在锚地,供来港船舶系泊用。如香港有72个远洋船系船浮筒。其中44个可系泊137~183m长的船舶,28个可系泊长137m以下的船舶。57个为台风时系船浮筒。此外,还有香港当局和私人的系船浮筒2000多个。这些浮筒可系泊待靠码头船舶,也可进行海上过驳倒载作业。浮筒作业周转期仅2.7天。

四、港口装卸生产服务设施

1. 能源动力设施

(1)配、发电房

配、发电房是港区为预防因外部原因造成断电、停电耽误港口生产而建造的房屋,里面配备的发电设施设备,配分电设施和设备。配电设施主要变输送电压,来满足生产需用的电压,发电设施主要是解决断、停电时能及时供电或电力不足时补充电力来满足港区生产和生活用电。

(2)供油供水站。目前,各种运输船舶大多以石油的成品油作为燃料,港口需设立燃料油供应站来储存和供应船舶所需的燃料。

燃料供应站一般由燃料油码头、储油设备、装卸油设备及燃料油供应船等组成。

向船舶供应燃料油的方式有两种:一种是采用专门的燃料油供应船,靠近船舶供油;另一种是船舶自行来燃料油码头取油。为了缩小燃料油码头的规模,并缩短船舶停港时间,通常使用燃料油供应船给船舶供油的办法。这样,燃料油码头的规模和尺度,可根据燃料油供应船的尺度来建造。这种方式,也不排斥在方便的时候,中小船直接来燃料油码头取油。

不同的船舶对燃料油的要求不同,燃料油供应站需分别储存不同品种的成品油以应需要,并有一定的储油量。因此,燃料油供应站需有一定面积的场地,供设置储油设施。

燃料油供应站需单独设置,应远离一般作业区,以防发生意外,影响港口的生产。当本港有石油码头时,燃料油供应站多半设在它的附近,但应有方便停靠船舶的水域和足够的码头线长度。

(3)照明设施。港区的照明设施可以分为两种:常用照明和事故照明。常用照明主要是满足港口日常生产的照明需要,保证所安装的位置有明晰的视觉。当常用照明因特殊原因熄灭之后,会影响到人身安全或使生产受较大损失时,应设置事故照明。供继续工作的事故照明器,应接在独立的电源上,而且要保证工作面的照度不小于工作照明所需照度的10%。供疏散人员用的事故照明器应接在与工作照明分开的电路上。

港区照明的范围包括:露天场地照明、室内照明、船舶照明和锚地照明等。

港区露天照明包括码头前沿、露天货场、铁路、道路及其他部分的照明。码头前沿和露天货场照明一般采用路灯式照明器和投光灯。在货场及需要修理、检查机械设备的场所,应有使用移动照明的可能性。铁路线、道路和港界的照明通常采用路灯，路灯悬挂在电杆上或其他可利用的固定建筑物上。

港区的室内照明包括仓库、公用及辅助建筑房屋等室内照明，其照明的要求与一般工业与民用建筑物室内照明要求相同。

停泊在港内的船舶照明，应使船舶甲板上面和货舱内有足够的明亮程度，以便夜间进行装卸工作。因此，船舶照明多设置固定的、临时悬挂的或移动的照明装置。机动船本身设有供电设备。照明装置的用电通常由船上供给，但也有当船舶停泊码头时，改由岸上供电的情形。对于没有供电设备的非机动船舶，或在某些特殊情况下，需考虑由岸上的电力网供电。

港区照明可采用高压水银灯、荧光灯、白炽灯及碘钨灯等，在货场、铁路、道路装卸线等地点，宜采用高压水银灯。

2. 机械修造厂

为了保证港口各种机具的正常运转和经常性修理，一般港口都设有机械修造厂。

(1)机械修配厂。机械修配厂担负港内各种车辆、机械的修理或部分制造工作，规模大小根据任务轻重而定。机械修配厂的车间组成由修理对象的多少和复杂程度而顶，根据不同的情况，可以设置结构车间、铁工车间、机械装配车间及电修、木工、管工、工具、机修、热处理及铸工等车间。

(2)流动机械车库。依照港口使用的流动机械型式、尺度和数量，设置供它们停放、养护、检修、配换零件等业务的流动机械车库。

(3)充电站。港口流动机械有的是以蓄电池为动力，如电瓶车等。蓄电池需要经常充电，为此应设置充电站。充电站除了完成充电任务外，还对蓄电池进行养护、检查、修理和配件等工作。

(4)加油站。以汽油和柴油为动力的各种港机车辆及工作船等，需要有加油站供应燃料。加油站除了储油设备外，还有办公处所、加油和计量设备，储油罐的设置必须按照易燃品仓库的规定办理，以保证港区的安全。加油站的设点，视需要情况而定。

3. 船舶航修厂(站)

船舶在航次中遇到船上的机具设备发生故障、损坏，必须修理或更换零件时，常要在到达港口后，利用航次在港停泊时间，进行临时性的修理工作，以便继续下一次的安全航行。港口航修站就是担负这种临时性的修船业务。

航修站一般由修船码头、船舶修理船和必要的车间、库场组成。航修站的规模视拟修船舶的大小和数量而定。有条件时，航修站应尽量靠近港口作业区，有平静水域，以便停靠船舶进行航次修理工作。船舶修理船是配备有一定修船设备的工作船，它可靠在拟修船舶边，直接进行修理工作。

第二节　港口典型装卸机械

港口装卸机械是在港口用来完成船舶与车辆的装卸、库场货物的堆码与转运以及舱车、车内、库内装卸作业的起重运输设备。港口装卸机械的合理运用，可以提高港口企业的劳动生产效率，加快装卸速度，缩短船舶在港停泊时间，提高港口通过能力，降低装卸成本，减少货损货差，提高货运质量。港口装卸机械是现代港口不可缺少的设备，使用和拥有港口装卸机械的状况已成为衡量港口现代化、科学化的重要方面。

一、起重机械

起重机械是周期间歇动作的机械。港口常见的是移动式臂架起重机，它主要有门座起重机、轮胎起重机和浮式起重机。

1. 门座起重机

门座起重机是装在沿地面轨道行走的门型底座上的全回转臂架起重机，是码头前沿的通用起重机械之一。其门架下面可供汽车、火车或其他机械通行。

如图 6-1 所示，门座起重机的金属结构包括臂架系统、人字架、转柱、机房平台以及门架等。臂架可为直臂架或组合臂架系统。臂架为组合臂架系统，它由象鼻架、主臂架、拉杆以及活动对重等组成，铰接在人字架和机房平台上。机房平台则通过转柱或转台支承在门架上。为了保证汽车、火车或其他机械在门架下顺利通过，门架下面的净空高度和轨距应根据不同的要求确定。

门座起重机的工作机构包括起升、回转、变幅、运行四大机构。门座起重机是电力驱动的，且各工作机构均由电动机分别驱动。门座起重机的起升机构分别采用两套起升绞车，以供吊钩和抓斗分别使用。门座起重机的变幅机构的构造比较复杂，以适应装卸万吨大船时每个工作循环都需要带货变幅的实际情况。门座起重机的支承可用转盘式和转柱式，目前港口大多使用转柱式。

图 6-1　门座起重机

门座起重机因要带货变幅，其起重特性被设计成起重量不随取物装置位置而变，即在它的全工作幅度范围内均能达到最大起重能力，某些型号将全幅度分为二、三个幅度范围，每个幅度范围内各有一个起重量。根据交通运输（水运）行业标准（JT5001-75）规定，各起重量吨级的港口门座起重机均为吊钩、抓斗两用；起重量较大的门座起重机可根据用户要求设计成具有两个额定起重量、两种起升速度的一机两用起重机，所增设的起重量值必须符合国家标准的规定，且其相应的最大幅度不得小于 22mm。

港口门座起重机具有高大的门架和金属结构、具有可带货变幅机构，依靠其比较完善的工作机构协调工作，以较高的生产率来完成船—岸、船—车、船—船之间等多种装卸作业。门座起重机具有以下优点：

（1）起升高度大，能立体交叉作业。

①门座起重机的起升高度在轨道面上 22～25m 左右，在装卸长件货的时候比较方便。

②门座起重机对水位和船型的变化适应性比较强。

③门座起重机的工作机构是安装在门架上，因此在码头前沿有铁路车辆通行的场合，由于

门座起重机的运行轨迹和车辆运行线路是立体交叉而互不干扰的。

(2)工作幅度大,区域宽广。门座起重机的最大臂幅在25~30m,起服务于陆域的面积可达700~1000m^2。在码头生产过程中,门座起重机可以同时装卸几台火车和汽车,大大减少了工艺中断时间,提高了装卸效率。而且,门座起重机便于将舱内机械吊入舱内作业,也可将货组吊放在舱口的任一点。

(3)通用性好。由于门座起重机有抓斗和吊钩两用,其对货种的适应性比较强,通用性好。特别是对件杂货船进行装卸作业时,根据货物种类的不同,只需要更换吊具即可,大大节省了更换工属具的时间,提高了生产效率。正是由于有以上优点,门座起重机在我国的内河和沿海港口均是最常见的起重设备。由于结构庞大,工作繁忙,为适应港口生产安全第一的要求,门座起重机均应安装安全装置。除了各工作机构根据不同要求分别装设不同型式的制动器外,还可安装起升高度指示器和限位器、起重量指示器、超重报警装置、变幅机构的缓冲器、变幅限位器、避碰器和有关电力保护装置等。

近年来,通过引进可编程序控制器(PLC)、自动跟踪鼓掌诊断系统等国外的先进技术,国产的门座起重机的质量已经有了很大的提高,最大起重重量也逐渐增大。图6-2所示为上海港机厂制造的250t门座起重机。目前,在我国港口普遍使用的是16t、25t的门座起重机。

2. 轮胎起重机

轮胎起重机是装在特制轮胎底盘上的可360°回转的臂架起重机。它有起升、回转、变幅和运行四个工作机构,分别完成提升和水平运移货物、调整臂架伸距及变换工作地点的动作。如图6-3所示,轮胎起重机的起重臂、司机室、动力装置、平衡重(对重)及起升、变幅、回转机构等都布置在转台上。运行底盘设有四个可收放的支腿,以便增大起重能力和稳定性。

图6-2　250t门座起重机

图6-3　轮胎起重机

轮胎起重机的外观特征是只有一个司机室,同时操纵起重机作业和行驶;它的特制底盘能较好地符合起重机作业的要求，轮距和轴距配置较为适当，故稳定性较好；它的起升速度较之汽车起重机高，吊具可为吊钩或配用双生抓斗，因而装卸生产率较高；它允许在一定的条件下带负荷移动，例如在使用短臂且地面平坦的情况下以无支腿75%额定起重量的货载做吊货行驶，这就更加扩大了起重作业的机动性。轮胎起重机的行驶速度一般低于50km/h，适宜以起重为主兼顾行驶的场合使用。

轮胎起重机的起重特点是：不同长度的起重臂的起升高度和起重特性不同；同一长度的起重臂在幅度越小时起重量越大。在进行装卸作业时，操作人员应根据吊货的实际幅度严格遵守许用起重量的规定，不得超负荷起吊，否则可能翻车，甚至造成机损人亡事故。即使在最小幅度下也不得超负荷作业，因为这样会超过起重机某些零件强度许可而损坏机械。为了便于操作时掌控，每种型号的轮胎起重机都设有起重量—幅度指示器，指示起重臂在某一位置时所能起吊的重量。为确保操作安全可靠，轮胎起重机一般均设有各种安全限位警报装置。

由于轮胎起重机机动性和稳定性较好，在港口码头应用十分普遍。轮胎起重机既可用于码头前沿的驳船装卸作业，也可在库场进行货物堆垛作业。目前我国各港口主要使用16t、25t轮胎起重机进行装卸作业，主要品牌有红光等。除国产产品之外，还有多种型号的进口轮胎起重机，目前日本住友建机会社名古屋工厂生产的UC—25型(25t)用得很多。

3. 浮式起重机

浮式起重机是以专用浮船作为支承和运行装置，浮在水上作业，可沿水道自航或拖航的水上臂架起重机。它广泛用于海河港口，可单独完成船—岸间或船—船间的装卸作业，也可配合岸上的起重设备加速船舶装卸。此外，还常用于建港、建桥、水利工程以及船舶修造、水上打捞、救险等的起重作业。

浮式起重机种类很多，按航行方式可分为自航浮式起重机和非自航浮式起重机。如图6-4所示，自航浮式起重机自航浮式起重机是可独立航行的浮式起重机。它具有独立的能源，如备用内燃机发电机组，供自航、起重作业以及辅机、生活用电。自航浮式起重机的机动性好，但增加了对动力装置的投资和营运管理工作。

非自航浮式起重机依靠拖轮拖航，其中动力可靠船上发电或岸上供电。作业中的移位可藉助装在浮船甲板上的绞缆机牵引。

图6-4 浮式起重机

浮式起重机的优点是：能在水上（锚地）进行装卸，自重不受码头地面承载能力的限制，可从一个码头移到另一个码头，使利用率提高，配合浮码头工作可不受水位差影响，因而它适用于码头布置比较分散、货物吞吐量不大以及重大件设备的装卸工作，对水位变化大的内河港口则更适宜。浮式起重机的缺点是造价比较高，需要的管理人员较多。

二、装卸桥

装卸桥全称为岸壁集装箱装卸桥，也称为集装箱装卸桥。

如图6-5所示，集装箱装卸桥主要由带行走机构的门架，承担臂架重量的拉杆和臂架组成。臂架可分为海侧臂架、陆侧臂架和门中臂架三个部分。门中臂架是专门用于连接海侧和陆侧臂架的。臂架的主要功用是用来承受带升降机构的小车重量,而升降机构又是用来承受集装箱吊具和集装箱重量的。海侧臂架一般可设计成俯仰的,以便于集装箱装卸桥在移动时与船舶的上层建筑不发生碰撞,如图6-6所示。

图6-5　装卸桥

图6-6　装卸桥

集装箱装卸桥使集装箱专用码头的主要装卸机械。它具有机动性好,效率高,对船型适应性强等优点。目前,在国内外的集装箱码头上,普遍使用装卸桥装卸集装箱船舶。

三、叉车

叉车即叉式装卸车,是装卸搬运机械中应用最广泛的一种。它由自行的轮胎地盘和能垂直升降、前后倾斜的货叉和门架等组成,如图6-7所示。

图6-7　叉车

叉车主要用于件货的装卸搬运、堆垛、短距离的搬运和汽车的装卸作业等。一般情况下,叉车应和其他机械配合使用,也可单独用于库场作业。

叉车特点及其在港口装卸作业中的作用。除了和港口的其他起重运输机械一样,能够减轻装卸工人繁重的体力劳动、提高装卸效率、缩短船舶与车辆在港停留时间、降低装卸成本以外,它还具有其本身的一些特点与作用。

(1)机械化程度高。在使用各种自动的取物装置或在与货板配合使用的情况下,可以实现装卸工作的完全机械化,不需要工人的辅助体力劳动。

(2)机动灵活性好。叉车外形尺寸小,重量轻,能在作业区域内任意调动,适应货物数量及货流方向的改变,可机动地与其他起重运输机机械配合工作,提高机械使用率。

(3)可以"一机多用"。在配备与使用各种取货装置如货叉、铲斗、臂架、串杆、货夹、抓取器等的条件下,可以使用各种品种、箱重和大小货物的装卸作业。

(4)能提高仓库容积的利用率,堆码高度一般可达3~5m。

(5)有利于开展托盘成组运输和集装箱运输。

(6)与大型起重机比较,它的成本低、投资少,能获得较好的经济发展。

叉车可按其动力装置不同,分为内燃叉车和电瓶叉车。

内燃叉车作业持续时间长,功率大,爬坡性能好,对路面要求低,基本投资少。但内燃叉车噪声、振动和废气排放大,检修次数多,营运费用高,使用年限较短。因此,内燃叉车适合在室外作业和舱内作业,特别是在路面不平和爬坡度较大以及作业繁忙、搬运距离相对较长的场合。

电瓶叉车具有运行平稳无噪声,不排废气,检修容易,操纵简单,营运费用较低,整车使用年限较长等优点。电瓶叉车的缺点是:需要充电设备,基本投资高,充电时间较长且一次充电后连续工作的时间短,电池怕冲击振动,对路面要求高。电瓶叉车主要用于通道较窄、搬运距离不长、路面好、起重量较小、车速不要求太快的仓库和车间内。在易燃易爆仓库内和要求空气洁净的地方,只能用电瓶叉车。在冷冻仓库或温度和低的地区,也适合使用电瓶叉车。

四、拖车

拖车也称为牵引车,它本身不具备装货平台,必须与挂车连接在一起,才能拖带货物在码头内行驶。

按照司机室的型式,拖车可以分为平头式和长头式。平头式拖车(图6-8)司机室短,视线好,车身短,转弯半径小,但由于发动机在司机座位下面,司机受机器振动影响,舒适感较差。

长头式拖车(图6-9)司机舒适感较好,但整个车身较长,回转半径大。港口企业可根据库场和码头前沿的布局选择适合的拖车。

图6-8 平头式拖车

图6-9 长头式拖车

拖车一般为内燃机动力驱动,按照用途不同,又可分为集装箱拖车和场地用拖车。集装箱拖车主要用于高速公路和长距离的运输,具有功率大,多档变速的特点。场地用拖车主要用于港口内或集装箱货场内的短距离运输。场地用拖车是港口装卸作业中不可缺少的流动机械,它可用于码头前沿和库场之间的运输,也可用于库场的转堆作业。目前,在我国港口企业比较常见的拖挂连接方式是场地用拖车与平板式挂车连接。平板式挂车也称板卡,如图6-10所示,它是指整个挂车的框架上都铺有钢板,所运输的货物就放在底板上,特别适合装运长大件货。

五、皮带机

用连续运动的无端胶带作为输送带输送货物的机械,俗称皮带机。皮带机的主要部件包括:输送带、支承拖辊、驱动装置、制动装置、张紧装置、改向装置、装载装置、卸载装置和清扫装置。

皮带机的结构特征和工作原理是:输送带既是承载货物的构件,又是传递牵引力的牵引构件,依靠输送带与滚筒之间的摩擦力平稳地进行驱动。如图6-11所示,输送带绕过驱动滚筒和张紧滚筒,并支承在许多托辊上。工作时,由电动机通过减速装置使驱动滚筒转动,依靠驱动滚筒与输送带之间的摩擦力使输送带运动,货物随输送带运送到卸载地点。

图6-10　平板式挂车

图6-11　皮带机

皮带机是使用最普遍的一种连续输送机,它具有制造和维修方便,生产率高、输送距离长、工作平稳可靠、能量消耗少,自重轻、噪声小、操作管理容易、雨天能作业等优点,是最适用于在水平或接近水平的倾斜方向上连续输送散货和小型件货的输送机械。但它也有如下缺点:

(1)货损较多,特别是在皮带机接头处容易轧坏货物。

(2)运送粉末状物料时容易扬起粉尘,特别是在装卸料点和两台带式输送机的连接处。因此,一般情况下,需采取防尘措施。

(3)舱内、库内两端的人力劳动比较繁重。

皮带机可用于输送散货或件货,在港口的应用极其广泛,特别是在煤炭、矿石、散粮和等散货泊位上,它已成为不可缺少的输送设备。在我国长江港口装卸机械化初期,曾广泛使用皮带机装卸机械化系统代替工人的人力劳动,显著提高了装卸效率。目前,在我国港口专用机械如散货装船机、堆取料机、卸船机等也都以皮带机作为主要的组成部分。

六、吸粮机

吸粮机是气力输送机在卸船作业中的应用,它运用风机使管道内形成气流来输送散粮粒和物料。如图6-12所示,吸粮机的主要部件包括:吸嘴、输料管、分离器、除尘器、卸料器、风管、鼓风机、消声器等。

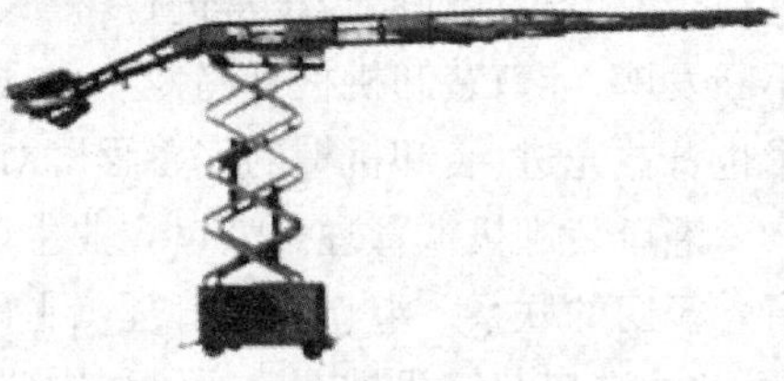

图6-12　吸粮机

吸粮机的工作原理是:运用鼓风机使整个管道内的

气体压力低于外界大气压力(即形成一定的真空度),吸嘴外的空气透过物料间隙与物料形成混合物,从吸嘴被吸入输料管,并沿管路输送,到达卸料点时,由分离器把物料与空气分离出来,物料从卸料器入卸出,空气则通过风管经除尘后再通过鼓风机、消声器等排入大气中。

吸粮机在港口中用于车船卸料,它可以装一根吸管,也可以装几根吸料管而从几个供料点上吸取物料。由于真空的吸力作用,供料简单方便,吸料点不会粉尘飞扬。但输送距离不能过长,因为随着输送距离增加,阻力将会加大,这就要求提高空气的真空度,而吸送系统的真空度不能超过 50 ~ 60kPa(0.5 ~ 0.6 个大气压),否则,空气变得稀薄,携带能力降低,以致影响正常工作。此外,吸粮机要求管路系统严格密封,避免漏气。为减少鼓风机的磨损,要对进入鼓风机的空气认真除尘。

吸粮机用于港口装卸有以下优点:

(1)改善劳动条件,提高劳动生产效率。采用吸粮机只需很少工人操作管理,操作简便。对于像粮谷之类比较松散的货物,可以把吸粮机的吸料软管伸到舱内不易到达的地方进行清舱,工人劳动强度低。

(2)货损货差小。采用吸粮机卸船,不仅避免了抓斗操作中的洒漏,还可以使粮食通风冷却和减少虫害。散粮颗粒在密闭的系统中运输,基本无粉尘外扬,解决了散粮卸船过程中粉尘污染环境的问题。

(3)结构简单,输送管道断面尺寸小,没有牵引构件,不许空反分支。各部件加工方便,重量轻,投资少,且机械故障少,维修方便。

(4)生产效率高,一般不受风浪条件影响。现代的大型吸粮机单机生产率最高达 1000t/h,还可用多台同时操作,因而能够缩短卸货时间,加速车船周转。

(5)有利于实现散装运输,节省包装费用,降低成本。

(6)对船型的适应性强。

根据国内外港口的使用经验,吸粮机仍存在以下缺点:

(1)能耗大。如生产率 200t/h 的吸粮机,其鼓风机的电动机功率为 240kW;

(2)噪声大。鼓风机的噪声大,若消声设备不好,会造成噪声公害。

吸粮机在国外的现代化大型散粮专业码头是主要的卸船设备。目前,我国上海、湛江、广州、天津、等港口都配备有吸粮机。

第三节　港口装卸机械管理

港口装卸机械是港口企业从事装卸生产活动的工具,是港口企业生产的物质技术基础。港口企业生产活动能否正常进行,很大程度上取决于机械设备的完善程度。随着科学技术的不断发展,港口装卸机械日趋专业化、大型化、高效化、自动化,装卸机械的结构越来越复杂,技术也日益先进,装卸机械的完善程度对港口企业装卸生产的影响也将愈来愈大。

港口装卸机械管理是港口企业生产管理的重要组成部分,它与港口企业的生产经营成果有着密切的联系。港口装卸管理水平的高低直接影响港口企业生产的效率、质量和安全。与此同时,港口装卸机械在运行过程中要支出各种使用费用和维持费用,这些费用都计入装卸成本,并在装卸成本中占很大的比重。而且,在港口企业的流动资金总额中,用于装卸机械管理范围的资金占有相当的比重。因此,加强港口企业装卸机械管理,就能有效降低港口企业生产成本,加快资金流动,提高经济效益。

可见,港口装卸机械管理具有重要的意义。港口企业应当贯彻执行国家及上级主管机构有关设备管理的法律、法规和方针政策,建立健全港口机械管理综合体系,制定港机发展规划和管理规章,采取技术和经济的措施对港机进行综合管理,不断改善和提高技术装备素质,保持良好的技术状态,充分发挥其效能。

港口企业装卸设备工作的内容包括机械设备的规划、选型、购置(或者设计、制造)、安装、验收、使用、维护、检修、改造直至报废。装卸设备管理工作应贯彻"安全第一、预防为主"和依靠技术进步、促进生产发展的方针,坚持维护与检修相结合,修理、改造与更新相结合,专业管理与群众管理相结合,技术管理与经济管理相结合的原则。

一、港口装卸机械的选择和使用

1. 港口装卸机械的选择

按照交通部颁布的《港口装卸机械管理规定》的要求,港口企业应当根据自身生产发展的需要和装卸机械的技术状态,编制港机更新和改造的中、长期规划和年度计划,并组织实施。具有自主生产能力的港口企业,其生产的机械设备,经过有关部门审批,并组织技术鉴定和验收后即可使用。通过购买的方式更新装卸机械的港口企业,应当建立新购置港机的选型、购买和验收工作程序,并认真按工作程序进行。

港口装卸机械选择是港口设备管理的重要组分,港口设备选择是否恰当,将直接影响装卸生产是否安全、优质、高效率、低成本地运行。在实际选择设备时,应全面考虑下列因素。

(1)装卸机械的安全性。港口企业的生产活动奉行"安全第一,预防为主"的原则,港口装卸机械的安全性是各机械使用部门关注的焦点。港口装卸机械不仅其精度要能满足装卸生产的工艺要求,而且要保证装卸工人、机械操作人员和相关管理人员的人身安全。

(2)装卸机械的节能环保性。我国是一个能源相对紧张的国家,港口企业应优先考虑完成同样的生产任务而消耗能源少的设备。与此同时,装卸机械的噪声和排放的有害物质及其对环境的污染程度,也是应考虑的重要因素。港口企业应选择环保性能符合人体健康卫生标准的,或者配备有相应治理噪声和污染物排放附属装置的机械设备。

(3)装卸机械的生产效率。港口企业应根据本企业的生产规模和生产任务,选择适合的机械设备,既要满足装卸作业的总体要求,又保证购入的设备有充分的负荷,避免出现机械"吃不饱"而造成的浪费,真正充分发挥装卸机械对港口生产的促进作用。

(4)装卸机械的适应性。这里主要指拟购置的装卸机械应与港口现有的设施设备相适应。港口装卸机械要保证各条装卸作业线、各作业区生产能力的平衡,避免出现因某一环节能力过高或过低而产生瓶颈,影响企业总体生产效率。

(5)装卸机械的技术先进性。港口装卸机械的技术先进性,主要包括以下两点:一是即能适应不同的装卸条件及环境。二是能装卸不同的货种,并能保证生产质量的要求。三是装卸机械结构紧凑、重量轻、体积小、流动性好,适用于舱内、车内的货物装卸作业等。

(6)装卸机械的维修性。维修性好的装卸机械,一般是结构简单,零部件组合合理,标准化水平高,互换性能好,而且维修时工作方便,易检查、易拆卸、易更换。维修性对机械设备的维护保养和修理工作及维修费用,有很大的影响。港口企业应选择符合国家标准、交通运输行业标准的机械产品及其零配件,对降低生产成本、提高经济效益具有重要意义。

(7)装卸机械的经济性。经济性是选择装卸设备时要考虑的重要因素。投资费用的多少,关系到设备使用过程中的折旧提成,对装卸成本产生重要的影响。在选购装卸设备时,应进行经济评价,通过集中方案的对比分析,选出经济性最佳的装卸设备。

以上这些因素都是相互关联的,在对港口装卸机械进行选择时,必须对这些因素进行全面分析及综合考虑。对能用数值表示的因素,应作定量分析;对不能量化的因素,应作定性分析。但与此同时,港口企业实际上很难选择到能兼顾以上各点的十全十美的装卸机械,往往上述因素之间有时是相互矛盾、相互制约的。因此,在选择装卸机械设备时,必须统筹兼顾,全面论证、比较后,再作出最合理的决定。

2. 装卸设备的经济评价

港口企业在购置装卸机械设备时,往往运用定量分析,对几个备选方案进行比较,评价设备的经济性。下面介绍几种经济评价的方法。

(1)投资回收期法。是评价投资效益的主要方法之一。在相同条件下,投资回收期越短,选购方案就越佳。

应用这种方法时,首先应计算不同设备的投资费;其次计算由于采用了新设备而带来的提高生产效率,节约能源消耗,保证货运质量等方面的节约额;最后,根据设备投资费用与节约额,计算不同设备的投资回收期。其计算公式为

$$T=\frac{F}{E} \tag{6-1}$$

式中:T——设备投资回收期(年);

F——设备投资费(万元);

E——采用新设备后年节约额(万元/年)。

例题 6-1:现有两种装卸设备,它们的功能和生产效率相同。购买甲设备需投资 200 万元,使用该设备每年能为企业节约能源消耗额为 20 万元。购买乙设备需投资 360 万元,使用该设备每年能为企业节约能源消耗额为 30 万元。请问,应该购买哪种设备?

解:用投资回收期法法来计算。

设备甲的投资回收期 $T_1=\frac{200}{20}=10$ 年

设备乙的投资回收期 $T_2=\frac{360}{30}=12$ 年

运用投资回收期法进行比较,购买设备甲需要 10 年收回投资,购买设备乙需要 12 年收回投资。由此可见,购买设备甲更加合算。

(2)费用换算法。应用费用换算法,应了解各设备在购买时所支付的一次性投资费,然后估算出个设备投入使用后,平均每年必须指出的能源消耗、维修保养、运转、劳务等维持费用。费用换算法有以下两种计算方法:

①年费法。应用此法时,必须把个设备一次性支出的最初投资额,根据复利计算的利率换算成相当于每年投资费用的支出,然后计算各设备每年繁荣总费用,即设备的投资费加上每年

的维持费，最后，对各种设备每年支出的总费用进行比较。总费用最少者，即经济性最好。其计算公式为

$$F_Z = F \times r + F_W \tag{6-2}$$

式中：F_Z——每年支出总费用（元）；

F——设备一次投资总费用（元）；

r——资金回收系数，$r = \frac{i(1+i)}{(1+i)^n - 1}$，可查表求得；

F_W——每年维持费用（元）。

例题 6-2：设有两台设备，它们的功能和生产效率相同。最初投资，设备甲为 25000 元，设备乙为 21000 元，每年维持费设备甲为 3072 元，设备乙为 3356 元，年利率为 6%，预计使用年限为 10 年。当年利率 $i = 6\%$，使用年限 $n = 10$ 时，查表得资金回收系数为 0.1359。

设备甲和设备乙每年支出总费用对比如表 6-1 所示。

设备甲和设备乙每年支出总费用　　表 6-1

	设　备　甲	设　备　乙
每年投资费用（元）	25000 × 0.1359 = 3398	21000 × 0.1359 = 2854
每年使用费用（元）	3072	3356
每年总费用（元）	6470	6210

由表 6-1 可见，设备甲的年支出费用为 6470 元，设备乙的年支出费用为 6210 元。显然，设备乙经济性好，因为它比设备甲每年节省费用 260 元。

②现值法。它与年费法的不同点在于把每年的维持费，通过年金现值系数换算成为相当于最初一次支出维持费的数额，而最初一次投资费不变，然后进行总费比较。其计算公式为：

$$F_{SZ} = F + F_W \times r' \tag{6-3}$$

式中：F_{SZ}——寿命周期全部总费用（元）；

F——设备一次投资费用（元）；

F_W——每年维持费用（元）；

r'——年金现值系数，$r' = \frac{(1+i)^n - 1}{i(1+i)^n}$，可查表求得。

例题 6-3：仍用上例说明。当年利率 $i = 6\%$，$n = 10$ 时，查表得年金现值系数为 7.36。计算结果如表 6-2 所示。

表 6-2

	设　备　甲	设　备　乙
最初投资费用（元）	25000	21000
最初一次支出维持费（元）	3072 × 7.36 = 22610	3356 × 7.36 = 24700
10 年总费用现值（元）	47610	45700

显然，此法与年费法计算结果相同，仍然是设备乙为最优。因为在相同年限里，所支出全部费用的现值，设备乙仍比设备甲少。

(3) 费用效率分析法。又称寿命周期费用法，它是用系统效率和寿命周期费用的比值来

表示费用效率的方法。系统效率是指选择设备时应考虑的一系列因素的效果,如生产率、可靠性、维修性等。

寿命周期费用表示设备使用期的总费用,由设备的设置费和维持费两项组成,设置费是指购置设备所需的一切费用。它可分为两种情况,一种是企业自制设备的费用,其中包括研究、设计、试制、安装、调试等费用;另一种是企业购买设备的费用,包括设备的售价、运输、安装、调试等费用。维持费包括操作人员工资、能源消耗费、保养休息费、事故发生后的停产损失费、保险费及固定资产税金等费用。

费用效率是表示单位费用支出所能得到的效果。它可以在同样的费用支出下,进行效率比较,也可以在同样效率下进行费用支出比较。能源消耗量可按不同设备分别计算,得出单位费用的能源消耗量,以选择能源最少的设备。在上述计算中,凡是可用数量表示的因素,尽量用定量计算;对于不能用数量表示的因素,则可进行定性分析。最简便的定性分析方法是:按每个因素产生中所起作用的不同,给设备评分,最后以得分最高的为最优设备。因此,费用效率是一个综合程度很高的指标,它把设备使用期的总费用与设备在使用中所获得的一系列效果进行全面系统比较,从而作出设备的经济评价,并使港口企业能选择经济性最好的装卸机械设备。

3. 装卸设备的使用

港口企业对购置的装卸机械设备经验收合格后方可使用,并应当根据国家和行业标准对本企业机械统一编号,建立“港机设备登记卡”和配备完整的技术资料以供查阅。与此同时,企业应当根据机械设备在作业中的地位、投资费用、技术复杂程度和安全等因素,采用先进的管理方式,对港机实行分级分类管理。

装卸机械设备效率的高低、性能的好坏和寿命的长短不仅取决于设备本身的设计、制造和安装,在很大程度上也取决是否能对机械的合理使用。港口装卸机械合理使用的原则如下:

(1)港机使用的工况和环境,必须符合本机械技术特性的要求及确保安全运行的基本条件。

港口装卸机械按照技术性能可以分为四类:

一类:各零、部件完整无缺,零件磨损在允许范围之内,技术性能良好,确保安全运行和正常作业。

二类:非主要零、部件欠完整,非主要零件的磨损虽超过允许范围,但对整机的原有技术性能影响不大,经维修保养后能安全运行。

三类:主要零、部件有较大的损坏或磨损,原有技术性能下降,经常发生故障。

四类:主要零、部件严重缺损,已丧失原有技术性能。

正在修理的港机按修理前类别划定。

港口作业应当使用一、二类港机,停用三类港机,禁止使用四类港机。

(2)港口机械的操作人员必须是具有良好技术和熟悉机械性能、结构,既能熟练操作机械,又能检查、保养和排除故障的正式司机。在正式司机直接监督下,学习期满半年以上的学徒工等受训人员和持有有效港机操作证照的其他有关人员,经严格考核,亦可上岗操作机械。

(3)港口企业在组织生产作业时,应当根据装卸货物的种类、重量、物理和化学性能等选择经济合理的装卸工艺,尽可能满足装卸机械的负荷量,充分发挥机械的效益,降低消耗和成本。

(4)港口企业应该根据装卸机械的结构、性能、特点和生产需要建立健全的港机操作规程并严格遵守,禁止超规范、超负荷操作和使用港机。

(5)港口企业应当重视港口机械的操作、管理与维修专业人员的培训,把港机专业人员的教育和培训列入企业职工教育计划。港口企业的港机管理人员,应当具有高中以上文化并具有一定专业知识和实践经验。港机操作、维修工人应当进行岗位培训,经过考核持证上岗。新机种投入使用前,应当对操作和维修工人进行岗前培训。

(6)港口企业在组织流动机械从事搬运作业时,规定如下:

①轮胎起重机、汽车起重机和履带起重机,除产品说明书允许外,不得吊载行驶;

②叉车的搬运行程不宜超过300m;

③装载机的搬运行程不宜超过100m;

④蓄电池搬运车的搬运行程不宜超过500m;

⑤集装箱正面吊运机载箱运行距离不宜超过200m。

(7)加强装卸机械的检查、保养和修理。港口企业在生产作业繁忙阶段,应注意机械的检查和维护,并可制定不同季节和特殊作业时的作业规定,最大限度保护机械设备。港机在运行过程中发生的故障,操作人员和现场管理人员应当尽快采取措施,排除故障。在未排除前,不得继续作业。

总之,港口装卸机械的使用应遵循以上原则,它既可以延长机械寿命,充分发挥机械性能,又可保障港口生产的安全,有效减少机械的维护和修理费用,降低生产成本,保证企业经济和社会效益。

二、港口装卸机械维护保养

港口装卸机械处在频繁的相对的运动之中,所以零部件材料、机械强度性能、尺寸及相对位置等均要发生变化,从而造成机械逐渐丧失其应有的精度和功能,以致最后完全丧失工作能力。因此,掌握设备的磨损规律,使零部件的磨损降到最低限度,以消除隐患,减少故障,保障机械经常处于良好的状态,是装卸机械维护保养工作的目的。

1. 装卸机械的日常维护

港口企业应当建立健全港机日常维护制度,包括司机交接班制度、技术操作规程和日常检查保养规范等。港口装卸机械的日常维护是使港机保持良好技术状况和进行维修的基础,它主要由操作人员负责。

港机司机应严格按操作规程使用港机,在运行过程中经常观察港机运行情况,保持港机完整无损,安全防护装置完备有效。在工班间隙,应按规定对港机进行清洁、检查、调整、紧固、润滑,保持无油垢、无积灰、无泄漏、无松动,使港机保持良好技术状态。同时,应规范填写“交接班记录”、“运行日志”和“日常维护记录卡”。

2. 装卸机械的定期保养

港机的定期保养是指港机运行一定间隔期后,有计划地对港机强制进行的全面维护和保养作业,它分为例保和定保两种。定期保养的目的是保证装卸机械经常处于良好的技术状态,减少临时故障的发生。为了使港口装卸机械的定期保养达到预期效果,港口企业应拟订定期保养计划,组织有关部门实施并验收。

港口装卸机械的保养计划主要有年计划和月计划。年度计划的编制时间为每年年底,操作部现场设备维护部门应拟订出下一年度的保养计划报工程技术部,工程技术部根据设备的状态和下一年度的生产任务对计划进行平衡,调整后上报主管副总经理审批。月度保养计划由操作部现场设备工程师根据设备的运行小时和状态而拟定,并由工程技术部审核后,以《装卸机械保修计划》下达。操作部拟订计划时可根据实际情况确定机械定保的间隔期。一般情况下,大型机械每月安排例保一次,或者每工作 1500h(或 4 ~5 个月)安排定保一次;流动机械每工作 125h 安排例保一次,或者每工作 750h(进口机械 1500h)安排定保一次。

计划保养的机械,操作部门应视生产情况合理安排保养时间。现场设备工程师应结合生产和机修任务合理安排保养时间,严格要求实施保养的单位按照《装卸机械定保保养单》规定的项目和要求在规定的时间内进行保养。因生产变化或设备本身原因需调整保养计划时,由操作部主管工程师或现场设备经理根据实际情况而定。工程技术部应经常检查监督操作部保养计划的实施情况和保养质量。

保养完成后,工程技术部门应指定人员对保养的情况进行验收。承保部门在验收前应进行自检,报请验收时,承保部门应提供完整的《装卸机械保养单》和有关检测数据、材料领用记录等。验收的范围,包括保养项目和质量是否合乎技术规范所规定的要求、附加修理项目的执行情况以及是否在规定的时间内完成和质量记录的填写情况。验收过程中发现的不合格项目,应责成保养执行人员进行补充保养或返修,并对当事人进行考核。验收人员检验合格后应通知当事司机进行试机并由司机向调度报请出勤。保养通过验收交付使用时,需填写和上交《装卸机械保修记录》和《装卸机械保养单》。

3. 装卸机械的定期检查

装卸机械的定期检查是指港机在基本不解体的情况下,通过人体感官和利用检测设备有计划地进行的检查(以下简称定检)。定检是进行状态维修的一个重要组成部分,定期检查的目的是确保装卸机械的性能符合规定要求。港口企业应当根据具体情况和机种特点制定定检计划,确定定检项目、标准和方法。

装卸机械定期检查包括日检、周检、月检和季检以及年中和年终的普查。其中,工程技术部门负责季检、普查的组织和实施,操作部门负责日检、周检和月检的实施,并协助工程技术部做好季检和普查。定检的项目和内容因检查的周期不同而有所区别。

(1)日检。是由装卸机械操作人员在出工前和交接班时,结合日常维护,对装卸机械进行的例行检查(对于大型机械还包括运行状态的检查)。日检主要是依靠感官直觉,按照规定项目进行,并把检查情况如实填写在《装卸机械运行日志》上,如发现异常应及时处理。

日检的主要内容包括:

①流动机械。检查机身是否完好、无变形;润滑是否良好;油、水、气压是否充足,各种接头有无泄漏;电池液是否充足,电池接头有无松动、氧化;关键部位的紧固螺栓有无松动;各种仪表及灯光、喇叭是否正常;制动系统,转向机构是否可靠;操纵开关,安全装置是否可靠;发动机、电机运行是否正常;轮吊钢丝绳有无断丝、跳槽;卷筒、滑轮有无损坏;轮吊吊钩是否正常;轮吊支腿状况是否良好;传动轴及传动部件是否正常;叉车门架升降是否自如,门架有无松旷

情况，链条及前后倾是否正常；轮胎胎面磨损情况，有无见帆布；履带是否张紧，履带板完好情况。

②大型机械。检查金属结构有无裂纹；各种仪表是否正常；电机有无异响，温升是否正常；接触器是否正常；减速箱有无异响、漏油；联轴节是否正常，关键部位的螺栓、螺母有无松动；制动装置是否可靠；安全装置是否可靠；钢丝绳有无断丝、跳槽；卷筒、滑轮有无损坏；吊钩是否正常；输送皮带有无撕裂、损坏和跑偏。

(2)周检。由现场设备工程师、维修班长组成的每周一次的检查。发现问题应及时处理，现场设备工程师把检查结果记录在《装卸机械周检记录》上。周检的主要内容是在日检的基础上增加机容机貌、金属结构、各工作机构运行情况和“三清”状况以及日检和交接班情况等项目的检查。

(3)月检。以操作部现场维护部门的设备经理、主管工程师、设备工程师为主，工程技术部监督下的每月一次的抽查。发现问题应及时处理，现场设备工程师将检查情况记录在《装卸机械月检记录》上。月检的主要内容是对装卸机械的机容机貌、金属机构件、电气、安全保护装置、机械性能以及日检和周检记录等进行检查。月检应确保每月能覆盖所有设备的检查。

(4)季检。由公司工程技术部经理或经理助理牵头，操作部设备经理、现场设备经理等组成的每季度一次的检查，工程技术部负责将检查情况记录在“装卸机械检查记录”上，并上报公司技术副总经理，对发现的问题，工程技术部应及时下达整改通知书，限期完成。季检的主要内容是对装卸机械的金属结构件、电气、安全保护装置和操作部的检查记录等进行检查。一般情况下，季检应确保每季度能覆盖所有设备的30%的检查，连续3个季度覆盖所有设备的检查。

(5)普查。分年中和年底两次进行。企业应成立以分管领导为首的普查小组，对装卸机械逐台逐项进行检查和鉴定该机的技术状况，发现故障和隐患要及时处理。普查小组将检查情况汇总整理并形成书面整改意见发送给负责部门和相关领导。

(6)专项检查。由操作部现场设备维护部门的主管工程师、设备工程师负责，发现问题应及时处理，现场设备工程师把检查结果记录在“装卸机械专项检查记录”上。专项检查的主要内容是钢丝绳、制动器(刹车)、吊具、发动机、转向机及其他主要的安全装置等。

港口装卸机械的定期检查应当由专业人员负责，并严格执行定检制度和定检规范，认真填写相关定期检查记录。

4. 设备的修理

港口装卸机械修理可以分为故障修理、项目修理、状态修理和大修。港口企业应根据本企业情况，制定合理的机械修理计划，并采用采用不同的修理方式，制定具体的港机修理级别、周期、停机日、标准和定额，旨在通过修理，恢复设备的技术性能，延长设备使用寿命。

(1)维修计划的制订。除了故障修理，其他类型的修理都应制订修理计划。年度计划由操作部门应于年末之前提出下一年的修理计划，报给工程技术部。工程技术部根据下一年度公司的生产任务和设备的状况，对计划进行审核、平衡，调整后上报公司主管副总经理审批。月度计划由操作部现场设备经理根据年度计划、设备的运行状态而拟定，由工程技术部审核后，反馈给操作部并及时录入存档。

(2)报修的程序。一般机械故障发生后，司机(或检修人员)应在第一时间内通过对讲机报修，同时还应当将其发生(停机)的时间、部位及采取的措施等，若在1h内自行排除的，可不办理报修手续。否则应向操作部现场设备部门报修。操作部现场设备部门对报修机械进行确认后，应及时组织人力进行抢修。修复后，经司机试机确认并由司机向调度报请出勤。对操作部现场设备部门无法自行修复而需委外修理的故障项目，则需及时转交给工程技术部处理。

计划修理的报修由专线的技术人员根据机械状况、生产和机修任务等情况安排修理。送修部门主管技术人员申明重点修理项目。送修、承修部门要做好交接，核对重点修理项目及整机缺零部件情况。

(3)修理。港口企业应当根据维修计划做好维修准备工作，保证维修按时实施，努力缩短维修停机时间。机械修理必须按规定项目和委修部门提出的重点项目及质量要求进行修理，严格执行相关的修理标准。机械修理过程中，不准拆用其他停修机械上的零部件或总成，如确需临时拆用，必须经相应维修部门的负责人同意。机修过程中拆卸下来的总成，原则上应在两周内修复。

(4)验收。所有类型的维修，经验收人员对维修检验合格后，即可通知当事司机进行试机并由司机向调度报请出勤。验收不合格的港机不得投入使用。

港口企业应当建立健全的机械维护、保养、检查、维修和验收制度，保障设备处于良好的技术状态，延长机械寿命，降低返修率。港口企业还应当建立健全的备品配件管理制度，强化计划管理，保证港机正常维修和保养的需要。

三、港口装卸机械的折旧更新

1. 装卸设备的折旧

在港口装卸生产活动中，由于机械的零部件不断地磨损，其价值也不断地减少，到了一定的使用年限，装卸机械就必须更新。进行设备更新的资金，是在设备使用过程中以折旧的形式逐渐积累起来。通常情况下，我们把设备的价值逐渐转移到成本中去，而相等于损耗的那部分价值叫做折旧。从装卸收入中收回的这部分资金，叫做设备的基本折旧资金。

在生产过程中，除消耗设备本身的价值外，为了保证设备的正常运转，并使设备达到合理的经济使用期限，还要进行维护保养和各种必要的修理。这些追加的耗费，将用不同的方式计入装卸成本，每次大修理外的其他维修保养费用均直接计入装卸成本。

计算折旧的依据有以下四个因素：

(1)设备的原始价值(简称原值)。包括设备购费 、运输费和安装费等。

(2)设备保费后残余价值(简称残值)。指设备失去使用价值保费后，其部分尚可利用的零部件、材料的价值。这部分价值在计算折旧额时，应从设备原值中扣除。

(3)设备的清理费。指设备保费后拆卸、搬运、处理过程中所必须支付的人工、辅助材料、运输等费用。清理费应计入成本，加到设备原值中去，或从残值收入中扣除。

(4)设备使用年限。是指在正常工作环境、工作符合和维修质量下预计可使用的年限。

根据以上四个因素，按使用时间计提折旧费，其方法可分为直线折旧法和快速折旧法。本书主要介绍直线折旧法，这种方法是设备在使用年限内，平均地分摊设备的折旧费用。这是我国多年来一直采用的折旧方法。这种方法的特点是,设备的原始价值在其寿命周期中是逐步等量递减的,直到设备到达报废价值为止。其计算方法为:

$$A=\frac{K-L}{T} \tag{6-4}$$

式中:A——年设备基本折旧额(万元/年);

K——设备的原始价值(万元);

L——设备的残余价值(万元);

T——设备的最佳使用年限(年)。

例题6-4:某设备的原始价值10万元,残余价值2万元,最佳使用年限为8年,则该设备的年折旧额应如下计算:

$$A=\frac{K-L}{T}=\frac{10-2}{8}=1\text{ 万元/年}$$

2. 港口装卸机械的报废

当港口装卸机械失去使用价值时,可申请报废。

按照交通部颁布的《港口装卸机械管理规定》,港机有下列情况之一时,应当报废:

(1)预测大修理后技术性能仍不能满足港口作业要求或者难以保证作业安全的;

(2)严重损坏无修复价值的;

(3)大修理后虽能恢复技术性能,但不如更新经济的;

(4)技术性能达不到规范要求,危及安全的;

(5)技术性能差、能耗高、效率低、经济效益差的;

(6)危害人身健康、严重污染环境,进行修理改造又不经济的;

(7)自制的非标准港机,经生产验证不能使用,且无法改造的;

(8)国家规定淘汰的。

港口企业的机械报废应当经过技术鉴定和经济分析评价,按规定办理审批手续。已经报废的港机,不准转让或者继续使用。

3. 港口装卸机械的更新

1)设备的磨损

设备在使用和闲置过程中,会逐渐发生磨损。设备磨损有两种形式,一种是有形磨损,一种是无形磨损。

(1)设备的有形磨损。设备在使用或闲置过程中,都会发生实体的磨损和损失,这种磨损成为有形的磨损。

可引起有形磨损的主要原因,是设备在生产过程中的使用。运转中的机械设备在外力作用下,相对运动中的零部件会发生摩擦、振动和疲劳现象,以致机械设备的实体产生磨损。这种磨损叫做第Ⅰ种有形磨损。它通常表现为以下几种情况:

①设备零部件原始尺寸的改变,甚至形状也发生变化;

②公差配合性质的改变以及精度的降低;

③零部件的损坏。

第Ⅱ种有形磨损,可分为三个阶段,如图6-13所示。第1阶段是新的或大修理之后设备磨损发生较多的"初期磨损"阶段。造成"初期磨损"的原因,主要是加工精度不够,安装不好,人员素质低等因素。第2阶段磨损量较小,是"正常磨损"阶段。"正常磨损"是设备处在正常工作状态下发生的,它与设备开动是的长短、负荷强度的大小,以及设备本身零部件的质量和润滑工作的好坏有关。第3阶段是磨损量增加较快的"剧烈磨损"阶段。"剧烈磨损"是在正常工作条件被破坏或因使用时间过长的情况下发生的。当磨损达到一定限度时,零件之间的配合间隙变大,配合精度下降,因而磨损速度迅速上升,使设备功能下降,甚至不能正常工作或发生鼓掌,以致失去工作能力。

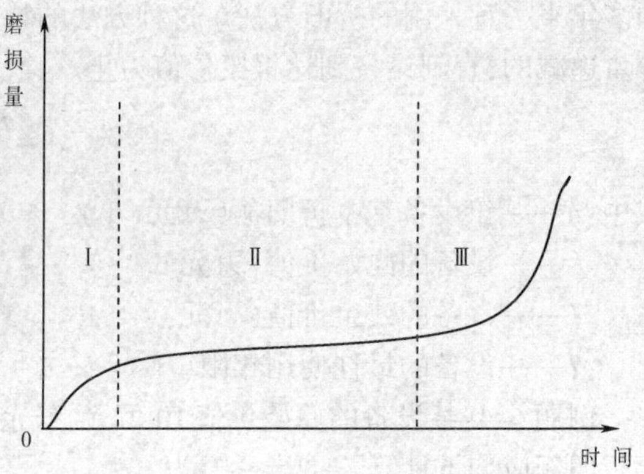

图6-13 设备磨损曲线图

第Ⅱ种有形磨损是由于自然力的作用而产生的磨损,它与生产过程无关。设备闲置或封存会使机器生锈、腐蚀和老化,时间长了会使机器丧失精度和工作能力,产生有形磨损。

有形磨损的后果是设备的使用价值降低,当这种磨损严重到一定程度时,可使设备完全丧失工作能力。有形磨损的经济后果是设备原始价值的部分降低,甚至完全贬值。要消除有形磨损,使之局部恢复或完全恢复设备的使用价值,必须支出相应的修理费用。

有形磨损具有不均匀性。由于设备中的各零部件在运转过程中使用条件不同,加之各组成材料不同,因而其磨损程度也各不相同。设备在经过一段时间的运转后,其零部件的磨损程度大致可分为三种:一种是完全磨损不能继续使用;一种是可以修复;第三种是没有磨损坏,可以继续使用。正由于存在着这三种情况,所以设备的修理在技术上是可能的,在经济上是可行的。

技术的进步,新型耐用材料的出现,零部件精度和光洁度的提高以及结构可靠性增大等,都可推迟设备有形磨损的产生。同时,提高设备管理水平,采用正确的预防维护和计划预修制度以及新的现金维护保养技术,也可减轻有形磨损,延长设备寿命。

但是,技术的进步又有加速有形磨损的一面。例如,用高效生产技术能使生产强化,而自动化可以提高设备的利用率,有两自动化管理系统又会大大减少设备的停歇时间。于是专用设备、自动化设备常常连续在重载下工作,这必然又加快了设备的有形磨损。此外,技术的进步常与提高速度、压力、载荷和高温相联系,因而也会增加设备的有形磨损。

(2)设备的无形磨损。设备在使用或闲置过程中,除了遭受有形磨损之外,还要遭受无形磨损,亦称经济磨损或精神磨损。它是设备在价值上的损耗。与有形磨损相比,无形磨损在实物形态上没有反映出来。

造成无形磨损的原因有两个:一是由于劳动生产率的提高,生产同样机械设备所需的社会必要劳动耗费减少了,因而使原有机械设备的价值相应降低,二是由于新技术的发明和应用,制造出了性能更完善,生产效率更高的机械设备,使原有设备的价值相对贬值。显然,在这两种情况里,原有机械设备的价值已不取决于其最初的生产消耗,而是取决于其在生产的耗费。

为了便于区别无形磨损的两种形式,把相同结构的机械设备由于再生产价值的降低而产生的原有设备的贬值,叫做第Ⅰ种无形磨损;在技术进步影响下,生产出了结构更加先进、技术更加完善、生产效率更高、原材料和能源耗费更少的新型设备，而原有的机械设备就显得陈旧落后，把由此而产生的经济耗损，叫做第Ⅱ种无形耗损。

在第Ⅰ种无形磨损的情况下，设备的技术结构和工作性能并未改变，仅是制造工艺不断改进，成本不断降低，劳动生产率不断提高，而使生产相同设备的社会必要劳动耗费相应降低。这种无形磨损虽使设备部分贬值，但设备本身的技术特性和功能丝毫不受影响，即设备的使用价值不变，故不会产生提前更新设备的问题。

在第Ⅱ种无形耗损的情况下，由于出现了结构更新、技术性能更完善、生产效率更高的设备，所以不仅使原有设备产生了价值贬低的经济后果，而且造成使用价值局部或全部丧失的后果。这是因为新技术发明和应用后，虽然就设备还未到更新年份，还能正常工作，但它的生产效率已大大低于社会平均水平，如果继续使用，将是产生成本大大高于社会平均生产成本。在这种情况下，旧设备虽然可继续使用，但用新设备代替过时的旧设备，在经济上效果更佳。

(3)设备的综合磨损。设备的磨损具有两重性。在其有效使用期内，既有有形磨损的损失，又有无形磨损的损失。两种磨损同时作用于现有设备。

从上述分析可以看出，有形磨损和无形磨损都同时引起设备原始价值的贬值。但是有形磨损，特别是有形磨损严重的设备，在修理之前，往往不能正常工作。而对于无形磨损的设备，哪怕是无形磨损严重的设备，也仍然可以使用，只使用它进行生产时，其劳动耗费高，经济效果差而已，这是设备被提前更新的原因。

如果是设备的有形磨损期与无形磨损相互接近，那么，当设备的有形磨损严重到使设备不能再使用时，刚好就出现了效率更高的新设备，这是就无需对旧设备进行大修理，而用新设备更换已遭到两种磨损的旧设备。如设备虽已遭受严重的有形磨损而它的无形磨损期尚未到来，这时只需对设备进行大修理或更换相似的设备即可。假如无形磨损期早于有形磨损期，那么这时继续使用旧设备还是用新设备去更换尚未折旧完的旧设备，将取决于它们的经济性。

2)装卸设备更新

当设备的磨损影响到港口企业的装卸生产效率、货运质量和利润时，就必须对设备进行更新。设备更新包括三个内容:设备改造和设备更换。港口企业应当有计划、有步骤地对技术落后、性能差的港机进行技术改造。港机的技术改造应本着提高效率、改善性能、便利维修、简化机型、降低消耗、确保安全的原则进行。设备更新中最主要的形式是设备更换。

设备更换有两种方式。一种是原型更新，就是用结构相同的新设备去更换已有严重有形磨损，而且不能继续使用的旧设备。这种更新主要是解决设备的损坏问题，不更新技术内容，因此，不发生技术进步。另一种是技术更新，也就是以结构更先进、技术更完善、效率更高、性能更好、耗能更少的设备来替换那些技术上的陈旧，而在经济上又不宜继续使用的设备。在当今技术进步很快的条件下，设备更新应主要是后一种。

设备进行更新需要花费大量的资金，设备究竟在什么时候进行更新，应当事先进行技术经济论证。港口设备的更新主要要考虑设备的自然寿命、技术寿命，又要考虑设备的经济寿命。

自然寿命即使用寿命，是设备的物质寿命。它是指设备从投入使用到报废为止所经历的时间。它与维护保养、合理使用和维修质量的高低有关。

技术寿命是指设备可能在市场上维持其价值的时间,也即设备从投入使用其到被新技术淘汰为止所经历的时间。由于科学技术的发展,在技术上、经济上更先进合理的新设备不断出现,所以使得现有设备在自然寿命尚未结束前,就有可能被淘汰。

折旧寿命是指财政部门规定把设备价值的余额折旧到接近零时所经历的时间,它并不等于自然寿命。

经济寿命是指设备平均年度总费用最低的年数。年度总费用包括年折旧费和年维持费。其基本原理是:当企业投资购买一台设备时,使用年限越长,其每年分摊的折旧费就越少。但是,随着使用年限的增加,包括维护保养、修理、操作、能耗等费用在内的维持费会随之增加。这样,越来越低的折旧费就被越来越高的维持费所抵消。因此,在整个变化过程中,平均每年总费用必然在最适宜的使用年限内会出现总费用最低值,如图 6-14 所示,总费用最低点所对应的使用年限,就是设备的经济寿命。所以,设备的经济寿命,是从费用的观点来研究设备更新的最佳时期。

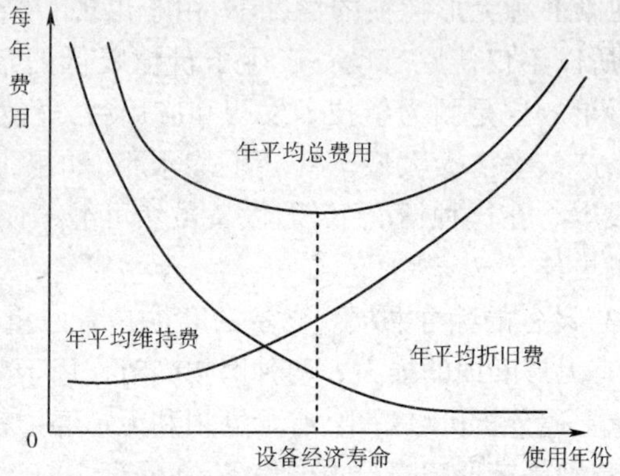

图 6-14　最佳使用年限

课外阅读

港口装卸机械管理规定

第一章　总则

第一条　为保障港口的生产和安全,加强港口装卸机械的管理(以下简称港机管理),制定本规定。

第二条　本规定适用于交通部部属港口企业、交通部和地方双重领导港口企业、地方港口企业及其他自有专用码头的企业(以下统称港口企业)。

第三条　国务院交通主管部门直属或者与地方政府双重领导的港务(管理)局负责本港区(长江干线为港辖区)内的港机管理工作。

县级以上各级地方人民政府的港口管理机构负责本行政区域内的港机管理工作。

港务(管理)局和地方港口管理机构港机管理的主要内容是:

(一)贯彻执行国家有关设备管理的法律、法规和方针政策,制定港机发展规划和管理规章;

(二)对本港区(长江干线为港辖区)或者本行政区域范围内的港机进行行业管理,并负责监督、指导和协调服务;

(三)组织交流和推广港机管理的先进经验和维修新技术;

(四)组织港机管理业务技术的培训工作和组织国内外的交流工作;

(五)参与特大港机机损事故的调查处理工作。

第四条　港机管理工作贯彻"安全第一、预防为主"和依靠技术进步、促进生产发展的方针，坚持维护与检修相结合，修理、改造与更新相结合，专业管理与群众管理相结合，技术管理与经济管理相结合的原则。

第五条　港机管理是港口企业管理的重要组成部分，港口企业应当采取技术和经济的措施对港机进行综合管理，不断改善和提高技术装备素质，保持良好的技术状态，充分发挥其效能。

第六条　港口企业应当建立健全港机管理综合体系，对港机的规划、选型、购置（或者设计、制造）、安装、验收、使用、维护、检修、改造直至报废实行全过程管理。

第七条　港机管理应当采用先进的管理方法和维修技术，推行以技术状态为基础的维修方式，逐步提高港机管理和维修的现代化水平。

第二章　管理

第一节　分类和编号

第八条　港机划分为四类：起重机械、输送机械、装卸搬运机械、专用机械。

第九条　港口企业应当根据国家和行业标准对本企业港机统一编号。编号应当标示在机械的明显部位，并清晰、醒目。

第十条　港口企业应当根据港机在作业中的地位、投资费用、技术复杂程度和安全等因素，采用先进的管理方式，对港机实行分级分类管理。

第二节　规划、选型和购置

第十一条　港口企业应当根据生产发展需要和港机技术状态，编制港机更新和改造的中、长期规划和年度计划，并组织实施。

第十二条　港机选型应当遵循经济合理、技术先进、满足生产、安全可靠、方便维修、利于管理、节约能源和符合环境保护的原则综合择优选择。

第十三条　港口企业自制港机应当有完整的技术资料，按有关规定进行审批，并组织技术鉴定和验收。未经鉴定或者验收不合格的，不得生产和使用。

第三节　验收及交付使用

第十四条　港口企业应当建立新购置港机的验收工作程序，认真按工作程序进行验收，写出验收报告。凡验收不合格的，不得投入使用。

第十五条　新购置的港机验收工作如下：

（一）根据合同及有关文件清点和核对技术资料、附件、随机工具及备件；

（二）根据有关技术资料检查港机的技术状况和性能。

第十六条　港机经验收合格，应当建立“港机设备登记卡”，其内容如下：

（一）名称、型号和规格；

（二）产地或者制造厂；

（三）出厂、动力、底盘、机械和固定资产编号；

（四）出厂、购置和启用日期；

（五）规定使用年限和购置全值（原值）；

（六）主要技术参数；

（七）主要图纸目录。

第十七条　新购置港机在保修期内，发生属于制造质量的故障与损坏，应当及时做好技术鉴定和记录,按有关规定办理修复、索赔或退货。

第十八条 新型港机投产前,必须编制有关使用操作规程和维修保养规定,建立单机技术档案。

第十九条 购置的二手港机或者经过技术改造的港机,其验收可以适用本节新购置港机验收的规定进行。

第四节 技术状况分类及普查

第二十条 港机根据技术状况分为四类:

一类:各零、部件完整无缺、零件磨损在允许范围之内,技术性能良好,确保安全运行和正常作业。

二类:非主要零、部件欠完整、非主要零件的磨损虽超过允许范围,但对整机的原有技术性能影响不大,经维修保养后能安全运行。

三类:主要零、部件有较大的损坏或磨损,原有技术性能下降,经常发生故障。

四类:主要零、部件严重缺损,已丧失原有技术性能。

正在修理的港机按修理前类别划定。

第二十一条 港口企业应当建立检查评定制度,定期对港机技术状况进行普查评定。

第五节 使用年限

第二十二条 港机的使用年限可以参照其折旧年限确定。

第二十三条 港机达到使用年限后,技术状况良好,有继续使用价值的,应当经过鉴定方可继续使用。

第六节 封存、转让和报废

第二十四条 连续停用一年以上或者新购置的两年以上未投产使用港机,应当列入闲置港机的范围。

第二十五条 技术状况属于一、二类的港机,因生产情况变化而闲置6个月以上的,可办理封存。

第二十六条 港机封存期的管理:

(一)封存前应当作好全面维护,采取防腐、防锈、防风雨和防冻等措施;

(二)定期检查和维护,保持状态完好;

(三)不准擅自动用和拆卸零、部件;

(四)不纳入完好率统计。

第二十七条 港机启封后,应当作全面检查和维护,经试运行无异常后方可投入使用。

第二十八条 闲置、封存或者技术性能不能适应港口作业需要的港机,可以改造或者转让。

第二十九条 港机转让应当按国有资产管理规定办理有关手续。

第三十条 港机有下列情况之一时,应当报废:

(一)预测大修理后技术性能仍不能满足港口作业要求或者难以保证作业安全的;

(二)严重损坏无修复价值的;

(三)大修理后虽能恢复技术性能,但不如更新经济的;

(四)技术性能达不到规范要求,危及安全的;

（五）技术性能差、能耗高、效率低、经济效益差的；

（六）危害人身健康、严重污染环境，进行修理改造又不经济的；

（七）自制的非标准港机，经生产验证不能使用，且无法改造的；

（八）国家规定淘汰的。

第三十一条　港机报废应当经过技术鉴定和经济分析评价，按规定办理审批手续。

已经报废的港机，不准转让或者继续使用。

第三十二条　港口企业对港机的封存、启用和转让应当按有关规定建立审批程序。

第七节　改造与更新

第三十三条　港口企业对重点、主要港机的改造和更新，应当事先进行技术经济论证。

第三十四条　港口企业应当有计划、有步骤地对技术落后、性能差的港机进行技术改造。

第三十五条　港机的技术改造应遵循提高效率、改善性能、便利维修、简化机型、降低消耗、确保安全的原则。

第八节　润滑

第三十六条　润滑管理是港机管理的基础工作之一，港口企业应当重视并抓好此项工作。

第三十七条　港口企业应当适时制定润滑消耗定额和计划；编制润滑图表、润滑卡片；编制、绘制维修与润滑有关的资料和图纸；试验确定代用油品；做好培训和技术指导工作，积极推广润滑新技术。

第三十八条　港口企业要积极执行润滑“五定”：定人（定人加油）、定时（定时检换油）、定点（定点给油）、定质（定质选油）、定量（定量用油），合理使用润料，并做好润料的回收工作。

第三十九条　港口企业应当完善油液分析手段，做好原始记录和分析，逐步做到跟踪化验，用油对路、按质换油、状态监测。

第九节　定额和指标

第四十条　港口企业应当建立必要的港机技术经济定额。根据生产发展和技术进步，定期修订定额，保持定额的合理性和先进性。

第四十一条　港口企业应当建立考核制度，对下列主要技术经济指标进行考核：

（一）港机完好率，其计算公式为：

$$完好率=(完好台时/日历台时)\times 100\%$$

（二）港机利用率，其计算公式为：

$$利用率=(工作台时/日历台时)\times 100\%$$

（三）港机一、二类设备比重，其计算公式为：

$$一、二类设备比重=(一、二类设备台数/设备总台数)\times 100\%$$

（四）港机设备固定资产创净产值率，其计算公式为：

$$设备固定资产创净产值率=(全年净产值总数/全年设备平均原值)\times 100\%$$

$$全年设备平均原值=(年初设备原值+年末设备原值)\div 2$$

（五）港机新度系数，其计算公式为：

新度系数 = (年末固定资产净值/年末固定资产原值) × 100%

第十节　统计

第四十二条　港机应当分别按月、季、年度、机种、单机和综合进行统计。统计内容包括:

(一)经济指标:固定资产创净产值率、新度系数等;

(二)技术状况:机械技术状况分类,一、二类设备比重,完好率等;

(三)运用情况:利用率、台时产量、故障率等;

(四)维护和修理情况:各级维修的停机日、工时、费用、返修率等;

(五)机损事故:次数、停机台时、修复费用、事故级别等;

(六)运行消耗情况。

第四十三条　港口企业应当按有关规定建立统计制度,如实填写统计报表,按时上报。

第四十四条　单机经济核算是实现港机技术管理与经济管理相结合的基础,港口企业要逐步实行、深化。

第十一节　技术档案和技术资料

第四十五条　港机技术档案是指建造资料和技术改造资料,内容包括:

(一)技术经济论证和建造合同;

(二)由制造厂提供的原始资料,包括出厂说明书、安装说明书、验收大纲、使用说明书、配件目录、出厂检验合格证及有关图纸等;

(三)技术改造和维修竣工图纸;

(四)档案管理规定的其他资料。

第四十六条　港口企业应当收集整理港机技术档案,并按有关规定分级归档保管,港机技术档案分为单机技术资料、按机种统计和归类的技术资料、机损事故的处理报告及其他综合性资料。

第四十七条　港口企业应当从港机购置到报废的全过程建立完整的单机技术资料(可以为单机履历册或者单机台帐)。单机技术资料应当认真填写,妥善保管,不得任意更改。

第十二节　机损事故

第四十八条　港机在运行、维护、修理、吊运或者停放过程中遭受非正常损坏,造成停机或性能下降视为港机损坏事故(以下简称机损事故)。

第四十九条　机损事故按酿成事故的原因分为责任事故和非责任事故。

责任事故是指由港口企业自身的原因造成的事故。

非责任事故是指责任事故以外的事故。

第五十条　机损事故分为轻微事故、一般事故、重大事故和特大事故。

轻微事故:修复费用(包括抢救费用,下同)超过2000元,低于6000元的;

一般事故:价值30万元以下(含30万元)的港机、修复费用超过6000元的;价值30万元以上的港机,修复费用超过该机价值2%的;

重大事故:价值30万元以下(含30万元)的港机,修复费用超过9万元的;价值30万元以上的港机,修复费用超过该机价值30%的;

特大事故:按国家有关特大事故的规定确定。

港机价值是指按事故发生时该机市场价格计算的重置全值。

第五十一条　港口企业在发生机损事故后应当及时上报，并组织力量抢修，努力减少事故损失，尽快恢复生产。

第五十二条　港口企业对机损事故应当按照“三不放过”的原则进行处理。“三不放过”是指：事故原因不清不放过、事故责任者没有受到教育不放过、没有防范措施不放过。

第五十三条　港口企业应当根据机损事故情节轻重，对责任事故的责任人作出处理。凡隐瞒不报、弄虚作假的单位和个人，一经查出，应当从严处理并追究有关领导人的责任。

重大、特大事故处理结案后，应专题报交通部。

第十三节　教育与培训

第五十四条　港口企业应当重视培训港机管理与维修专业人员，把港机专业人员的教育和培训列入企业职工教育计划。

第五十五条　港口企业的港机管理人员，应当具有高中以上文化并具有一定专业知识和实践经验。

第五十六条　港机操作、维修工人应当进行岗位培训，经过考核持证上岗。

新机种投入使用前，应当对操作和维修工人进行超前培训。

第三章　使用

第一节　合理使用的原则

第五十七条　港机使用的工况和环境，必须符合本机械技术特性的要求及确保安全运行的基本条件。港口作业应当使用一、二类港机，停用三类港机，禁止使用四类港机。

第五十八条　港口企业应当建立健全的港机操作规程和岗位责任制，根据港机特点和生产需要实行定人定机制度。

第五十九条　港机只能由下列人员进行操作：

（一）正式司机；

（二）在正式司机直接监督下，学习期满半年以上的学徒工等受训人员；

（三）持有有效港机操作证照的其他有关人员。

第六十条　港口企业的生产指挥、机械操作和维修人员，应当严格遵守港机的操作、使用规程和制度，禁止超规范、超负荷操作和使用港机。

第六十一条　港口企业在组织生产作业时，应当选择经济合理的装卸工艺，充分发挥机械的效益，降低消耗和成本。

第六十二条　港口企业在组织流动机械从事搬运作业时，规定如下：

（一）轮胎起重机、汽车起重机和履带起重机，除产品说明书允许外，不得吊载行驶；

（二）叉车的搬运行程不宜超过300m；

（三）装载机的搬运行程不宜超过100m；

（四）蓄电池搬运车的搬运行程不宜超过500m；

（五）集装箱正面吊运机载箱运行距离不宜超过200m。

第二节　作业

第六十三条　港口企业对港机在运行过程中发生的故障，应当尽快排除。在未排除前，不得继续作业。

第六十四条 故障发生后,司机应当将其发生的时间、地点、部位以及采取的措施、排除故障所用的时间等,认真如实填写在“运行日志”中。

第六十五条 港口企业可以根据具体情况,制定本企业港机在走合期、冬季、夏季、特殊作业时的作业规定。

第四章 维护和检修

第一节 日常维护

第六十六条 港机的日常维护是使港机保持良好技术状况和进行维修的基础,港口企业应当建立健全港机日常维护制度,包括司机交接班制度,技术操作规程和日常检查保养规范等。

第六十七条 港机日常维护由操作人员负责,基本要求是:

(一)严格按操作规程使用港机,在运行过程中经常观察港机运行情况;

(二)保持港机完整无损,安全防护装置完备有效,保证港机安全运行;

(三)按规定对港机进行清洁、检查、调整、紧固、润滑,保持无油垢、无积灰、无泄漏、无松动,使港机保持良好技术状态;

(四)填写“运行日志”和“日常维护记录卡”。

第二节 定期保养

第六十八条 港机的定期保养是指港机运行一定间隔期后,有计划地对港机强制进行的全面维护和保养作业。

第六十九条 港口企业应当根据机种和作业条件的不同,制定定期保养规范,其内容包括:

(一)定期保养级别、周期;

(二)定期保养项目和验收标准;

(三)润滑图谱;

(四)主要检测点及检测范围。

第七十条 港机的定期保养以专业保养人员为主、操作人员为辅,保养的主要内容有:

(一)对机械进行擦洗和清洁内部;

(二)检查、清洁和更换各种滤清器;

(三)检查、调整和紧固各操作、传动等连接机构的零部件;

(四)利用简单检测设备对港机的主要测试点进行检测;

(五)对各润滑点进行检查和清油;

(六)检查和调整安全装置、保证灵敏可靠;

(七)更换已损坏的零部件。

第七十一条 港口企业应当建立和检查“定期保养记录卡”,并将保养检测结果纳入对港机实施状态监测范围。

第三节 定期检查

第七十二条 定期检查是指港机在基本不解体的情况下,通过人体感官和利用检测设备有计划地进行的检查(以下简称定检)。定检是进行状态维修的一个重要组成部分,港口企业应当建立健全的港机定检制度和工作程序。

第七十三条　港口企业应当根据具体情况和机种特点制定定检规范，其主要内容包括：

（一）定检周期和计划；

（二）定检项目和标准；

（三）定检方法。

第七十四条　港机的定检应当由专业人员负责，并严格执行定检制度和定检规范，认真填写"定期检查记录卡"。

第四节　修理

第七十五条　港口企业在港机修理中，可以实行以运行时间为基础的修理方式，积极推行以技术状态为基础的修理方式。

第七十六条　港口企业可以根据本企业情况采用不同的修理方式，制定具体的港机修理级别、周期、停机日、标准和定额。

第七十七条　港口企业在港机修理中应当保持港机合理的大修，港机的大修可与技术改造结合进行。

第五节　维修计划

第七十八条　港口企业应当制定完善的港机维修计划，并与企业的生产经营计划同时下达、执行和考核。

第七十九条　编制维修计划的主要依据是：

（一）通过定检所掌握的港机劣化趋势；

（二）通过长期积累检修资料，掌握磨损规律，并确定维修周期。

第八十条　港口企业应当根据维修计划做好维修准备工作，保证维修按时实施，努力缩短维修停机时间。

第六节　维修检验和验收

第八十一条　港口企业应当建立健全的港机维修检验和验收制度，认真做好验收记录。

验收不合格的港机不得投入使用。

第八十二条　港口企业对维修检验和验收实行分级管理，并组成自检、互检、专检的检验网络，保证维修质量，提高一次验收合格率，降低返修率。

第七节　备品配件

第八十三条　港口企业应当建立健全的备品配件管理制度，强化计划管理，保证港机正常维修的需要。

第八十四条　港口企业应当开展进口港机零、部件的改、代和修复工作，制定备件国产化的实施计划，组织进口备件的试制，逐步提高国产化比重。

第四章　奖励与惩罚

第八十五条　对港口企业在港机管理中成效显著、技术先进的应予奖励，并推广应用。对港机管理优秀单位和个人进行表彰。

第八十六条　对港口企业的港机管理混乱，严重失修失养，影响生产或者导致特大事故的，应当追究港口企业法定代表人及其有关人员的责任。

第八十七条　港口企业对玩忽职守、违章指挥、违章操作造成事故和经济损失的人员，应当根据情节轻重,追究其经济和行政责任。对触犯刑律构成犯罪的,由司法机关依法追究刑事责任。

第六章　附则

第八十八条　港口企业可以根据本规定结合本企业的实际情况按机型制定相应的港机管理制度。

第八十九条　本规定由中华人民共和国交通部负责解释。

第九十条　本规定自发布之日起施行。原1980年发布的《港口装卸机械技术管理制度》(试行本)([80]交水运字770号)同时废止。

港口装卸机械操作规程选读

一、某公司门机技术操作规程

1. 作业前

(1)上机前先检查大车电缆,行走轨道,确认轨道及周围上无影响大车行走的障碍物,松开防爬靴,提起大车锚定插板并固定。

(2)确认电缆完整无损伤;电缆卷筒及导向架卷绕系统正常;轨道面电缆沟无阻碍物。

(3)确认大车行走、起升、变幅、回转减速箱油量足够,无渗漏。

(4)确认起升、变幅机构制动器制动摩擦片磨损未达到极限。

(5)检查机房里的所有控制屏,将各机构的主电路和控制电路合上,确认各仪表、指示灯正常。

(6)通过电压表和转换开关检查电源的三相电压值,查看电源是否在正常值范围(360～410V),确认三相电压处于平衡状态。

(7)确认司机室各仪表、操作手柄、开关按钮及指示灯正常。

(8)进行起升、变幅、回转、行走试运转,各机构开始动作前应鸣笛报警,确认一切正常后方可动作。

(9)确认通信设备工作正常。

2. 作业中

(1)操作前应将各操作手柄放在零位。

(2)司机应集中精力,看清手势,认真操作,眼随货走,余光瞭望。

(3)第一次起吊时,应将货物吊起不超过20cm高度,试刹车一次,以检查制动器性能是否正常。

(4)货物应垂直起吊,不准横拖,货物提升高度要适当,防止碰撞障碍物,严禁粗暴操作。

(5)机械行走移位作业时,必须先鸣笛报警。

(6)如遇突发停电,应将各控制手柄回零位,开关、按钮、转换开关等置于正常位置,当吊有货物时,司机应坚守岗位,不得擅自离开。

(7)严格遵守不同变幅尺寸的额定起重量,不得超载起吊,当出现超载时,应立即将被吊货物下降着地。

3. 离机前

(1)将吊臂转回陆侧,各操作手柄放回零位,各开关按钮回到正常位置。

(2)拉下控制电源开关和主电源开关,切断电源。

(3)上紧回转制动器。

(4)离机时间较长或必要时,应放下回转锚定插销。

(5)关好司机室和机房门窗。

(6)安装好防爬楔,锚定装置。

二、某公司装载机操作规程

(1)装载机不准带病运行,并在指定的范围内作业,装料斗及周围严禁站人。

(2)严禁将装载机作推土机使用,不作业时应关闭发动机并放下铲斗。

(3)严禁在河边直接操作下船和河边 1m 范围内作业,防止坠河事故。

(4)严禁在铁路 1.5m 范围内作业,防止撞坏路基和将货物铲入路轨内。

(5)作业时应注意四周的障碍物和瞭望,通过不平坦道路时应减速,严禁空档滑行,必须在坡道停车时,应拉紧刹车,并用三角块楔紧。

(6)装汽车时,严禁严重超载,作业完毕应停放在安全可靠处,并锁好车门。

思考题

1. 港区水域、陆域各哪几部分组成?
2. 开放式港池和封闭式港池有什么区别?
3. 港口的生产设施包括哪些,锚地作用是什么?
4. 趸船与驳船有什么区别?
5. 什么是水上过驳和水上倒载?
6. 什么是挖入式港池?
7. 我国港口现在有哪些种类的码头?
8. 综合性码头与专业性码头有什么区别?
9. 门座起重机有哪些优点?
10. 轮胎起重机适合进行哪些装卸作业,为什么?
11. 叉车有哪些特点,内燃叉车和电瓶叉车各有何优缺点?
12. 皮带机的优点和缺点有哪些?
13. 吸粮机的优点和缺点有哪些?
14. 对港口装卸机械进行选择应考虑哪些因素?
15. 合理使用港口装卸机械应遵循哪些原则?
16. 港口装卸机械的维护保养的内容有哪些?
17. 设备报修的程序是什么?
18. 计算折旧的依据有哪些因素?
19. 举例说明有形磨损和无形磨损。
20. 在什么情况下港口装卸机械应当报废,更换设备选择设备时要考虑哪些因数?
21. 港口装卸设备的更新的依据是什么,设备更新有几种更新法?

技能训练

1. 现有两种装卸设备,它们的功能和生产效率相同。购买甲设备需投资240万元,使用该设备每年能为企业节约能源消耗额为24万元。够买乙设备需投资320万元,使用该设备每年能为企业节约能源消耗额为40万元。请问,应该购买哪种设备?

2. 有两台设备,它们的功能和生产效率相同。最初投资,设备甲为30000元,设备乙为29000元,每年维持费设备甲为3156元,设备乙为3475元,年利率为6%,预计使用年限为10年。当年利率 $i=6\%$,使用年限 $n=10$ 时,查表得资金回收系数为0.1359,年金现值系数为7.36。分别用年费法和现值法计算,确定应该选择哪种设备?

3. 某设备的原始价值120万元,残余价值24万元,最佳使用年限为16年,如果用直线折旧法则该设备的年折旧额为多少?

4. 让学生自己根据书本上描述的港区设施,画一张港口区域设施平面示意图。

第七章　港口生产组织

● 知识目标

1. 了解港口的生产任务；
2. 了解港口的生产计划的种类；
3. 了解港口生产计划的综合平衡工作的内容；
4. 掌握港口生产计划的编制原理；
5. 掌握港口货物吞吐量计划编制内容；
6. 掌握昼夜船舶、火车、汽车、驳船装卸轮班作业计划表的编制内容；
7. 掌握港口单船作业计划的编制依据和编制的内容；
8. 了解港口生产调度指挥系统；
9. 掌握港口调度工作制度和工作内容；
10. 了解港口生产组织工作的任务和工作原理。

● 技能目标

1. 会编制港口货物吞吐量计划,港口月度装卸工作计划预备表,货物分类装卸操作过程计算表,昼夜船舶、火车、汽车、驳船装卸轮班作业计划表；
2. 会用作业排序原理和作业平衡原理来合理优化解决单个码头泊位多艘船舶靠泊装卸作业问题；
3. 能独立编制单船作业计划；
4. 对某一货种能设计出装卸船的作业技术方案。

第一节　港口生产计划

一、港口计划管理的意义

计划工作是管理的重要职能。计划管理的实质就是通过有组织地对企业的生产、经济、技术活动进行科学的决策、调节与控制。港口计划的制定过程,即是对港口生产过程的空间组织和时间组织,实际上就是港口生产任务的分配过程。加强港口企业计划管理的重要意义在于:

(1)计划管理是国家对经济宏观调控的重要内容。交通运输是国民经济发展的重要基础,作为交通运输重要枢纽的港口,是国民经济中的一个重要产业部门。港口不仅有运输、工业和商业功能，同时港口还承担国防建设、军运和救灾物质运输，这些都属于国家宏观调控的范畴。所以，港口计划管理是国家宏观调控的重要内容。它的内容应是在国家政策指导下，以运输市场为导向，通过计划管理职能对港口经营活动进行组织、指挥、监督和协调，以促使港口的经营活动与国民经济的发展紧密相联，协调一致。

(2)计划管理是港口社会化大生产的客观要求，是港口企业生产经营活动顺利进行的重要保证。现代化港口生产涉及面广，它既涉及港口内部的各个生产环节、水路运输及其他运输方式，又涉及国民经济各部门，包括港口外部与车、船、货作业有关的活动，如引航、燃料供应、收货人、发货人、代理、商检、动植物检疫、海关、边防、海事、车船接运等，而且生产环节之间的分工精细，协作关系严密。显然，港口规模越大，环节越多，联系面越广，严密地组织这些活动也越困难，对管理工作的要求也就越高。要把复杂的技术设备和各种人员组织在一起，协调地进行港口生产作业，这就要求事先就必须有一个合理、周到的安排，形成一个统一的行动纲领，这个统一的行动纲领就是企业的生产计划。通过统一而周密的计划对港口生产活动的各方面、各环节及其相关关系，作出全面、合理的安排，在执行过程中，通过加强计划管理以规范各部门的职能行为，使生产过程得以顺利进行，人力、物力、财力得到充分利用，这样才能实现预期的生产目标，取得良好的经济效益。其作用在于利用机会，把握未来，最大限度地减少风险。

(3)计划管理是港口企业目标性的需要，是充分调动职工积极性的需要。港口的生产计划、发展战略规划及其派生出来的其他计划，旨在促使港口目标的实现。港口在资源配置、人力的组织、任务与能力的调整、领导和管理活动的控制、战略对策与市场态势的适应等方面的目的都在于促使港口目标的实现。因此，港口企业通过编制计划、执行计划和检查计划三个环节，对港口生产经营活动进行组织、指挥、监督和协调，是港口企业管理的重要内容，也是港口企业生产经营活动顺利进行的重要保证。加强计划管理，合理规定各部门、各单位的计划任务，使每个部门、每个职工明确自己的努力目标，并通过检查计划的完成情况加以督促，使他们的工作业绩与企业的任务和经济效益紧密地结合在一起，有利于激发职工的积极性、创造性。

二、港口的计划体系

港口计划是国家交通运输计划和国民经济计划的一个重要组成部分，其自身也构成为一个完整的计划体系。所谓计划体系，即指企业各种单项计划之间所构成的相互依赖、相互制约的计划整体。按照国家计划管理体系的有关规定，港口计划体系包括以下项目：

1. 按业务范围和计划内容划分

(1)港口生产计划。这是港口计划的主体和核心，是编制港口其他计划的依据和基础。包括货物吞吐量计划，旅客吞吐量计划，成组及集装箱运量计划，装卸工作计划，设备运用计划和船舶在港停时计划等。

(2)基本建设计划。基本建设是再生产的重要手段。它规定了计划期内港口新增码头、泊位、库场的建设；现有企业的扩建和技术改造的项目、规模和速度等。它的主要内容包括投资额、新增固定资产、新增生产能力、建筑安装工程量、项目建设进度、投产时间及投资效果等。

(3)劳动工资计划。它包括劳动生产率计划、职工人数计划和工资计划等。它规定了完成生产建设计划所需要的各类人员数、工资总额和劳动生产率提高的程度及劳动定额等。

(4)物资供应计划。它规定了计划期内各种原材料、燃料、机电设备等主要物资的需求量、分配量和库存量等。此计划是完成生产和建设计划的重要保证。在编制物资供应计划时，要以先进的各项物资定额为基础，并要合理利用和节约物资，以达到国家规定的物资消耗和节约指标。

(5)成本计划。它反映了企业为完成生产计划需要支出的全部费用，并规定了装卸总成本、单位成本和成本增减率等。同时还反映了企业活动的经济成果。不断降低生产成本是企业提高效益，增加积累的一项重要任务，也是企业开拓发展、提高竞争能力的重要前提。

(6)财务计划。它规定了企业在计划期内的全部财务收入和支出，所需的流动资金及其周转速度，以及利润及节约的指标。

(7)设备修理、更新计划。它包括港口水工、土建、机械、车辆、船舶、电力、通信等各种设备的大修、维修计划以及生产设备的更新计划等。

(8)技术组织措施计划(挖潜、革新、改革计划)。它包括企业在计划期内改进技术、改进组织和改进经营管理等所采取的各项措施，并规定了这些措施的项目、内容、进度和预期的经济效果等。其目的在于通过改进技术、组织和经营管理的措施，消除生产中的薄弱环节，确保生产安全，提高劳动生产率，节约物资消耗，降低生产成本，以保证港口生产计划的全面完成。

(9)职工教育培训计划。它包括职工技术、文化及其他培训和教育的有关项目、要求和措施，其目的是智力开发，提高职工的素质，以不断适应现代港口技术创新、管理创新、组织创新、制度创新的需要。

2. 按时间划分

(1)长远计划(规划)。长远计划即企业的远景规划，它在整个计划体系中起主导作用。它规定了企业在较长时间内发展的战略目标和基本方向。长远计划一般有五年计划或十年计划等。长远计划是编制年度计划的依据。港口长远计划的主要内容包括港口腹地经济调查、发展规模、建设项目、主要技术经济指标的水平和经济效益等。

(2)年度计划。它是港口企业以一年为期的计划，是港口计划管理的基础，是长远计划的具体化。年度计划涉及港口的生产任务、财务、成本、基建、机械设备维修更新、经济效益等各项指标。年度计划是港口生产活动的主要依据。同时，年度计划完成与否是考核港口生产、财务成本以及利税等各项指标是否完成的主要内容。

(3)季度计划。季度计划是港口以季度为期的计划安排，其基础是年度计划，也可以说是年度计划按逐季兑现的计划安排。由于生产季度性的特点，生产任务的不均衡情况等因素的影响而需要逐季编制季度计划。季度计划必须保证年度计划的完成，其基本内容大体上与年度计划相同。

(4)作业计划。它包括月度、旬度、昼夜、班计划。作业计划是把港口年、季度任务，结合计划月份的具体情况，按月、旬、日、班落实到企业生产的各个环节，并组织实现。它是整个计划的具体化，是组织企业日常生产活动的依据。

总之，长远计划、年度计划和作业计划的有机结合，构成了整个港口的计划体系，从港口计划管理的连续性上保证了港口生产与再生产过程不间断地进行。

三、港口计划的综合平衡

港口计划的制定过程，实际上就是任务的分配过程。计划的综合平衡是港口计划工作的重要任务。所谓计划的综合平衡,就是把计划期内需要完成的任务与可能的生产条件(生产能力)联系起来对比,经过调整,使港口各要素之间、各部门之间,保持相对的平衡。只有在任务和能力相互适应的基础上,正确地制定各种计划指标,做到相互衔接、相互协调和相互适应,克服薄弱环节,防止严重脱节现象的发生,才能在保证完成计划任务的前提下,有效地节约和使用人力、物力和财力,不断提高经济效益。

港口是物流的枢纽。港口经营活动与各种运输方式和国民经济其他部门之间有着密切的联系。港口与船舶、航道,它们是互相联系,又相互制约的,必须合理地确定与这些部门之间的比例关系和增长速度,才能保证和促进港口与国民经济的同步发展。因此,港口计划的综合平衡,涉及外部平衡和内部平衡两个方面。外部平衡,主要是港口与国民经济之间的平衡。水运的运输量发展水平和增长速度,取决于国民经济工农业生产的发展和基本建设规模。港口内部的平衡,主要是指港口内部各个环节按合理的比例发展。综合平衡的内容主要包括:

1. 生产任务与能力之间的平衡

港口生产任务与港口生产能力密切相关。这是编制港口计划量的主要平衡关系之一,是港口计划综合平衡的中心环节,也是搞好港口计划综合平衡的基础和依据。港口生产任务取决于国民经济各部门对水运的需求。一般来说,生产建设发展越快,需要通过流通领域的货物也就越多。港口生产任务一般取决于下述因素:

(1)港口生产力的配置情况及港口与综合运输系统的联系条件,这是货源竞争的基本条件。

(2)市场需求,包括货物流及其构成、国内外贸易的需求,港口的特色服务是满足这些需求的基本条件。

(3)国内外航运市场的态势与竞争。

(4)港口的经营战略等。确定生产任务主要是了解国民经济发展趋势、国内外经济动态,经过港口双向腹地经济调查和市场需求调查。每年年度计划编制之前必须作好这项工作,同时,每个季度到来之前也要进行腹地货源调查,以便于修订季度计划。

港口生产能力包括:码头通过能力、库场储存与通过能力、装卸机械作业能力、铁路线路通过能力、港内运输能力、船舶供应能力、计量系统的通过能力、同时开头作业能力等。

生产任务与能力两者之间必须相互适应,求得平衡,并要留有一定的后备能力。否则,货物积压或能力浪费,在所难免。

2. 船舶运输任务与港口通过能力的平衡

港口是水运生产的重要环节。船舶运输任务的完成,要以港口通过能力为前提,应该指出,长期以来,由于港口建设发展速度过慢,所以使港口泊位不足,船舶在港停留时间过长,以至港口压船、压货严重,成为整个运输系统最薄弱的环节,严重制约着交通运输和国民经济的发展,也影响对外开放的成效。抓好港口建设,加强港口经营管理,是做好船舶运输任务与港口通过能力综合平衡的关键。

3. 港口内部的平衡

在港口内部,生产环节比较多,有码头泊位、仓库堆场、装卸机械、驳运设备等。如何使这些环节互相配合,共同组成一个有机的整体,是港口综合平衡极为重要的工作。做好内部的平衡,最主要的是港口吞吐任务与各环节通过能力的平衡。对于专业性码头、综合性码头,在安排生产任务时,既要考虑设备的利用情况,又要考虑经营效果。由于货源及其他客观因素的可能变化,计划必须能相应变更;要按照专业化分工的原则,最大限度地利用人力、物力和财力,以收到最好的经济效果。

4. 生产与建设的平衡

港口基本建设是保证扩大港口生产能力和提高港口通过能力的物质基础。基本建设规模和速度,与运输的发展是否适应,对满足生产需求有着重大的影响,必须求得相互平衡。

生产与建设是互相联系、互相制约的。一方面,生产为基本建设提供生产资料和消费资料;另一方面,基本建设又向生产提供固定资产,两者互为发展的条件,又互为制约,客观上存在着一定的平衡关系。如果基本建设规模太大,超过现行生产需求,势必造成生产能力的过剩,影响生产效益的发挥;若超出港口所能提供的追加生产资料的能力,过多地占用现行生产所必需的人力、物力和财力,就必然会导致挤生产、挤生活、挤后备,其结果也会影响到基本建设本身,拉长建设周期。反之,如果基本建设规模太小,不能适应港口发展和国民经济发展的需要,落后于现行生产需求,就会延缓港口的发展。对于运输任务与基本建设之间的平衡,主要是根据计划期运输任务增长的需要,并参照基本建设计划中新增的运输船舶、新辟的航线和新建的港口码头泊位等项目,进行对照研究,同时应了解其数量、建设进度和提供的能力与效益及需要是否一致。因此,安排港口基本建设计划主要是根据计划期运输任务增长对港口功能及能力拓展的需要。

5. 基本生产与辅助生产之间的平衡

为保证生产任务的完成,港口设有辅助生产部门,如机修公司、航修公司、铁路运输公司、汽车运输公司、电力公司、通信公司、理货公司、燃料供应公司等,他们既是经济独立核算企业,同时它们的规模、生产活动又主要是由港口基本生产任务派生出来的。基本生产与辅助生产是相辅相成、相互制约的,只有两者之间保持一定的比例关系,才能保证港口生产的正常进行。

6. 其他平衡

如港口对外集疏运能力的平衡;船舶运输与航道通过能力的平衡等。

为了搞好港口计划的综合平衡,应做到以下几点:

(1)计划指标要积极可靠,留有余地。

(2)安排计划既要保证重点,又要照顾一般。

(3)长期计划与短期计划要有机地结合起来,保证全面完成和超额完成计划指标。

四、港口年度生产计划

港口年度生产计划是港口计划体系的重要组成部分。它为基本建设、劳动工资、物资供应、财务成本等各项计划的编制提供了依据,是港口计划管理的基础。

港口年度生产计划包括港口吞吐量计划、港口装卸工作计划、机械运用计划、堆存工作计划和港内驳运工作计划等。

在编制港口年度生产计划时,应努力提高计划的质量,使生产计划能够反映国民经济对港口生产的需求,在做好港口经营管理的同时,充分利用港口能力,尽可能多地承接并完成货物的装卸任务,以提高社会效益和企业经济效益。因此,在编制计划过程中,必须遵循以下基本原则:

(1)必须贯彻党和国家的基本方针、政策,正确地反映客观经济规律,确定港口生产的合理比例和切合实际的发展速度。

(2)必须贯彻群众路线的原则,充分调动各方面的积极性,使港口生产计划成为全体员工的共同的奋斗目标。

(3)必须从国民经济发展的全局出发,统筹兼顾,全面安排,保证重点,照顾一般,把社会综合效益放在首位。

(4)坚持调查研究,掌握实际情况,实事求是地确定指标水平,保证其指标具有可靠性、科学性和准确性。

(5)贯彻合理运输的原则,按国家规定的合理运输路线安排计划任务,以节约商品流通费用,加速物资周转,综合利用各种运输方式,发挥各自的优势,节约国家运输能力、节约运输成本。

1. 港口货物吞吐量计划

货物吞吐量是指计划期经由水运运进、运出港区范围,并经过港口装卸的货物数量。它是衡量港口生产任务大小的主要数量指标,也是计算港口劳动生产率、财务收入的主要依据。计划中规定的主要内容,有分货种、分流向、分航线的货物吞吐量和旅客发送量。货物吞吐量的货类构成及其主要流向,反映了地区之间的经济联系、腹地生产配置以及对外贸易的情况。也反映出港口在国内外物资交流中的地位和作用。因此,掌握港口腹地的经济情况和其他有关港口的经济联系,是掌握和预测计划期货物吞吐量变化的前提。

港口货物吞吐量计划的编制,实际上是拟定企业管理的具体方案和年度奋斗目标,是港口通过水运经济调查掌握的客、货发展趋势,根据自身核定的生产能力、主要技术经济指标和年度预计可能达到的水平等情况而制定的。计划编制可分为三个阶段:

1)编制计划的准备阶段

(1)进行腹地经济调查和预测。分析工农业生产发展形势对交通运输的需求,搜寻相关物流信息,掌握有关物资订货会议、调拨会议等资料,为提供建议计划数作准备。

(2)检查上报期计划执行情况。总结分析上报期各项计划指标完成情况,分析各项数字的内在联系,以便找出各项计划指标能超额完成或完不成的主要原因。在总结经验的同时,还要重点研究上报期生产过程中主要存在的问题,从而找出薄弱环节,以利改进和计划的平衡。

(3)核定生产能力。对设备技术状况进行普查了解,并研究确定编制计划采用的主要定额。由于定额是编制各项计划指标的基础,因此定额是否先进合理,是影响计划质量的重要因素。

2)编制计划阶段

计划的编制必须按程序进行。制定计划所依据的各项数字,都要相互一致,具有可比性、逻辑性,以免造成计划本身的脱节现象。

(1)全面贯彻上级主管部门对所属港口提出的编制下年度计划的方针、政策、要求和应遵循的原则,以及必要的控制数字。在编制计划时,要做到两个结合:第一,要上下结合,各项计划的编制要符合上级的有关规定,要按上级的控制数字平衡编制;第二,要长短计划结合,年度计划要根据长远计划的要求,结合当时的具体情况编制。

(2)港口吞吐量计划的综合平衡。它主要包括以下平衡:

①港口吞吐量与港口通过能力的平衡；

②港口通过能力与船舶运力的平衡；

③水陆换装与港口的车、船换装能力的平衡；

④内、外贸易的任务和能力的平衡。

3)计划的执行、检查与修改

计划下达以后，必须严格执行。为了完成和超额完成计划，港口企业应发动全港职工，认真讨论计划，并结合本单位的具体情况，提出完成计划的措施，确保计划的真正落实。

计划在执行过程中，要定期进行检查和分析，保证计划按要求完成。如计划确需调整变动，须按管理权限履行报批手续，不得自行修改。

港口吞吐量计划如表7-1所示。

港口货物吞吐量计划　　表7-1

货类	上年预计(实绩)													本年计划同上年预计(实绩)	合计本年计划为上年预计(%)
	总计	外贸			内贸										
		其中			其中					其中					
		合计	进口	出口	合计	进口	北方沿海	南方沿海	内河	出口	北方沿海	南方沿海	内河		
合计															
煤炭															
石油															
金属矿石															
钢铁															
矿建															
水泥															
木材															
非金属矿石															
化肥															
盐															
粮食															
棉花															
其他															

2. 年度装卸工作计划

港口装卸工作计划，在于根据港口货物吞吐量，合理安排年度各类货物的装卸操作方法，确定劳动力需求量，计算操作量、机械化程度和车船在港停留时间等。

在编制装卸工作计划时，主要的工作是合理确定操作方案并确定装卸工作的计划指标。

年度装卸工作计划的编制，大致分为两步：

1) 确定货物操作方案,编制货物分类装卸操作过程计划表(表7-2)

货物分类装卸操作过程计算表 表7-2

货　类	装卸自然吨	操作过程	操作系数	操作吨	工班生产率	装卸工班数
(1)	(2)	(3)	(4)	(5)	(6)	(7)
	船—库 库—库 库—车 船—车		$(4)=\frac{(5)}{(2)}$	$(5)=(2)\times(4)$	$(6)=\frac{\sum(5)}{\sum(7)}$	$(7)=\frac{(5)}{(6)}$

货物分类装卸操作过程计算表,是表明计划期不同货种从进港至出港的装卸方案。为了合理组织车、船的衔接和装卸,减少货物的操作系数,节约装卸劳动消耗,缩短货物送达期限和加快车船周转,在同种货物的不同操作方案中,必须确定直接操作方案和间接操作方案的比例,或者以直取操作比重表示。合理组织车船衔接,提高直取作业比重,减少操作系数,是节约劳动消耗,缩短货物送达期限和加快车船周转的主要途径之一。

2) 确定装卸工作计划的各项指标,编制装卸工作计划

(1) 通过货物装卸方案整理表(表7-3)整理出不分货种的不同操作方案的操作系数,直取作业比重,入库系数,为编制装卸工作计划作准备。装卸工作计划表见表7-4。

货物装卸方案整理表 表7-3

操作方案	吨数	吞吐量(万t)	装卸自然吨(万t)	操作量(万t)	操作系数	直取作业量(万t)	直取作业比重(%)	入库量(万t)	入库系数	备注
(1)	(2)	(3)	(4)	(5)	(6)=(5)/(4)	(7)	(8)=(7)/(4)	(9)	(10)=(9)/(4)	
船—库(场) 船—车 船—船 船—港驳 库(场)—船										
合计										

装卸工作计划表 表7-4

项　　目	单位	2008年实绩	2009年计划	其　中				计划年度为上年度的百分比(%)
				一区	二区	三区	…	
吞吐量 装卸自然吨 操作量 直取作业比重 操作系数 工班效率 装卸工人人数								

续上表

项　　目	单位	2008 年实绩	2009 年计划	其中				计划年度为上年度的百分比(%)
				一区	二区	三区	…	
装卸工人劳动生产率								
机械操作比重								
火车一次在港平均停留时间								
船舶平均每次作业在港停留天数								

(2)确定装卸工作计划的各项指标:

①直取作业比重:指直接作业的装卸货物数量占全部装卸货物数量的比重。它是反映港口组织工作水平的质量指标之一。其计算公式如下:

$$K_{直} = \frac{Q_{直}}{Q_{总}} \times 100\% = \frac{Q_{直吞}}{Q_{总吞}} \times 100\% \tag{7-1}$$

式中:$K_{直}$——直取作业比重;

$Q_{直}$——直接作业的装卸量(t);

$Q_{总}$——总装卸货物数量(t);

$Q_{直吞}$——直接作业的吞吐量(t);

$Q_{总吞}$——总的吞吐量(t)。

②操作系数:货物操作量与装卸自然吨的比值。它是考核港口装卸工作组织是否合理的主要质量指标之一,用以测定每吨货物在港区内的平均操作次数。其计算公式如下:

$$K_{操} = \frac{Q_{操}}{Q_{自}} \tag{7-2}$$

式中:$K_{操}$——操作系数;

$Q_{操}$——装卸操作吨(t);

$Q_{自}$——装卸自然吨(t)。

③机械操作比重:反映货物装卸机械化程度的指标。其计算公式如下:

$$\delta_{机械} = \frac{G_{机操工序}}{G_{总工序}} \times 100\% \tag{7-3}$$

式中:$\delta_{机械}$——装卸作业机械化程度(%);

$G_{机操工序}$——机械操作工序吨数(t)。

$G_{总工序}$——总工序吨数(t)。

五、港口月度生产计划

港口月度生产计划是年度计划的阶段性计划,也是保证年度计划完成的基础。港口月度生产计划在港口生产组织过程中具有十分重要的地位,它既是年度计划与作业计划之间的纽带,是编制港口旬度作业计划和船舶作业计划的依据,也是港口同航、路、货之间建立起严密的组织协作关系的基础。

1. 月度计划的基本内容

月度计划的基本内容主要包括:港口月度吞吐量计划、港口月度装卸工作计划、周转量及港口吞吐量计划；重点物资运输计划；火车装卸计划；成组、定线和集装箱运输、装卸计划；主要技术经济指标和技术组织措施计划；月度会议决议等。

2. 编制月度计划的依据

编制月度计划的依据包括：年度、季度计划任务；月度国内货物托运计划；月度外贸进出港船货计划；各航运部门船舶运力动态资料；港口码头、库场、机械设备及装卸疏运能力的资料等。

3. 月度计划的编制程序

(1)国内进出口货物，每月 13 日前由收、发货人向起运港提出下月货物托运计划表。

(2)外代总公司于每月 10 日前将各港外贸进出港船货物计划汇总报送交通部及有关港口。

(3)各港、航企业根据收、发货人和外代提供的船货计划，编制货运量计划和港口吞吐量计划。

4. 港口月度装卸工作计划

港口月度装卸工作计划，其内容主要包括按自然吨计算的生产任务；按操作吨计算的装卸工作量；反映效率的各项指标，如工班(日)效率，劳动生产率等。

港口月度装卸工作计划的编制，应注意以下两点：

(1)应在月度吞吐量编制的基础上，确定月度装卸生产任务，并根据港口作业区的分工和能力，分解下达各作业区具体码头的吞吐量任务。

(2)分作业区确定各货类的操作方案并计算操作量及所需装卸工班数(工日数或工时数)，并汇总各区的指标。把这些指标作适当调整和平衡后即为全港月度操作量与所需装卸工班数，它可按表 7-5 计算。计算单位非集装箱运输为 t，集装箱货物为 TEU。

港口月度装卸工作计划预备表 表 7-5

货 类	装卸自然吨	操作过程	操作系数	操作吨	工班生产率	装卸工班数
(1)	(2)	(3)	(4)	(5)	(6)	(7)
A B C D		船—库 库—库 库—车 船—车	$(4)=\frac{(5)}{(2)}$	$(5)=(2)\times(4)$	$(6)=\frac{\sum(5)}{\sum(7)}$	$(7)=\frac{(5)}{(6)}$

六、港口旬度作业计划

港口旬度作业计划是月度生产计划的具体化，是保证月度计划完成的重要手段。其特点是比月度计划更具体，基本上确定了船舶的装卸货种、数量、流向及靠泊的作业区等。它的主要指标有装卸自然吨、吞吐量、货运量、客运量、船舶平均在港装卸停泊天数等。但旬度作业计划不是所有港口都编制，一般比较繁忙的港口才编制。

1. 编制旬度计划的注意事项

(1)必须贯彻按船舶到港先后顺序作业和班轮优先等原则或根据经营情况处理。

(2)要努力组织均衡运输，尽量做到日保旬，旬保月，防止上旬松、中旬亏、下旬紧的现象。

(3)经济合理地使用船舶及港口设备能力,贯彻实行定线、成组和集装箱运输,努力缩短车船货在港停留时间,不但提高运输和装卸的质量及效率。

(4)编制港口旬度计划时,对可能超月的船舶必须重点安排。

2. 旬度计划的编制程序及主要内容

(1)各港每逢6日向有关海运局提出国内下一旬货源计划及计划安排意见。

(2)各港外代,每旬逢7日向港口提交下一旬外贸进出口船到港的计划。

(3)各航运单位,每旬逢8日分别向部和有关港口提供下一旬度的船舶运输计划。

(4)各港根据国内外船舶到发船计划,编制旬度出口货运计划、旬度到港船舶装卸计划,旬度货物装卸任务计划及旬度装卸计划(表7-6~表7-9),并于每旬度逢一日报部及有关航(海)运局和各港外代,内容包括吞吐量计划安排,国内干线船舶及外贸船舶作业安排情况,采取的措施及需要解决的问题等。

旬度出口货运计划表　　表7-6

流　向	托运单位	货　种	月核准计划	当旬计划

旬度到港船舶装卸计划表　　表7-7

抵港日期	船名	出发港	进　口			出　口			
			品名	货量(t)	卸点	品名	货量(t)	装点	流向

旬度货物装卸计划表　　表7-8

货物类别	月度计划	预计累计完成		计　划						
		完成	%	合计	%	进口	出口	一公司	二公司	货主码头
								进出	进出	进出
煤炭										
矿石										
磷肥										
合计										

旬度装卸计划表　　表7-9

完成 / 项目	月度计划	预计累计完成		计　划		备　注
		完成	%	计划	%	
装卸自然吨						
吞吐量						
货运量						
客运量						
船舶平均每次						
在港停泊时间						

七、港口昼夜轮班作业计划

昼夜轮班作业计划是港口(或作业区)进入装卸作业的船舶、车辆昼夜24h分班次连续作业计划,亦称昼夜分班作业计划。港口生产具有多环节、多工序、涉及面广、工艺复杂和情况多变的特点,编制并执行昼夜轮班作业计划,就显得更为重要。

1. 昼夜轮班作业计划的地位和作用

昼夜轮班作业计划是指导企业组织日常生产活动的具体行动计划,它把港口的装卸生产任务按时间的阶段性(按昼夜班次),落实到作业区、装卸公司、装卸队直至班组和工人,使企业内每一个环节、每一个职工、在每日每班以至每小时,都有明确的目标,是生产计划的具体化。所以,它是港口生产过程按时间组织的基本计划;是保证企业有秩序地进行均衡生产、文明生产的重要手段;是制定班计划的基础和依据;是企业全面计划管理的重要组成部分。通过昼夜轮班作业计划,不仅有利于充分调动全体职工的积极性,合理地使用和调配机械设备和劳力,而且还可挖掘企业内部的生产潜力,避免装卸生产时紧时松、前松后紧的现象,以保证企业生产均衡地、有节奏地进行,同时还可以及时发现问题并解决问题,便于对生产进行组织、控制和协调。正确地编制和实行昼夜轮班作业计划,促使企业各项管理工作做得更加细致、更加具体,有利于企业不断地提高管理水平,并获得更好的经济效益。

昼夜轮班作业计划也是港口对生产过程进行控制的标准,在各班次交换班时,必须交换执行情况。

2. 昼夜轮班作业计划的主要内容

昼夜轮班作业计划的主要内容,应具体地反映出对来港(或已在港)的船舶,在这个昼夜内是如何组织好其装卸作业的全部情况的,它不仅规定该昼夜及每一班的工作量与工作性质,还规定了一定的组织方法,以及港口各种技术设备与劳动力的合理使用。它是港区各级生产调度部门进行生产组织和指挥的主要依据,是对港区昼夜24h连续不间断生产的具体安排。在该作业计划中,不仅对车、船的装卸顺序,作业地点,操作方法等作了明确规定,包括对每艘船、每辆车的作业方法,使用的机械设备以及人力的配备等。其主要内容包括:

(1)船舶装卸作业顺序、泊区(作业地点),重点船舶安排;

(2)作业船舶各工班计划开工舱口数、配工人数、机械配备的类型和数量,操作过程、操作方法等;

(3)船舶装卸量计划和单船昼夜装卸量计划;

(4)单船计划开工和作业完工时间;

(5)船舶靠泊后中途中断一工班以上的原因;

(6)火车作业、汽车作业、前后方库的捣载作业计划;人力配备,机械的类型、数量,装载数量等;

(7)安全质量措施;重点船、重点舱、重点车、重点货的作业要求等。

3. 昼夜轮班作业计划编制原则

(1)局部服从全局的原则。从全局观点出发,凡是局确定的重点船、重点车、重点货,应作为昼夜轮班计划的重点。

(2)重点优先的原则。凡是重点船、重点车、重点货应优先安排,并确保作业时间按时完成。

(3)贯彻车船并重、合理开头量比例、以车保船的原则。港口生产活动的关键是车、船的衔接,衔接的关键是组织,因此,掌握合理的开头量比例是贯彻车船并重、以车保船原则的核心,也是加速车、船、货周转的基础。

(4)能力与任务相适应的原则。既要充分利用港口的码头、泊位、机械设备、装卸工时等构成的能力,又要保证每一艘作业船舶有足够的开头量;既要加速车、船、货的周转,又要以最少的劳动完成更多的装卸任务。因此,要考虑可能减少操作过程,减轻工人劳动强度,扩大直接换装比重。

(5)安全质量第一的原则。对特殊货物(长、重、大件及危险品等)装卸作业安排的同时,必须有确保安全、质量的措施。

4. 昼夜轮班作业计划编制的依据

(1)检查上一昼夜轮班作业计划执行情况,掌握生产进度。在编制下一昼夜轮班作业计划之前,必须首先检查上一昼夜轮班作业计划执行情况,预计出计划完成情况,尤其是重点船、重点车、重点货物的生产进度。为此,计划员必须深入现场,掌握生产进度。其次,对掌握的生产状况进行重点分析,如生产进度快、慢分析;安全质量事故分析;车、船作业平衡分析;各环节能力分析等等,总结出上昼夜完成计划或没完成计划的原因。这是编制下一昼夜轮班作业计划的基础。

(2)汇集下一昼夜编制轮班作业计划的一切资料。其中主要包括:

①船舶、车流到、离动态(包括船舶指泊计划和船舶进港预报、确报);

②到港船舶的船名、国籍、类别、主要尺度、舱口数量、舱口尺寸、各舱舱容、吃水、干舷高度、载重量、船上起重设备、吊杆类型及其负荷量、船舶载货情况等;

③港内现存待运、出口物资的集中情况(名称、数量、去向及堆存地点),进口货物的品种、数量、流向和进、出口货物的装卸单据、技术要求等;

④库场运用动态:出口货物备载情况,进口货物泊位的库位情况等;

⑤港口基本生产能力动态:下一昼夜的机械出勤状况,装卸队出勤人数,机车、汽车、拖船、驳船等运用情况等等;

⑥泊位占用、利用动态变化;

⑦下昼夜的气象预报、潮汐变化对装卸方面的影响;

⑧其他方面的资料:上级机关的指示、政策、命令;货方、航运部门、铁路等单位提出的要求。

(3)昼夜轮班作业计划的编制:

①确定下一昼夜以及各班次的重点船、重点舱、重点车、重点货物,编制计划必须首先安排;安排作业顺序:先重点,后一般,所有作业时序及工艺操作方案的安排;

②确定装卸货物的名称、数量以及作业的起讫时间,并计算出各舱口、船舶分班次的任务量;

③按照确定的作业顺序分舱口依次配备作业机械及其数量和配工人数;

④根据火车装卸进度及预、确报情况,合理确定车船直取作业;

⑤根据船舶装卸作业要求，计算出火车需要量，汽车需要量，驳船需要量；

⑥各项作业中可能出现的薄弱环节，提出相应的技术组织措施；

⑦各项作业中安全质量的要求；

⑧拟订出调度会议决议。

(4)计划的平衡、调整下达。当计划编制完之后，经调度室主任审核后，提交调度会议进行讨论，并根据会议讨论意见进行最后调整，使得计划中、各班次之间、能力与任务之间、人力与机械之间、船舶作业与火车作业之间等达到基本平衡。讨论通过以后，经业务主任批准，即下达执行。昼夜船舶装卸轮班作业计划、昼夜火车装卸作业计划如表7-10、7-11所示。

昼夜船舶装卸轮班作业计划表 表7-10

停泊地段及泊位	船名	国籍	抵港时间	实载货物吨数		装卸标准规定时间	装卸货物时间		第一班(18～24)							二班同第一班	三班同第一班	昼夜计划		
				进口	出口		开工	完工	作业舱口		计划吨数	实际吨数	配工人数	机械设备				计划吨数	实际完成吨数	剩余吨数
									计划	实际				名称	数量					

昼夜火车装卸作业计划表 表7-11

项目	车次	货名	第一班								第二班	第三班	昼夜合计		
			车数		吨数	送到时间	开工时间	完工时间	配工人数	机修	同第一班	同第二班	卸	装	余额
			卸	装											
计划															
实际															

八、单船作业计划

单船作业是港口作业的基本部分，是港口装卸生产的基础。单船作业计划，详细规定了船舶在港（船舶从进港到离港）进行的全部作业项目、作业程序和作业时间，是船舶在港作业过程的实施方案。

船舶从进港至离港的全部作业包括：联检、进港、装卸作业、技术作业、辅助作业、供应、离港等项内容。

联检即联合检查，它包括港务监督检查、船舶检验、卫生检疫、海关检查、商品检验、动植物检疫以及边防入境检查等。

进港，包括办理入港手续、引航、租赁、拖轮、船舶靠泊等。

装卸作业，是单船作业计划的主要内容，应与其他装卸作业计划的要求统一。做到合理配置装卸作业线能力和组织平行作业等。

船舶技术作业，包括引航、靠（离、移）泊、检修等。

辅助作业，包括开（关）舱、洗（熏）舱、排放压载水、办理货运文件、装卸作业的准备与结束的整理工作等。

供应,包括补充淡水和燃料,船用备品、船员食品及各项技术供应等。

通过单船作业计划,把船舶装卸及其他作业项目有机地衔接起来,便于检查与该船在港完成装卸有关的一切作业进程,便于有关部门按单船作业进程协作配合(包括组织平行作业等),从而缩短船舶在港停留时间,加速车、船和货物周转。

1. 船舶作业计划的内容

(1)装卸作业计划:包括货物名称、吨数、流向、船舶配积载图和分舱单;船舶在港时间要求(总停时间、作业时间);船舶装卸定额或舱时量要求;船舶装卸工艺方案,重点舱注意事项;库、场作业准备(货物集中情况、库位情况、出库装车安排等)与装卸作业的衔接;"船—车","船—船"直接换装作业安排;安全、质量方面的要求;其他内容:船、路、货方的要求,速遣合同、租船合同条款等,并结合港口的装卸能力编制出作业进度,拟定开工舱口数的要求,纳入昼夜轮班作业计划或连续作业计划。

(2)"船—车"直接换装作业计划。在实现"船—车"直接换装作业的条件下,应同时编制昼夜需要车辆数;在实现"船—驳"直接换装作业的情况下,应编制出驳船需要量计划。

(3)船舶的技术作业计划,即根据装卸作业情况,船舶技术作业需要统一纳入作业计划,各项技术作业的顺序、项目内容、所需要的延续时间。

(4)单船作业计划还应包括作业地点,辅助作业的安排,以及上级有关部门的指示等。

2. 编制单船作业计划的主要资料

(1)船舶配载图和积载图,以了解和掌握货位及其装卸顺序;

(2)货物的资料:货种、包装、件重、数量、流向、物理化学性质、运输及保管的要求;

(3)货物装卸工艺流程,装卸作业技术标准以及所有的作业环境——库场、道路、泊位等等资料;

(4)船舶性能资料:主要是与装卸工艺过程有关的资料,如:船长、船宽、吃水、舱口数、舱口尺寸、舱内结构特点、船舶装卸设备等;

(5)船舶技术作业项目、要求,装卸辅助作业项目;

(6)气象(风、雨、气温等)、水文(潮汐)等资料;

(7)船舶在港装卸各项作业定额;

(8)上级、有关部门对船、货的指示。

单船作业计划如表7-12所示。

单船作业计划表　　表7-12

编号	作业项目	起卸/装货种					作业负责人
		作业连续时间		5月5日	5月6日	5月7日	
		计划	实绩	3、6、9、12、15、18、21、24	3、6、9、12、15、18、21、24	3、6、9、12、15、18、21、24	
1	引船进港						
2	靠泊码头						
3	办理进港手续						
4	开闭舱口						

续上表

编号	作业项目	起卸/装货种					作业负责人
		作业连续时间		5月5日	5月6日	5月7日	
		计划	实绩	3、6、9、12、15、18、21、24	3、6、9、12、15、18、21、24	3、6、9、12、15、18、21、24	
5	卸货						
6	装货						
7	移泊						
8	清舱						
9	隔舱						
10	燃物料供应						
11	淡水供应						
12	办理货运手续						
13	办理出港手续						
14	引船出港						
15	合计						

九、连续作业计划

1. 连续作业计划的特点

连续作业计划又叫做滚动作业计划。它是每天编制的连续 3 天以上的作业计划。目前我国有些港口编制的 3 日计划就是连续作业计划,但是并没有所有的港口得到普遍地应用,其主要原因是连续作业计划的计算工作量较大。在计算机广泛应用于管理领域之后,将不难解决普遍应用的问题。连续作业计划将是港口生产作业的发展方向,主要因为它具有如下一些特点:

(1)对所有在港船舶的全部作业,根据港口能力进行了统筹安排。这是单船作业计划所做不到的,单船作业计划只对船舶在港的全部作业提出了安排计划,但并没考虑到港口的实际作业能力及其在全港范围的分布状况。因此,单船作业计划无法规定各项作业的实际进行时间以及作业结束时间。连续作业计划中就可以具体规定作业的开始时间、结束时间。

(2)连续作业计划能持续控制各艘船舶的作业进度,因此在连续作业中,与作业船舶有关的部门可根据作业进度相互配合,根据连续作业进度做好必要的准备工作,如车皮需要量、驳船需要量、货物备载计划等。

(3)连续作业计划可以向航运部门提供船舶作业进度与船期;同时,可向收货人提供货物到达期,使货主能及时准备接运工具;可以向发货人提供船舶装货期限使他们及时备载等等。这将使船期安排,货物的集、散及作业进度都能系统地安排和控制。

(4)连续作业计划的执行将为广泛应用计算机管理创造良好的条件。连续作业计划所需要的原始资料是编制单船作业计划和昼夜班轮作业计划所用的原始资料。计划的编制原则也相同。

连续作业计划的内容,除了单船作业计划、昼夜轮班作业计划的主要内容外,还包括泊位安排、作业顺序问题。

各港的船舶作业计划是有区别,本书介绍仅供参考。

2. 船舶泊位安排

泊位专业化的分工使泊位安排比较简单。但是在综合性的码头上,泊位之间没有绝对的分工界限,只有相对的分工。尤其某些货种在一个月内往往只出现一次(一船货),在这种情况下,该类货物多数被安排在"机动性"很大的泊位上装卸。

泊位的技术条件有时要求作出作业上的调整,如泊位水深、泊位长度、泊位上的装卸设备以及库场容量等条件对船型、货种、运量或限制或适应。虽然已有专业化的分工,但是有时不得不重新调整或临时调整。调整并不能排斥合理选择,应力求最合理的调整。

应尽量减少货物在港内的运输。港口的主要任务是换装,因此减少货物在港内的运输是降低换装消耗的重要组成部分。确保能力与运量、进口与出口、陆路与水路的相互适应。即使在操作过程中的水平搬运也应尽量缩短搬运距离,更要避免迂回运输。例如,尽可能组织直接换装;水水中转的货物需要临时贮存,可以安排在陆路交通不便的泊位上;水陆联运的货物,应安排公路和铁路交通方便的泊位。

第二节　港口生产组织的任务

一、港口生产组织的任务

港口生产组织的任务,就是围绕港口既定的生产目标,在一定的设备、劳力、装卸机械、库场和泊位能力的条件下,把港口生产活动的各种要素按照一定的层次和规律,通过科学而合理的装卸作业组织,使生产过程的各个环节在空间上和时间上协调统一,充分发挥港口设备能力和劳动力效能,在不增加任何设备、人力、财力的前提下,通过合理安排作业顺序(合理排序),平衡各舱装卸时间以及应用网络计划技术等方法,最大限度地完成货物的装卸计划(任务)。

(1)保证港口畅通,加速车、船、货物的周转。港口的畅通是保证运输线路畅通的关键。如果港口发生堵塞,就会在各条运输线路上立即反映出来,并将引起连锁地反映,因此,保持港口畅通是生产组织的首要任务。只有港口畅通无阻,才能够保证车、船、货物的快速周转。

(2)保证按期、按时、安全优质地完成车、船装卸任务。车、船装卸是货物在港口实现换装的中心环节,也是生产组织的主要任务。它通过各种作业计划落实到具体的车、船、班组,当港口出现不平衡的时候,首先应保证重点物质的运输,重点船舶的装卸。

(3)充分合理运用港口的能力和一切技术手段,完成一定的生产任务,使投入的劳动消耗最少是生产过程组织的重要任务,因为它是关系到港口经济效益高低的主要原因。所以,无论是生产过程的空间组织,还是生产过程的时间组织,都应该把提高港口经济效益,不断降低装卸成本放到重要的地位。

(4)生产过程组织的另一项重要任务是与港口生产过程有密切关系的各个部门(铁路、航运、外贸、货主等)之间的组织配合与全面协作。这是与生产过程组织平行的一项部门间关系的组织,是保证港口生产顺利进行不可缺少的条件。因为港口生产过程从输入到输出以及各个生产环节都涉及港、航、路、货等各个部门在技术、经济、管理、组织上的联系，因此，没有它们之间的配合与协调，港口生产过程也是难于实现的。

二、港口生产过程及其构成

港口生产组织具有周期性的特点。即港口生产组织是从接待车、船进港开始，送走车、船结束的一个生产周期。车流、船流连续不断地到达，经过装卸又离去，如此周而复始地进行。因此，港口生产过程组织就是研究从车、船到达，在港口装卸作业，货物在不同运输方式之间完成换装的组织过程。对港口各种生产要素进行合理组合的过程，就是根据一定的组织原理进行统筹安排，使港口各环节的能力与船舶流、车流、货物流在空间上、时间上、经济上得到统一协调的过程。

港口整个生产过程是由生产准备过程、基本生产过程、辅助生产过程和生产服务过程构成的。

生产准备过程是在基本生产活动过程之前所进行的全部生产技术准备和组织准备，如装卸工艺方案设计，装卸作业技术标准图的编制，车、船装卸作业组织程序的拟定以及装卸工属具的设计等等技术准备工作。组织准备：包括重载船停靠泊区的计划，库场存货的清理工作应在船舶靠泊前迅速组织装运，以便为船舶卸货准备足够容量的库位；空船到达装货，应在船舶靠泊前组织备载，即提前集中该航次所载货物的入库（场），避免那种边卸边清理库场或者边装边集中货物的组织工作，避免作业中断，使车、船装卸作业时间拖长，或使库场作业陷入混乱，造成事故和差错；所需要的接运车辆、驳船的准备，所需的装卸机械组织抢修等都应在作业前作好准备工作。生产准备过程是为基本生产活动的正常进行创造一切必要的条件和提供保证。

基本生产过程是直接完成车、船装卸的过程，其中包括：卸船过程与装船过程，卸车过程与装车过程；港内运输过程；库、场作业过程等等。或者是以装卸过程、运输过程、堆码或拆垛过程等组成的港口基本生产过程，也就是完成货物换装位移的过程。港口的产品——吞吐量、装卸量、操作量、货物运输质量、车船在港时间等都是在装卸生产过程中产生的。

在装卸生产过程中除了产出产品之外，还产出一些“副产品”，这些“副产品”构成了辅助生产、服务性生产的需要。如机械的修理、工属具的加工制造、船舶的技术供应等等。港口的生产过程还可以根据研究的目的分为装卸工艺过程、劳动过程、机械的运行过程、工属具的周转过程等。

港口是水路运输的枢纽。货物换装是港口生产过程最重要的环节。所谓货物换装，即是指货物经过一种运输方式，经过港口换装到另一种运输方式。港口的换装作业形式基本上有两种。一种形式是，货物从接待车、船的到达开始，首先把车、船所载的货物卸到港口的库、场，经过堆存、分理或者改换包装，然后再按流向换装到其他接运工具上运出港口，这种换装形式叫间接换装。另一种形式，如果把两种运输方式恰到好处地衔接组织在一起，就可以使货物从一种运输工具上直接换装到接运工具上，而不经过港口的库、场，这样使得生产过程大大简化，劳动投入量大大减少，这种生产过程叫直接换装。通常，我们把换装作业过程中的一个完整的作业过程叫做操作过程。因此，港口换装作业通常由一个或一个以上的操作过程所组成。港内货物操作过程大体可归纳为如下几种：

(1)船—船;

(2)船—车、驳;

(3)船—库、场;

(4)车、驳—库、场;

(5)车、驳—车、驳;

(6)库、场—库、场。

操作过程是由若干工序构成的。所谓工序,是指在一个完整的操作过程中,能起独立作用的作业环节。如:吊—拖—铲工艺中的舱内作业、起落舱作业、水平搬运作业和库内作业等。

辅助生产过程是保证基本生产过程的正常进行所必需的各种辅助性生产活动。如装卸机械的维修保养;装卸工属具的加工制造;码头、库场、道路等项工程建筑的维修、改造;机车、拖轮、汽车等运输设备的维修保养等等。它也是港口生产的重要组成部分。

生产服务过程是为基本生产(过程)和辅助生产(过程)进行服务的各种活动。如燃料、淡水、船用备品,船员食品的供应;各种材料、原料、机械备件供应;船舶的检验、引航、航次检修,航海仪器的修理;港内垃圾的清理、污水处理等都是生产服务活动。

三、生产过程组织的基本原则

1. 生产过程的连续性

连续性是指组成生产过程的各个环节,各个工序、各个阶段,在时间上是紧密衔接的,不发生各种不合理的中断现象。保持和提高生产过程的连续性,具有非常重要的意义。它可以缩短船、车、货物在港口的停留时间,加速周转;有利于劳动生产率的提高和装卸成本的降低。在装卸作业进行过程中,货物是处于不停地运动状态,如船→库(场)的卸船操作过程中,货物从船舶→起重机→牵引车挂车→叉车→库(场),实现其位移。保持和提高生产过程的连续性,在港口是一项十分重要的组织工作,因为港口生产的基本单位是一艘船或一辆车,装卸车作业过程的延续时间是有限的。例如,组织车、船换装直取作业,每一辆车的载重量只有几吨,作业时间不过1~2min,要保证卸船作业的连续进行,接运车队的组织就要求十分严密;当船、车装卸作业一经结束,连续的生产过程也便告一段落。投入装卸的全部机械设备、人力需要转移到新的船、车作业中去。生产过程的连续性要求组成生产过程的辅助生产过程和生产服务过程同基本生产过程组织平行作业或合理安排交叉作业顺序,尽可能避免技术中断现象的发生。生产过程的连续性,主要取决于生产组织工作的水平和生产实践经验。组织工作水平的提高既依赖于掌握生产组织理论的基本知识,又依赖于经验的积累和实际锻炼。

生产过程的连续性不只是表现在每一具体车、船作业过程的连续,更重要的是各个阶段之间的衔接与连续,也就是从港口整个系统考虑生产过程的连续性。船船之间,车车之间,船车之间,作业班次之间,上一昼夜同下一昼夜之间的紧密衔接,前面的作业必须为后面的作业打基础,这是生产组织工作的一条基本原则。

2. 生产过程的协调性

协调性是指生产过程的各阶段、环节、工序之间,生产能力上要保持配套的比例关系,所以又叫比例性或配套性。即各个作业环节的机械设备的数量、生产效率,工人人数等,都必须互相协调、配套,不发生脱节或比例失调而出现薄弱环节的现象。作业线生产能力(生产率)不是由主机或某一台高效率的机械决定的,而是由最薄弱的环节(工序)决定的。因此,协调性是充分利用整个生产过程中的人力和机械设备能力的基础,也是保证生产过程连续性的前提。

生产过程的协调性在很大程度上取决于工艺设计的正确性。在生产发展过程中,由于货物构成、流向、流量的变化,新机械、新工艺的采用,以及工人技术素质的提高等都会使生产过程各环节之间实际生产能力发生变化,因此,原来的比例性或配套性也发生了变化。于是,生产组织工作就应当根据变化了的情况,采取相应的措施,调整新的比例关系,恢复生产过程的协调性。这种协调性不仅是指基本生产过程,而且也指辅助生产过程、生产服务过程的各个阶段、环节、工序之间,尤其是这两个过程与基本生产过程之间的比例、协调与配套问题。

3. 生产过程的经济性

经济性是一切生产企业追求的目标,也是生产过程组织优劣的重要标志,以最少的劳动消耗,获得最大的经济效果是生产过程组织的基本要求之一。生产过程的连续性、协调性,应该在经济上统一起来。

为了实现上述原则,保证港口经常处于畅通状态,在装卸工作组织上的基本要求是:

(1)合理规划利用现有的码头泊位,逐步向专业化、高效化、自动化方向发展。要远近结合,讲究实效,讲究经济效果,适应发展需要,加强港池和码头水深的维护,保证航道畅通与船舶安全。

(2)要认真编制好昼夜装卸作业计划和单船作业计划,并组织其实现;单船作业计划,应以先进的装卸工艺方案为基础,以安全、优质、高效、低耗为前提。

(3)对重点船、重点舱,要作好重点安排,并落实到轮班作业计划之中。

(4)单船作业指挥实行装卸指导员包船负责制;要有装卸定额、装卸标准,按装卸作业线组织好生产。

(5)组织好车、船、货的衔接,在缩短车、船、货在港停时的基础上,努力扩大车船直取比重和集装箱门到门的运输比重。

(6)要作好现场生产的组织工作,开好工前会,加强车、船、货和机械、劳力的衔接调整工作,不断提高工时利用率和工班效率,压缩非生产性时间。

四、港口生产过程的空间组织和时间组织

生产过程的空间组织是研究生产过程的合理布置及其生产任务的分配问题。生产过程的合理布置由两部分组成:一是基本生产过程、辅助生产过程、生产服务过程所属各个组成部分的合理布局问题;二是基本生产过程各个环节的布局问题。这是在港口规划设计中就解决了的问题。但是,随着生产的发展,各个部门及其组成部分也要随之而发展,并不断扩大规模。

1. 港口生产过程的空间组织

生产过程的空间组织,主要以泊区的专业化方向作为基础,库场的分工服从泊区的需要。泊区的专业化有以下几种方式:

(1)货种专业化泊区:即按照货物种类,如集装箱、件杂货、散货、木材、粮食、危险品等货种划分泊区。在流向上既有出口又有进口。一般国内、国外有分工。

(2)流向专业化泊区:即按照货流的进口、出口划分的泊区。通常有国内、国外,定线定班和定线不定班的分工。

按流向确定专业化泊区,在主要货类上是比较稳定的货流,但是货种就比较复杂,不像货种专业化泊位那样单一,既有件杂货,又有钢材、粮食、批量的散货等等。但在某航线上的货流比较稳定的条件下,有利于开展班轮运输,这对于船队运行组织和港口装卸有利。

(3)货种、流向双专业化泊区:即按照货种划分的同时又按进、出口的流向确定泊区的专业化。在大宗、稳定的货流条件下多采用这种方式,甚至发展为专业化港口或泊区。如原油出口码头、进口码头,散粮出口码头、进口码头,煤炭出口码头、进口码头,还有木材、危险品专用码头等。

(4)机动性泊区和通用性泊区:有时无论从货种,还是流向都不能满足一个泊区通过能力的需要,或者因为货物构成发生了变化,出现了一个泊位通不过,两个泊位有富余。在这种情况下,通常将零星货物集中到机动性泊位装卸。因此,机动性泊位就不分货种,也不分流向,所以又叫通用性泊位或综合性泊位,其装卸设备的配备,也常采用通用性或流动性设备。一般在小港口多数是通用性泊位。

生产过程的空间组织以泊位传统专业分工为基础,按照货物吞吐量计划中的主要大宗货物,根据各泊位的通过能力分配任务。大宗货分配完以后,将那些运量不大或者属于季节性不稳定的货物分配到机动性泊区,然后将各泊区的吞吐量汇总即为港务公司的吞吐量计划,再根据港务公司的实际装卸作业能力进行一次调整平衡工作。当确定以后即可以作为月度生产计划下达,同时由各港务(埠)公司编制出装卸作业技术方案。

完成生产过程的空间组织是十分重要的,它不仅是生产过程时间组织的基础,而且是保证港口生产过程连续性、协调性、经济性的前提。

2. 港口生产过程的时间组织

港口生产过程的合理组织,不仅要在空间上使各个港务公司的任务与能力之间达到协调平衡,而且必须在时间上,保持生产过程的各个阶段、环节、工序紧密衔接。生产过程的空间组织是生产过程组织的基础,生产过程的时间组织是生产过程空间组织的保证。

港口生产过程的时间组织是通过一系列作业计划实现的。一般来说,月度计划既是生产过程空间组织又是时间组织的计划。旬度计划、港口昼夜轮班作业计划、单船作业计划、船车装卸作业综合计划、装车卸车计划等,就是生产过程时间组织的具体体现,通过计划控制其生产过程进度。

港口生产过程的空间组织和时间组织,是一个统一的整体。生产过程的节奏性和均衡性具体贯穿在生产过程的空间组织与时间组织之中,它通过各种生产计划层层落实。一个层次是生产任务的分配,从空间的系统上,由上而下,即由全局到港务(埠)公司、铁路公司、轮驳公司、仓储公司、理货公司等;港务(埠)公司又分到调度室、装卸队、机械队、仓库;装卸队再到班组的下达。另一个层次是从泊位、调度室、港埠公司,由下而上,通过核定生产任务与装卸作业能力的平衡,在时间组织上进行安排,保持生产的均衡性,以班保日,日保旬,旬保月,月保年。空间组织为时间组织创造了基础条件,时间组织为空间组织提供了保证,相互补充,缺一不可。

第三节　港口生产组织原理

港口生产是以船舶、火车、汽车在港口换装为基本作业单元的,因此,船、车的装卸作业是港口生产过程的核心,船车的作业计划、船车的作业组织是港口生产管理的中心环节。

一、船舶装卸作业组织

船舶装卸作业组织是单船作业过程的核心,它主要内容包括:

1. 合理地配置装卸作业线的能力

(1)主机台数的确定。主机台数,是根据船舶的装卸作业时间要求计算的。在一般情况下,船舶载货舱口数即为所需要的主机台数。但是,有时并不需要所有的舱口都配备装卸能力,也就是可以在开工舱口数少于船舶实际舱口数的情况下,仍能按照规定的时间完成装卸作业,这时就不必按舱口数配备主机。主机台数可以用下列公式计算求出:

$$N_{主}=\frac{q}{TP_{主}} \tag{7-4}$$

式中:$N_{主}$——计算所需主机台数(台);

q——船舶载货吨数(t);

T——船舶计划装卸时间(h);

$P_{主}$——主机小时生产率(t/台时)。

当计算所需要主机台数大于船舶载货舱口数时,说明需要组织部分舱口开双头作业。

(2)辅助机械台数的确定。辅助机械台数为:

$$N_{辅}=\frac{P_{主}}{P_{辅}} \tag{7-5}$$

式中:$N_{辅}$——辅助机械台数;

$P_{主}$——主机小时生产率(t/台时)。

$P_{辅}$——辅助机械台时生产率(t/台时)。

当计算的辅助机械台数 $N_{辅}\leq 1.5$,可以考虑两个舱口(或两台主机)配 3 台辅机,或者重点舱配 2 台,非重点仓配置 1 台。当计算的辅助机械台数 $N_{辅}>1.5$ 台时,一般应配 2 台辅机,以保证主机最大效率的发挥。

(3)作业线工人数的配备。工人数的配备是满足机械生产率的要求。如库内、车上、舱内徒手操作的作业(如件杂货装卸的舱内人力做关、库场的拆、码垛等),以舱内为例计算配工人数:

$$N_{人}=n_{组}\times\frac{3600\times g}{t\times m\times a} \tag{7-6}$$

式中:$N_{人}$——一个船舱内配工人数(人);

$n_{组}$——舱内单位货组(每副架)的最少人数(人);

g——主机每吊货物重量(t);

t——主机一次循环时间(s);

m——每一货组一小时搬动货物的件数(件);

a——单件货物重量(t)。

一条作业线的配工人数等于车上、库内、船上(分为舱内、桥板的指挥手等,如果主机是船机,还需要配船机司机)等每一工序作业人数之总和,全船配工等于各条作业线配工人数总和。

在组织船舶进行装卸作业时,亦可按现成的港口"装卸作业技术标准"或是中华人民共和国交通行业标准(JT/331.1—331.7—2006)来配机、配人。

2. 严格执行工艺标准

港口装卸工艺标准,又叫装卸作业技术标准,是指在一定的生产技术条件下,港口工艺部门根据不同货种、船型、车型和不同的装卸作业条件下,规定出的不同装卸工艺流程、操作过程所要求的技术指标,是船、车装卸、堆码的技术文件。每一项标准都是建立在科学的基础上,不仅在技术上是先进的,而且在经济上也是合理的。同时应该在生产实践过程中被验证之后才能制定为标准,不允许随便违反和破坏。

在没有标准和规范依据的情况下,例如新出现的货种或货物改变了包装或由于作业条件发生了变化等等,一般多是参照类似的其他标准。在无法参照任何标准的情况下,需要提请装卸工艺部门的工程师给予解决,同时将这种新的变化纳入工艺标准,并报经公司、港务局领导批准后执行。

3. 组织平行作业

所谓平行作业的含义包括:

(1)凡是可以在装卸作业的同时进行的技术作业、辅助作业,应该组织安排技术作业、辅助作业与装卸作业同时进行。

(2)凡是辅助作业或技术作业及其各项目之间可以平行进行的应尽可能组织平行进行。例如船舶供应可以与装卸作业平行进行、移泊与清扫舱作业可同时进行、供油与供水也可以同时进行等。组织平行作业,虽然不能提高装卸效率、压缩装卸作业时间,但是,由于使辅助作业、技术作业在装卸作业时间内完成,所以可以大大压缩船舶的总停泊时间。

4. 组织平衡作业

一般船舶装卸如何解决各个舱口之间的作业平衡是船舶作业组织的中心。因为全船装卸作业时间的长短不取决于所有舱口作业时间的总和,而取决于重点舱的装卸时间。所谓重点舱,即指装卸作业最难或装载货物较多使作业延续时间可能最长的舱室。在装卸作业过程中,重点舱有可能发生变化和转移。因此,如何平衡各作业舱口的装卸延续时间,并使其尽可能压缩到最低限度,使各舱室均在要求的作业时间内完成,就成为组织平衡作业的主要内容。

二、作业组织原理

作业组织原理研究的对象是,旨在一定的泊位、库场等基础设施条件下,如何通过科学、合理地组织港口现有的设备、劳动力、装卸机械等资源,最大限度地发挥其效能,以尽可能短的时间完成船舶、车辆的换装作业。主要包括:船舶排序原理、集中作业原理和舱时平衡原理等。本书只介绍船舶排序原理和舱时平衡原理。

1. 船舶排序原理

合理安排船舶的作业顺序，不仅为编制指泊计划提供了理论基础，同时也是编制船舶昼夜作业计划、进行作业调整的依据。

在编制港口生产作业计划和生产调度时，如何使有限的资源（港口的人力、物力、财力）尽可能多地完成装卸任务，例如，在港口泊位、机械设备及人力资源一定的情况下，如何安排作业次序，才能使得船舶平均在港作业及停留时间最短、船舶在港停留运力损失最少，即需要考虑作业排序和生产组织优先的问题。

(1)船舶平均在港时间最短的作业排序原理。设只有一个专用泊位，当有 n 艘船舶到港，均需在此泊位装卸作业。求如何安排作业顺序才能使船舶在港平均停泊时间最短。因为第一艘船舶在装卸时，其余船舶均需排队等待，最后一艘船舶一直等到所有船舶装卸完才能进入泊位。解决这一问题的实质是求目标函数极小值，即：

$$\overline{T}=\frac{1}{n}\times\sum_{i=1}^{n}T_{\mathrm{i}}\rightarrow\min \tag{7-7}$$

式中：$\overline{T}$——船舶平均在港最短时间（天）；

n——船舶艘数（艘）；

i——船舶艘数序号。

这是一个排序问题。若有 n 艘船舶都需在一个泊位上进行装卸，故问题的实质就转化为 n 项任务的排列，即共有 $n!$ 种排列。如果 n 是表示 5 艘船舶，则 $5!=120$ 种排序方案。根据约翰逊—贝尔曼定律可免除对 120 个方案进行比较，主要原理是“优先取短”规则，即按装卸时间由短到长的顺序安排装卸。

例如，某港区有一专用泊位，要同时接纳载重量不同的 5 艘船舶进行装卸作业，各船预计的装卸时间经计算如表 7-13 所示。

表 7-13

船舶编号	A_1	A_2	A_3	A_4	A_5
各船所需装卸时间 t_{i}（天） 要求完成的期限（天）	$3(t_1)$	$8(t_2)$	$7(t_3)$	$5(t_4)$	$4(t_5)$

根据优先取短规则，船舶平均在港时间最短装卸作业最优排序为：

$A_1—A_5—A_4—A_3—A_2$。

各船在港时间如下：

A_1 船：$T_1=t_1=3$ 天；

A_5 船：$T_5=t_1+t_5=3+4=7$ 天；

A_4 船：$T_4=t_1+t_5+t_4=7+5=12$ 天；

A_3 船：$T_3=t_1+t_5+t_4+t_3=12+7=19$ 天；

A_2 船：$T_2=t_1+t_5+t_4+t_3+t_2=19+8=27$ 天。

则平均在港时间为： $\overline{T}=\frac{1}{5}\sum_{i=1}^{5}T_{\mathrm{i}}=\frac{1}{5}(3+7+12+19+27)=13.6$ 天

优先取短规则可从下例得到证明。如有载重量大小不同的三艘船舶（A、B、C）进港待作业，根据测算，所需装卸时间分别为 2 天、3 天和 4 天。问如何排序才能使总装卸时间最少？

根据排列原理，这种情况共有 $3! = 3 \times 2 \times 1 = 6$ 种不同顺序的作业安排，其排序方案如表 7-14 所示。

船舶排序表（单位：天）　　表 7-14

作业顺序 \ 停泊时间	第一作业船舶	第二作业船舶		第三作业船舶		总停泊时间
		等待作业时间	本身作业时间	等待作业时间	本身作业时间	
A－B－C	2	2	3	5	4	16
A－C－B	2	2	4	6	3	17
B－A－C	3	3	2	5	4	17
B－C－A	3	3	4	7	2	19
C－A－B	4	4	2	6	3	19
C－B－A	4	4	3	7	2	20

计算结果表明，总停泊时间最少为 16 天，即按作业时间由短到长（A—B—C）的顺序安排作业，总时间最短。

（2）船舶在港运力损失最少的作业排序原理。在安排作业顺序时，既要考虑船舶装卸停泊时间的长短，又要考虑船舶载重量的大小，现举例说明。

例如，设某港区有一专用泊位，有 n 艘载重量分别为 $D_1, D_2, D_3, \cdots, D_n$ 的船舶到港装卸，各自的装卸时间分别为 $t_1, t_2, t_3, \cdots, t_n$，每艘船舶都可以从 $t_0 = 0$ 时刻开始，问如何排序才能使船舶在港总停泊吨天为最少？即求目标函数极小值：

$$\sum_{i=1}^{n} T_i D_i \rightarrow \min \qquad (7\text{-}8)$$

这类问题的求解方法是，首先用船舶载重量去除各自的装卸时间，即得到 t_i/D_i 序列（单位载重量的装卸停泊时间），将其从小到大进行排列。即每单位载重量所需装卸时间少的船舶首先装卸，而单位载重量所需装卸时间长的船舶最后装卸。即为总停泊吨天最少，运力损失最少的最优排列方案。

2. 作业平衡原理

全船装卸作业结束时间，并不是由作业最早结束的舱口来决定的，而是取决于最后结束的舱口，即取决于重点舱的装卸作业时间。因此，平衡各舱作业时间，最大限度地缩短重点舱的装卸作业时间就成为压缩船舶在港停留时间的重要问题。

我国不少港口在压缩船期、平衡舱时方面积累了很好的经验，主要经验有：

（1）在货物配载时，根据各种货物的装卸难易程度（装卸效率）的不同，对同一舱室配装一些不同的货物，以便平衡各舱的作业时间。

（2）在组织装卸作业时，应对重点舱室配备经验丰富的工组、性能好的机械及接运工具，以提高装卸生产率。

（3）重点舱的工人、司机换班吃饭，做到人停机不停，以争取更多的有效装卸时间。

（4）若重点舱有相通的邻舱，则可用邻舱的机械帮助装卸一部分重点舱的货物。

(5)在人力、设备条件许可时,给重点舱多安排作业线(如双头作业),以增加装卸能力。除此之外,平衡作业组织尤为重要。

作业平衡原理的内容和作业平衡原理运用步骤:

1)主机台数等于作业舱口数的作业平衡

例题 7-1:设某港区用四台生产率分别为 40t/台时的起重机,装卸一艘有四个舱口的船舶。船舶各舱载货量分别为:一舱:400t、二舱:1000t、三舱:800t、四舱:520t。求船舶的最短作业时间和起重机分配给各舱的作业时间安排。

(1)求全船最短的装卸作业时间。计算公式为:

$$T_{\min} = \frac{\sum_{i=1}^{n} q_i}{\sum_{i=1}^{n} p_i} \tag{7-9}$$

式中:$T_{\min}$——全船最短的装卸作业时间(h);

$\sum_{i=1}^{n} q_i$——全船各舱载重量之和(t);

$\sum_{i=1}^{n} p_i$——全船各舱装卸机械作业效率之和(t/h);

i——作业舱序号。

$$T_{\min} = \frac{\sum_{i=1}^{n} q_i}{\sum_{i=1}^{n} p_i} = \frac{400 + 1000 + 800 + 520}{40 \times 4} = 17\text{h}$$

(2)求各舱所需的装卸作业时间。如果各舱都用一台起重机进行作业,则各舱所需的作业时间分别为:

一舱:$t_1 = \frac{400}{40} = 10\text{h}$

二舱:$t_2 = \frac{1000}{40} = 25\text{h}$

三舱:$t_3 = \frac{800}{40} = 20\text{h}$

四舱:$t_4 = \frac{520}{40} = 13\text{h}$

(3)确定重点舱及平衡舱时。从上述计算结果可知,一、四舱的作业时间均小于全船最短作业时间,故可在完成本舱作业任务后,支援其他舱作业;二、三舱的作业时间均大于全船的作业时间,故二、三舱是重点舱,需要增加装卸能力,才能在全船最短的装卸作业时间内完成作业。在既定的装卸条件下,可作如下调整:

一舱:1 号起重机在本舱作业 10h 后,移至二舱作业 7h;二舱:1 号起重机作业 7h,2 号起重机在本舱作业 17h,4 号起重机作业 1h;三舱:3 号起重机在本舱作业 17h,4 号起重机作业 3h;四舱:4 号起重机首先移至二舱支援作业 1h,再回到四舱工作 13h,然后支援三舱作业 3h。这样,每个舱均能在 17h 内完成装卸任务。其作业机械舱时分配如表 7-15 所示。

作业机械舱时分配表(一)　　表 7-15

舱别	载重量(t)	作业进度(小时)																
		1	2	3	4	5	6	7	8	9	10	11	12	13	14	15	16	17
一	400(10h)	11111111111111111111111111111111111111111111111111																
二	1000(25h)											11111111111111111111111111111111111						
		2222222222222222222222222222222222222222222222222222222222222222222222222222222222222																
		444																
三	800(20h)	3333333333333333333333333333333333333333333333333333333333333333333333333333333333333																
																444444444444		
四	520(13h)		4444444444444444444444444444444444444444444444444444444444															

值得说明的是：

①4号起重机首先支援二舱而不是完成四舱作业任务后再去支援二舱，其目的在于避免多台起重机对一个舱口同时作业时的相互干扰。一般情况下，双头作业时的干扰不大。

②码头前沿装卸船作业机械，一般为门座起重机。门座起重机属于有轨运行起重机。这样一来，4 号起重机由于受 3 号起重机的阻隔是不可能移至二舱作业的。因此，对于有轨运行的门座起重机来说，其舱时平衡需作调整。其作业机械舱时分配见表 7-16 所示。

作业机械舱时分配表(二)　　表 7-16

舱别	载重量(t)	作业进度(小时)																
		1	2	3	4	5	6	7	8	9	10	11	12	13	14	15	16	17
一	400(10h)	11111111111111111111111111111111111111111111111111																
二	1000(25h)											11111111111111111111111111111111111						
		2222222222222222222222222222222222222222222222222222222222222222222222222222222222222																
		333																
三	800(20h)		33333333333333333333333333333333333333333333333333333333333333333333333333333333															
		44444444444444444444																
四	520(13h)					44444444444444444444444444444444444444444444444444444444444444444												

一舱：1 号起重机作业在本舱作业 10h 后，移至二舱作业 7h；二舱：2 号起重机在本舱作业 17h，1 号起重机作业 7h，3 号起重机作业 1h；三舱：3 号起重机首先支援二舱作业 1h，然后回至三舱作业 16h，4 号起重机作业 4h；四舱：4 号起重机首先移至三舱支援作业 4h，再回至四舱作业 13h。

2）主机台数多余作业舱口数的作业平衡

例题 7-2：设船舶有四个舱口，各舱载货量分别为：一舱：800t、二舱 2200t、三舱 1800t、四舱 1200t，全船共载货 6000t，所载货类各舱相同，使用岸上五台门机装卸，台时生产率为 50t/台时，并假定每一舱口开双头作业时，门机装卸互不干扰，求全船最短作业时间及门机在各舱作业时间的分配。

（1）求全船最短的装卸作业时间：

$$T_{\min}=\frac{\sum_{i=1}^{n}q_{\mathrm{i}}}{\sum_{i=1}^{n}p_{\mathrm{i}}}=\frac{6000}{50\times5}=24\mathrm{h}$$

(2)求各舱装卸时间：

一舱：$t_1=\frac{800}{50}=16\mathrm{h}$

二舱：$t_2=\frac{2200}{50}=44\mathrm{h}$

三舱：$t_3=\frac{1800}{50}=38\mathrm{h}$

四舱：$t_4=\frac{1200}{50}=24\mathrm{h}$

(3)确定重点舱并平衡舱时：

因为：$t_2>T_{最少}$；$t_3>T_{最少}$

所以：二、三舱是重点舱。具体对各舱的安排调整如下：

一舱：1号门机在一舱作业16h后，调至二舱作业8h；二舱：1号起重机作业8h，2号门机作业24h，3号门机在二舱作业12h；三舱：3号门机在二舱作业12h后，调回三舱作业12h，4号门机在三舱作业24h；四舱：5号门机在四舱作业24h（表7-17）。

作业机械舱时分配表（三）　　表7-17

<table>
<tr><th rowspan="2">舱别</th><th rowspan="2">载重量(t)</th><th colspan="12">作业进度(小时)</th></tr>
<tr><th>2</th><th>4</th><th>6</th><th>8</th><th>10</th><th>12</th><th>14</th><th>16</th><th>18</th><th>20</th><th>22</th><th>24</th></tr>
<tr><td>一</td><td>800(16h)</td><td colspan="12">11111111111111111111111111111111111111111111111111111111111111</td></tr>
<tr><td>二</td><td>2200(44h)</td><td colspan="12">11111111111111111111111111111111
2222222222222222222222222222222222222222222222222222222222222222222222222222222222222222222222
333333333333333333333333333333333333333333333</td></tr>
<tr><td>三</td><td>1800(36h)</td><td colspan="12">3333333333333333333333333333333333333333333333333
4444444444444444444444444444444444444444444444444444444444444444444444444444444444444444444444</td></tr>
<tr><td>四</td><td>1200(24h)</td><td colspan="12">5555555555555555555555555555555555555555555555555555555555555555555555555555555555555555555555</td></tr>
</table>

3)主机台数少于作业舱口数的作业平衡

例题7-3：设某船载货共5400t。其中一舱载货1200t、二舱载货1800t、三舱载货1400t、四舱载货1000t，若使用台时生产率为40t/台时的三台门机装卸，求全船最短装卸作业时间及门机在各舱室的作业时间安排。

(1)求全船最短装卸时间：

$$T_{\min}=\frac{\sum_{i=1}^{n}q_{\mathrm{i}}}{\sum_{i=1}^{n}p_{\mathrm{i}}}=\frac{5400}{40\times3}=45\mathrm{h}$$

(2)求各舱装卸时间：

一舱：$t_1=\frac{1200}{40}=30\mathrm{h}$

二舱：$t_2 = \dfrac{1800}{40} = 45\text{h}$

三舱：$t_3 = \dfrac{1400}{40} = 35\text{h}$

四舱：$t_4 = \dfrac{1000}{40} = 25\text{h}$

(3)作业机械舱时分配。具体对各舱的安排分配如下：

一舱：1 号门机在一舱作业 30h；二舱：1 号门机在一舱作业 30h 后转至二舱作业 15h，2 号门机在二舱作业 30h；三舱：2 号门机在二舱作业 30h 后，转至三舱作业 15h；3 号门机在三舱作业 20h；四舱：3 号门机在三舱作业 20h 后，转至四舱作业 25h。具体安排如表 7-18 所示。

作业机械舱时分配表(四)　　表 7-18

舱别	载重量(t)	作业进度(小时)														
		3	6	9	12	15	18	21	24	27	30	33	36	39	42	45
一	1200(30h)	111111111111111111111111111111111111111111111111111111111111111111														
二	1800(45h)	222222222222222222222222222222222222222222222222222222222222222222										1111111111111111111111111111				
三	1400(35h)	33333333333333333333333333333333333										2222222222222222222222222222				
四	1000(25h)							333333333333333333333333333333333333333333333333333333333333								

4)各舱以船吊为主，配一台门机的作业平衡

例题 7-4：设某港区某泊位将装卸一艘五个舱口的船舶。其各舱的船吊生产率为 20t/台时，同时配备一台生产率为 35t/台时的门机，且起重机与船吊在同一舱室作业时，互不干扰。各舱室的载货量：一舱为 1000t、二舱为 2000t、三舱为 1100t、四舱为 1500t，五舱为 1200t，求全船最短作业时间和门机在各舱室的作业时间安排。

(1)求各舱使用船吊时要求的装卸作业时间 t_i：

$t_1 = 1000/20 = 50\text{h}$

$t_2 = 2000/20 = 100\text{h}$

$t_3 = 1100/20 = 55\text{h}$

$t_4 = 1500/20 = 75\text{h}$

$t_5 = 1200/20 = 60\text{h}$

(2)求按机械生产率计算的全船最短作业时间：

$$T_{\min} = \frac{\sum_{i=1}^{n} q_i}{\sum_{i=1}^{n} p_i} = \frac{1000 + 2000 + 1100 + 1500 + 1200}{20 \times 5 + 35} = \frac{6800}{135} = 50.37\text{h}$$

(3)比较 t_i 与 $T_{\min}$，因为 $t_1 < T_{\min}$，故可在全船最短作业时间内完成，不需要门机帮助作业，所以可以除去不计。

(4)计算除去一舱以外的全船最短作业时间 $T_{\min i-1}$：

$$T_{\min i-1}=\frac{\sum_{i=1}^{n}q-q_1}{\sum_{i=1}^{n}p-p_{\text{吊}1}}=\frac{6800-1000}{135-20}=50.43\text{h}$$

(5)求门机分别在二～五舱的装卸作业时间：

$$t_{\text{门}2}=\frac{2000-20\times50.43}{35}=28.33\text{h}$$

$$t_{\text{门}3}=\frac{1100-20\times50.43}{35}=2.61\text{h}$$

$$t_{\text{门}4}=\frac{1500-20\times50.43}{35}=14.04\text{h}$$

$$t_{\text{门}5}=\frac{1200-20\times50.43}{35}=5.47\text{h}$$

作业机械舱时分配如表 7-19 所示。

作业机械舱时分配表(五)　　表 7-19

舱别	载重量(t)	作业进度(小时)									
		5	10	15	20	25	30	35	40	45	50
一	1000										
二	2000(28.33h)	jjjjjjjjjjjjjjjjjjjjjjjjjjjjjjjjjjjjjjjjjjjjjjjjjjjjjjjjjjjjjjjjjjjjjjjjjjjjjjjjjjj									
三	1100(2.61h)						jjjjj				
四	1500(14.04h)						jjjjjjjjjjjjjjjjjjjjjjjjjjjjjjjjjjjjjjjj				
五	1200(5.47h)									jjjjjjjjj	

由以上可知，如果不增加一台门机，而仅用船吊，则船舶装卸时间为 100h(即第二舱的作业时间)。增加一台门机后，全船作业时间为 50.43h，减少了近一半的时间。可见合理组织船舶装卸，有效平衡舱时，对缩短船舶在港停时其效果是非常显著的。

第四节　港口生产调度

一、港口生产调度工作的基本任务和职责

生产调度指挥系统是港口社会化大生产发展的客观要求，是持续均衡生产、协调各生产环节的必然产物，是对企业生产过程直接进行组织、控制和调节的主要手段；是港口生产指挥的中心，是各级领导管理生产的参谋和主要助手，是对港口生产活动实行集中统一指挥的强有力的工具。生产指挥系统一方面要完成生产过程从空间到时间的组织，同时还要对生产布局、生产动态、生产进度进行部署、指挥和控制。港口生产调度指挥系统是实行计划管理不可缺少的重要环节，是贯彻执行生产作业的关键。因此，需要有一个强有力的生产调度系统对装卸生产作业进行统一部署、指挥、检查和督促，以便更合理地利用港口码头的泊位、机械设备、库场和劳动力等。

港口生产调度的基本任务是，贯彻执行国家运输政策，协调、平衡和处理港口内部和外部有关生产活动之间的关系；组织实施生产计划；昼夜不间断地对装卸生产进行指挥；组织港口各个生产环节的生产能力并调整能力与任务的平衡；协调各种运输工具的衔接，掌握和检查

车、船装卸作业进度;解决生产过程中出现的各种问题,以保证装卸生产均衡而有节奏地进行。

现代化水运及港口企业的生产活动是一个极为复杂的有机整体。其所有的活动是为了实现企业的经营目标,每项生产活动都必须按事先确定的计划、程序和方法协调地进行。为了防止各种干扰,必须对生产活动过程加以控制,没有控制,也就无所谓管理,各方也就不可能协调配合。所以控制是企业管理的一种必要的内在职能。

生产控制是生产管理的一个职能。在执行生产计划过程中,它能根据既定的政策、目标、计划、标准以及经济原则,掌握生产执行情况,发现和比较生产的差异,并及时采取更正措施。

生产调度是生产控制的一项内容。它是对执行生产计划过程中发生的问题和可能出现的情况,及时采取措施进行处理的一项工作。生产控制包括生产调度和采取处理的措施。它既有调度工作的内容,也有控制的内容。

生产控制的任务是在生产任务、作业计划、作业实施之间进行的控制过程。生产控制的主要内容包括:

(1)装卸作业安排。它是执行计划的开始,而且是通过班计划的下达实施的。作业安排还包括作业过程中的作业变动、调整作业任务等。

(2)作业进度控制。生产开始以后,生产管理便进入作业进度控制阶段,并一直到作业结束为止。

(3)生产产量控制。它包括对吞吐量、装卸量、操作量和装卸车数的控制。还包括对作业计划量、计划期平均完成量和计划累计完成量等的控制。它可通过计划与实际的比较,掌握产量进度。

(4)生产质量控制。这主要指货损率、货差率和赔偿金额率应控制在计划允许的范围内。

(5)作业时间的控制。这指对车、船在港停留时间的控制。特别是对重点船和重点舱的装卸时间的控制。

(6)经济效益的控制。在生产全过程中要控制生产费用、设备、劳力的消耗、降低装卸成本,提高经济效益。

二、港口生产调度的职责

港口生产调度的主要职责是:在局长(或经理)的领导下,负责全港日常装卸生产的组织指挥工作。主要有:

(1)根据下达的运输任务,审核平衡港口各作业区吞吐量计划,具体编制月度、旬度和昼夜生产作业计划,保证全面完成。

(2)按照装卸工艺方案,合理利用劳力、机械、泊位、库场及其他设施,充分发挥和扩大港口通过能力,努力缩短车、船在港停时。

(3)根据货流、货种、车船到港变化情况,平衡调整各作业区的作业安排,组织均衡生产,保证船舶作业安全,提高货运质量。

(4)掌握车、船装卸进度和货物集中情况,联系铁路、航运和物资部门,搞好车、船、货的衔接。

(5)编制以专线、班轮、成组、集装箱、特运、成套设备和长重件为重点的装卸方案,并组织实施。

(6)检查安全、生产、客货运输的质量,分析存在的问题,提出改进措施。

(7)负责联系沿海运输船舶的燃物料、淡水、伙食等项供应和船舶临时修理工作。

(8)负责向调度会议汇报安全、生产、客货运输质量情况和存在的问题,监督检查各单位有关生产决议的执行情况。

(9)负责日常生产快速统计和生产日报编制工作。

(10)参与研究制订水运合理流程图,组织合理运输,按计划组织货物集中和疏运,合理使用库场,不断扩大库场通过能力。

(11)每天将旬计划内的外贸船舶靠泊,装卸和预计离港时间的动态告诉各外轮公司。

(12)按旬、月作出工作小结,总结推广先进经验,不断提高调度工作水平。

三、调度工作应遵循的原则

(1)严格执行国家的运输政策,贯彻“安全质量第一”的原则;

(2)以计划为指导的原则;

(3)统一指挥的原则;

(4)作业有序性的原则(按照一定要求,合理安排作业顺序);

(5)不断提高经济效益、按经济规律办事的原则。

四、生产调度机构及调度工作制度

为了正确组织水运生产,及时、迅速、有效地解决生产中发生的问题,需要建立和健全水运生产和港口生产调度指挥系统。在交通部总调度室领导下,部属港航企业应分别成立调度室,以实现装卸现场调度,形成一套上下互相联系的、迅速传递信息的生产指挥系统,同时分工负责地完成各自的任务。

主要的调度工作制度有:值班制度、会议制度、汇报制度。其内容如下:

1. 值班制度

为了进行调度,及时处理生产中的问题,要保证生产不停,调度不停,这就需要严格执行调度值班制度。各级调度室要昼夜不间断地有值班调度员履行职责。各级调度部门必须实行昼夜24h连续值班制度。部、局实行主任轮流值班,负责全面调度工作。部调度值班人员必须逐日掌握各航局船舶生产动态,及时解决港、航运输衔接中的问题,并负责检查各局生产计划和重点物资的运输计划,以及重点船舶装卸计划的完成情况。同时还应编制生产日报和准确的快速统计。值班人员还要检查安全生产和生产进度情况,以发现问题及时解决。港、航局调度值班人员还必须切实掌握船舶动态及港口作业计划的安排,组织监督船舶安全、正点地运行。按照船舶在港作业与到发船计划,组织船舶装卸与技术、辅助作业,及时处理港口作业及船舶运行中所发生的一切问题。

2. 会议制度

会议制度主要包括季度生产会议、月度计划会议和日调度会议等。

3. 汇报制度

4. 调度统计与分析

调度统计与分析,是领导了解生产进度,研究决定问题,检查港口生产作业计划执行情况和改进调度工作的重要依据。

搞好调度统计与分析,对于正确评价港口成绩,查明计划完成情况和未完成的原因,了解生产活动的规律性,预计生产发展的趋势等,都有重要作用。它包括以下几方面:

(1)准确快速统计。按日、旬、月统计生产计划完成情况。主要内容有:

①日报:客运量、客运周转量、货物吞吐量,主要重点物资、装卸车等计划完成情况及船舶在港动态等。

②旬报:每月逢一、十一、二十一日逐级将日报内容及车船停港时间综合累计核对上报。

(2)按计划要求进行港航生产效率统计。

(3)运输、装卸生产活动分析:按旬、月进行定期检查分析,遇有重大情况可不定期或随时进行专题分析,及时提出改进措施,以便提高生产效率和工作效率。

五、港口生产调度的工作程序

港口生产调度过程中参与的人员主要有:公司负责生产的副经理、调度室主任、作业计划员、作业计划员、公司值班调度、单船指导员等,其各岗位所从事的主要工作如下:

(1)公司生产经理:出席交班会、主持生产会并作生产指示;对公司生产安排作出决策;对生产中遇到的重大问题作出指示。

(2)公司调度主任:主持交班会、参加生产会,对生产调度作具体指示;及时处理生产调度中遇到的问题;与集团调度保持联系,及时掌握集团生产调度的精神;主持计划的预编;协调生产调度中各部门的关系。

(3)公司作业计划员:参加交班会、计划预编会、生产会;根据集团分区计划员下达的下昼夜任务,向集团分区计划员上报下昼夜预编计划数(进度安排、开工作业数、各船完成的吞吐量、完工船舶时间、新开工船舶时间、需要集团帮助解决的问题等);具体落实作业线、机械、人员、库场等安排,制定除公司下昼夜作业计划,在公司下午生产会上提供下昼夜作业计划。

(4)公司值班调度:处理当班时生产调度中的问题,向集团分区值班调度汇报生产进度以及遇到的问题;根据现场情况,编制一个工班计划;参加计划交班会、预编会、生产会。

(5)现场指挥生产,处理船舶装卸生产中遇到的问题;与值班调度保持联系。

以船舶为对象的生产计划制定与生产实施工作程序如图 7-1 所示。

六、港口生产调度装卸作业技术方案

为了合理地组织生产,应设计制定调度装卸技术方案,作为生产调度的施工图。

1. 装卸作业技术方案设计的任务

(1)编制出货类的装卸作业工艺方案,安排出各货类在港作业的操作过程和工艺工序路线。

(2)为各货类的操作过程、工艺过程和港口现有的装卸机械类型进行选择分配机械。

(3)计算主要的装卸作业指标包括:吞吐量、操作量、操作系数、装卸机械和装卸工人需求量、舱时量、车时量、机械和工人的作业时间、机械和工人的作业量、机械总起运量、机械化比重等指标。

(4)验算主要环节(如:泊位、库场、集疏运系统)的通过能力。

(5)拟定完成计划期任务的技术组织措施。

2. 装卸作业技术方案设计需要资料

(1)货运量和吞吐量计划;

(2)装卸作业技术标准;

(3)在册机械种类、数量、技术状态;

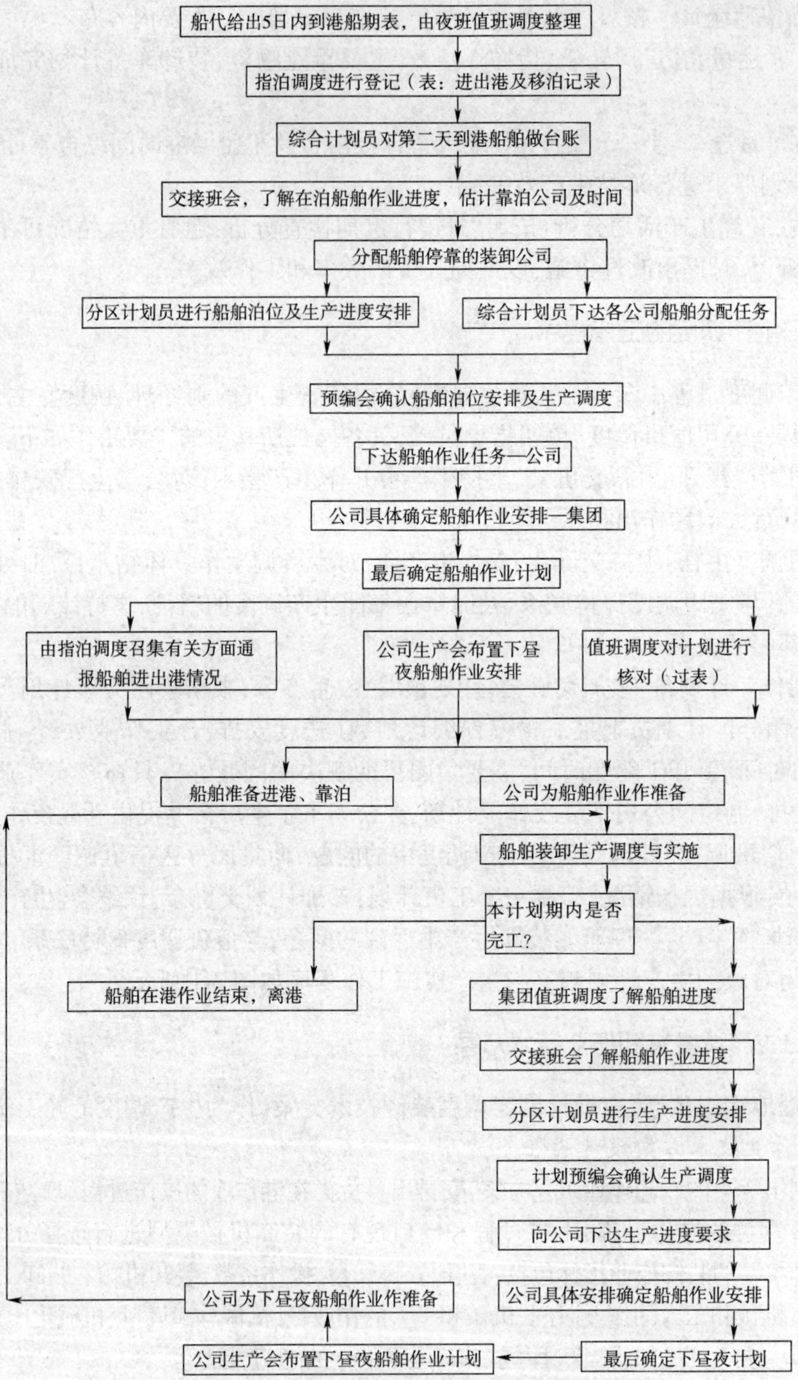

图 7-1　生产计划制定与生产实施工作程序

(4)在册装卸工人数以及出勤率、工时利用率等情况；

(5)其他方面的资料。

如:泊位、库场的运用和技术情况,货种的直接换装方式和比重,货物成组运输比重,工属具数量和技术等资料,集装箱运输量,装卸期的气象和水文资料以及各种运输方式的运输能力和运行组织、运行规律等等与装卸作业技术方案有关的资料。

3. 装卸作业技术方案安排与作业指标计算

1)装卸操作过程安排

根据货种、流向以及港口各环节的能力情况,确定操作过程,并计算出吞吐量、操作量和操作系数等指标。

(1)操作量计算公式:

$$G_{操} = \sum_{i=1}^{m} g_i \tag{7-10}$$

式中:$G_{操}$——总操作量(t);

g_i——分货种,每一操作过程的操作量。

(2)操作系数计算公式:

$$K_{操} = \frac{G_{操}}{Q_{自}} \tag{7-11}$$

式中:$K_{操}$——操作系数,即平均1t货物被操作的次数;

$Q_{自}$——货物自然吨(t)。

2)操作过程时间计算

(1)操作过程作业时间计算公式:

$$T = \sum_{i=1}^{n} t_i; t_i = \frac{G_{操}}{P_i} \tag{7-12}$$

式中:T——操作过程作业总时间(h);

t_i——第i过程的作业时间(h);

P_i——第i过程作业生产率(t/h);

$G_{操}$——设计操作量(t);

i——操作过程的项数。

(2)操作作业工时计算公式:

$$A = \sum_{i=1}^{n} a_i = \sum_{i=1}^{n} t_i m_i \qquad a_i = t_i m_i \tag{7-13}$$

式中:A——操作作业总工时(h/人);

a_i——第i过程的工时(h/人);

m_i——第i过程的配工人数(人);

t_i——第i过程的作业时间(h)。

3)机械作业量和作业时间计算

(1)机械作业量计算公式:

$$Q_j = \sum_{i=1}^{n} q_{ji} \tag{7-14}$$

式中:Q_j——第j类机械的作业量(t/台时);$j = 1,2,3,\cdots,n$;

q_{ji}——第j类机械在第i过程中起运货物的数量(t)。

(2)各类机械的作业时间计算公式:

$$T_j = \sum_{i=1}^{n} \frac{q_{ji}}{P_i} \tag{7-15}$$

式中：T_j——各类机械的作业时间(h)；

q_{ji}——第 j 类机械在第 i 过程中起运货物的数量(t)；

P_i——第 i 过程作业生产率(t/h)。

4)机械台数计算

$$n_j = \frac{T_j}{T_{日} f_j} \tag{7-16}$$

式中：n_j——第 j 类机械的台数(台)；

T_j——第 j 类机械的作业时间(h)；

$T_{日}$——机械营运日历台时(h/日台)；

f_j——第 j 类机械使用率(%)。

5)装卸工人数计算

(1)装卸工人需求量的计算。装卸工人需求量的计算可按同时作业舱口数与车辆数求出，也可以用每一装卸工人的劳动生产率计算求出。

①按同时作业舱口数与车辆数计算装卸工人需求量：

$$M = \frac{n}{(1-\eta)\cdot K_{出}\cdot K_{利}}(\overline{N}_{舱}\cdot\overline{m}_{舱}+\overline{N}_{车}\cdot\overline{m}_{车}) \leqslant M_{实} \tag{7-17}$$

式中：$M, M_{实}$——需要工人数、实有(在册)工人数；

$\overline{N}_{舱}, \overline{N}_{车}$——平均开工舱口数、平均开工火车数；

$\overline{m}_{舱}, \overline{m}_{车}$——舱口、车平均单位配工人数；

$K_{出}$——工人出勤率，即纯装卸出勤工人数与应出勤工人数之比，纯装卸出勤工班是指装卸工人出勤后，实际从事装卸作业的工班数；

$K_{利}$——工人工时利用率；

n——班制；

η——轮休率(装卸工人轮休率)，即平均每天休息的工人与在册人数之比。在实行三班半制度的企业中轮休率可取为1/7，在实行四班三轮转的企业则取为1/4，在同时实行这两种制度的港口，则按实行这两种制度的工人分别计算。

只有满足 $M \leqslant M_{实}$ 时，说明装卸工人数足够保证同时开头量的需要。

②按装卸工人劳动生产率计算装卸工人需要量：

$$M = \frac{G_{操}}{R_{工人}} = \frac{Q_{货}\cdot K_{操}}{T\cdot K_{出}\cdot K_{利}\cdot(1-\mu)\cdot t\cdot P_{工时}} \tag{7-18}$$

式中：$G_{操}$——货物操作量；

$Q_{货}$——计划期的货运量；

$K_{操}$——货物操作系数；

$P_{工时}$——工时效率(t/工时)；

t——每班工作小时数；

$R_{工人}$——每一工人的年劳动生产率。

$$R_{工人} = T\cdot K_{出}\cdot K_{利}\cdot(1-\mu)\cdot t\cdot P_{工时} \tag{7-19}$$

(2)装卸工人操作能力的计算。在已知工人数的情况下，同样可计算出装卸工人的操作能力。

$$G_{操} = M_{实} \cdot R_{工人} \tag{7-20}$$

式中符号意义同前。

6)机械需要量的计算。

按同一时间开头量计算。机械需要量的计算包括装卸船舶的主机、与之配套的流动机械(或辅助机械)及火车装卸机械的计算。

(1)装卸船舶主机台数 $N_{主}$。凡是船舶装卸作业中担任起落舱工序的机械叫做装卸船舶主机,简称主机。主机台数应等于船舶作业的开工舱口数。在船舶装卸作业中,通常每一开工舱口配一台主机。主机可由船机或港机承担,所以港口需要配备的主机台数应为:

$$N_{主} = N_{舱} \cdot K_{舱} - N_{船机} = N_{舱}^{max} - N_{船机}$$

式中:$N_{船机}$——船机台数。

(2)流动机械台数 $N_{流}$。流动机械包括船舶装卸作业与主机配套的机械和装卸火车作业的流动机械两部分。

主、辅机的配套原则:辅机应满足主机生产率的需要。即:

$$n_{辅} \geqslant \frac{P_{主}}{P_{辅}} \tag{7-21}$$

式中:$n_{辅}$——辅机台数;

$P_{主}$,$P_{辅}$——主机、辅机的小时生产率。

7)机械起运能力的计算

机械起运能力的计算是对现有机械究竟有多大能力进行核定。这种计算只能提供一个能力的轮廓,因为不同机械对不同货类的装卸或搬运(输送)的生产率不相同,因此,在相同的货物构成条件下,不同的装卸工艺方案组合,产生不同的机械起运能力。于是,往往在计算时按照各种类型的机械分别计算,并对一些参数选取统计数值。

$$G_{机械} = \sum_{i=1}^{k} n_i \times T_{营} \times 24 \times \eta_1 \times P_i = \sum_{i=1}^{k} n_i \cdot t_i \cdot P_i \tag{7-22}$$

式中:$G_{机械}$——所有机械的总起运能力(起运吨);

n_i——第 i 类机械台数。

$T_{营}$——港口营运期;

η_i——第 i 类机械的理论使用率;

P_i——第 i 类机械的综合(统计)生产率;

t_i——第 i 类机械的年最大工作小时数。

起运能力并不是通过能力。它与通过能力之间的关系通常可以用一个起运系数表示。即:

$$K_{起} = \frac{G_{机械}}{Q_{自}} \tag{7-23}$$

式中:$G_{机械}$——所有机械的总起运能力(起运吨);

$Q_{自}$——货物装卸自然吨。

起运系数的概念,表示通过港口的货物被机械起重、装卸、搬运的次数。它可以在装卸工艺方案设计时确定,也可以从统计资料中确定。

最后将计算的指标数字填入装卸作业技术方案(表 7-20)。

装卸作业技术方案

表 7-20

流向	货种	吞吐量	操作过程	操作量	过程		配工						机械作业量(万 t)					机械作业台时					机械工序吨	总工序吨	各项指标		
					效率	作业小时	人数		作业工时		工时效率		门吊	轮胎吊	叉车	拖头	小计	门吊	轮胎吊	叉车	拖头	小计			名称	单位	数量
							工人	司机	纯工人	包括司机	纯工人	包括司机															
国内出口																									吞吐量	万 t	
																									操作量	万 t	
																									直接换装比重	%	
																									操作系数		
国内进口																									工时效率	吨人数	
																									工时利用率	%	
																									出勤率	%	
																									所需工人数	人	
国外出口																									在册工人数	人	
																									同时作业能力	舱口	
																										车	
																									单位工人数	舱口	
国外进口																										车	
																									机械作业量	万 t	
																									机械使用率		
																									机械化比重		
																									劳动生产率	t/天	
合计																											

课外阅读

船舶作业组织计算例题

一、多泊位服务于多艘船的排序

已知某港有 5 个泊位空闲,而同时有 5 条船等待靠泊,各船停靠各个泊位所需占用泊位的时间如表 7-21 所示(单位:h),要解决的问题是如何指泊可以使船舶总的占用泊位时间最短。

表 7-21

船舶 / 泊位	1 号	2 号	3 号	4 号	5 号
A	48	44	58	32	37
B	41	38	48	26	33
C	58	53	71	36	43
D	88	79	108	57	67
E	68	62	83	40	44

第一步:使效率矩阵出现 0 元素,其方法是:

(1)从效率矩阵中每行元素中减去该行的最小元素。

(2)再从所得矩阵的各列中减去该列的最小元素。

如果该行(列)已有 0 元素,则不用再减。根据表 7-21 给出的数据,我们可以进行以下矩阵换算:

$$(C_{ij})=\begin{pmatrix}48 & 44 & 58 & 32 & 37\\ 41 & 38 & 48 & 26 & 33\\ 58 & 53 & 71 & 36 & 43\\ 88 & 79 & 108 & 57 & 67\\ 68 & 62 & 83 & 40 & 44\end{pmatrix}\begin{matrix}-32\\-26\\-36\\-57\\-40\end{matrix}\longrightarrow\begin{pmatrix}16 & 12 & 26 & 0 & 5\\ 15 & 12 & 22 & 0 & 7\\ 22 & 17 & 35 & 0 & 7\\ 31 & 22 & 51 & 0 & 10\\ 28 & 22 & 43 & 0 & 4\end{pmatrix}$$

$$\begin{matrix}-15 & -12 & -22 & & -4\end{matrix}$$

第二步:虽然至此已使每行、每列均有 0 元素,但是并不一定有足够的 0 元素进行分配。

为了检验是否有足够的 0 元素用于分配,可采用覆盖线数检验方法。当覆盖线数等于效率矩阵的阶数时,即有足够的 0 元素供分配。从面矩阵中用 4 条覆盖线可覆盖全部 0 元素,而矩阵阶数为 5,故需继续变换。

$$\longrightarrow\begin{pmatrix}1 & 0 & 40 & 0 & 1\\ 0 & 0 & 0 & 0 & 3\\ 7 & 5 & 13 & 0 & 3\\ 16 & 10 & 29 & 0 & 6\\ 13 & 10 & 21 & 0 & 0\end{pmatrix}\begin{matrix}\\ \\ -5\\ +5=(b_{ij})\\ \\ \end{matrix}$$

第三步:增加 0 元素:从未被覆盖的元素中找出最小的元素,再将所有未被覆盖的元素减去该最小元素值，而在两条覆盖线相交出的元素加上该最小元素值。重复这一步骤，直至覆盖线数与矩阵阶数相等。

$$\longrightarrow\begin{pmatrix}1&0&4&5&6\\0&0&0&5&8\\2&0&8&0&3\\11&5&24&0&7\\8&5&16&0&0\end{pmatrix}\begin{matrix}\\ \\-1\\+1\\ \\ \end{matrix}\longrightarrow\begin{pmatrix}0&0&3&5&6\\0&1&0&6&9\\1&0&7&0&3\\10&5&23&0&7\\7&5&15&0&0\end{pmatrix}$$

第四步：确定最优方案。先对只有一个 0 元素的行（列）进行分配，然后将这个元素所在的行（列）划去，这样便可获得最优解。

$$\longrightarrow\begin{pmatrix}0&0&3&5&6\\0&1&\textcircled{0}&6&9\\1&0&7&0&3\\10&5&23&\textcircled{0}&7\\7&5&15&0&0\end{pmatrix}\longrightarrow\begin{pmatrix}\textcircled{0}&0&3&5&6\\0&1&\textcircled{0}&6&9\\1&\textcircled{0}&7&0&3\\10&5&23&\textcircled{0}&7\\7&5&15&0&\textcircled{0}\end{pmatrix}$$

得最优方案为：船舶 1 靠泊位 A，船舶 2 靠泊位 C，船舶 3 靠泊位 B，船舶 4 靠泊位 D，船舶 5 靠泊位 E。

将该解代入目标函数，得：

$$\min z=\sum_{i}\sum_{j}c_{ij}x_{ij}=c_{11}+c_{23}+c_{32}+c_{44}+c_{55}=48+48+53+57+44=250\text{h}$$

二、单泊位服务于多艘船的排序（船舶平均在港时间最短的作业排序原理）

这是港口生产调度中最简单的问题，也是实际生产中常见的排序问题之一。

问题：设只有一个泊位，有 n 艘船舶需要装卸。每艘船都可以从 $t_0=0$ 时刻开始。即 $r_i=0$；$i=1,2,\cdots,n$。第 i 艘船需要装卸的时间为 t_i。问如何安排作业顺序才能使船舶平均在港停泊时间最短。因为第一艘船舶在装卸，其余船舶需排队等待，最后一艘船舶至少要等到所有船舶都装卸完才能进入泊位。其平均在港时间可表示为：

$$\overline{T}=\frac{1}{n}\times\sum_{i=1}^{n}(t_i^{装}+t_i^{排})$$

式中：$t_i^{装}$——第 i 艘船舶的装卸作业时间；

$t_i^{排}$——第 i 艘船舶的排队等待时间。

这里对其他生产性停泊时间作了简化，确定为一常数。

这是只有一个泊位的简单排序问题。若有 n 艘船都需在这一泊位上进行装卸，问题的实质就转化为 n 项任务的一个排列。如果不考虑到达的先后次序或者其他因素的约束，则一共有 $n!$ 种排列。当 n 数不太大时，可以用穷举法把所有可能的排列都列举出来，计算出所有排列的 t，从中选取 t 为最小的排列，就得到最佳排序方案，调度就可依方案执行。但是，当 n 稍大时，即使用计算机计算也是相当繁琐的。因为 $n!$ 的值随 n 的增长而迅速增长。求平均在港时间最短，也就是说当非装卸生产性停泊时间一定的条件下，平均装卸时间最短就是平均在港时间最短，而所有的船舶装卸时间都可以从 $t_0=0$ 开始，所以当第一艘船进行装卸时，其余所有的船舶都必须等待这么长时间,而最后一艘船至少要等到前面所有的船舶都装卸完之后才能进入作业,所以,总的在港时间等于排队等待时间加上装卸作业时间。后作业的船,其排队等待时间与先作业的船舶装卸作业时间直接相关。

问题的解法:将所有船舶按照装卸时间的长短,从短到长顺序排列,就是最佳排列方案。这叫做 SPT(Shortest Processing Time)规则。

例题 7-5:设一个泊位,同时有 5 艘船到达,各船的装卸时间及其要求完成的日期如表 7-22 所示。按 SPT 规则将所有船舶按照装卸时间的长短,从短到长的顺序排列,就是最佳排列方案。规则把诸艘船舶的装卸作业时间的长短,依从小到大的顺序排列:$A_3 - A_1 - A_5 - A_4 - A_2$。于是各船舶的在港时间如表 7-22 所示。

表 7-22

船舶编号	A_1	A_2	A_3	A_4	A_5
各船所需要装卸时间 t_i(天)	3	7	1	5	4
要求完成的期限(天)	23	20	8	6	14

求 A_1, A_2, A_3, A_4, A_5 船完成的时间各是多少?

解:A_3 船完成的时间:$T_3 = \overline{T} = \frac{1}{n} \cdot \sum_{i=1}^{n} (t_i^{装} + t_i^{排}) = 1$

A_1 船完成的时间:$T_1 = t_3 + t_1 = 4$

A_5 船完成的时间:$T_5 = t_3 + t_1 + t_5 = 8$

A_4 船完成的时间:$T_4 = t_3 + t_1 + t_5 + t_4 = 13$

A_2 船完成的时间:$T_2 = t_3 + t_1 + t_5 + t_4 + t_2 + 20$

各艘船舶的完成时间即为装卸时间加排队时间,亦即船舶在港停留时间。因而平均在港时间为

$$\overline{T} = \frac{1}{5}\sum_{i=1}^{5} T_i = \frac{1}{5}(1 + 4 + 8 + 13 + 20) = 9.2 \text{ 天}$$

SPT 规划推广到 2 个泊位、3 个泊位、……、m 个泊位。同理,把所有排队船舶的装卸作业时间按长短,依次从小到大的顺序,调度依 SPT 规划组织装卸,将达到船舶平均在港时间最短的目标。

当然不得不指出,这一规则将导致一种后果,即小船、载货量少的船以及容易装卸的船被优先排在前面,而大船、载货量多的船以及难装卸的船将被挤到后面,甚至处于长时间排队的状态。

只考虑船舶平均在港时间最短有时并不能满足船期或者交货期的要求,甚至会导致载货量多的船、难装卸的船、大船被挤到后面,处于长时间排队的状态,然而正是这类船舶所载货物有完成时间与最大延期量是要求(或限制)。仍以例题 7-5 为例,按 SPT 规则的最佳排序方案计算的船舶在港时间和要求完成时间一延期量,见表 7-23。

表 7-23

船舶编号	A_3	A_1	A_5	A_4	A_2
计划完成时间(在港天)T	1	4	18	13	20
要求完成的期限(天)d_i	8	23	14	6	23
延期量 ΔT_i(天)$\Delta T_i = T_i - d_i$	0	0	0	7	0

由表 7-23 得知：船舶 A_4 延期 7 天，故按 SPT 规则排列的作业顺序，从延期量的观点看不是最佳解，因为船舶延期，港口要被罚款的。所以 SPT 规则应在满足延期量的条件下使用。

因此，我们不能只考虑船舶在港时间最短，更重要的是要考虑船舶在港延期量是否最少的问题。

例题 7-6：设一个泊位，有 n 艘船舶到达。所有船舶都可以从 $t_0=0$ 时刻开始，即 $r_i=0$，$i=1,2,\cdots,n$，第 i 艘船舶所需要的装卸生产停泊时间为 t_i，各船要求完成时刻为 d_i。问如何安排作业顺序才能使最大的延期达到最小，即 $\Delta T_{max}\to\min$。

本问题的解法也是直观的。既然要求最大的延期量尽可能小，则要求早完成的船舶应该先予安排。

问题的解法：将所有需要装卸的船舶按照所需完成的时间先后顺序进行排列，从小到大顺序排列，就是最佳的调度方案，这叫做 EDD(Earliest Due Date)规则。仍以例题 7-5 为例。根据 EDD 规则，把诸船舶要求完成时刻，从大到小排列成 $A_4-A_3-A_5-A_2-A_1$。

于是各艘船的完成时间，亦即在港停泊时间，船舶延期量如表 7-24 所示。

表 7-24

船舶编号	A_4	A_3	A_5	A_2	A_1
计划完成时间(在港天)	5	6	10	17	20
要求完成的期限(天)	6	8	14	20	23
延期量 ΔT_i(天)	−1	−2	−4	−3	−3

延期量 $\Delta T_i=T_i-d$，均为负值，即没有延期。

平均停泊时间为：

$$\bar{T}=\frac{1}{5}\sum_{i=1}^{5}T_i=\frac{1}{5}(5+6+10+17+20)=11.6\text{ 天}$$

与 SPT 规则得到的 $T=9.2$ 天相比，多出了 2.4 天。

由此可见，单纯使用 SPT 规则或单纯使用 EDD 规则由于目标函数不同，不一定都理想。于是必须寻求新的解法，这就是 EDD 与 SPT 相结合的解法。

例题 7-5 的解：

第一步：现根据 EDD 规则安排一个 $T_{max}\longrightarrow\min$ 的方案，如果首先满足 $T_{max}=0$，即港口不被罚款的先决条件已满足。该例中 $A_4—A_3—A_5—A_2—A_1$ 可以满足不被罚款的先决条件。

第二步：计算所有船舶总共需要的装卸生产停泊时间：3+7+1+5+4=20 天。

第三步：查已完方案中要求完成期限不比总装卸生产停泊时间小的船舶是哪几艘，把其中装卸时间最长的那艘船舶排在最后。

该例的已定方案中，要求完成期限不比 20 天小的船舶为 A_2，A_1。这两艘船中，装卸时间长的是 A_2，需要 7 天。故调整次序，把 A_2 排在最后。调整后的方案如表 7-25 所示。

表 7-25

船舶编号	A_4	A_3	A_5	A_1	A_2(已调整)
计划完成时间(在港天)	5	6	10	13	20
要求完成的期限(天)	6	8	14	23	20
延期量 ΔT_i(天)	−1	−2	−4	−10	0

第四步：不算已经调整的方案，回到第二步。

该例中，不算已经调整的 A_2 船，剩下 $A_4-A_3-A_5-A_1$。这三艘船总共需要装卸的时间为：$5+1+4+3=13$ 天。

再进入第三步。已定方案中要求完成期限不比 13 天小的船舶为 A_5，A_1。这两艘船舶中装卸时间长的为 A_5，需要 4 天。故再调整次序时，把 A_5 排在次后，调整后的方案如表 7-26 所示。

表 7-26

船舶编号	A_4	A_3	A_1	A_5	A_2
计划完成时间（在港天）	5	6	9	13	20
要求完成的期限（天）	6	8	23	14	20
延期量 ΔT_i（天）	-1	-2	-14	-1	0

再进入第二步。不算已经调整的船舶 A_5，A_2，剩下 $A_4-A_3-A_1$。这三艘船总共需要装卸的时间为：$5+1+3=9$ 天。

再进入第三步。已定方案中，要求完成期限不比 9 天少的船舶只有一艘船舶 A_1，所以维持原次序，A_1 排在次后。

再进入第二步。不算已调整的 $A_1-A_5-A_2$，剩下 A_4-A_3。这两艘船舶，总共需要的装卸时间为：$5+1=6$ 天。

再进入第三步。已定方案中，要求完成期限不比 6 天少的船舶为 A_4，A_3。这两艘船舶中，装卸时间最长的为 A_4，需要 5 天。因此再调整次序，把 A_4 排在次后，调整后的最后方案如表 7-27所示。

表 7-27

船舶编号	A_3	A_4	A_1	A_5	A_2
计划完成时间（在港天）	1	6	9	13	20
要求完成的期限（天）	8	6	23	14	20
延期量 ΔT_i（天）	-7	0	-14	-1	0

经过一系列调整后，$T_{max}=0$ 得到了保证。在这一先决条件下，T 从 11.6 天降低到 9.8 天，已与 SPT 规则得到的 $T=9.2$ 天相差仅 0.6 天了。

EDD 规则同 SPT 规则一样，只是将船舶的次序按时间序列进行排列，这同 1 个泊位、2 个泊位、……、m 个泊位数是无关的。但是当泊位能力之间有差异，上述规则就不适用了，应用其他方法解决。

如果问题是计算速遣奖，并按提前的天数多少进行计算，那么，按 EDD 规则排序的方案将是最佳方案，因为这一排序是总提前最多的方案。

思考题

1. 简述港口生产计划的种类。
2. 为什么港口生产计划要进行综合平衡？
3. 哪些计划是属于港口年度生产计划？
4. 港口吞吐量计划的综合平衡内容有哪些？

5. 简述年度装卸工作计划的编制程序。
6. 编制港口月度计划的依据是什么?
7. 简述港口月度计划的编制程序及月度计划主要内容。
8. 港口昼夜作业计划的主要内容有哪些?
9. 编制港口昼夜作业计划要收集哪些资料?
10. 港口单船作业计划的主要内容有哪些?
11. 编制港口单船作业计划要收集哪些资料?
12. 港口联合检查包括哪些检查?
13. 船舶的技术作业与船舶辅助作业怎样区分?
14. 港口生产组织的任务是什么?
15. 港口生产过程由哪些过程组成,各生产过程由哪些项目组成?
16. 何谓港口生产过程中的空间组织和时间组织?
17. 简述船舶装卸作业组织的内容。
18. 港口装卸的平行作业、平衡作业是不是一样?
19. 简述港口生产调度工作的任务、职责和工作程序。

技能训练

1. 港口生产作业组织计算:船吊与门机联合作业。

已知到港船舶各舱载货量如表 7-28 所示。采用船吊与门机联合作业。船舶各舱配有一台船舶吊杆,效率为 30t/h,另在岸上配有 1 台门机,效率为 40t/h。作业时允许同时使用。根据上述方法,可按以下步骤计算:

表 7-28

舱 别	1	2	3	4	5	合计
载货量(t)	1600	2760	3000	2040	1700	11100

(1)仅考虑使用船吊,各舱所需的作业时间分别为多少?
(2)计算最小作业时间。
(3)比较 $T_{小}$ 与 t_i 的大小。
(4)计算门机在各舱的作业时间。
(5)根据计算结果,绘制配机图。

2. 港口生产作业组织计算:仅用门机作业情况。

已知到港船舶各舱载货量如表 7-29 所示。现用 5 台门机,确定各台门机在各舱的作业时间。

表 7-29

舱 别	货 种	载货量(t)	装卸效率(t/h)	作业时间(h) $t_i = Q_i / P_i$
1	小五金	1600	40	40
2	棉花	1000	25	40

续上表

舱　别	货　种	载货量(t)	装卸效率(t/h)	作业时间(h) $t_i = Q_i/P_i$
3	钢材	3000	60	50
4	袋粮	1500	30	50

按以下步骤计算：

(1)计算各舱作业时间。

(2)计算最小需要作业时间。

(3)绘制配机图。

3. 已知某货船载货8000t，货物在各舱的分布为：一舱1200t，二舱2400t，三舱1300t，四舱1600t，五舱1500t。五个舱均配备一对船舶吊杆，生产率为20t/h，一台门座起重机参加装卸，生产率为30t/台时。

求：船舶装卸时间和门机作业时间以及在各舱口的作业安排（为使计算简化，设门机与船机同时在一个舱口作业时，相互干扰的影响忽略不计）。

参考文献

[1] 吴永富.港口生产管理.武汉:华中理工大学出版社,1989.
[2] 孙春阳.水运工业企业管理.大连:大连海事大学出版社,1994.
[3] 贺顺保.货物学.大连:大连海事大学出版社,1997.
[4] 余佑权,等.水运概论.北京:人民交通出版社,1997.
[5] 邹俊善.现代港口经济学.北京:人民交通出版社,1997.
[6] 陈家源.港口企业管理学.大连:大连海事大学出版社,1999.
[7] 胡思继.交通运输学.北京:人民交通出版社,2001.
[8] 宗蓓华,真虹.港口装卸工艺学.北京:人民交通出版社,2002.
[9] 武德春.集装箱运输实务.北京:机械工业出版社,2003.
[10] 真虹.港口管理.北京:人民交通出版社,2003.
[11] 周宗世.水运实用知识.武汉:湖北辞书出版社,2003.
[12] 王鸿鹏,许路,邓丽娟.国际集装箱运输与多式联运.大连:大连海事大学出版社,2004.
[13] 武德春,武骁.国际多式联运实务.北京:机械工业出版社,2005.
[14] 程昌华.航道工程学.北京:人民交通出版社.2001.